Louis Althusser (1918–1990) gehörte neben Autoren wie Lévi-Strauss, Lacan, Barthes und Foucault zu den zentralen Figuren der französischen intellektuellen Szene der sechziger und siebziger Jahre. Wie das 1976 entstandene biographische Fragment ›Die Tatsachen‹ zeigt, wäre seine Geschichte wohl im wesentlichen die seines philosophischen und politischen Engagements geblieben, hätte sein Leben nicht 1980 einen tiefgreifenden Einschnitt erfahren. Diesen Einschnitt sich selbst, seinen Freunden und seinen Lesern begreiflich zu machen ist das stärkste Motiv seines erst posthum veröffentlichten Versuchs über das eigene Leben: ›Die Zukunft hat Zeit‹. Louis Althusser erwürgte am 16. November 1980 seine Frau Hélène. Mit der Beschreibung dieser Szene setzt ›Die Zukunft hat Zeit‹ ein. Althusser wird in eine psychiatrische Klinik eingewiesen, kurze Zeit später für unzurechnungsfähig erklärt und verbringt dann drei Jahre in verschiedenen Anstalten, bis er Mitte 1983 entlassen wird. Weil ihm nicht Gelegenheit gegeben wurde, sich öffentlich zu verantworten, beginnt er seinen autobiographischen Rechenschaftsbericht zu schreiben: ein Bericht, der seinen Lebensweg mit schonungsloser Offenheit analysiert. Althusser bekennt und bezeugt jedoch nicht nur seine ›private‹ Geschichte. Weil seine Biographie verwoben ist mit der politischen und intellektuellen Geschichte dieses Jahrhunderts, gewinnt sie exemplarische Bedeutung: der Zweite Weltkrieg, Gefangenschaft in Deutschland, der Algerienkonflikt, Christentum und Marxismus, Marxismus und Psychoanalyse, Stalinismus, Psychiatrie, der Mai 1968, die intellektuellen Kontroversen der sechziger und siebziger Jahre, in denen Althusser eine wesentliche Rolle spielte … Althussers Text ist eine bestechende Selbstanalyse und ein zeitgeschichtliches Dokument ersten Ranges.

Louis Althusser (1918–1990) unterrichtete von 1948 bis 1980 an der École Normale Supérieure in Paris als Professor für Philosophie. Seine ›strukturalistische‹ Marx-Lektüre verschaffte ihm ab den sechziger Jahren über Frankreich hinaus große Bekanntheit. Zu seinen wichtigsten Werken zählen: ›Montesquieu. Politik und Geschichte‹, ›Das »Kapital« lesen‹ (zusammen mit Étienne Balibar), ›Für Marx‹.

Louis Althusser
Die Zukunft hat Zeit
Die Tatsachen

Zwei autobiographische Texte

Herausgegeben und eingeleitet
von Oliver Corpet und
Yann Moulier Boutang

Aus dem Französischen von
Hans-Horst Henschen

Fischer Taschenbuch Verlag

Limitierte Sonderausgabe
Veröffentlicht im Fischer Taschenbuch Verlag GmbH
Frankfurt am Main, Oktober 1998

Lizenzausgabe mit freundlicher Genehmigung
des S. Fischer Verlags GmbH, Frankfurt am Main
Die französische Originalausgabe erschien 1992 unter dem Titel
›L'avenir dure longtemps *suivi de* Les faits‹
bei Éditions STOCK/IMEC, Paris
Für die deutschsprachige Ausgabe:
© S. Fischer Verlag GmbH, Frankfurt am Main 1993
Umschlaggestaltung: Groothuis + Malsy, Bremen
Druck und Bindung: Clausen & Bosse, Leck
Printed in Germany
ISBN 3-596-50152-0

Inhalt

Editorischer Bericht

Louis Althusser ist am 22. Oktober 1990 gestorben. Die beiden im vorliegenden Band veröffentlichten autobiographischen Texte haben sich, sorgfältig archiviert, in seinem Nachlaß gefunden, als der im Juli 1991 dem *Institut Mémoires de l'édition contemporaine* (IMEC) mit dem Auftrag anvertraut wurde, für die wissenschaftliche und editorische Auswertung dieses Konvoluts zu sorgen.

Zehn Jahre trennen die Niederschrift dieser beiden Texte voneinander. Zehn Jahre, eine Zeitspanne, in deren genauer Mitte das Schicksal Louis Althussers ins Undenkbare und Tragische umschlägt – mit dem Mord an seiner Frau Hélène in ihrer Wohnung in der École normale supérieure in der Pariser rue d'Ulm.

Die Lektüre dieser beiden autobiographischen Schriften – deren bloße Existenz, vor allem im Falle von *L'avenir dure longtemps* [Die Zukunft hat Zeit], beinahe schon zu einem Mythos geworden war – hat François Boddaert, den Neffen von Louis Althusser und seinen Alleinerben, zu dem Entschluß bewogen, sie als ersten Band einer posthumen Ausgabe zahlreicher im Nachlaß Althussers aufgefundener unveröffentlichter Arbeiten zu publizieren. Diese Ausgabe wird, über die genannten Texte hinaus, auch sein *Journal de captivité* [Lagertagebuch] enthalten, das während seiner Gefangenschaft in einem deutschen Internierungslager in den Jahren 1940 bis 1945 entstand, weiter einen Band mit philosophischen Arbeiten im engeren Sinne und schließlich einen Komplex verschiedenartiger (politischer, literarischer ...) Schriften und Briefwechsel.

Zur Vorbereitung dieser Ausgabe haben wir mehrere manchmal divergierende Zeugnisse von Freunden Louis Althussers gesammelt, die die Geschichte dieser Manuskripte zu diesem oder jenem Zeitpunkt gestreift haben und von denen einige sie, teilweise oder vollständig, in dem oder jenem Stadium ihrer Niederschrift gelesen hatten. Überdies haben wir Dokumente aller Art zusammengetragen (Notizhefte, Aufzeichnungen, Zeitungsausschnitte, Briefwechsel...), die häufig in den Archiven verstreut lagen, dennoch aber als Anhaltspunkte, ja sogar als Beweise oder Referenzen für die von Louis Althusser benutzten »Quellen« dienen können. Das vollständige Material der Vorarbeiten, eingeschlossen natürlich die Manuskripte selbst und die verschiedenen Fassungen oder Zusätze, kann eingesehen werden, was manchen Forschungsspezialisten die Untersuchung der Genese dieser Autobiographien ermöglichen wird. Wir wollen uns hier also darauf beschränken, die Hauptaspekte der Geschichte dieser Texte herauszustellen, die diese Edition leiten, und auf die materiellen Merkmale der Manuskripte und die bei ihrer Transkription angewendeten Kriterien zu verweisen, im Vertrauen darauf, daß die genaueren Begleitumstände ihrer Niederschrift ausführlich im zweiten Band der Biographie Louis Althussers dargestellt und analysiert werden.[*]

Die Analyse der bisher zusammengetragenen Dokumente und Zeugnisse erlaubt es uns, die folgenden Aspekte als gesichert zu betrachten: Die Niederschrift von *Die Zukunft hat Zeit* ist, selbst wenn das Projekt einer Autobiographie zeitlich viel weiter zurückreicht, durch die Lektüre eines Artikels von Claude Sarraute ausgelöst worden, der unter dem Titel »Petite faim« [Kleiner Hunger] am 14. März 1985 in *Le Monde* erschien. Dieser Artikel von Claude Sarraute, im wesentlichen dem anthropophagischen Mord des Japaners Issei Sagawa an einer jungen Holländerin und dem Erfolg gewidmet, den das Buch, in dem er sein Verbrechen beschreibt, später in Japan erlebt hat, während er selbst, nach Verfahrenseinstellung und einem kurzen Aufenthalt in einem französischen psychiatrischen Krankenhaus, in sein Heimatland abgeschoben worden war, erwähnte im Vorbeigehen auch andere »Fälle«: »[...] Wir, die wir für die Medien tätig sind, machen, sobald im Zusammenhang mit einem Skandalprozeß ein berühmter Name auftaucht wie Althusser oder Thibault d'Orléans, daraus sofort einen Knüller. Das Opfer? Es verdient nicht einmal drei Zeilen. Der Star ist der Schuldige [...].«

[*] Siehe Yann Moulier Boutang, *Louis Althusser. Une Biographie*, Band I, Paris 1992.

Auf diesen Artikel hin rieten mehrere Freunde Louis Althussers ihm, bei der Zeitung gegen die Anspielung auf einen »Skandalprozeß« zu protestieren. Er beugte sich jedoch der Meinung anderer Freunde, die, wenn sie Sarrautes Vorgehen auch kritisierten, dennoch der Auffassung waren, er habe in bestimmter Weise den Finger auf einen entscheidenden Aspekt gelegt, auf einen für Althusser sogar dramatischen Aspekt: nämlich auf das Fehlen eines »Prozesses« aufgrund der Verfahrenseinstellung, die er »genossen« hatte. Am 19. März 1985 schreibt er an einen seiner engsten Freunde, Dominique Lecourt – schickt den Brief jedoch nicht ab –, daß er »nicht wieder in der Öffentlichkeit auftreten können« wird, ohne sich zuvor zu dem, was ihm widerfahren ist, zu erklären, das heißt mit der Abfassung »[...] einer Art Autobiographie, in der [seine] Erklärungsversuche des Dramas ebenso Platz finden sollten wie dessen polizeiliche, gerichtliche und psychiatrische ›Behandlung‹ und natürlich sein Ursprung«. Diese Sorge um die Niederschrift seiner Autobiographie ist freilich nicht neu: bereits 1982 beispielsweise, nach der ersten Einweisung im Gefolge des Mordes, schreibt er einen theoretischen Text über den »Materialismus des Zusammentreffens«, der folgendermaßen beginnt: »Ich schreibe dieses Buch im Oktober 1982, gegen Ende einer harten Prüfung von drei Jahren, deren Geschichte ich, wer weiß, vielleicht eines Tages erzählen werde, wenn sie denn überhaupt andere sowohl über ihre Begleitumstände wie über das, was ich erlebt habe (die Psychiatrie usw.), aufklären kann. Denn ich habe, im Zuge einer intensiven und unvorhersehbaren Krise geistiger Verwirrung, im November 1980 meine Frau erwürgt, die mein Ein und Alles auf der Welt war, sie, die mich so liebte, daß sie, weil sie nicht leben konnte, nur noch sterben wollte, und zweifellos habe ich ihr in meiner Verwirrung und unbewußt ›diesen Dienst erwiesen‹, dessen sie sich nicht erwehrt hat, sondern an dem sie gestorben ist.« Der Text fährt dann mit philosophischen und politischen Erwägungen fort, ohne noch einmal auf diese ersten autobiographischen Andeutungen zurückzukommen.

Im März 1985 schreibt Louis Althusser, jetzt fest entschlossen, diese »Geschichte« aus *seiner* Sicht zu erzählen, an mehrere seiner Freunde im Ausland, mit der Bitte, ihm alle ihn betreffenden Zeitungsausschnitte zu schicken, die nach dem November 1980 in ihren jeweiligen Ländern erschienen sind. Ebenso verfährt er hinsichtlich der französischen Presse und trägt eine ansehnliche Dokumentation zusammen – oder bittet seine Freunde, sie ihm zu liefern –, sowohl über die juristischen Probleme der Verfahrenseinstellung und über den Artikel 64 des *Code pénal* von 1838 als auch über das Problem psychiatrischer Gutachten. Überdies bittet er manche der ihm Nahestehenden, ihm ihre auf diese Jahre bezogenen »Tagebücher« zur Verfügung zu stellen oder ihm von den Ereignissen zu berichten, die er in bestimmten Aspekten vergessen hat. Er befragt seinen Psychiater und seinen Psychoanalytiker über die Behandlungen, denen er sich unterzogen hat, über die Medikamente, die er hat einnehmen müssen (manchmal schreibt er ihre Erklärungen und Deutungen eigens »ins reine«), und trägt auf fliegenden Blättern oder in Notizheften ein ganzes Bündel von Fakten, Ereignissen, Äußerungen, Reflexionen, Zitaten und einzelnen Ausdrücken zusammen, kurz: sowohl faktische und persönliche als auch politische oder psychoanalytische Indizien. Sein Nachlaß zeigt die Spuren dieser ganzen Vorarbeiten, die der Niederschrift von *Die Zukunft hat Zeit* dienen.

Die Niederschrift selbst und die maschinenschriftliche Fassung dieses Textes haben aller Wahrscheinlichkeit nach nur einige wenige Wochen in Anspruch genommen, von den letzten Märztagen bis Ende April oder Anfang Mai 1985. Am 11. Mai gibt er Michelle Loi ein zweifellos vollständiges Manuskript zu lesen, und am 30. Mai tippt er eine Fassung eines neuen theoretischen Textes mit dem Titel »Que faire?« Schon auf der zweiten Seite spielt er auf die gerade beendete Autobiographie an: »Ich halte an einem Grundprinzip von Machiavelli fest, das ich ausführlich in meinem kleinen Buch *Die Zukunft hat Zeit* kommentiert habe. [...]« »Klein« ist eine bloße rhetorische Floskel, denn der Text ist beinahe dreihundert Seiten lang und bildet unseres Wissens das umfangreichste Manuskript Louis Althussers, dessen bisher publiziertes Werk sich aus kleinen Schriften und Aufsatzsammlungen zusammensetzt. Am 15. Juni wird er, Opfer eines schweren Schubes von Hypomanie, erneut in Soisy eingewiesen.

Das scheint in etwa der Verlauf der Niederschrift von *Die Zukunft hat Zeit* gewesen zu sein – ein Verlauf, der ganz und gar den Datierungen mancher im Hauptteil des Textes berichteter Ereignisse oder Fakten entspricht (beispielsweise: »Vor vier Jahren, unter der Regierung Mauroy«, S. 27; oder: »[...] vor nur sechs Monaten, im

Oktober 1984«, S. 148; oder schließlich: »Ich bin siebenundsechzig Jahre alt«, S. 318). Spätere Änderungen scheinen äußerst gering an Zahl gewesen zu sein.

Der Personenkreis, der das vollständige oder einen bedeutenden Teil des vorliegenden Manuskripts hat lesen können, beschränkt sich auf einige wenige ihm Nahestehende, darunter vor allem Stanislas Breton, Michelle Loi, Sandra Salomon, Paulette Taïeb, André Tosel, Hélène Troizier, Claudine Normand. Überdies ist bekannt, daß er seine Existenz mehrfach in Anwesenheit einiger Verleger erwähnt und seinen Wunsch zum Ausdruck gebracht hat, es veröffentlicht zu sehen, ohne es ihnen deshalb auch zu zeigen – oder doch nie vollständig. Alles weist darauf hin, daß Louis Althusser äußerste Vorsichtsmaßnahmen ergriffen hatte, damit dieses Manuskript, im Gegensatz zur sonstigen Verfahrensweise im Umgang mit seinen Texten, nicht »herumgereicht« wurde. Es existierte übrigens in seinem Nachlaß keinerlei Photokopie davon. Einer seiner Freunde, André Tosel, erzählt, er habe es im Mai 1986 nur in seiner Gegenwart, in seinem Domizil lesen dürfen, und ohne sich dabei Notizen zu machen.

Hinzugefügt sollte schließlich werden, daß sich Louis Althusser für die Niederschrift von *Die Zukunft hat Zeit* vor allem bei den ersten Kapiteln nachhaltig von seiner ersten Autobiographie mit dem Titel *Les faits* [Die Tatsachen] leiten lassen hat, von der er zwei einander sehr ähnliche Fassungen aufbewahrt hatte.

Dieser Text, *Die Tatsachen*, den wir im zweiten Teil des vorliegenden Bandes veröffentlichen, ist im Jahre 1976 (der Hinweis auf das Jahr taucht auf der Titelseite auf) und aller Wahrscheinlichkeit nach im Laufe des zweiten Halbjahres geschrieben worden. Louis Althusser hat den Text Régis Debray anvertraut und ausgehändigt, der ihn für die zweite Nummer einer neuen Zeitschrift, *Ça ira*, vorgesehen hatte, von der eine Nullnummer bereits im Januar 1976 veröffentlicht worden war und die schließlich doch vorzeitig eingestellt wurde. Diese erste Autobiographie, auch sie nur einigen Althusser Nahestehenden bekannt, ist ebenfalls bis heute völlig unveröffentlicht geblieben.

Das Originalmanuskript von *Die Zukunft hat Zeit* bietet sich in Gestalt von dreihundertdreiundzwanzig DIN-A4-Blättern von grüner oder weißer Farbe dar, von denen ein Dutzend den Briefkopf der École normale supérieure trägt. Die Mehrzahl davon ist zu einer Reihe von numerierten und zusammengehefteten »Lagen« verbunden, die in den meisten Fällen den einzelnen Kapiteln entsprechen. Mit Ausnahme einiger Seiten, die vollständig mit der Hand geschrieben wurden, sind alle diese Blätter von Althusser selbst – seiner Gewohnheit entsprechend – direkt auf der Maschine getippt, anscheinend mit einer einzigen Ausnahme, der Vorrede, deren Originalfassung – die im Manuskript enthalten ist – und deren endgültige Version von Paulette Taïeb auf einer anderen Maschine geschrieben wurden.

Auf der Titelseite des Manuskripts hatte Louis Althusser geschrieben: *L'avenir dure longtemps*, mit dem durchgestrichenen Untertitel *Brève histoire d'un meurtrier* [Kurze Geschichte eines Mörders] und dem ebenfalls durchgestrichenen *D'une nuit l'aube* [Die Morgendämmerung einer Nacht], das einem ersten Versuch einer Einführung entspricht, von dem die neun ersten maschinenschriftlichen Blätter erhalten geblieben sind, die mitten in einem Satz enden.

Viele maschinenschriftliche Seiten von *Die Zukunft hat Zeit* enthalten mancherlei Korrekturen und Hinzufügungen zwischen den Zeilen oder an den Rändern, gelegentlich auch auf der Rückseite der Blätter. Als diese Änderungen das Manuskript allzu unleserlich machten, hat Louis Althusser eine Abschrift angefertigt, die wiederum neue Korrekturen aufweist. In einem besonderen Aktendeckel hatte er die erste, korrigierte Fassung von einundsiebzig Seiten aufbewahrt, mit Ausnahme der Vorrede und der beiden Einleitungsseiten, die den Mord darstellen (Kapitel I). Von dieser einzigen Ausnahme abgesehen, die eine Untersuchung der (im vorliegenden Fall äußerst geringfügigen) Varianten von einer Schreibmaschinenfassung zur anderen erlaubt, enthielt der Nachlaß von Louis Althusser jedoch nur eine einzige Originalfassung dieses Textes.

Hinzugefügt werden muß, daß Louis Althusser gelegentlich kleinformatige Leerseiten mit Briefkopf der École normale supérieure zwischen die Seiten seines Manuskripts eingeschoben hat, Leerseiten mit einer Frage oder einer mehr oder weniger lapidaren Bemerkung zur betreffenden Seite, die seine Absicht deutlich werden lassen, den fraglichen Satz oder Gedankengang später erneut zu überarbeiten. An mehreren anderen Stellen weist ein Schriftzeichen am Rand, zumeist mit Filzstift, darauf hin, daß ihn der Text nicht völlig zufriedenstellte und er Korrekturen vorhatte.

Dieses Manuskript klärt uns auch darüber auf, daß dem Autor mehrere verschiedene Gliederungsmöglichkeiten vorschwebten, und zwar bis zu vier Paginierungspläne, die vor allem den zweiten Teil betreffen, ohne daß es uns möglich gewesen wäre, die verschiedenen Versionen, zu denen diese verschiedenen Paginierungsweisen Anlaß gegeben hätten, vollständig zu rekonstruieren. Das Manuskript in der Form aber, wie es aufgefunden und hier veröffentlicht worden ist, war in einer Folge von Kapiteln angeordnet, die vom Autor mit römischen Zahlen numeriert worden sind (mit einer folgenlosen Auslassung zu Beginn, die uns bewogen hat, zweiundzwanzig statt einundzwanzig Kapitel zu numerieren, entsprechend der im Endzustand des Manuskripts anzutreffenden Paginierung von 1 bis 276, die mehrere Seitenvertauschungen und manche Zusätze unberücksichtigt läßt, für die der Autor häufig genaue Hinweise hinterlassen hat). Eben diese Fassung ist der vorliegenden Edition zugrunde gelegt worden.

Erwähnt werden sollte schließlich, daß in dieser Ausgabe von *Die Zukunft hat Zeit* zwei Kapitel mit den Titeln »Machiavelli« und »Spinoza« nicht berücksichtigt worden sind, die Louis Althusser zu guter Letzt ausgeschieden und durch das »Resümee« ersetzt hat, das hier auf den Seiten 248 bis 253[*] zu finden ist. Dasselbe gilt für den letzten Teil[**] des Kapitels, das politischen Analysen zur Zukunft der Linken in Frankreich und der Kommunistischen Partei gewidmet ist (hier Kapitel XIX). Anscheinend wollte Louis Althusser diese Seiten für eine andere Arbeit über *La véritable tradition matérialiste* [Die wirkliche Tradition des Materialismus] benutzen. Abgesehen von diesen drei Kapiteln aber, die ein Korpus von einundsechzig Seiten in einem besonderen Aktendeckel mit diesem Titel bilden, existieren keine anderen genaueren Informationsbruchstücke zu diesem unvollendeten Buchprojekt; diese Seiten, und besonders die beiden Kapitel

---

[*] Von »Bevor ich aber auf Marx selbst stieß [...]« bis »[...] Ich glaube, daß wir dieses noch nie dagewesene und bedauerlicherweise folgenlose Denken durchaus noch nicht erschöpft haben.«

[**] Nach »[...] dessen Vergehen ihr anzulasten man sich zweifellos nicht hätte entgehen lassen« (S. 275).

über Machiavelli und Spinoza, werden wahrscheinlich Gegenstand einer späteren Veröffentlichung werden.

Letztlich haben wir uns also dafür entschieden, diesen Text von *Die Zukunft hat Zeit* gleichsam ohne Variantenverweise zu publizieren, mit Ausnahme seltener handschriftlicher Zusätze am Rande, bei denen der Autor die unerläßlichen Einfügungsstellen nicht angegeben hatte und die wir als Fußnoten anfügen, wobei wir die Spezialforscher auf das Konvolut von Vorarbeiten und das Manuskript selbst verweisen. Beim gesamten Rest sind die von Louis Althusser hinterlassenen sehr genauen Editionshinweise (Unterstreichungen, Absatzeinzüge, Zusatzeinschübe usw.) sämtlich befolgt und lediglich winzige Herausgeberkorrekturen hinzugefügt worden, wie sie üblicherweise in bezug auf Zeitenfolge, Zeichensetzung und Präzisierung der Vornamen von Personen gemacht werden. Fakten oder Daten betreffende Irrtümer sind unkorrigiert geblieben: für ihre eventuelle »Verifikation« kann sich der Leser auf die zeitgleich erscheinende Biographie des Autors beziehen. Gleichwohl hat sich an manchen Stellen die Hinzufügung eines in eckige Klammern gesetzten Wortes oder Satzteiles als für die bessere Lesbarkeit des Textes unerläßlich erwiesen.

Das Manuskript der *Tatsachen* liegt uns seinerseits in Gestalt eines maschinenschriftlichen Exemplars mit sehr wenigen Korrekturen und Zusätzen vor; die Varianten sind also minimal und betreffen die Reihenfolge der ersten Absätze. Louis Althusser hatte in seinem Nachlaß nur zwei Photokopien dieses Manuskripts aufbewahrt, die zwei einander sehr nahestehenden sukzessiven Fassungen entsprechen.

Hier wird die zweite Fassung publiziert; es ist jedoch offenkundig, daß der Text zuvor einer oder mehreren Redaktionen unterworfen worden ist, weil Louis Althusser in einem Brief vom Sommer 1976 an Sandra Salomon ankündigt: »Ich werde [...] meine ›Autobiographie‹ umschreiben können, die ich beträchtlich erweitern möchte, und zwar um reale wie auch andere, imaginäre Erinnerungen (meine Begegnungen mit Johannes XXIII. und de Gaulle) und vor allem um Analysen der Dinge, die ich erzähle, und danach werde ich all diese Sachen endlich ablegen können. Bist Du einverstanden? Das wird die Methode erlauben, Innen- und Außenseite gleichzeitig zu zeigen, und es ermöglichen, Dinge zu sagen, die nicht von Pappe sind.«

Diese editorische Entscheidung, die beiden Autobiographien nicht unter einem Wust sogenannter erklärender Fußnoten verschwinden zu lassen, abgesehen von den ganz seltenen Stellen, an denen das buchstäbliche Verständnis selbst davon betroffen war, hängt im wesentlichen von ihrem eigentlichen Status ab. Nicht anders als die *Bekenntnisse* von Jean-Jacques Rousseau oder die *Memoiren* des Kardinals de Retz dürfen sie nicht als Biographien gelesen werden. In einem ursprünglichen Vorwortentwurf mit dem Titel »Deux mots« [Zwei Worte] zu *Die Zukunft hat Zeit* hatte Louis Althusser präzisiert, ihm habe nicht vorgeschwebt, seine Kindheit zu beschreiben, so wie sie gewesen sei, noch seine Familienmitglieder in ihrer authentischen Realität, sondern die Vorstellung wiederzubeleben, die er sich nach und nach davon zu machen bewogen gefühlt habe: »Ich spreche von ihnen nur so, wie ich sie wahrgenommen, erlebt habe, wohl wissend, daß das, was sie sein mochten, wie bei jeder psychischen Wahrnehmung, bereits in den phantasmatischen Projektionen meiner Angst angelegt war.«

Was er entwickelt hat, ist also durchaus eine Geschichte seiner Affekte, seiner Phantasmen. Wir stehen direkt auf dem Boden der Phantasie, der Phantasie in dem starken Sinne, den das Wort noch zu Zeiten Montaignes hatte: den der Illusion, ja sogar der Halluzination. »Mir liegt nämlich im gesamten Verlauf dieser Assoziationen von Erinnerungen daran«, schreibt er in *Die Zukunft hat Zeit*, »mich streng an die Fakten zu halten: aber auch die Halluzinationen sind Fakten.«

Und dieser Aspekt verweist uns auf die hervorstechendste Eigenart dieser Texte. Sie sind mit voller Absicht auf zwei verschiedenen Ebenen angesiedelt, *Die Zukunft hat Zeit* auf der des Tragischen, *Die Tatsachen* auf der des Komischen, wobei die des Tragischen unerreichbar für die binären Kriterien des Wahren und des Falschen bleibt, deren genaue Grenzen zu bestimmen ja die eigentliche Pflicht der Biographie ist.* Sind wir deshalb schon auf die Seite der Fiktion, also eines Imaginären übergegangen, das in das symbolische System des Textes eingebettet ist, ein Indiz seiner selbst? In einem be-

---

* Zur Diskussion der Abweichungen, Lapsus und Lücken der beiden Autobiographien im Verhältnis zum realen Leben siehe Yann Moulier Boutang, *Louis Althusser. Une biographie*, Bd. I, *op. cit.*

stimmten Sinne durchaus, und der in hohem Maße durchgearbeitete Charakter der verfügbaren Manuskripte mit ihren verschiedenen Entwicklungsstufen führt wahrscheinlich dazu, wie bei jeder literarischen Hervorbringung die Priorität später der inneren Kritik des Textes einzuräumen. Und doch kann man sie auch nicht wie einen Roman von Céline oder eine Novelle von Borges lesen, um zwei Autoren zu zitieren, auf die sich Althusser mit Vorliebe berief.

Wenn wir mit diesen beiden Texten in die Schreibweise der Phantasie, der Halluzination eintreten, dann deshalb, weil deren Grundsubstanz der Wahn ist, das heißt die einzige Möglichkeit des Subjektes, sich als Irren, später als Mörder und doch immer auch als Philosophen und Kommunisten einzuordnen. Man hat hier ein außergewöhnliches Zeugnis von Wahn vor sich, von Wahn in dem Sinne, wie man darunter versteht, im Gegensatz zu »nosographischen Dokumenten« wie den von Freud untersuchten *Denkwürdigkeiten eines Nervenkranken* (Schreber) oder den von Michel Foucault präsentierten Morden Pierre Rivières (dt. *Der Fall Rivière*), daß und wie ein Intellektueller, von überlegener Intelligenz und berufsmäßiger Philosoph, seinen Wahn erlebt, seine von der psychiatrischen Institution vollzogene Medikalisierung zur Geisteskrankheit und die analytischen Gewänder, mit denen sie sich schmückt. In diesem Sinne bildet dieser *autobiographische Block* mit seinem seit den *Tatsachen* präsenten Grundkern sicherlich das unabdingbare Korrelat zu *Wahnsinn und Gesellschaft* von Michel Foucault. Geschrieben von einem Subjekt, dem die Verfahrenseinstellung faktisch die Eigenschaft des Philosophen genommen hatte, und seinerseits unentwirrbare Mischung von »Tatsachen« und »Phantasien«, legt *Die Zukunft hat Zeit* in einem Wesen aus Fleisch und Blut fraglos geradezu experimentell alles das frei, was Foucault herausgearbeitet hatte: das Schwanken der Grenzscheide zwischen Wahnsinn und Vernunft. Wie kann das Denken an den Wahn grenzen, ohne einfach nur dessen Geisel oder monströser Juckreiz zu sein? Wie kann die Geschichte eines Lebens so in den Wahn übergehen und ihr Erzähler sich dessen derart bewußt sein? Wie läßt sich der Autor eines solchen Werkes denken? Soll der »Fall Althusser« den Medizinern, den Richtern, den rechtgläubigen Anhängern der Trennung von öffentlichem Denken und privatem Begehren überlassen bleiben? Mit den beiden Texten der Geschichte seines Lebens ist er ihnen, was sein posthumes Geschick betrifft, fraglos entronnen.

In diesem Sinne nehmen diese beiden autobiographischen Texte auf ganz natürliche und – benutzen wir das Wort: – eigenmächtige Weise einen Platz, und zwar einen wesentlichen Platz, im *Werk* von Louis Althusser ein. Und einzig ihre – unausweichlich vielfache, widersprüchliche – Deutung wird uns in Zukunft sagen, welche Umwälzungen sie im Werk selbst und im Blick, der darauf fällt, bewirkt haben – ohne daß es allerdings möglich ist, über Sinn und Reichweite dieser Umwälzungen im voraus zu urteilen.

Olivier Corpet
Yann Moulier Boutang

Uns liegt daran, allen denen zu danken, die uns die Herausgabe des vorliegenden Bandes zu verwirklichen ermöglicht haben, in erster Linie François Boddaert, dem Erben Louis Althussers, der die Entscheidung, diese Texte zu veröffentlichen, getroffen und uns sein fortgesetztes Vertrauen bewiesen hat. Aber auch: Régis Debray, Sandra Salomon, Paulette Taïeb, Michelle Loi, Dominique Lecourt, André Tosel, Stanislas Breton, Hélène Troizier, Fernanda Navarro, Gabriel Albiac, Jean-Pierre Salgas... für die kostbaren Dokumente und Zeugnisse, die sie uns geliefert haben und die es erlauben, die Edition dieser Texte unter den bestmöglichen Bedingungen zu bewerkstelligen. Sie sollten gleichwohl nicht verantwortlich gemacht werden für eine Ausgabe, deren editorische Gesamtlast vollständig von uns beiden übernommen wird. Unsere Danksagungen gelten gleichermaßen den Mitarbeitern des IMEC, die uns ihre Hilfe angedeihen lassen haben, und vor allem Sandrine Samson, die ein Großteil der Sichtungsarbeiten am Nachlaß Althussers besorgt hat.

Die Zukunft hat Zeit
1985

Un soir de décembre 46, ~~xxxxxxxx~~ Paris couvert de neige, Lesèvre
m'invita à rendre visite à sa mère, qui était rentrée dans un triste
état de déportation ~~-~~ dans son appartement du haut de la rue Lepic.
Je me revois encore aux côtés de Lesèvre ~~qui, parlait~~ pour deux, ^traversons^ ~~tra-~~
~~versons~~ le pont enneigé de la ~~Con~~corde. ~~xxxxxxxxxxxx~~ Il me parlait
de sa mère. Et ~~c~~'est là ^alors^ qu'il me dit :" tu verras aussi Hélène, une
grande amie, elle est un peu folle mais elle est tout à fait ~~xxxx~~
~~quable~~ Nous la ~~xxxxxxxxxxxx~~ ^retrouverons^ rencontrerons au bas de la rue Lepic, au
sortir du Métro."

Effectivemmt elle était là, nous attendant dans la neige. Une femme toute petite emmitouflée dans une sorte de manteau qui la dissimu-
lait presque entière. Présentations. ~~xxxxxxxxxx~~ Et aussitôt ~~en~~ marche
vers le haut de la rue Lepic, sur les trottoirs en ~~poile et glissants~~ ^verglacés.^
Mon premier mouvement, tout d'instinct, fut de lui prendre le ~~bras~~
~~et de l'aider à monter.~~ ^pour le soutenir et^ ^en la guidant^ Mais ce fut aussi, sans que j'aie jamais su
pourquoi ~~d'avancer~~ ^je glisse^ aussitôt ~~xxxxxx~~ sous ~~xxxx~~ son bras ma main vers
la sienne, et de prendre sa main froide dans la chaleur de la mienne.
Le silence se fit, nous montions.

Je garde un ~~xxxxxxxxxx~~ souvenir ~~éblouissant~~ de cette soirée. Madame
Lesèvre, ~~tout~~ heureuse de revoir son fils, nous accueillit avec chaleur. C'était une haute femme ~~décharnée~~ ^complètement^ par ses épreuves, hâve et
presque une ombre; ~~mais elle~~ parlait ~~xxxxxxxxxx~~ ^elle ne souriait jamais.Elle^ lentement, cherchant ^pour avouer^
ses mots, des souvenirs exaltants de la résistance et ~~xxx~~ "sinistres"
de la déportation: ~~xxxxxxxxxxxxxxxxxxxxxxxxx~~ ^les camps c'était vraiment de déportation, c'était vraiment^ Georges avait tou-
jours été discret sur ses exploits dans les ~~xxxxxxxxxxxxxxxxxxxx~~ ^sans aucun rapport avec les camps de prisonniers (j'avais connu, et même avec^
~~Lyxx~~ Alpes et la ville de Lyon. J'avais entendu parler des déportés,
mais pour la première fois j'en rencontrai un, et/c'était une femme, ^de surcroît^
toute droite et ferme dans ses épreuves. Je me souviens que je portais
alors (sens de l'économie, je n'en avais pas acheté d'autre) la veste
étroite et mal taillée, une veste marron qui m'allait à peine, qu'on

Handwritten marginal annotations (left margin, top to bottom):

très

extraordinaire
par son intelligence
politique et ~~aussi~~
~~aussi~~ le générosi
té de son cœur. Un
peu folle ? Que
pouvait-il bien
vouloir dire après
de pareil choses ?

(ou plutôt je ne
le sais que trop :
un appel d'amour
impossible, double
de mon goût par
la pathos et l'exagé-
ration de geste.)

cauchemars

la condition de
la Résistance
qu'Hélène et
Georges avaient
vécues. Vrai-
ment on ne pouvait
même pas mesurer

Handwritten annotation (right margin):

Un grand feu de Bois
flambait dans la cheminée

parfois ? ~~qui~~

Wahrscheinlich wird man es anstößig finden, daß ich mich, nach der Tat, die ich begangen habe, nicht ins Schweigen schicke, so wie man auch die Verfahrenseinstellung anstößig finden wird, die sie bestraft hat und die mir, gemäß dem ungezwungenen Ausdruck, zugute gekommen ist.

Wäre mir dieser Vorteil aber nicht zugute gekommen, hätte ich vor Gericht erscheinen müssen. Und wenn ich vor Gericht hätte erscheinen müssen, hätte ich auch erwidern müssen.

Dieses Buch ist eben die Erwiderung, zu der ich sonst gezwungen gewesen wäre. Und alles, was ich verlange, ist, daß man sie mir zubilligt; daß man mir jetzt zubilligt, was damals eine Verpflichtung gewesen wäre.

Wohlgemerkt, ich bin mir bewußt, daß die Erwiderung, die ich hier versuche, weder den Regeln eines Auftritts in einem Verfahren, das nicht stattgefunden hat, noch der Form entspricht, die es befolgt hätte. Gleichwohl frage ich mich, ob das vergangene und für immer vergangene Versäumnis eines Auftritts vor Gericht, seiner Regeln und seiner Form, letztlich nicht noch deutlicher vor Augen führt, was ich der öffentlichen Beurteilung und ihrer Freiheit vorlegen möchte. Jedenfalls wünsche ich das. Es ist mein Schicksal, eine Unruhe nur dadurch besänftigen zu hoffen, daß ich unzählige andere durchlebe.

I

So wie ich sie, bis in die geringfügigsten Einzelheiten, vollständig und genau in Erinnerung behalten habe, mir eingebrannt durch alle meine Prüfungen hindurch und für immer – zwischen zwei Nächten, der, aus der ich hervortrat, ohne zu wissen, aus welcher, und die, in die ich eingehen sollte, will ich sagen, wann und wie: hier die Mordszene, so wie ich sie erlebt habe.

Plötzlich sitze ich aufrecht, im Morgenrock, am Fußende meines Bettes in meiner Wohnung in der École normale. Ein grauer Novembertag – es war Sonntag, der 16. November, gegen neun Uhr morgens – dämmert links herauf, vom sehr hohen Fenster her, das schon seit langem von unvordenklich alten, von der Zeit verschlissenen und von der Sonne gebleichten Empire-Vorhängen umrahmt wird, und erhellt das Fußende meines Bettes.

Vor mir: Hélène, auf dem Rücken liegend, auch sie im Morgenrock.

Ihr Becken ruht auf dem Bettrand, ihre Füße schleifen auf dem Plüschbelag des Fußbodens.

Ganz dicht bei ihr niederkniend, über ihren Körper gebeugt, bin ich im Begriff, ihr den Nacken zu massieren. Schon oft ist es vorgekommen, daß ich ihr stillschweigend den Nacken, den Rücken und die Hüftgegend massiert habe: die Technik hatte ich von einem Kameraden in der Kriegsgefangenschaft gelernt, dem kleinen Clerc, einem Berufsfußballer und Experten in jeder Hinsicht.

Diesmal aber massiere ich ihr die Vorderseite des Nackens. Ich drücke meine beiden Daumen in die Höhlung des Fleisches im Umkreis des Brustbeines und erreiche so langsam, den einen Daumen links, den anderen rechts schräg aufstützend, den härteren Bereich unter den Ohren. Ich massiere die ganze Zone V-förmig. Ich verspüre große Müdigkeit in den Muskeln meiner Unterarme: ich weiß, die Arbeit des Massierens tut mir immer in den Unterarmen weh.

Das Gesicht von Hélène ist reglos und heiter, ihre offenen Augen starren zur Decke hinauf.

Und plötzlich werde ich von Entsetzen erfaßt: ihre Augen bleiben unentweg starr, und vor allem ragt zwischen Zähnen und Lippen ein kleines Stückchen Zungenspitze hervor, ungewohnt und sanft.

Ich habe zwar schon Tote gesehen, aber meiner Lebtag noch nicht das Antlitz einer Erdrosselten. Und dennoch weiß ich, daß das hier eine Erdrosselte ist. Aber wie das? Ich richte mich auf und schreie: Ich habe Hélène erwürgt!

Ich stürze los, und aus aller Kraft laufend durchquere ich in einem Zustand intensiver Panik die Wohnung, renne die kleine Treppe mit Eisengeländer hinab, die auf den Hof der hochvergitterten Fassade führt, und wende mich, noch immer rennend, der Krankenstation zu, wo Dr. Étienne praktiziert, der im ersten Stock wohnt. Unterwegs treffe ich niemanden, es ist Sonntag, die École ist halb leer und schläft noch. Immer noch schreiend, stürze ich, drei Stufen auf einmal nehmend, die zum Arzt hinaufführende Treppe hoch: »Ich habe Hélène erwürgt.«

Ich klopfe heftig an der Tür des Arztes, der mir, auch er noch im Morgenrock, endlich öffnet, verwirrt. Ich schreie immer weiter, daß ich Hélène erwürgt habe, ich fasse den Arzt am Kragen seines Morgenrocks: er soll sie sich eilends anschauen, sonst werde ich die École in Brand stecken. Étienne glaubt mir nicht, »das ist unmöglich«.

Wir treten überstürzt den Rückweg an und stehen beide Hélène gegenüber. Ihre Augen sind immer noch starr, und zwischen Zähnen und Lippen ragt dieses kleine Stückchen Zungenspitze hervor. Étienne auskultiert sie: »Nichts zu machen, es ist zu spät.« Und ich: »Aber kann man denn keine Wiederbelebungsversuche machen?« – »Nein.«

Daraufhin bittet mich Étienne um einige Minuten Zeit und läßt mich allein. Erst später sollte ich verstehen, daß er zu telephonieren hatte, mit dem Direktor, mit dem Krankenhaus, mit der Polizeiwache, was weiß ich? Ich warte, unentwegt zitternd.

Die langen, verschlissenen und zerfetzten roten Vorhänge hängen zu beiden Seiten des Fensters herab, der eine, rechte, bis ganz zu Füßen des Bettrandes. Vor meinen Augen erscheint unser Freund Jacques Martin, der an einem Augusttag des Jahres 1964 tot in seinem winzigen Zimmer im 16. Arrondissement aufgefunden worden war, bereits seit mehreren Tagen auf seinem Bett liegend und auf der Brust den langen Stiel einer scharlachroten Rose haltend: eine stumme Botschaft für uns beide, die wir ihn seit zwanzig Jahren liebten, als Andenken an Beloyannis, eine Botschaft von jenseits des Grabes. Daraufhin ergreife ich eine der schmalen, verschlissenen Stoffbahnen des hohen roten Vorhangs und breite sie, ohne sie zu zerreißen, auf der Brust von Hélène aus, wo sie schräg aufliegt, von der Rundung der rechten Schulter bis zur linken Brust.

Étienne kommt zurück. Und von hier an verwischt sich alles. Er gibt mir, wie es scheint, eine Spritze, ich gehe durch mein Büro mit ihm zurück und sehe jemanden (ich weiß nicht wen) dort aus der Bibliothek der École entliehene Bücher abholen. Étienne spricht von Krankenhaus. Und ich versinke in der Nacht. Ich sollte erst wieder in Sainte-Anne »erwachen«, ich weiß nicht wann.

II

Meine Leser mögen mir verzeihen. Ich schreibe dieses kleine Buch in erster Linie für meine Freunde und, wenn möglich, für mich. Meine Gründe dafür werden bald einleuchten.

Lange nach dem Drama habe ich erfahren, daß zwei der mir Nahestehenden (und wahrscheinlich nicht die einzigen) den Wunsch geäußert hatten, ich möge von der Verfahrenseinstellung, die die drei in der auf Hélènes Tod folgenden Woche in Sainte-Anne erstellten gerichtsmedizinischen Gutachten sanktionierte, ausgenommen werden und vor einem Schwurgericht aussagen. Das blieb bedauerlicherweise ein frommer Wunsch.

Schwer darniederliegend (geistige Verwirrung, Onirismus), war ich außerstande, mich der Ladung vor eine öffentliche Instanz gewachsen zu zeigen; der Untersuchungsrichter, der mich aufsuchte, konnte mir keinen einzigen Satz entlocken. Überdies verfügte ich, von Amts wegen eingewiesen und durch Erlaß des Polizeipräsidenten unter Vormundschaft gestellt, weder über meine Freiheit noch über meine bürgerlichen Rechte. Jeder Wahlmöglichkeit beraubt, sah ich mich in der Tat in ein offizielles Verfahren verstrickt, dem ich nicht aus dem Wege gehen, dem ich mich lediglich unterwerfen konnte.

Dieses Verfahren besitzt seine offenkundigen Vorteile: es beschützt den Angeklagten, der als unzurechnungsfähig für seine Taten beurteilt wird. Aber es verschleiert auch schreckliche Mißstände, die weniger bekannt sind.

Freilich, wie sehr werde ich nach dem Erlebnis einer derart langen Prüfung gewahr, daß ich meine Freundinnen verstehe! Wenn ich von Prüfung spreche, spreche ich nicht nur von dem, was ich bei meiner psychiatrischen Einweisung erlebt habe, sondern auch von dem, was mir seither widerfahren ist, und, wie ich deutlich sehe, auch von dem, was mir bis ans Ende meiner Tage zu erleben vorherbestimmt ist, wenn ich nicht *persönlich* und *öffentlich* eingreife, um meinem eigenen Zeugnis Gehör zu verschaffen. So viele Menschen haben bisher, in bester oder schlechtester Absicht, die Gefahr auf sich genommen, an meiner Stelle zu reden oder zu schweigen! Das Geschick der Verfahrenseinstellung ist in der Tat der Grabstein des Schweigens.

Dieser Erlaß der Verfahrenseinstellung, der im Februar 1981 zu meinen Gunsten ausgesprochen wurde, läßt sich nämlich in dem berühmten Artikel 64 der Strafprozeßordnung in ihrer Fassung von 1838 zusammenfassen: ein Paragraph, der trotz zweiunddreißig Reformversuchen, die fehlschlugen, noch immer in Kraft ist. Vor vier Jahren, unter der Regierung Mauroy, hat sich erneut eine Kommission dieser heiklen Frage angenommen, die einen ganzen Apparat administrativer, juristischer und strafrechtlicher Gewalten ins Spiel bringt, die ihrerseits mit dem Wissen, den Praktiken und der psychiatrischen Ideologie der Einweisung im Bunde stehen. Diese Kommission tagt nicht mehr. Anscheinend hat sie nichts Besseres gefunden.

Der *Code pénal* stellt in der Tat seit 1838 den *Zustand der Unzurechnungsfähigkeit* des Kriminellen, der seine Tat im Stande von »Demenz« oder »unter Zwang« begangen hat, dem *Zustand von Zurechnungsfähigkeit* gegenüber, wie er schlicht und einfach jedem sogenannten »normalen« Menschen zuerkannt wird.

Der Zustand der *Zurechnungsfähigkeit* eröffnet den Weg dem klassischen Verfahren: Erscheinen vor einem Schwurgericht, *öffentliche* Debatte, in die die Interventionen der *Staatsanwaltschaft*, die im Namen der Interessen des Volkes spricht, der Zeugen, der Verteidiger und Privatkläger, die sich *öffentlich* äußern, und die des Angeklagten eingreifen, der selbst seine persönliche Deutung der Fakten vorträgt. Dieses ganze durch Öffentlichkeit geprägte Verfahren geht mit der geheimen Beratung der Geschworenen zu Ende, die sich dann wiederum öffentlich sei es für Freispruch, sei es für Freiheitsentzug aussprechen, bei dem der für schuldig befundene Verbrecher mit einer zeitlich definierten Gefängnisstrafe belegt wird und bei dem er »gehalten« ist, seine Schuld gegenüber der Gesellschaft zu bezahlen und sich von seinem Vergehen »reinzuwaschen«.

Der Zustand der *juristisch-gesetzlichen Unzurechnungsfähigkeit* schließt dagegen das Verfahren des öffentlichen Auftritts vor einem Schwurgericht kurz. Er bestimmt den Mörder im voraus und direkt für die Einweisung in ein psychiatrisches Krankenhaus. Der Verbrecher ist dann ebenfalls außerstande gesetzt, der Gesellschaft zu »schaden«, aber für eine unbestimmte Zeit, und er ist gehalten, die psychiatrische Betreuung über sich ergehen zu lassen, die sein Zustand als »Geisteskranker« erfordert.

Wenn der Mörder nach öffentlichem Prozeß freigesprochen wird, kann er erhobenen Hauptes heimkehren (wenigstens im Prinzip, denn es besteht die Möglichkeit, daß die öffentliche Meinung sich darüber entrüstet, ihn freigesprochen zu sehen, und ihn das spüren läßt. Es finden sich stets böse Zungen aus dem Skandalgenre, die dann an die Stelle der öffentlichen Voreingenommenheit treten und ihre Rolle spielen).

Wenn er zur Haft oder zur psychiatrischen Einweisung verurteilt wird, verschwindet der Kriminelle oder Mörder aus der sozialen Welt: im Falle der Haft für eine vom Gesetz *definierte* Zeit (die durch Strafminderung verkürzt werden kann); für eine *undefinierte* Zeit im Falle der psychiatrischen Einweisung, mit folgendem erschwerenden Begleitumstand: der internierte Mörder, der als seines gesunden Menschenverstandes und damit seiner Entscheidungsfreiheit beraubt gilt, kann die Eigenschaft einer Rechtspersönlichkeit einbüßen, die vom Polizeipräsidenten einem »Vormund« (Gesetzesvertreter) übertragen wird, der für ihn zeichnungsberechtigt ist und in seinem Namen und an seiner Stelle handelt – während ein anderer Verurteilter sie nur im »strafrechtlichen Sinne« verliert und einbüßt.

Gerade weil der Mörder oder Kriminelle für *gefährlich* gehalten wird, sowohl für sich selbst (Selbstmord) als auch für die Gesellschaft (Rückfälligkeit), wird er außerstande gesetzt, Schaden anzurichten, und zwar durch Freiheitsberaubung oder psychiatrischen Gewahrsam. Um diesen Aspekt zuzuspitzen, sei festgehalten, daß zahlreiche psychiatrische Anstalten trotz neuerer Bemühungen noch immer gefängnisähnliche Institutionen sind und daß es darin für »gefährliche« Kranke (d. h. unruhige oder gewalttätige) geschlossene und Sicherheitsabteilungen gibt, deren tiefe Gräben und Verhaue und deren physische oder »chemische« Zwangsjacken böse Erinnerungen wachrufen. Die geschlossenen Abteilungen sind zuweilen schlimmer als manche Gefängnisse.

Einkerkerung auf der einen, Einweisung auf der anderen Seite: Es nimmt also nicht wunder, wenn man sieht, daß diese Annäherung in der unaufgeklärten öffentlichen Meinung eine Art Gleichstellung bewirkt. Jedenfalls bleibt die Einkerkerung oder Einweisung die normale Art der Bestrafung eines Mordes. Abgesehen von dringlichen, sogenannten akuten Fällen, die außer Frage stehen, geht die Hospitalisierung nicht ohne Schädigung ab, sowohl beim Patienten, den sie häufig zum chronischen Fall macht, als auch beim Arzt, der ebenfalls gezwungen ist, in einer geschlossenen Welt zu leben, in der er angeblich alles »vermeintliche Wissen« über den Patienten besitzt, und der häufig in angstbesetzter Nähe zum Kranken lebt, den er nur allzu oft durch die Teilnahmslosigkeit seiner Zuwendung und durch verstärkte Aggressivität beherrscht.

Aber das ist nicht alles. Die öffentliche Meinung glaubt bereitwillig, daß der potentiell rückfallbedrohte Kriminelle oder Mörder, der damit auch dauerhaft »gefährlich« ist, auf unbegrenzte Zeit vom sozialen Leben ausgeschlossen werden muß oder sollte – *im Grenzfall: sein ganzes Leben lang.* Eben deshalb hört man so viele Entrüstungsäußerungen, von denen manche, die soziale Ängste und Schuldgefühle zu Parteizwecken ausbeuten, sich insbesondere im Namen der Sicherheit von Personen und Sachen gegen Ausgangsgenehmigungen oder vorzeitige Haftentlassungen richten, wie sie Häftlingen bei »guter Führung« vor Ende des eigentlichen Strafmaßes gewährt werden. Deshalb ruft das Thema der »lebenslangen« Haftstrafe so viele Kommentare auf den Plan, nicht nur als »natürliche« Sanktion einer ganzen Reihe von Verbrechen, die als besonders bedrohlich für die Sicherheit von »Kindern, Älteren und Polizeibeamten« gelten. Wie könnte der »Verrückte«, der im Grenzfall sogar für »gefährlicher«, weil sehr viel »unberechenbarer« als der gewöhnliche Kriminelle gehalten wird, eben dieser Angstreaktion entgehen, zumal sein Schicksal des von Natur aus Eingesperrten ihn ja mit dem Schicksal des »geistig gesunden« Schuldigen verbindet?

Dennoch muß man noch weiter gehen. Der Umstand der Verfahrenseinstellung setzt den internierten Geisteskranken nämlich vielen anderen Präventivmaßnahmen seitens der öffentlichen Meinung aus.

In der überwältigenden Mehrzahl der Fälle kommt der vor einem Schwurgericht erscheinende und für schuldig befundene Verurteilte mit einer im allgemeinen zeitlich begrenzten Strafe davon, zwei Jahre, fünf Jahre, zwanzig Jahre, und bekanntlich kann sogar die lebenslängliche Haftstrafe, wenigstens bis jetzt, Anlaß zur zeitlichen Minderung des Strafmaßes geben. Der Verurteilte soll während seiner Haftzeit

»seine Schuld bei der Gesellschaft bezahlen«. Ist diese »Schuld« einmal beglichen, kann er folgerichtig ganz normal ins Leben zurückkehren, ohne irgend jemandem im Prinzip mehr Rechenschaft schuldig zu sein. Ich sage »im Prinzip«, denn in der Realität ist das nicht so einfach, sie fällt nicht unverzüglich und deckungsgleich mit dem Recht zusammen – davon zeugen beispielsweise die so verbreitete Verquickung von *Beschuldigtem* (der als unschuldig gilt, solange der Beweis seiner Schuld nicht erbracht worden ist) und *Schuldigem*, die noch lange wahrnehmbaren Spuren des lokalen oder nationalen Skandals, die Gerüchte der Anklage, die lange und rücksichtslos von der Presse und den Medien unter dem Vorwand der Information wiederholt werden, alle Arten von Gemunkel, das mit seiner Böswilligkeit nicht nur den unschuldigen und freigesprochenen Beklagten lange verfolgen kann, sondern auch den verurteilten Kriminellen, der seine Strafe »ehrlich« verbüßt hat. Letztlich aber, und auch das muß gesagt werden, schlägt die Ideologie der »Schuld« und der bei der Gesellschaft »beglichenen Schuld« trotz allem zugunsten des Verurteilten aus, der seine Haft abgesessen hat, und schützt gewissermaßen sogar den entlassenen Kriminellen, und überdies bietet das Gesetz ihm Schutz vor jeder Schuldzuweisung, die der »Rechtskräftigkeit« zuwiderläuft: der Kriminelle, der mit der Gesellschaft im reinen ist, oder der Amnestierte kann Verleumdungsprozesse anstrengen, wenn man eine ehrenrührige Vergangenheit gegen ihn ins Feld führt. Man kennt ungezählte Beispiele dafür. Die Strafe »tilgt« also das Verbrechen, und wenn Zeit, Isolierung und Stillschweigen ihm beistehen, kann der frühere Kriminelle durchaus wieder ins Leben zurückfinden. Auch dafür fehlt es nicht an Beispielen, Gott sei Dank.

Dasselbe gilt allerdings ganz und gar nicht im Falle des zum Mörder gewordenen »Verrückten«. Wenn man ihn einweist, dann natürlich *ohne voraussichtliche zeitliche Grenze*, selbst wenn man weiß oder wissen sollte, daß *jeder akute Schub im Prinzip nur vorübergehend ist*. Freilich sind die Ärzte in den meisten Fällen, wenn nicht sogar immer, unfähig, bei den akuten Schüben eine auch nur annähernde Frist für eine Heilungsprognose zu benennen. Genauer, die anfangs festgeschriebene »Diagnose« verändert sich unaufhörlich, denn in der Psychiatrie gibt es nur *evolutive* Diagnosen: einzig die Entwicklung des Patienten erlaubt sie zu stellen, sie also auch zu modifizieren. Und mit der Diagnose wohlgemerkt auch die Behandlung und die Perspektiven der Prognose aufzustellen und zu modifizieren.

Für die öffentliche Meinung aber, die eine bestimmte Presse beeinflußt, ohne je genau zwischen dem »Wahn« akuter, aber vorübergehender Schübe und der schicksalhaften »Geisteskrankheit« zu unterscheiden, gilt der Verrückte ohne weiteres als Geisteskranker, und wer Geisteskranker sagt, meint damit natürlich lebenslänglich krank und folglich auch lebenslänglich internierbar und interniert: »lebenstot« [i. O. dt.], wie die deutsche Presse so treffend gesagt hat.

Im gesamten Verlauf seiner Internierung lebt der Geisteskranke, es sei denn, es gelingt ihm, Selbstmord zu begehen, natürlich weiter, aber in der Isolierung und in der Stille der Pflegeanstalt. Unter deren Grabstein ist er gleichsam tot für alle diejenigen, die ihn nicht besuchen, aber wer besucht ihn denn schon? Da er jedoch nicht wirklich tot ist, da man, wenn er bekannt ist, seinen Tod nicht »angezeigt« hat (der Tod der Unbekannten zählt ohnehin nicht), wird er langsam eine Art Scheintoter oder besser: weder Lebender noch Toter, der keinerlei Lebenszeichen mehr von sich geben kann, es sei denn an die ihm Nahestehenden oder diejenigen, die sich um ihn kümmern (ein äußerst seltener Fall; wie viele Internierte bekommen praktisch *nie Besuch* – ich habe das in Sainte-Anne und anderswo mit eigenen Augen gesehen!), und da er sich überdies draußen nicht öffentlich äußern kann, fällt er tatsächlich, ich wage den Ausdruck, in die Rubrik der Verlustbilanzen aller Kriege und aller Katastrophen der Welt: in die Bilanz der *disparus* [Verschwundenen].

Wenn ich von diesem befremdlichen Zustand spreche, dann deshalb, weil ich ihn erlebt habe und ihn auf bestimmte Weise noch heute erlebe. Sogar zwei Jahre nach meiner Entlassung aus psychiatrischem Gewahrsam bin ich für eine Öffentlichkeit, die meinen Namen kennt, ein *Verschwundener*. Weder tot noch lebendig, noch nicht begraben, aber »ohne Werk« – Foucaults großartiges Wort zur Bezeichnung des Irren: *verschwunden*.

Im Unterschied zum Toten aber, dessen Hingang einen Schlußpunkt unter das Leben eines Individuums setzt, das in die Grabeserde eingesenkt wird, setzt sich ein *Verschwundener* für die öffentliche Meinung der einzigartigen Gefahr aus, wieder (wie heute in meinem Falle) ins helle Tageslicht treten zu können (Foucault hatte über sich geschrieben: »unter der hellen Sonne der polnischen Freiheit«, als er sich geheilt fühlte). Nun muß man aber wissen – und kann es Tag für Tag feststellen –, daß dieser einzigartige Status eines *Verschwunde-*

31

nen, der wiederkehren kann, ihm gegenüber eine Art Unbehagen und Voreingenommenheit wachhält, denn die Öffentlichkeit verspürt eine dumpfe Furcht angesichts eines Verschwindens, das nicht in der Lage ist, der sozialen Existenz eines Kriminellen oder eines internierten Mörders ein definitives Ende zu setzen. Es geht nämlich um die Todesangst und ihre Drohung, ein unumgänglicher Trieb. Für die öffentliche Meinung sollte die Affäre durch die Einweisung endgültig geregelt sein, und die dumpfe, aber diffuse Voreingenommenheit, die das Ereignis mit Schlägen ins Zentrum der Bangigkeit begleitet, vermehrt sich um die Furcht, es möge nie dazu kommen. Und wenn es dazu kommt, daß der internierte »Irre« wieder ans Licht des Lebens tritt, sogar mit Bürgschaft kompetenter Ärzte, ist eben diese öffentliche Meinung dazu gezwungen, einen Kompromiß zwischen diesem unerwarteten, aber überaus peinlichen Beweis und dem ersten Skandal des Mordes zu suchen und zu finden, den die Wiederkehr des Kriminellen auslöst, den man und der sich »geheilt« glaubt. Das aber ist unendlich viel häufiger im Falle der akuten Krise. Was kann er anstellen? Rückfällig werden? Dafür gibt es ja so viele Beispiele! Ist es möglich, daß er, der »Irre«, wieder »normal« geworden ist? Aber wenn das der Fall ist, war er es *dann nicht bereits zum Zeitpunkt des Verbrechens?* Im dumpfen und blinden Bewußtsein, blind, weil von einer ganzen spontanen (aber auch bewußt geprägten) Ideologie des Verbrechens, des Todes, der »lebenslänglichen Schuld«, des gefährlichen und unberechenbaren »Irren« verblendet – eben dort ist der Prozeß, der nie stattgefunden hat, im Begriff, wiederaufgenommen, ja begonnen zu werden, im öffentlichen Raum und ohne daß der irre Mörder, nicht anders als zuvor, das mindeste Recht hätte, sich zu erklären.

Daraus ergibt sich schließlich der folgende merkwürdig paradoxe Aspekt. Der Mensch, dem ein Verbrechen zur Last gelegt wird und dem keine Verfahrenseinstellung zugute kommt, hat zwar die harte Prüfung des öffentlichen Auftritts vor einem Schwurgericht über sich ergehen lassen müssen. Aber wenigstens wird dort alles zum Gegenstand *öffentlicher* Anklage, Verteidigung und persönlicher Erklärungen. In diesem »widersprüchlichen« Verfahren hat der angeklagte Mörder wenigstens die vom Gesetz anerkannte Möglichkeit, auf *öffentliche* Zeugnisse zählen zu können, auf *öffentliche* Plädoyers seiner Verteidiger und auf die *öffentlichen* Urteilsbegründungen der Anklage; und darüber hinaus hat er das Recht und das unbezahlbare

Privileg, sich *öffentlich, in seinem Namen und seiner Person* zu seinem Leben, seinem Mord und seiner Zukunft äußern und erklären zu können. Gleichgültig ob er verurteilt oder freigesprochen wird, er hat zumindest die Möglichkeit gehabt, sich öffentlich selbst zu äußern, und die Presse ist gehalten, wenigstens in aller Offenheit seine Erklärungen und das Ergebnis des Prozesses bekanntzumachen, der die Affäre rechtlich und öffentlich abschließt. Wenn der Mörder sich zu Unrecht verurteilt fühlt, kann er laut seine Unschuld beteuern, und bekanntlich haben solche öffentlichen Unschuldsbeteuerungen gerade in manchen sehr gewichtigen Fällen schließlich zur Wiederaufnahme des Verfahrens und zum Freispruch des Angeklagten geführt. Bürgerkomitees können öffentlich seine Verteidigung übernehmen. Aufgrund aller dieser Möglichkeiten ist er weder allein noch ohne öffentlichen Schutz: es ist die Institution der Öffentlichkeit der Verfahren und Verhandlungen, die bereits der italienische Jurist Beccaria im 18. Jahrhundert und nach ihm Kant für die oberste Sicherheitsgarantie jedes Beschuldigten hielten.

Genau das aber ist nun leider nicht auch im Falle des Mörders gültig, dem eine Verfahrenseinstellung zugute kommt. Zwei mit äußerster Strenge im faktischen und rechtlichen Verlauf des Verfahrens verankerte Umstände verweigern ihm jedes Recht auf eine öffentliche Erklärung. Die Internierung und die daraus folgende Annullierung seiner Rechtspersönlichkeit einerseits und die ärztliche Schweigepflicht andererseits.

Was erfährt die Öffentlichkeit? Wenn ein Verbrechen begangen worden ist, erfährt sie aus der Presse das Ergebnis der Autopsie des Leichnams (das Opfer ist an den Folgen einer »Strangulation« gestorben, kein Wort mehr), sie erfährt anschließend, und zwar einige Monate später, vom Erlaß der Verfahrenseinstellung aufgrund von Artikel 64, ohne jeden weiteren Kommentar.

Aber die Öffentlichkeit bleibt in Unkenntnis aller Details, Gründe und Resultate der geheimen gerichtsmedizinischen Gutachten, an denen von den Verwaltungsbehörden bestellte Experten in der Zwischenzeit gearbeitet haben. Der Öffentlichkeit wird die gesamte (vorläufige) Diagnose vorenthalten, die sich sowohl aus diesen Gutachten als auch aus den ersten klinischen Beobachtungen der Ärzte ergibt. Nichts wird sie erfahren von ihren Beurteilungen, ihrer Diagnose und Prognose im Laufe der Internierung des Patienten, nichts von den dem

Patienten verordneten Behandlungen, nichts von den manchmal schrecklichen Schwierigkeiten, mit denen die Ärzte sich auseinandersetzen müssen, und von den beklemmenden Sackgassen, in die sie gelegentlich geraten, wenn sie auch weiterhin Haltung zu bewahren versuchen. Und natürlich wird sie in Unkenntnis aller Reaktionen des »nicht-schuldigen« Mörders bleiben, seiner fortgesetzten und verzweifelten Anstrengungen, sich die nahe- und fernliegenden Gründe eines Dramas zu erklären und zu verstehen, in das er unterm Druck des Unbewußten und des Wahns buchstäblich gestürzt worden ist. Und wenn er die Pflegeanstalt verläßt (*wenn* er sie verläßt...), wird diese Öffentlichkeit nichts von seinem neuen Zustand wissen, nichts von den Gründen für seine wiedererlangte Freiheit, nichts von der schrecklichen Phase des »Übergangs«, mit der er sich, zumeist allein, auseinandersetzen muß, selbst wenn er nicht isoliert ist, und nichts von den langsamen und schmerzlichen Fortschritten, die ihn, Schritt für Schritt, unmerklich an die Schwelle zum Überleben und zum Leben führen.

Ich spreche von der öffentlichen Meinung (das heißt von ihrer Ideologie) und von der Öffentlichkeit: Die beiden Ausdrücke umfassen wahrscheinlich nicht denselben Inhalt. Aber darauf kommt es hier nicht an. Denn nur selten gibt es eine Öffentlichkeit, die nicht von der öffentlichen Meinung verseucht ist, das heißt von einer bestimmten Ideologie, die in ihren Kriminal-, Mord-, Verschwindens- und merkwürdigen Wiederauferstehungsaffären herrscht: eine Ideologie, die einen ganzen gerichtsmedizinischen und Strafvollzugsapparat mit seinen Institutionen und Prinzipien ins Spiel bringt.

Ich möchte aber auch von den Nahestehenden, den Familien, den Freunden und darüber hinaus, wenn das der Fall ist, von den Bekannten sprechen. Die dem Mörder Nahestehenden sehen sich, wenn sie aus ihrer Sicht und auf ihre Weise ein Drama miterlebt haben, das ihnen unerklärlich bleibt, wenn es sie auch verstört hat, zwischen dem Faktum eines entsetzlichen Dramas und seiner Ausbeutung durch eine bestimmte skandalvermarktende Presse einerseits und ihrer Anhänglichkeit an einen Mörder andererseits hin- und hergerissen, den sie gut kennen und häufig (wenn auch nicht immer) lieben. Derart hin- und hergerissen, gelingt es ihnen nicht, das Bild ihres Angehörigen oder Freundes mit der Gestalt eben dieses jetzt zum Mörder gewordenen Menschen in Einklang zu bringen. Auch sie suchen ratlos nach einer

Erklärung, die man ihnen jedoch vorenthält oder die sie gar noch zu verhöhnen scheint, wenn ein Arzt sich ein Herz faßt und ihnen eine Hypothese anvertraut: »Worte, nichts als Worte!« Und an wen könnten sie sich denn anders wenden als an die betreuenden Ärzte, um sich eine erste Vorstellung vom Unfaßbaren zu machen? Also begegnen sie in der Gestalt des um die Dimension des Berufsgeheimnisses vermehrten »psychiatrischen Wissens« einer Art von Menschen, die im wesentlichen an die Schweigepflicht ihres Berufsstandes gebunden sind und sich ihre Selbstsicherheit häufig nur beweisen, um ihre eigene Unsicherheit, ja ihre Angst zu überspielen und die Effekte ihrer eigenen Hilflosigkeit (und das ist häufig der Fall) auf jenen anderen abzulenken.

Sehr häufig beginnt sich dann eine merkwürdige »Dialektik« zwischen der Angst des Patienten, der, in den gravierendsten und intensivsten, aber auch in den bedrohlichsten und folgenreichsten Fällen (wie meinem eigenen), sehr rasch den Arzt und die Wärter für sich gewinnt, und der Angst der Angehörigen einzupendeln. Der Arzt muß »standhalten«, *sowohl* gegen seine eigene Angst *als auch* gegen die Angst der »Betreuergruppe« *und* gegen die der Angehörigen. Aber dieses »Standhalten« läßt sich nicht so leicht verbergen: Nichts ist beunruhigender für den Patienten und die ihm Nahestehenden als dieser allzu ersichtliche und wahrnehmbare Kampf, den der Arzt gegen das führt, was ihm sehr häufig als möglicherweise irreversibles Schicksal erscheint. Ja, am Denkhorizont des Arztes und am Erwartungshorizont der Angehörigen zeichnet sich überdies, wenn auch aus anderen Gründen, das Schicksal einer *lebenslänglichen Internierung* für den Patienten ab.

Gleichgültig ob der Kranke wieder ins Leben zurückfindet und sich um den Preis gigantischer Anstrengungen darin einrichtet, die er sowohl an sich als auch an allen realen und phantasierten Hindernissen unternimmt, die sich ihm entgegenstellen, selbst wenn die Angehörigen ihn wirklich, fortgesetzt, unwandelbar (wie bei mir) dabei unterstützen – sie leben dennoch in immer derselben Angst: Wird er sich je davon befreien können? In manchen Augenblicken mag man das einfach nicht mehr glauben. Und wenn er, vielleicht sogar im Krankenhaus, »wieder anfängt«? Zu töten möglicherweise, trotz aller Schutzmaßnahmen, vor allem aber in die Krankheit zurückzufallen? Und wenn man ihn erneut hospitalisieren muß, um einem Rückfall in einen akuten Schub vorzubeugen, kommt er je wieder heraus? Und wenn es ihm zu überleben gelingt, um welchen Preis? Bleibt er nicht für immer von diesem Drama und seinen Folgen gezeichnet? Bleibt er nicht für immer ein ausgebrannter Mensch (man kennt deren ja so viele!), und wird er sich nicht, im Wahn einer ununterdrückbaren Manie, in gefährliche Initiativen stürzen, die weder er noch sonst jemand kontrollieren kann?

Und wie soll man, schwerwiegender noch, die Erklärungsversuche in Einklang bringen, die sich jeder zurechtgelegt hat (so viele Erklärungen wie Angehörige; jeder hat seinen »nachträglichen« Einfall, um das Unerträgliche zu ertragen und sich verständlich zu machen), um wenigstens etwas klarer zu sehen bei diesem Drama des Mordes an einer Frau, die sie nicht immer gut gekannt haben, von der sie sich jedoch aufgrund irgendwelcher oberflächlicher und launischer Indizien und Anzeichen – zwangsläufig – irgendeine eigene und durchaus nicht immer günstige Vorstellung gemacht hatten (die Freundin eines Freundes, so etwas verträgt sich nicht immer), wie soll man also diese ihre speziellen Vorstellungen zu dem Drama mit den »Erklärungen« in Einklang bringen, die ihr Freund sich und ihnen zurechtlegt, private Erklärungen, vertrauliche Mitteilungen, die sehr häufig nur verwirrende, blinde, jedenfalls in der Nacht des »Wahns« umhertappende Suche nach einer unmöglichen Klarheit sind?

Diese Freunde nämlich sind in einer ganz eigenartigen Situation. Aus der Phase, die dem Drama und der endlosen Zeit der Hospitalisierung vorausgegangen ist, verfügen sie häufig über Beobachtungen und Details, die der Kranke, in der tiefen Amnesie befangen, die ihn schützt wie eine Ringmauer, vergessen hat. Über viele Episoden wissen sie also mehr als er selbst, ausgenommen den Zeitpunkt des Dramas selbst. Sie zögern, dem Freund anzuvertrauen, was sie wissen, aus Sorge, die schreckliche Angst des Dramas und seiner Folgen erneut bei ihm wachzurufen, vor allem die boshaften Anspielungen einer bestimmten Presse (namentlich im Falle eines »bekannten« Menschen), die Reaktionen dieser und jener und wahrscheinlich vor allem das Schweigen anderer, gleichwohl ebenfalls Nahestehender. Sie wissen genau, daß jeder von ihnen versucht oder alles unternommen hat, um zu vergessen (dieser unmögliche Versuch), und daß ihre vertraulichen Mitteilungen aufgrund der Reaktionen ihres Freundes ihre brüderliche Solidarität zu sprengen drohen: nicht nur die Brüderlichkeit, die sie mit ihrem Freund, sondern auch die, die sie miteinander verband. Was bei ihnen auf dem Spiel steht, ist nämlich nicht nur das Schicksal ihres Freundes, sondern auch das Schicksal ihrer Freundschaft untereinander.

Eben deshalb habe ich mich entschlossen, zumal bisher jeder an meiner Stelle gesprochen und das juristische Verfahren mir jede öffentliche Erklärung verwehrt hat, mich öffentlich zu äußern.

Ich tue das zunächst für meine Freunde und, wenn möglich, für mich selbst: um jenen drückenden Grabstein zu lüften, der auf mir lastet. Ja, um mich ganz allein zu befreien, aus mir selbst, ohne irgend jemandes Rat oder Befragung. Ja, um mich aus der Lage zu befreien, in die der äußerste Ernst meines Zustandes mich gebracht hatte (meine Ärzte sahen mich bereits zweimal im Sterben liegen), von meinem Mord und auch, und vor allem, von den zweifelhaften Auswirkungen der Verfahrenseinstellung, die mir zugute gekommen sind, ohne daß ich diesem Verlauf faktisch oder rechtlich hätte entgegentreten können. Denn unter eben diesem Grabstein der Verfahrenseinstellung, des Schweigens und des öffentlichen Todes bin ich gezwungen gewesen, zu überleben und wieder leben zu lernen.

Hier deshalb einige der verhängnisvollen Auswirkungen der Verfahrenseinstellung und der Gründe, aus denen ich mich entschlossen habe, mich öffentlich zu dem Drama zu äußern, das mir widerfahren ist. Ich beabsichtige damit nichts anderes, als den Grabstein zu lüften, unter dem der Rechtsweg der Verfahrenseinstellung mich begraben hat, um jedermann die Informationen zu vermitteln, über die ich verfüge.

Natürlich sollte man mir soweit entgegenkommen zu glauben, daß ich mich mit dem menschlichen Maximum an *objektiven* Garantien einsetze: ich habe nicht die Absicht, der Öffentlichkeit einzig und allein die Elemente meiner Subjektivität preiszugeben. Ich habe also lange und ausführlich alle Ärzte befragt, die mich behandelt haben, nicht nur während meiner Internierung, sondern auch vorher und nachher. Ebenso sorgfältig habe ich alle meine vielen Freunde befragt, die alles, was mir zugestoßen ist, aus der Nähe mitverfolgt haben, nicht nur während meiner Internierung, sondern auch lange vorher (zwei von ihnen haben Tag für Tag, von Juli 1980 bis Juli 1982, ein Logbuch geführt). Ebenso habe ich Spezialisten in Pharmakologie und medizinischer Biologie über bestimmte wichtige Punkte befragt. Natürlich habe ich die Mehrzahl der Zeitungsartikel durchgesehen, die, aus Anlaß der Ermordung meiner Frau, nicht nur in Frankreich erschienen sind, sondern auch in anderen Ländern, wo ich bekannt bin. Übrigens habe ich feststellen müssen, daß die Presse, abgesehen von seltenen Ausnahmen (von manifest politischem Zuschnitt), sehr »korrekt« verfahren ist. Und ich habe getan, was bisher niemand wollte oder konnte: ich habe die ganze verfügbare »Dokumentation«, so als ob es sich dabei um einen Dritten handelte, zusammengetragen und mich damit konfrontiert, im Lichte dessen, was ich selbst erlebt habe – und umgekehrt. Und ich habe, in aller Klarheit und Verantwortlichkeit, den Entschluß gefaßt, endlich selbst das Wort zu ergreifen, um mich öffentlich zu erklären.

Ich habe mich vorsätzlich jeder Polemik enthalten. Ich ergreife jetzt das Wort: natürlich wird man glauben, daß ich nur mich ins Spiel bringe.

Man hat mir gesagt: »Du wirst die ganze Affäre wieder aufrühren. Es wäre besser für Dich, zu schweigen und ›keine Wellen zu machen‹.« Man hat mir gesagt: »Es gibt nur eine Lösung, Schweigen und Resignation, das Gewicht der Gesellschaft ist so drückend, daß Deine Erklärung daran nichts ändern kann.« Ich glaube nicht an diese Bedenken. Ich glaube durchaus nicht, daß meine »Erklärungen« die Polemik über meine Affäre erneut anfachen werden. Ich glaube im Gegenteil, daß ich nicht nur imstande bin, mich etwas klarer über mich selbst zu äußern, sondern auch die anderen zum Nachdenken über eine konkrete Erfahrung zu bewegen, deren »kritisches« Eingeständnis kaum Vorgänger hat (abgesehen von dem bewundernswerten Geständnis Pierre Rivières, das Michel Foucault publiziert hat, und sicherlich manchen anderen, die kein Verleger je aus philosophischen oder politischen Gründen zugänglich gemacht hat) – eine in den akutesten und schrecklichsten Formen erlebte Erfahrung, die zweifellos über mich hinausgeht, denn sie bringt eine Fülle juristischer, strafrechtlicher, medizinischer, analytischer, institutioneller und letztlich auch ideologischer und sozialer Aspekte, kurz: Apparate ins Spiel und stellt sie in Frage, die wahrscheinlich manche unserer Zeitgenossen interessieren werden und ihnen helfen können, etwas klarer zu sehen in den jüngsten großen Auseinandersetzungen über das Strafrecht, die Psychoanalyse, die Psychiatrie, die psychiatrische Internierung und ihre Beziehungen und Fortsetzungen bis ins Bewußtsein der Ärzte, die sich den Bedingungen und Effekten gesellschaftlicher Institutionen aller Art nicht verschließen können.

Leider bin ich kein Rousseau. Als ich jedoch dieses Projekt entwarf, über mich und das Drama zu schreiben, das ich erlebt habe und noch erlebe, habe ich oft an seine beispiellose Kühnheit gedacht. Nicht daß ich für mich in Anspruch nähme, wie er zu Beginn seiner *Bekenntnisse* zu sagen: »Ich beginne ein Unternehmen, das ohne Beispiel ist und das niemand nachahmen wird.« Nein. Ich glaube aber, in aller Aufrichtigkeit seine Erklärung unterschreiben zu können: »Ich werde laut sagen: ›Sieh, so handelte ich, so dachte ich, so war ich!‹« Und ich würde lediglich hinzufügen: »Das war es, was ich verstanden oder zu verstehen geglaubt habe, dessen ich nicht mehr ganz Herr bin, aber was ich geworden bin.«

Ich warne: Das hier Folgende ist weder Journal noch Rückblick, noch Autobiographie. Unter Verzicht auf alles übrige habe ich lediglich an der Wucht der Gefühlsaffekte festgehalten, die meine Existenz geprägt und ihr ihre Gestalt verliehen haben: die Gestalt, in der ich mich wiedererkenne und in der mich, wie ich glaube, auch andere wiedererkennen werden.

Diese Aufzeichnungen bleiben dem chronologischen Zeitablauf manchmal direkt auf der Spur; bald aber eilen sie ihm voraus, bald rufen sie ihn in Erinnerung: nicht um die Augenblicke zu vermischen, sondern im Gegenteil, um aus dem Zusammentreffen der Zeitebenen das hervortreten zu lassen, was die hauptsächlichen und distinkten Affinitäten der Affekte dauerhaft verfestigt, in deren Bannkreis ich mich sozusagen konstituiert habe.

Diese Methode hat sich mir ganz natürlich aufgedrängt: jedermann kann sie nach ihren Wirkungen beurteilen. Genau wie er die Macht bestimmter gewaltsamer Gebilde über mein Leben nach ihren Wirkungen beurteilen kann, die ich früher *Appareils idéologiques d'État* (AIE [Ideologische Staatsapparate]) genannt habe und die ich mir, zu meiner eigenen Überraschung, nicht für das Verständnis dessen zunutze machen konnte, was mir widerfahren ist.

III

Ich bin am 16. Oktober 1918 um halb fünf Uhr morgens im Forsthaus Bois de Boulogne geboren, in der Gemeinde Birmandreïs, fünfzehn Kilometer von Algier entfernt.

Man hat mir erzählt, mein Großvater, Pierre Berger, sei in aller Eile in die Oberstadt hinabgelaufen, um dort eine russische Ärztin, eine Bekannte meiner Großmutter, zu benachrichtigen; diese Frau, rauh, fröhlich und warmherzig, sei dann bis zum Forsthaus aufgestiegen, habe meine Mutter entbunden und, angesichts meines großen Kopfes, versichert: »Der da, der ist nicht wie die anderen!« Dieses Wort sollte mich in abgewandelter Gestalt lange verfolgen. Ich erinnere mich, daß meine Kusine und meine Schwester, als ich auf die Adoleszenz zusteuerte, immer wieder von mir sagten: »Louis, der ist ›wasganzbesonderes‹ [*un typapart*].« Die drei Worte waren zu einem einzigen zusammengezogen.

Als ich zur Welt kam, war mein Vater seit neun Monaten abwesend: zunächst an der Front, dann, bis zu seiner Kriegsdienstentlassung, weiter in Frankreich festgehalten. Sechs Monate lang hatte ich also keinen Vater an meinem Bett, und bis zum März 1919 lebte ich mit meiner Mutter allein, in Gesellschaft meines Großvaters und meiner Großmutter mütterlicherseits.

Beide waren sie Sprößlinge armer Bauern aus der Gegend von Fours im Morvan (Nièvre). Als junge Leute sangen sie jeden Sonntag in der Kirche, mein Großvater, der junge Pierre Berger, im Hintergrund der Kirche, in dem Chorgestühl, das die große Eingangstür nahe dem Glockenzug überragte, zusammen mit den Jungen des Dorfes. Meine Großmutter, die junge Madeleine Nectoux, mit den Mädchen in der Nähe des Chores. Madeleine ging in die Schwesternschule, bei Nonnen, die auch die Ehe einfädelten. Sie befanden, daß Pierre Berger ein braver Junge war und gut sang. Er war vierschrötig und klein, etwas verschlossen, aber unter seinem eben sprießenden Schnurrbart ein hübscher Kerl. Die Hochzeit ging, wie damals landesüblich, ohne lange Geschichten vonstatten. Aber weder die Eltern meines Großvaters noch die meiner Großmutter verfügten über genug Grund und Boden, um das junge Paar auszustatten und zu ernähren. Also mußte anderswo eine Lösung gefunden werden. Es war die Zeit von Jules Ferry und von Frankreichs kolonialer Epopöe. Mein Großvater, der in Waldesnähe geboren war und sie nicht missen wollte, träumte von einer Laufbahn als Forstaufseher in Madagaskar! Madeleine aber war auf diesem Ohr taub. Schon vor der Hochzeit hatte sie gebieterisch ihre Absichten kundgetan: »Forstaufseher, einverstanden, aber nicht weiter als Algerien, sonst heirate ich Dich nicht!« Mein Großvater mußte nachgeben, und zwar zum ersten, aber nicht zum letzten Mal. Meine Großmutter war eine entschlossene Frau, die wußte, was sie wollte, dabei immer heiter und maßvoll in ihren Entschlüssen und Äußerungen. Ihr ganzes Leben lang verkörperte sie das ausgleichende Element in der Beziehung des Paares.

So wanderten die Bergers nach Algerien aus, und mein Großvater machte Karriere als Forstaufseher in den entlegensten und wildesten Bergen Algeriens, deren Namen mir wieder einfielen, als sie in den sechziger Jahren dieses Jahrhunderts zu den hochgelegenen Zufluchts- und Kampfstätten der algerischen Résistance wurden.

Mein Großvater ruinierte seine Gesundheit bei endlosen Tag- und Nachtinspektionen zu Pferde. Er war bei den Arabern und Berbern sehr beliebt. Seine Aufgabe war es, die Wälder vor den Ziegen zu beschützen, die an den Bäumen hochsprangen und die jungen Triebe abfraßen, vor allem aber die Brände zu bekämpfen, die die Wälder zu vernichten drohten. Er war aber auch mit der Aufgabe betraut, Straßen durch die Unebenheiten eines schwierigen Geländes zu trassieren und die Bauarbeiten zu überwachen. Eines Nachts, als das gesamte Chréa-Massiv von Schnee bedeckt war, machte er sich allein und zu Fuß ins Gebirge auf, um einer Gruppe von Schweden zu Hilfe zu kommen, die sich in die Wildnis gewagt und dort verirrt hatte. Es gelang meinem Großvater – niemand hat je erfahren wie –, sie zu finden, und drei Tage und Nächte später brachte er die Erschöpften zum Forsthaus zurück. Für diesen Akt der Selbstaufopferung wurde er ausgezeichnet: ich bewahre noch immer sein Kreuz auf.

Während der ganzen Zeit seiner Ausritte und Forstarbeiten blieb meine Großmutter Tag und Nacht allein in dem in den Wäldern verlorenen Forsthaus. Ich beharre auf diesem Punkt, er ist nicht ohne Bedeutung. Ohne jeden Übergang aus dem ländlichen Morvan, wo noch die traditionelle bäuerliche Gastfreundschaft herrschte, in die entlegensten und wildesten Wälder Algeriens verpflanzt, lebten meine Großeltern beinahe vierzig Jahre lang praktisch *allein*, selbst wenn ihnen später zwei Töchter geboren wurden. Die einzige Gesellschaft, derer sie sich erfreuten, war die ständig wechselnde der Araber und Berber der Umgebung und die des Personals der unregelmäßigen Inspektion (jährlich einmal) der »Chefs« von Bois et Forêts d'Algérie, darunter ein M. de Peyrimoff, für den mein Großvater ein Rassepferd fütterte und striegelte, das nur für diesen Herrn auserwählt war. Außerdem einige wenige Besuche in den nahen Marktflecken oder den fernen Städten. Das war alles.

Meinen Großvater hielt es nie zu Hause, er war immer schrecklich unruhig, fluchte unaufhörlich und gönnte sich keinen Augenblick Ruhe, stets unterwegs oder auf dem Sprung dazu. Wenn er ausritt, oft für mehrere Tage und Nächte, blieb meine Großmutter allein zu Hause. Sie hat mir oft vom »Marguerite«-Aufstand erzählt. Sie war mit ihren beiden Töchtern allein im Forsthaus, und die aufgebrachten arabischen Truppen drohten in die unmittelbare Umgebung einzufallen, und da diese Truppen, die aus anderen Gegenden und von weither kamen, in ihrer Wut unberechenbar waren, obwohl mein Großvater und meine Großmutter bei den Eingeborenen der Umgebung sonst beliebt waren, stand das Schlimmste zu befürchten. Die Nacht der größten Gefahr verbrachte meine Großmutter ohne Schlaf, während ihre beiden kleinen Mädchen (darunter meine künftige Mutter) ohne jede Angst in ihrer Nähe schliefen. Die ganze Nacht über aber lag ein geladenes Gewehr auf ihren Knien. Sie hat mir erzählt: zwei Kugeln im Lauf für die beiden Mädchen und eine dritte für mich selbst in Reichweite. Bis zum Morgengrauen. Die Aufständischen hatten sich in weiter Ferne verloren.

Ich erzähle diese Deckerinnerung – Deckerinnerung, denn sie ist mir von meiner Großmutter berichtet worden –, weil sie mir als eines der Schrecknisse meiner Kindheit in Erinnerung geblieben ist.

Eine weitere ist bei mir haften geblieben, auch sie von meiner Großmutter erzählt, die mich schaudern macht. Es war in einem anderen Forsthaus im Zaccar-Massiv, in großer Entfernung von Blida, der nächsten Stadt. Meine künftige Mutter und ihre Schwester, etwa sechs und vier Jahre alt, planschten im frischen, rasch fließenden Wasser eines breiten Bewässerungsgrabens, der unter freiem Himmel zwischen zwei Zementböschungen verlief. Nicht weit entfernt davon stürzte das Wasser in ein Rohrknie: es verschwand darin, ohne wieder aufzutauchen. Meine künftige Mutter fiel hinein, wurde von der Strömung mitgerissen und drohte in dieses Rohrknie eingesogen zu werden, als meine Großmutter ihr in letzter Sekunde zu Hilfe eilte und sie rettete, indem sie sie an den Haaren packte.

Es gab also Todesdrohungen in meinem Kinderkopf, und als meine Großmutter mir diese dramatischen Episoden erzählte, handelte es sich um meine eigene Mutter, um ihren Tod. Lange habe ich deswegen Ängste ausgestanden, natürlich (Ambivalenz), so als ob ich ihn mir unbewußt gewünscht hätte.

Ich weiß nicht, wie meine künftige Mutter und ihre jüngere Schwester, isoliert, wie sie lebten, es anstellten, die Schule zu absolvieren. Ich stelle mir vor, daß meine Großmutter dafür sorgte. Dann kam der Krieg. Mein Großvater wurde auf der Stelle eingezogen, und für das spätere Ende seiner Laufbahn ließ M. de Peyrimoff ihn auf den Posten eines Forstaufsehers im schönen Forsthaus von Bois de Boulogne berufen, von dem aus man die ganze Stadt Algier überblicken konnte. Es war sehr viel weniger abgelegen und die Arbeit dort weniger hart. Die Stadt war gleichwohl fünfzehn Kilometer entfernt, und man mußte vier Kilometer zu Fuß laufen, um die Straßenbahn (an der Station Colonne-Voirol) zu erreichen, die bis zur place du Gouvernement mitten in der Stadt fuhr, ganz nahe am Bab-el-Oued mit seinen lärmenden und von »kleinen« Weißen (Franzosen, Spaniern, Maltesern, Libanesen und anderen »kauderwelschenden« Mediterranen) wimmelnden Straßen. Mein Großvater und meine Großmutter aber gingen nie in die Stadt hinunter, es sei denn bei ganz seltenen Anlässen. Bei einem dieser Anlässe machten sie in den Büros der dortigen Bois et Forêts die Bekanntschaft eines kleinen Angestellten namens Althusser, der verheiratet und Vater zweier Söhne war, Charles, der ältere, und Louis.

Noch eine Familie, die erst jüngst eingewandert war! Ich habe den Großvater Althusser nie gekannt, wohl aber die Großmutter, eine außergewöhnliche Frau, steif wie ein Besenstiel, mit derber Ausdrucksweise und von entschiedenem Charakter. Ich habe sie selten gesehen, mein Vater mochte sie nicht sehr und erwiderte damit die Gefühle, die sie für ihn und für uns alle hegte.

Noch eine quälende Erinnerung. Die Althussers hatten sich 1871, nach dem Krieg Napoleons III. gegen Bismarck, für Frankreich entschieden, und wie viele Elsässer, die Franzosen bleiben wollten, waren sie von der französischen Regierung der Zeit buchstäblich nach Algerien »deportiert« worden.

Nachdem Vater Berger einmal nach Bois de Boulogne versetzt war, konnten meine künftige Mutter (Lucienne) und ihre jüngere Schwester (Juliette) die Schule in Colonne-Voirol besuchen. Meine Mutter war dort eine vorbildliche Schülerin, brav, sittsam, wie man das heute gar nicht mehr kennt, und ihren Lehrern gegenüber ebenso diszipliniert wie gegenüber ihrer eigenen Mutter. Meine Tante dagegen war der einzige Schwarmgeist in der Familie, Gott weiß warum.

Die Bergers und die Althussers besuchten sich von Zeit zu Zeit, die Althussers »stiegen« manchmal sonntags zum Forsthaus hinauf, und da die jeweiligen Kinder heranwuchsen und einander altersmäßig ungefähr entsprachen (das heißt die Mädchen waren jünger als die Knaben, ein Detail, dessen Bedeutung später deutlich werden wird), kamen die Eltern überein, sie miteinander zu verheiraten. Ich weiß nicht, warum Louis, den jüngeren, mit Lucienne und Charles, den älteren, mit Juliette. Oder besser: *Ich weiß es sehr wohl*, nämlich um die charakterlichen Verwandtschaften zu respektieren, die sich ohne weiteres manifestiert und aufgedrängt hatten. Denn auch Louis war ein sehr guter Schüler, sehr brav, sehr rein, mit einer Neigung für Poesie und Literatur: er sollte sich für die Aufnahmeprüfung an der École normale supérieure von Saint-Cloud vorbereiten. Mein Vater, der ältere, hatte gerade eben sein Schulabgangszeugnis erhalten, als meine Großmutter väterlicherseits ihn auch schon eigenmächtig ins Berufsleben schickte, als Laufburschen in einer Bank: mein Großvater väterlicherseits hatte nichts dazu zu sagen. Es war nämlich wirklich nicht genug Geld im Familienbudget, um das Studium für zwei Söhne zu bezahlen, und meine Großmutter väterlicherseits haßte Charles, ihren älteren. Als sie ihn zur Arbeit schickte, war er dreizehn Jahre alt.

Ich habe zwei Erinnerungen an diese unmögliche Großmutter im Gedächtnis behalten. Die eine, eher komisch, aber durchaus bedeutungsvoll, stammte von meinem Vater, der häufig von der Fachoda-Affäre erzählte. Bei der leisesten Drohung eines sich abzeichnenden

Krieges zwischen Frankreich und England um irgendeine gottverlassene Festung in Afrika zögerte meine Großmutter keinen Augenblick: sofort schickte sie meinen Vater los, um auf der Stelle dreißig Kilo getrocknete Bohnen zu kaufen, eine gute Vorsorge gegen Hunger, Bohnen halten sich lange, wenn man die Kornkäfer außer acht läßt, und sind nahrhaft wie Fleisch. Und zwanzig Kilo Zucker. Ich habe oft an diese getrockneten Bohnen denken müssen, seit ich erfahren habe, daß sie die Grundnahrung der Elendsländer Lateinamerikas bilden, ich habe mich immer gern damit vollgestopft (aber das hatte ich von meinem Großvater mütterlicherseits im Morvan), mit diesen getrockneten italienischen roten Bohnen, von denen ich Franca einen Teller angeboten habe, jener wunderschönen jungen Sizilianerin, in die ich mich später heftig verlieben sollte, unsagbar, während sie schwieg, um in ihrem Herzen den Sieg davonzutragen.

Ein andermal (diesmal war es gar nicht komisch und meine eigene Erinnerung) sah ich diese schreckliche Großmutter in einer Wohnung mit Blick auf die Avenue am Meeresufer, wo in Algier in drückender Sonnenhitze der große Truppenaufmarsch zum 14. Juli stattfand, vor allen beflaggten Schiffen im Hafen. Ich weiß nicht, warum wir in dieser für uns viel zu kostbar ausgestatteten Wohnung waren. Nach dem Vorbeimarsch der Truppen zog diese Großmutter, die ich nur ungern umarmte, weil sie, dieses Mannweib, einen Bartflaum unter der Nase und überall im Gesicht Haare hatte, die »piekten«, sie, die nichts Einnehmendes an sich hatte, nicht einmal ein Lächeln, zog einen billigen Tennisschläger hervor (ich begann damals gerade, im Kreise der Familie Tennis zu spielen): das war ein Geschenk für mich. Ich sah nur die besenstielsteife Haltung meiner Großmutter und die Steife des schlechten Stiels meines Schlägers vor mir. Widerwille stieg in mir auf. Ich konnte die Mannweiber, die keiner wirklich liebenden und schenkenden Geste fähig waren, entschieden nicht ertragen.

Dann der Krieg. Meine Mutter fühlte sich wohl in Louis' Gesellschaft (als sie ihm begegnete, war sie noch oder beinahe noch ein junges Mädchen, sechzehn Jahre alt, als sie ihn kennenlernte, aber vor ihm hat sie nie einen anderen gekannt, nicht einmal aus Freundschaft). Wie er liebte sie die Schule, wo sich alles im Kopf abspielt, vor allem nicht im Körper, und zwar unter der Aufsicht und dem Schutz guter Lehrer voller Tugenden und Gewißheiten. Darin paßten sie im tiefsten Grunde zusammen. Beide gleich sittsam und rein – vor allem rein –, beide in derselben Welt ätherischer Spekulationen und Perspektiven zu Hause, die für den Körper, dieses gefährliche »Ding«, folgenlos blieb, wurden sie bald Komplizen, um ihre reinen Leidenschaften und körperlosen Träume miteinander austauschen zu können. Später sollte ich einem Freund gegenüber, der mir das in Erinnerung gerufen hat, folgenden schrecklichen Satz äußern: »*Das Ärgerliche ist, daß es Körper gibt und, schlimmer noch, Geschlechter.*«

In der Familie galten Lucienne und Louis als verlobt, und bald verlobte man sie denn auch wirklich. Als Charles und Louis in den Krieg zogen, Charles zur Artillerie, Louis zu dem, was später die Luftwaffe wurde, unterhielt meine Mutter einen endlosen reinen Briefwechsel mit Louis. Von Zeit zu Zeit kamen die beiden Brüder, nacheinander oder zusammen, auf Urlaub. Mein Vater zeigte allen die Photos von seinen gigantischen Kanonen mit ihren langen Reichweiten und ihm selbst, immer aufrecht davorstehend.

Eines Tages ungefähr Anfang 1917 stellte sich mein Vater allein im Forsthaus Bois de Boulogne ein und verkündete der Familie Berger, sein Bruder Louis habe in den Lüften über Verdun in einem Aeroplan, in dem er als Beobachter mitflog, den Tod gefunden. Dann nahm Charles meine Mutter im großen Garten beiseite und machte ihr schließlich den Vorschlag (diese Formulierung ist mir oftmals von meiner Tante Juliette wiederholt worden), »Louis' Platz bei ihr einzunehmen«. Schließlich war meine Mutter schön, jung und begehrenswert, und mein Vater liebte seinen Bruder Louis aufrichtig. Er legte in seine Erklärung zweifellos alle erdenkliche Feinfühligkeit. Meine Mutter war fraglos bestürzt über die Nachricht von Louis' Tod, den sie auf ihre Weise innig liebte, aber verblüfft und verwirrt von Charles' unerwartetem Vorschlag. Das alles blieb jedoch in der Familie, in den Familien, und die Eltern konnten nicht anders als einverstanden sein. So wie sie eben war und wie ich sie gekannt habe, brav, sittsam, folgsam und ehrerbietig, ohne andere eigene Ideen als diejenigen, die sie mit Louis ausgetauscht hatte, willigte sie ein.

Die kirchliche Trauung wurde im Februar 1918 während eines Heimaturlaubs von Charles vollzogen. Inzwischen war meine Mutter bereits ein Jahr lang Lehrerin in Algier gewesen, in einer Volksschule in der Nähe des parc de Galland, wo sie, in Abwesenheit von Louis, Männern begegnet war, denen sie zuhören und mit denen sie sich über stets ähnlich reine Themen unterhalten konnte: Lehrern der großen Epoche, Beichtvätern, verantwortungsbewußten Vertretern von Beruf und Sendung, merklich älter als sie (einige hätten ihr Vater sein können), aber vom Scheitel bis zur Sohle voller Respekt für das junge Mädchen, das sie war. Zum ersten Mal hatte sie sich eine eigene Welt aufgebaut, mit der sie beglückt Bekanntschaft schloß und Umgang pflegte, wenn auch nie außerhalb des Unterrichts. Und da kommt eines schönen Tages mein Vater von der Front heim, und es wird Hochzeit gefeiert.

Stets hat meine Mutter die Einzelheiten dieser schrecklichen Hochzeit vor mir verborgen, an die ich natürlich keinerlei persönliche Erinnerung behalten habe, von der mir aber meine Tante, die jüngere Schwester meiner Mutter, sehr viel später und mehrfach erzählt hat. Wenn diese nachträglichen Berichte mich derart beeindruckt haben, dann freilich nicht ohne Grund: ich habe sie mit einem ganz eigenen Entsetzen umkleiden müssen, um sie in die Wiederholungsreihe anderer affektiver Schocks derselben Färbung und Heftigkeit eingliedern zu können. Man wird bald sehen welche.

Nach Abschluß der Zeremonie verbrachte mein Vater einige Tage bei meiner Mutter, bevor er wieder zur Front einrückte. Meine Mutter behielt dieses Ereignis anscheinend in dreifach schmerzlicher Erinnerung: einmal deshalb, weil sie körperlich durch die sexuelle Gewaltsamkeit ihres Gatten verletzt worden war; dann deshalb, weil sie mitansehen mußte, wie alle ihre Jungmädchen-Ersparnisse von ihm in einer einzigen Nacht der Prasserei verschleudert wurden (wer hätte meinen Vater nicht verstanden, der zurück an die Front mußte, um dort, Gott weiß!, vielleicht zu sterben?; aber er war auch ein sehr sinnlicher Mensch, der, vor meiner Mutter, Affären gehabt hatte – entsetzlich! – und sogar eine Geliebte namens Louise [dieser Vorname...], die er, einmal verheiratet, unwiderruflich und ohne ein Wort verlassen hatte, ein armes, geheimnisvolles junges Mädchen, von der mir meine Tante auch als einer Person erzählt hat, deren Name in der Familie nicht ausgesprochen werden durfte). Und schließlich verfügt mein Vater letztinstanzlich, daß meine Mutter ihren Lehrerinnenberuf auf der Stelle aufgeben muß, das heißt: die Welt ihrer Wahl, weil sie Kinder haben wird und er sie zu Hause für sich allein haben will.

Daraufhin bricht er wieder zur Front auf und läßt meine Mutter verstört zurück, bestohlen und verletzt, körperlich erniedrigt, der wenigen Sous beraubt, die sie geduldig zusammengetragen hatte (eine stille Reserve, man weiß ja nie – Geschlecht und Geld sind derart eng miteinander verknüpft), einspruchslos von einem Leben abgeschnitten, das sie sich aufzubauen und zu lieben gelernt hatte. Wenn ich diese Details hier anführe, dann nur deshalb, weil sie zweifellos zusammentreten und zusammenwirken mußten, um *nachträglich* das Bild einer *märtyrerhaften und wie eine Wunde blutenden Mutter* zu formen und damit im Unbewußten meines »Geistes« zu bekräftigen und zu verstärken. Diese Mutter, mit (ihrerseits lange danach erzählten) Erinnerungen, mit Episoden einer (wie durch ein Wunder vermiedenen) frühen Todesdrohung assoziiert, wurde zur leidenden Mutter, zu einer Mutter, die für einen deutlich zur Schau gestellten und vorwurfsvollen Schmerz ausersehen war, zu Hause von ihrem Gatten gemartert, mit weithin sichtbaren Wunden: masochistisch, aber deshalb auch schrecklich sadistisch, sowohl in bezug auf meinen Vater, der die Stelle von Louis eingenommen hatte (und damit an seinem Tode beteiligt war), als auch in bezug auf mich (da sie ja nicht umhin konnte, meinen Tod zu wollen, weil jener Louis, den sie liebte, tot war). Angesichts dieses schmerzlichen Entsetzens mußte ich unaufhörlich eine ungeheure, bodenlose Angst und den Zwang verspüren, mich ihr mit Leib und Seele zu weihen, ihr aufopfernd zu Hilfe zu eilen, um mich vor einem imaginären Schuldgefühl zu retten und sie von ihrem Martyrium und ihrem Gatten zu befreien, mußte ich die unausrottbare Überzeugung entwickeln, daß eben das meine oberste Berufung und meine oberste Lebensberechtigung war.

Überdies sah sich meine Mutter in eine neue Einsamkeit ohne jede erdenkliche Zuflucht gestürzt, diesmal durch ihren Gatten, und zusammen mit mir in eine Einsamkeit zu zweit.

Als ich zur Welt kam, taufte man mich auf den Namen Louis. Ich weiß es nur zu genau. Louis: ein Vorname, der mir lange buchstäblich Schrecken einjagte. Ich fand ihn zu kurz, mit nur einem Vokal, und der letzte, das *i*, schloß mit einem hohen Ton, der mich schmerzte (*cf.* unten die Pfahl-Phantasie). Zweifellos sagte er auch, und zwar an meiner Stelle, etwas zu deutlich *ja*, und ich empörte mich gegen dieses »Ja«, das das »Ja« zum Wunsch meiner Mutter war, nicht zu meinem eigenen. Und vor allem sagte er: *lui* [er], jenes Pronomen der dritten Person, das, wie der Aufruf eines anonymen Dritten klingend, mich jeder eigenen Persönlichkeit beraubte und auf jenen Mann hinter meinem Rücken anspielte: *Lui – das war Louis*, mein Onkel, den meine Mutter liebte, nicht ich.

Dieser Vorname war von meinem Vater gewünscht worden, zum Gedenken an seinen in den Lüften über Verdun zu Tode gekommenen Bruder, vor allem aber von meiner Mutter, zum Gedenken an jenen Louis, den sie geliebt hatte und ihr ganzes Leben nicht aufhörte zu lieben.

IV

Aus der ganzen Zeit, die wir in Algier verbrachten (bis 1930), habe ich zwei unerträglicher- und glücklicherweise kontrastierende Reihen von Erinnerungen im Gedächtnis behalten. Die an meine Eltern, deren Familienleben ich teilte, und die Schule, in die ich ging, und die an meine Großeltern mütterlicherseits, solange sie im Forsthaus Bois de Boulogne lebten.

Die fernste Erinnerung, die ich mir an meinen Vater bewahrt habe (aber sie ist so »früh«, daß sie sicher nur eine nachträglich umgestaltete Deckerinnerung ist), ist der Augenblick seiner Rückkehr aus Frankreich, sechs Monate nach Kriegsende. Hier das, was ich vor mir sehe oder zu sehen glaube. Meine Mutter hält mich vergnügt, mit beinahe entblößten Brüsten, deren Obszönität mich beschämt, auf den Knien, als sich die Tür des Erdgeschosses öffnet, die auf den großen Garten hinausführt, bis ins Unendliche von Meer und Himmel: im Türrahmen taucht, vor dem Hintergrund eines Frühlingstages, eine sehr hohe und schlanke Silhouette auf und dahinter, über ihrem Kopf, in Höhe der Wolken, die lange schwarze Zigarre von *Dixmude*, jenem deutschen Zeppelin, der Frankreich als Reparationszahlung überlassen wurde und der in einem einzigen Augenblick in Brand geriet und ins Meer stürzte. Ich weiß nicht, wann und vor allem wie ich nachträglich dieses Bild gestalten oder umgestalten mußte, in dem mein Vater vor dem Hintergrund eines nur allzu deutlichen Symbols in Erscheinung trat, nämlich Geschlecht und Tod in der Katastrophe. Aber diese Assoziation hat, selbst wenn sie aus einer nachträglichen Bearbeitung herrührt, zweifellos ihre Bedeutung im Gefolge meiner ersten Prägungen, wie man noch sehen wird.

Mein Vater war ein Mann von beträchtlicher Größe (ein Meter vierundachtzig), mit schönem, länglichem Gesicht und schmaler, scharfgezeichneter Nase (»ein römischer Kaiser«), mit einem schmalen Schnurrbart, der seine Oberlippe schmückte und den er bis zu seinem Tode unverändert beibehielt, und hoher, Intelligenz und Bosheit verratender Stirn. Er war tatsächlich äußerst intelligent, und nicht nur von praktischer Intelligenz. Er legte Proben davon auch in seinem Beruf ab, weil er, als einfacher Laufbursche in die Bank eingetreten und nur mit einem Volksschulabgangszeugnis ausgestattet, alle Sprossen der Karriereleiter der Compagnie Algérienne erklomm, die später in der Banque de l'Union parisienne und wiederum später im Crédit du Nord aufging. Er beendete seine Laufbahn als Generaldirektor der marokkanischen Filialen der Compagnie Algérienne, später als Direktor der wichtigen Niederlassung in Marseille, und zwar nach einem doppelten Karriereschritt, zunächst als Prokurist in Marseille, dann als stellvertretender Direktor in Lyon. Seine Kompetenz und seine Intelligenz in finanziellen und geschäftlichen Fragen, ganz zu schweigen von Produktionstechniken und Produktionsorganisation (er liebte es, sich an Ort und Stelle den Stand aller Geschäfte erklären zu lassen, an denen seine Bank beteiligt war), wurden von seinen Oberen in Paris sehr geschätzt; daher seine sukzessiven Beförderungen und Versetzungen und die Wanderungen (zwischen Algier, Marseille, Casablanca und Lyon), die er unserer kleinen Familie zumutete, und die unzähligen Umzüge, von denen meine Mutter jedem, der es hören wollte, unverhohlen vorseufzte: auch auf diesem Gebiet war sie lediglich eine immerwährende Klage, an der ich schrecklich litt.

Mein Vater, im Grunde sehr autoritär und in jeder Hinsicht völlig unabhängig, sogar und wahrscheinlich vor allem in bezug auf die Seinen, hatte die Wirkungsbereiche und Machtvollkommenheiten ein für allemal aufgeteilt: für seine Frau das Heim und die Kinder, für sich der Beruf, das Geld und die Außenwelt. Was diese Arbeitsteilung betraf, war er stets unnachgiebig. Nie ergriff er auch nur die kleinste Initiative, die unser Familienleben oder unsere Erziehung umgemodelt hätte. In diesem Bereich war meine Mutter die unumschränkte Herrin. Umgekehrt sprach er im Familienkreis nie von seinem Beruf oder von seinen Beziehungen in der Außenwelt (ausgenommen *zwei* seiner Freunde, die wir durch ihn kennenlernten und von denen einer einen Wagen besaß, mit dem er uns eines Tages zu den Schneefeldern von Chréa fuhr). Erst sechs Monate vor seinem Tode, in dem kleinen Pavillon von Viroflay, das er sich als Ruhesitz gewählt hatte, begann mein Vater zu sprechen. Erwähnt werden sollte allerdings, daß ich es war, der die Kühnheit besessen hatte – aber wie spät! –, ihn zu fragen, und überdies fühlte er sein Ende herannahen, die »Altersschwäche«, wie er sagte. Er klärte mich darüber auf, daß er seit langem gewußt habe, was ihn in der Bank erwartete.

Als er während der Anfänge der Vichy-Regierung in Lyon war (bis 1942), hatte er sich geweigert, sich einer Bankiersvereinigung anzuschließen, die die *Révolution nationale* pries. Ebenso verharrte mein Vater in Marokko, als General Juin schwor, Mohammed V. »Stroh fressen zu lassen«, und während die Herde der Bankdirektoren dem Generalstatthalter ihre Aufwartung machte, vor aller Augen und ostentativ in erklärter Zurückhaltung: mein Vater, die wichtigste Person des marokkanischen Bankwesens. Als er seinen Abschied nahm, verfügte er über so viel Kompetenz, Erfahrung und Titel, daß die Generaldirektion in Paris, wie es der Brauch und ihr Interesse gewesen wäre, ihn ohne weiteres in die Unternehmensleitung hätte aufnehmen können. »Ich wußte, daß sie das nie tun würden, ich war kein Mann von Familie, kein Absolvent der Polytechnischen Hochschule, kein Protestant und auch nicht mit einer ihrer Töchter verheiratet.« Man hatte ihn ohne ein Wort entlassen. Und doch, welche Kompetenz und Weitsicht! Als ich ihn an jenem Tage über die ökonomische und finanzielle Lage zur Rede stellte, gab mir dieser sehr betagte, körperlich sehr geschwächte, aber geistig klare Mann eine bemerkenswerte Darstellung nicht nur der finanziellen und wirtschaftlichen, sondern auch der politischen Situation, die mich durch ihre Intelligenz, ihre Schärfe und ihre Einsicht in soziale Probleme und Konflikte verblüffte. Neben was für einem Mann hatte ich also gelebt, ohne es zu ahnen! Aber er hatte sein ganzes Leben lang über sich geschwiegen, und nie hatte ich es gewagt, ihn zu fragen, ihn über sich selbst zum Reden zu bringen. Was hätte er mir auch geantwortet? Ich muß vor allem einräumen, daß ich meinen Vater sehr lange dafür gehaßt habe, daß er meine Mutter das erleiden ließ, was ich für sie und damit auch für mich als Martyrium erlebte.

Nach dem Kriege war ich dennoch einmal mit ihm in Marseille zusammen, als ich ihn in seinem Büro besucht hatte und einige seiner Mitarbeiter bei ihm eintraten, um ihm Akten vorzulegen. Er stand im Ruf beträchtlicher Entscheidungsfreudigkeit. Stumm und langsam überflog er die Akten, hob den Kopf und richtete einige Worte an die vor ihm stehenden beiden Männer. Einige zwischen den Zähnen gemurmelte Worte, halb geradebrecht und für mich völlig unverständlich. »Aber sie haben ja gar nichts verstanden! – Nur ruhig; sie werden schon verstehen.« So erfuhr ich durch Zufall, wie mein Vater seine Bank leitete. Später wurde ich in diesem Eindruck durch einen seiner früheren Mitarbeiter bestärkt, den ich in Paris traf: »Ihren Vater haben wir oft nur mit Mühe verstanden, häufig sind wir abgezogen, ohne es gewagt zu haben, ihn zu bitten, seinen Satz zu wiederholen. – Und dann? – Dann blieb es uns überlassen, das Spiel zu machen!« So »herrschte« mein Vater: ohne sich je deutlich verständlich zu machen – vielleicht eine bestimmte Art und Weise, seinen Mitarbeitern eine Verantwortung zu überlassen, die sie sanktioniert, aber nicht ausdrücklich definiert wußten. Zweifellos kannten sie sich in ihrem Beruf aus, zweifellos hatte er sie seit langem in seiner Schule geformt, zweifellos kannten sie meinen Vater genau genug, um zu wissen, in welche Richtung er neigte. Nicht einmal sein Chauffeur verstand ihn immer, wenn es sich um einen neuen Weg handelte! So war mein Vater also zu einer gutmütigen, aber autoritären Persönlichkeit geworden und mit seinem Magenknurren in solchem Maße rätselhaft, daß seine Angestellten, auf die Gefahr hin, grob zurückgepfiffen zu werden, gelernt hatten, seine nahezu unverständlichen Entscheidungen vorwegzunehmen. Eine harte Schule der »Menschenführung«, wie sie sich nicht einmal Machiavelli ausgemalt hätte und deren Erfolg erstaunlich war. Frühere Mitarbeiter meines Vaters, die ich nach seinem Tode getroffen habe, bestätigten mir sein merkwürdiges Verhalten und dessen Auswirkungen. Sie hatten ihn nicht vergessen und sprachen von ihm mit einer Bewunderung, die an Verehrung grenzte: niemand war so gewesen wie er. »Wasganzbesonderes«.

Nie habe ich erfahren, welche Schicht vorsätzlichen Bewußtseins oder innerer Unentschlossenheit, wenn nicht innerer Unruhe im Verhalten meines Vaters beim Umgang mit anderen, ja sogar mit sich selbst den Ausschlag gab. Seine ganze Kompetenz und Intelligenz mußte sich mit einer tiefen Scheu abfinden, sich vor anderen in aller Deutlichkeit zum Ausdruck zu bringen, mit einer nicht prinzipiellen, wohl aber faktischen Zurückhaltung, der eine seelisch festverankerte Verschlossenheit zugrunde lag. Dieser autoritäre Mensch, der sich manchmal sogar zu gewaltsamen Ausbrüchen hinreißen ließ, war in seiner Ausdrucksweise gleichzeitig und zweifellos zutiefst paralysiert durch eine Art Unfähigkeit, vor anderen aufzutreten, eine Furcht, die ihm Zurückhaltung geradezu auferlegte und ihn unfähig machte, Entscheidungen deutlich auszudrücken. Abgesehen natürlich von einer anderen stillschweigenden Überzeugung, die von seiner ärmlichen Herkunft herrühren mußte. Zweifellos war es diese Zurückhaltung ohne manifesten Selbstausdruck, die ihn in Lyon wie in Casablanca zur einzigen Persönlichkeit stempelte, die sich nicht an den Spielen der Kastenvertreter und Autoritäten der Zeit beteiligte. Man sieht also, wohin die Klassenkonflikte und -gegensätze sich schließlich verlagern können.

Wenn ich von all dem so ausführlich spreche, dann deshalb, weil mein Vater uns zu Hause genau dasselbe Schicksal bereitete. Zwar hatte er meiner Mutter ausschließlich und ausdrücklich den Bereich von Heim und Herd, Erziehung, Alltagsleben der Kinder und aller damit zusammenhängenden Fragen verschrieben und überlassen: Kleidung, Ferien, Theater, Musik und was weiß ich. Er mischte sich immer nur – und ganz selten – mit kurzem Gemurmel ein und auch das lediglich, um seine schlechte Laune anzudeuten. So wußte man zumindest, daß er wütend war, aber nie warum. Meiner Mutter brachte er, in den Grenzen der Pflichten, die er ihr zugewiesen hatte, wirkliche Verehrung entgegen: »Die mitreißende Mme. Althusser!«, pflegte er gelegentlich zu wiederholen, vor allem vor Dritten, indem er die Formel seines Direktors in Algier aufgriff, der ihn ausgezeichnet hatte, jener M. Rongier, den er selbst verehrte. Im Gegensatz zu ihm hörte meine Mutter gar nicht auf zu reden, ohne jede Zurückhaltung und Kontrolle, mit einer unbewußten und kindlichen Spontaneität, und zu meiner großen Überraschung (und Scham) ließ mein Vater ihr in der Öffentlichkeit alles durchgehen. Zu meiner Schwester oder mir sagte er nie etwas. Anstatt uns aber in und mit unseren Bedürfnissen freizusetzen, erschreckte er uns durch sein undeutbares Schweigen, jedenfalls erschreckte er mich.

Er beeindruckte mich zunächst durch seine Kraft. Ich wußte, daß er, groß und stark, wie er war, in seinem Schrank einen Dienstrevolver verwahrte, und zitterte, daß er nicht eines Tages Gebrauch davon machte. Wie in jener Nacht in Algier, als er, um auf den Lärm von Flurnachbarn zu reagieren, sich in wilder Wut ins wahnsinnige, von Topfgeklapper begleitete Geheul stürzte und seine Waffe zog. Ich bebte vor Angst, das Ganze könnte in eine körperliche Auseinandersetzung oder einen Kugelhagel ausarten. Aus Zufall oder Erschrecken trat jedoch sofort Stille ein.

Sehr häufig stieß er nachts im Schlaf ein schreckliches Geheul aus, Laute wie von gehetzten oder selbst jagenden Wölfen, von einer unerträglichen Heftigkeit, die uns ans Fußende unserer Betten trieb. Meiner Mutter gelang es nicht, ihn aus seinen Alpträumen zu wecken. Für uns, für mich zumindest, wurde die Nacht zum Schrecknis, und ich lebte unaufhörlich in ängstlicher Erwartung seiner unerträglichen tierischen Schreie, die ich nie habe vergessen können. Später dann, wenn ich mit letzter und verzweifelter Aggressivität die Verteidigung meiner märtyrerhaften Mutter gegen ihn übernahm, wenn ich ihn, seiner Meinung nach, hinreichend provoziert hatte, erhob er sich plötzlich, verließ die Tafel, bevor er seine Mahlzeit beendet hatte, schleuderte uns ein einziges Wort hin: »*Fautré!*«*, knallte die Tür zu und verschwand in der Nacht. Uns ergriff eine schreckliche Angst, zumindest mich: er hatte meine Mutter verlassen, er hatte uns verlassen (meine Mutter schien gleichgültig zu sein): war er für immer gegangen? Würde er wiederkommen oder für immer verschwinden? Nie habe ich erfahren, was er in solchen Fällen machte, zweifellos irrte er nachts durch die Straßen. Aber jedesmal kam er nach Ablauf einer Zeit, die mir endlos erschien, wieder zurück und ging wortlos ins Bett, allein. Ich habe mich immer gefragt, was er später wohl meiner Mutter, der Märtyrerin, sagen würde und ob er ihr überhaupt etwas sagen würde. Ich hielt ihn für unfähig, ihr irgend etwas zu sagen, gleichgültig was. Und vor und nach seinem Ausbruch hatten wir es mit demselben Menschen zu tun, der unfähig war, anders mit uns umzugehen, als schweigend und ostentativ zu »schmollen«. Und damit hatte es sich.

Aber das war nur ein Aspekt seiner Persönlichkeit. Wenn er unter Freunden war (den wenigen, die wir kannten), fern dem üblichen Arbeitstrott, wußte er sich einer unwiderstehlichen, beißenden Ironie zu bedienen. Er spielte mit den Leuten und hatte seinen Spaß daran, er häufte Geistesblitze und provozierende Neckereien, die immer mehr oder weniger mit sexuellen Anspielungen durchsetzt waren, mit einer unglaublichen Erfindungsgabe, wobei er seine Gesprächspartner

---

* Wortschöpfung von Althussers Vater. Wahrscheinlich zusammengesetzt aus *Faute-outré* und *(allez vous faire) foutre*, das heißt: Schert Euch zum Teufel. *(A. d. Hrsg.)*

zwang, in sein Lachen einzustimmen, ein komplizenhaftes, aber auch unbehagliches Lachen: er war einfach zu stark, und niemand behielt das letzte Wort vor ihm. Niemand, vor allem nicht meine Mutter, konnte sein Spiel mitspielen oder seine Angriffe parieren. Auch das war zweifellos noch Abwehr, um zu vermeiden, sagen zu müssen, was er wirklich dachte oder wollte, vielleicht deshalb, weil er gar nicht wußte, was er eigentlich wollte, sondern weil er, unterm durchsichtigen Schleier einer entfesselten Ironie, lediglich eine tiefe Unruhe und Unentschlossenheit verbergen wollte. Über alles liebte er es, mit den Frauen seiner Freunde zu tändeln, was für ein Schauspiel! Und ich litt um meine Mutter, wenn ich sah, wie er ihnen derart »skandalös« den Hof machte. Besonders angetan war er von der Frau eines seiner Bürokollegen, einem der wenigen Freunde, die wir hatten. Sie hieß Suzy und war eine sehr schöne, voll erblühte Frau, die sich ihrer Reize sicher und hingerissen war, sich derart herausgefordert zu sehen. Mein Vater ging vor unseren Augen zum Angriff über, und es kam zu einem endlosen erotischen Wortgefecht, das Suzy in Verwirrung, Lachen und Lust stürzte. Insgeheim litt ich um meiner Mutter und um der Idee willen, die ich mir von meinem Vater hätte machen *müssen*.

Dieser kraftvolle Mann war nämlich zutiefst sinnlich, er liebte den Wein und kurzgebratenes, »blutiges« Fleisch ebenso, wie er die Frauen liebte. Eines schönen Tages vernarrte sich meine Mutter in Marseille in einen gewissen Dr. Omo – noch ein reiner Geist, der ihre Naivität in Bann schlug. Er besaß ein schönes Landhaus in den blühenden Gärten im Norden der Stadt, wo er Gemüse für seine eigene Diät anbaute, und predigte eine streng vegetarische Ernährung (in Gestalt kleiner Einmachgläser mit seinem Namen, die er leidlich teuer verkaufte). Meine Mutter setzte uns nun, meine Schwester und mich genau wie sich selbst, eigenmächtig auf rein vegetarische Kost – und das volle sechs Jahre lang! Mein Vater erhob keinerlei Einwände, forderte für sich selbst aber jeden Tag sein kurzgebratenes Beefsteak. Wir aßen also Kohl, Kastanien und eine Mischung von Honig und Mandeln, die ostentativ vor ihm zubereitet wurde, der ruhig sein Fleisch schnitt, um ihm unsere allgemeine Mißbilligung deutlich vor Augen zu führen. Es kam dann wohl vor, daß ich ihn hänselte und ihn mit äußerster Heftigkeit angriff: er antwortete nie, manchmal aber passierte es, daß er fortging: »*Fautré!*«

Gelegentlich suchte mein Vater freilich auch meine Bundesgenossenschaft. Manchmal nahm er mich mit ins Fußballstadion, das er mit Vorliebe aufsuchte, ohne Eintritt zu bezahlen, und zwar direkt unter den fachmännischen Augen eines Angestellten seiner Bank, der seine Einkünfte etwas aufbesserte, indem er die Eintrittskarten kontrollierte. Ich war fasziniert von seiner Kunst des »Schnorrens«. Ich selbst hätte nicht einmal daran zu denken gewagt, ich, der ich von meiner Mutter und meinen Lehrern doch in den großen Prinzipien von Ehrlichkeit und Tugend unterwiesen worden war. Ein schlechtes Beispiel, das bei mir eine schreckliche Erinnerung hinterlassen hat, beim Eintritt in ein Tennisstadion: Mein Vater ging hinein, ohne zu zahlen, wie gewöhnlich. Ich, hinter ihm, kam nicht hinein. Er ließ mich allein. Später aber sollte ich mich ernsthaft von seiner Kunst des »Schnorrens« inspirieren lassen. Er ging hinein, ich folgte ihm, wir schauten uns das Spiel an, das in tumultartiger Stimmung vor sich ging. Ich erinnere mich, daß in Saint-Eugène zweimal Feuerwerkskörper ins Publikum flogen. Immer Feuerwerkskörper! (Was für ein Symbol…) Ich zitterte, als ob sie mir gegolten hätten.

Aus eben dieser Zeit ist mir übrigens eine schreckliche Erinnerung geblieben. Im Unterricht nahmen wir gerade die Kreuzzüge mit den geplünderten und gebrandschatzten Städten durch, deren Einwohner über die Klinge springen mußten: das Blut strömte in den Gossen der Straßen. Man spießte auch zahlreiche Eingeborene auf. Stets hatte ich einen vor Augen, der, ohne jeden Rückhalt, auf einen Pfahl gespießt war, der ihm langsam durch den Anus bis in die Eingeweide und ins Herz drang, und erst dann starb er unter schrecklichen Qualen. Sein Blut lief ihm an den Beinen und am Pfahl herunter bis zur Erde. Welch ein Schrecknis! Ich war es, der damals von dem Pfahl durchbohrt wurde (vielleicht von jenem toten Louis, der immer *hinter* mir stand). Aus dieser Zeit habe ich noch eine andere Erinnerung behalten, die ich aber in einem Buch gefunden haben muß. Ein weibliches Opfer war in eine »Eiserne Jungfrau« eingesperrt, die, von oben bis unten mit dünnen und harten Stacheln besetzt, ihr langsam Augen, Schädel und Herz durchbohrte. Ich war es, den man in diese »Eiserne Jungfrau« gesperrt hatte. Was für eine schreckliche Art und Weise, langsam zu sterben! Ich zitterte und bebte lange und träumte nachts davon. Man mag mir glauben oder nicht, aber ich mache, hier so wenig wie anderswo, keinerlei »Selbstanalyse«, ein Geschäft, das ich all den kleinen Schlauköpfchen einer »analytischen Theorie« überlasse, nach

Maßgabe ihrer eigenen Obsessionen und Phantasien. Ich lege einfach nur die verschiedenen »Affekte« dar, die mich lebenslang geprägt haben, und zwar in ihrer anfänglichen Form und ihrer nachträglichen Verbindung.

Ein andermal, ein einziges Mal, nahm mich mein Vater, dieser Mensch, der mit zahlreichen Photos von seiner Artilleriedivision aus dem Krieg heimgekehrt war, auf denen man ihn, immer aufrecht, vor gigantischen Kanonen mit großer Reichweite stehen sah, auf einen militärischen Schießstand in Kouba mit. Er ließ mich das schwere Kriegsgewehr schultern. Ich spürte einen furchtbaren Schlag auf die Schulter und fiel beim unerträglichen Krachen der Detonation auf den Rücken. In der Ferne wurden Flaggen geschwenkt, die anzeigten, daß ich das Ziel verfehlt hatte. Ich war wahrscheinlich neun Jahre alt. Mein Vater war stolz auf mich. Ich dagegen noch immer verängstigt.

Als ich aber später beim »Börsen«-Wettbewerb des Jahres 1929 bestand (sehr weit hinten auf der Liste, ich der gute Schüler), fragte mich mein Vater, was ich als Geschenk haben wollte. Ich antwortete, ohne zu zögern: »Einen 9-mm-Karabiner der Manufacture des armes et cycles von Saint-Étienne«, deren Katalog ich damals gierig verschlang (so viele Dinge, die ich nie gehabt noch gesehen hatte und die man sich wünschen konnte)... Und ich bekam ohne lange Geschichten meinen Karabiner mit Magazinen und Kugeln, unter Mißbilligung meiner Mutter, aber ohne daß mein Vater meine Wahl eine Sekunde lang in Frage gestellt hätte – dieser Karabiner, von dem ich eines Tages einen derart merkwürdigen Gebrauch machen sollte.

Sehr früh schon war ich außergewöhnlich stark in allen Schießübungen: beim Werfen mit Steinen auf leere Konservendosen, auch mit der Schleuder. Ich versuchte mich darin, auf Vögel zu zielen, verfehlte sie aber immer. Bis auf einen Tag, als ich mich auf dem Feld meines Großvaters in Bois-de-Velle an die Jagd auf Hühner machte, die die Sämlinge meines Großvaters anpickten. Aus ziemlich weiter Entfernung (etwa zwanzig Meter) nahm ich einen schönen roten Hahn in der Nähe der Umzäunung aufs Korn. Ich schoß mit der Schleuder und sah mit Entsetzen, wie sich der Hahn, mitten ins Auge getroffen, vor Schmerzen wälzte, sich den Kopf mit Gewalt auf den Boden schlug und dann in regellosen Sprüngen die Flucht ergriff.

Was den Karabiner betraf, so passierte mir damit folgendes. Zunächst benutzte ich ihn nur, um damit auf Zielscheiben aus Pappe zu schießen, was mir gut gelang. Eines Tages aber, als wir auf einem kleinen Landsitz, Les Raves, waren, den mein Vater zu kaufen für richtig befunden hatte, auch wenn er in unzugänglicher Höhe lag, durchstreifte ich, den Karabiner in der Hand, den Wald auf der Suche nach irgendeinem Geflügel als Beute. Plötzlich sah ich eine Turteltaube und zielte darauf: sie stürzte herunter, ich suchte sie vergeblich im trockenen Farnkraut und war im Grunde überzeugt, sie verfehlt zu haben; sie hatte sich wahrscheinlich nur aus Verstellung fallenlassen, um mir zu entkommen. Ich ging weiter, und ohne daß ich darüber nachgedacht, geschweige denn, daß ich gewußt hätte warum, kam mir die Idee, daß ich letzten Endes ja auch einmal versuchen könnte, mich selbst zu töten. Also richtete ich den Lauf der Waffe auf meinen Bauch und war schon im Begriff, den Abzug zu betätigen, als mich eine Art Skrupel zurückhielt, ich habe nie gewußt warum. Daraufhin öffnete ich den Verschluß: eine Kugel war noch drin. Wie war das nur möglich? Ich hatte sie doch nicht hineingesteckt. Ich habe es nie erfahren. Aber jäh brach mir der Angstschweiß aus, ich zitterte an allen Gliedern und mußte mich lange auf die Erde legen, bevor ich, geradezu schlafwandlerisch, zum Gehöft zurückkehrte.

Ich weiß nicht, warum ich diese Erinnerung mit einer anderen, späteren in Zusammenhang bringe, die bei mir dieselbe panische Angst auslöste. In Marseille hatten meine Mutter und ich nach dem Verlassen unserer Wohnung in der rue Sébastopol eine Abkürzung gewählt und eine von hohen Mauern gesäumte breite Querstraße genommen. Da sahen wir schon von weitem auf dem rechten Gehsteig zwei Frauen und einen Mann. Die beiden Frauen schlugen kreischend und wie entfesselt aufeinander ein. Die eine lag am Boden, die andere riß sie an den Haaren. Der Mann, direkt daneben, reglos, betrachtete die Szene, ohne einzugreifen. Als wir ganz dicht an der Gruppe vorbeigingen, rief er uns eine vollkommen ernstgemeinte Warnung zu: »Geben Sie acht, ›sie‹ hat einen Revolver!« Meine Mutter setzte ihren Weg fort, starr geradeaus blickend, ohne etwas sehen oder hören zu wollen, völlig unbewegt. Keinerlei Gefühlsregung. Nie verlor sie mir gegenüber irgendein Wort über diesen dramatischen Zwischenfall. Für mich war klar, daß ich hätte eingreifen müssen. Aber ich war ein Feigling. Es müssen eigenartige Beziehungen zwischen meiner Mutter und mir, meiner Mutter und dem Tod, meinem Vater und dem Tod und mir und dem Tod geherrscht haben. Ich verstand sie erst unendlich viel später, in meiner Analyse.

Habe ich wirklich einen Vater gehabt? Zweifellos, ich trug seinen Namen, und er war da. In einem anderen Sinne aber: nein. Denn nie griff er in mein Leben ein, um es auch nur im mindesten zu lenken, nie verschaffte er mir Zugang zu seinem eigenen, das mir doch eine Einführung sei es in die körperliche Verteidigung, in den Kampf der jugendlichen Bengel, sei es in die Rätsel der Männlichkeit hätte bieten können. Was dieses letzte Kapitel betrifft, so sorgte dafür meine Mutter, pflichtgemäß und trotz des Abscheus, den ihr alles einflößte, was mit Sexualität zusammenhing. Gleichzeitig suchte mein Vater offenkundig, aber immer verschwiegen meine Bundesgenossenschaft: bei seiner Schnorrer-Praxis ebenso wie später bei seinen Anspielungen auf meine Mädchenbeziehungen. Natürlich ging er nie so weit, mit mir über Frauen zu sprechen, die ich kennenlernen konnte, noch darüber, was ich mit ihnen anstellen sollte, aber immer wenn ich ihn verließ, warf er mir, in Gegenwart meiner schweigenden Mutter, einen einfachen Satz hin, der weder Kommentar noch Antwort erforderte: »Mach sie glücklich!« *Sie?*

Zweifellos glaubte er, meine Mutter glücklich gemacht zu haben! Natürlich war das, wie deutlich geworden sein wird, schwerlich der Fall: im Grunde war mein Vater viel zu intelligent, um sich in dieser Hinsicht auch nur *die geringste Illusion* zu machen. Meine Mutter war in ihrer Jugend eine sehr schöne Frau, elf Jahre jünger als mein Vater, ein ewiges Kind, das übergangslos aus der Obhut ihrer Eltern in die ihres Gatten gekommen war, ohne jede Erfahrung vom Leben, von Männern und von Frauen: mit der Erinnerung an Louis als einziger und ewiger Sehnsucht im Herzen, diesen lange mit ihr Verlobten, der den Tod in den Lüften gefunden hatte, an Louis und an einige Lehrer, denen sie in ihrer ephemeren beruflichen Laufbahn, der mein Vater ein so jähes Ende gesetzt hatte, begegnet war. In Algier hatte sie überdies eine einzige Freundin gehabt, ein junges Mädchen ihres Alters, ebenso rein wie sie, die Ärztin geworden, dem Leben aber durch eine Tuberkulose brutal entrissen worden war. Sie hatte mit Vornamen Georgette geheißen. Als meine Schwester geboren wurde, gab meine Mutter ihr ganz selbstverständlich den Vornamen der verstorbenen Freundin: Georgette. Wiederum ein Todesname.

Meine Mutter, eher klein, blond, mit regelmäßigen Gesichtszügen und einem sehr schönen Busen, den ich in meiner Erinnerung mit einer Art Widerwillen vor Augen habe, das heißt auf den Photos, hat mich zweifellos innig geliebt. Ich war die erste Frucht ihres Leibes und ein Junge, ihr Stolz. Als meine Schwester geboren wurde, sah ich mir die Aufgabe übertragen, fortgesetzt auf sie aufzupassen, sie zu hätscheln und sie später beim Überqueren der Straße mit allen üblichen Vorsichtsmaßnahmen an der Hand zu fassen und sie, wiederum sehr viel später, im Leben bei jeder Gelegenheit zu überwachen. Getreulich und nach besten Kräften habe ich mich dieser Aufgabe als Kind und als Jugendlicher entledigt, der zu Mannes-, ja zu Vaterpflichten berufen war (mein Vater hatte Schwächen für meine Schwester, die mich empörten, ich verdächtigte ihn unverhohlen inzestuöser Verführungsversuche, wenn er sie auf eine Art und Weise auf die Knie nahm, die mir obszön erschien), einer Aufgabe, die, durch das feierliche Gewicht, das an ihr haftete, für das damalige Kleinkind und sogar für einen Jugendlichen wie mich geradezu erdrückend war.

Unaufhörlich erklärte mir meine Mutter, daß meine kleine Schwester, weil eine Frau, eben zart sei (zweifellos so zart wie sie selbst), und ich habe noch eine andere obszöne Erinnerung im Gedächtnis behalten, die Entsetzen und Anstoß bei mir erregt hat. Wir waren in Marseille, meine Mutter badete meine nackte Schwester in der Badewanne der Wohnung. Meinerseits nackt, wartete ich darauf, daß ich an die Reihe käme. Ich höre noch meine Mutter zu mir sagen: »Siehst Du, Deine Schwester ist ein zartes Wesen, sie ist viel mehr als ein Junge den Mikroben ausgesetzt« – und sie fügte den Worten Taten hinzu, um die Sache zu verdeutlichen – »Du hast nur *zwei Öffnungen* im Körper, *sie aber hat drei.*« Ich fühlte mich vor Scham versinken angesichts dieses brutalen Ausgriffs meiner Mutter auf das Gebiet der vergleichenden Sexualkunde.

Ich sehe heute, daß meine Mutter von Phobien geradezu bedrängt war: sie hatte Angst vor allem, zu spät zu kommen, nicht mehr (genug) Geld zu haben, Angst vor Zugluft (sie hatte immer Halsschmerzen, ich auch, bis zum Militärdienst, wo sie aufhörten), eine ungeheure Angst vor Mikroben und Ansteckungsgefahren, Angst vor Massen und ihrem lärmenden Gedränge, Angst vor Nachbarn, Angst vor Unfällen auf der Straße und anderswo und vor allem Angst vor Unglücksfügungen und zweifelhaften Besuchen, die böse ausgehen können: kurz, vor allem Angst vor der Sexualität, vor Raub und Vergewaltigung, das heißt Angst, in ihrer körperlichen Unversehrtheit angegriffen und damit die problematische Integrität ihres überdies bereits zerstückelten Körpers einzubüßen.

Ich habe eine weitere Erinnerung an sie im Gedächtnis behalten, die für mich alles andere an Schrecklichkeit und Obszönität in den Schatten gestellt hat. Es ist durchaus keine Deckerinnerung, die von späteren Affekten »überlagert« worden ist, sondern eine Erinnerung aus dem Alter von dreizehn oder vierzehn Jahren und als solche äußerst genau und isoliert, ohne daß irgendein anderes Detail darüberkopiert worden wäre. Daß ihr Affekt nachträglich durch andere Vorfälle desselben Tenors verstärkt worden ist, halte ich für möglich und wahrscheinlich, sie haben dann aber nur die schreckliche Angst, die ich damals empfand, und meinen empörten Aufstand in seinem eigenen Sinne akzentuiert.

Wir waren in Marseille, und ich ging auf die dreizehn zu. Seit einigen Wochen beobachte ich mit intensiver Befriedigung, daß ich nachts lebhafte und leidenschaftliche Erregungen an meinem Geschlecht empfinde, auf die eine angenehme Entspannung folgt – und am Morgen darauf dunkle Flecken auf meinen Bettlaken. Habe ich gewußt, daß es sich um nächtliche Pollutionen handelte? Darauf kommt es nicht an: jedenfalls weiß ich sehr genau, daß es sich um mein Geschlecht handelte. Eines Morgens aber, als ich wie gewöhnlich aufgestanden bin und in der Küche meinen Kaffee trinke, tritt meine Mutter ernst und feierlich auf mich zu und sagt: »Komm her, mein Sohn.« Sie zieht mich in mein Zimmer. Vor meinen Augen schlägt sie die Bettlaken zurück, zeigt mit dem Finger auf die dunklen und getrockneten Flecken darin, ohne sie zu berühren, betrachtet mich einen Augenblick lang mit einem Stolz, in den sich die Überzeugung mischt, daß ein entscheidender Augenblick gekommen ist, und erklärt mir: »Jetzt, mein Sohn, bist Du ein Mann.«

Ich war förmlich überwältigt vor Scham und unerträglicher Empörung gegen sie. Daß meine Mutter es sich herausnahm, in meinen Bettlaken herumzuwühlen, in meiner äußersten Intimität, in der vertrauten Hülle meines nackten Körpers, das heißt am Ort meines Geschlechts, so wie sie es in meiner Unterhose getan hatte, zwischen meinen Schenkeln, um meinen Penis in die Hand zu nehmen und ihn zu schwenken (als ob er ihr gehörte!), sie, die alles Geschlechtliche verabscheute, und daß sie sich überdies gleichsam aus Pflichtgefühl zu dieser *obszönen* Geste und dieser *obszönen* Erklärung zwang – an meiner Stelle, jedenfalls anstelle des Mannes, der ich geworden war, lange bevor sie sich dessen versehen hatte und ohne ihr etwas davon zu verdanken –, eben das erschien mir, jedenfalls empfand ich das so und empfinde es noch heute so, als der Gipfel der moralischen Erniedrigung und Obszönität. Strenggenommen als Vergewaltigung und Kastration. Ich war damit vergewaltigt und kastriert worden – von meiner Mutter, die sich selbst von meinem Vater vergewaltigt fühlte (aber das war ihre Sache, nicht meine). Man verharrte also ganz entschieden im Bannkreis eines *Familienschicksals*. Und daß diese Obszönität und diese Vergewaltigung das Werk meiner Mutter waren, die sich nur allzu offensichtlich widernatürliche Gewalt antat, um fertigzubringen, was sie für ihre Pflicht hielt (während es die Rolle meines Vaters gewesen wäre, dafür zu sorgen), machte das Maß an Schrecken voll. Ich entgegne kein einziges Wort, renne türenknallend weg und irre in den Straßen umher, ratlos und einen maßlosen Haß in mich hineinfressend.

Ich erlitt an meinem Körper und in meiner Freiheit das Gesetz der Phobien meiner Mutter. Ich, der ich davon träumte, mit den armen Steppkes Fußball zu spielen, die ich von der Höhe des vierten Stockwerkes unserer Wohnung an der rue de Sébastopol auf einem weitläufigen Brachfeld sich tummeln sah – mir war natürlich das Fußballspielen verboten worden: »Hüte Dich vor schlechtem Umgang, und außerdem kannst Du Dir dabei noch das Bein brechen!« Ich, der ich von der Gesellschaft gleichaltriger Kinder fasziniert war, mit denen ich mich verbünden wollte, um nicht mehr allein zu sein, um von ihnen als einer der ihren aufgenommen und anerkannt zu werden, um mit ihnen Worte, Murmeln, ja sogar Schläge auszutauschen, um von ihnen alles zu lernen, was ich vom Leben noch nicht kannte, um sie mir zu Freunden zu machen (ich hatte damals überhaupt keinen)... was für ein Traum! Verboten.

Als wir in Algier wohnten, ließ meine Mutter mich immer auf dem Weg zur Gemeindeschule (rue Station-Sanitaire), die doch nur dreihundert Meter und eine friedliche Querstraße entfernt war, von einem eingeborenen Kindermädchen begleiten, dessen Dienste sie sich gesichert hatte. Um nur ja nicht zu spät zu kommen (diese Phobie meiner Mutter), kamen wir immer schon viel zu früh zum Unterricht. Die anderen Jungen, französische und eingeborene, spielten Murmeln an den Mauern oder liefen in der Freiheit der Kindheit mit lautem Geschrei um die Wette. Ich dagegen kam steif wie die erlittene Pflicht an, immer von meiner »Maurin« begleitet, die stets stumm war und voller Geringschätzung und Scham auf dieses Privileg der Reichen herabschaute (obwohl wir damals noch arm waren), und anstatt draußen zu warten, bis das Tor der Schule geöffnet wurde, genoß ich, durch Protektion früherer Kollegen meiner Mutter, das Privileg, allein und ohne die anderen eintreten und im Schulhof auf das Eintreffen der Lehrer warten zu dürfen. Stets und immer wieder blieb einer von ihnen, ein großer, hagerer und sanfter Mensch, vor mir stehen und fragte mich, ich habe nie erfahren warum: »Louis, welche Frucht hat die Buche? – Die Buchecker« (genau wie er es mir beigebracht hatte). Er streichelte mir die Wange und ging davon. Gute zehn Minuten später fand meine Einsamkeit ein Ende: alle Kinder kamen schreiend und rennend herein, aber um sich in ihre jeweiligen Klassenräume zu stürzen: das Ende meiner Hoffnung, mich unter sie mischen zu können. Ich ertrug diese unerträgliche Zeremonie, wenn ich so sagen darf, in der mich erdrückenden Scham, derart als »Liebling« der Lehrer bezeichnet zu werden, eine Zeremonie, deren einziges Ziel es war, meine Mutter vor allen Gefahren der Straße zu schützen: vor schlechtem Umgang, Ansteckung durch Mikroben usw.

Noch eine ungestüme Erinnerung. Eines Tages bin ich auf dem Schulhof, es ist gerade Pause, ich spiele Murmeln mit einem Jungen, der sehr viel kleiner ist als ich. Es fügt sich, daß ich alle Murmeln des kleinen Jungen gewinne. Er will aber um jeden Preis eine behalten. Aber das ist gegen die Regel! Und plötzlich, ohne daß mir klar war, woher dieser gewaltsame Impuls kam, haue ich ihm eine starke Backpfeife herunter. Er rennt weg. Und ich renne sofort hinter ihm her, unbegrenzt lange, um das Nichtwiedergutzumachende wiedergutzumachen: das Böse, das ich ihm angetan habe. Mich zu schlagen, war für mich entschieden unerträglich.

Und da ich gerade bei den prägenden Erinnerungen dieser Zeit bin, hier noch eine. Ich bin im Unterricht bei dem sehr guten Lehrer, der mich vor allen anderen mag. Der Lehrer steht an der Tafel und wendet uns den Rücken zu. In diesem Augenblick läßt der Junge unmittelbar hinter mir einen Furz fahren. Der Lehrer dreht sich um und sieht mich mit einem vorwurfsvollen Blick an: »Du, Louis...« Ich sage nichts, so sehr bin ich überzeugt, daß ich es bin, der gefurzt hat. Ich schäme mich schrecklich, genau wie jeder wirkliche Schuldige. In heller Verzweiflung erzähle ich die ganze Geschichte meiner Mutter, die den Lehrer, der sie selbst auf den Lehrerberuf vorbereitet hatte, gut kannte und der sie mochte: »Bist Du ganz sicher, daß Du es nicht warst, der« (sie wagte das Wort nicht auszusprechen) »diese schreckliche Sache gemacht hat? Das ist ein so guter Mensch, er kann sich nicht irren.« Ohne Kommentar.

Meine Mutter liebte mich innig, aber erst sehr viel später, im Laufe meiner Analyse, habe ich begriffen wie. Ihr gegenüber und in ihrer Abwesenheit fühlte ich mich stets von der Empfindung erdrückt, nicht durch mich selbst und für mich selbst zu existieren. Ich habe immer das Gefühl gehabt, daß da ein Irrtum vorliegen mußte und es nicht wirklich ich war, den sie liebte oder anschaute. Ich will sie durchaus nicht anschwärzen, wenn ich folgenden Zug festhalte: sie, die Unglückliche, lebte, was ihr widerfahren war, so gut sie konnte: nämlich ein Kind zu haben, das sie sich nicht enthalten konnte, auf den Namen Louis zu taufen, auf den Namen eines Toten also, den sie geliebt hatte und in tiefster Seele immer noch liebte. Wenn sie mich anschaute, war es zweifellos nicht ich, den sie anschaute, sondern *ein anderer* hinter meinem Rücken, bis ins Unendliche eines für immer vom Tod gezeichneten imaginären Himmels, jener *andere* Louis, dessen Namen ich trug, der ich aber nicht war, jener Tote in den Lüften über Verdun und im reinen Himmel einer stets gegenwärtigen Vergangenheit. Damit ging ihr Blick gleichsam durch mich hindurch, ich verschwand für mich selbst in diesem Blick, der mich überflog, um in der Ferne des Todes wieder auf das Antlitz eines Louis zu stoßen, der nicht ich war und auch nie ich sein würde. Ich füge hier zusammen, was ich erlebt und was ich davon verstanden habe. Über den Tod kann man jede beliebige Literatur und Philosophie aufstellen: der Tod, der überall in der gesellschaftlichen Realität kreist, in die er, genau wie das Geld, »investiert« wird, ist in der Realität und in den Phantasien nicht immer in denselben Formen präsent. In meinem Falle war der Tod der Tod eines Mannes, den meine Mutter über alles liebte, auch über mich hinaus. In ihrer »Liebe« für mich hat mich irgend etwas seit der frühen Kindheit durchmessen und geprägt und damit für sehr lange Zeit festgelegt, was mein Schicksal werden sollte. Es handelte sich nicht mehr um ein Phantasma, sondern um die eigentliche *Realität* meines Lebens. Für jedermann wird so ein Phantasma Leben.

Später, als Jugendlicher, träumte ich davon, als ich bei meinen Großeltern mütterlicherseits in Larochemillay lebte, den Vornamen Jacques zu tragen, den meines Patenkindes, des Sohnes der sinnlichen Suzy Pascal. Es heißt wahrscheinlich etwas zu viel mit den Phonemen des Signifikanten spielen – aber das J von Jacques war ein Strahl (von Sperma), das dunkle a (Jacques) war dasselbe wie das von Charles im Vornamen meines Vaters, das *ques* ganz offenkundig die *queue* [Schwanz], und der Jacques wie die Jacquerie [Bauernaufstand], die der blinden Bauernrevolte, von deren Existenz ich damals durch meinen Großvater erfuhr.

Jedenfalls hatte ich es von frühester Kindheit an mit dem Namen eines Mannes zu tun, der im Kopf meiner Mutter unaufhörlich den Klang der Liebe weckte: *der Name eines Toten.*

V

Man kann also jetzt den Widerspruch oder besser die Ambivalenz nachvollziehen und wahrscheinlich sogar verstehen, in der ich von Anfang an zu leben verurteilt war.

Einerseits war ich wie jedes Kind, das an der Brust gestillt wird und in physischem, physiologischem und erotischem Kontakt mit dem Körper der Mutter lebt, die ihm Brust, Leibwärme, Haut, Hände, Antlitz und Stimme gibt, viszeral und erotisch mit meiner Mutter verbunden, die ich liebte, wie ein schönes, gesundes und lebhaftes Kind seine Mutter nur lieben kann.

Aber ich habe sehr bald erfahren (die Kinder nehmen unglaublich genau wahr, was den Erwachsenen entgeht, wenn sich diese Wahrnehmung auch nicht »auf der Ebene« des Bewußtseins vollzieht), daß diese Mutter, die ich mit meinem ganzen Körper liebte, durch und über mich hinaus einen anderen liebte, ein Wesen, das durch meine Präsenz als Person persönlich absent war, das heißt ein durch meine Absenz als Person persönlich präsentes Wesen – also ein Wesen, von dem ich erst *viel später* erfahren sollte, daß es seit langem *tot* war. Wer kann sagen, wann sich dieser »Aktionsentschluß« einstellt? Unzweifelhaft ist, daß ich ihn »nachträglich« beurteile, an seinen Auswirkungen, die sich so und so oft in wiederholten und heftigen Affekten in meinem Leben bemerkbar gemacht haben: so viele alte und unumgängliche Figuren. Wie sollte ich es also anstellen, um von einer Mutter geliebt zu werden, die mich nicht als Person liebte und mich dazu verurteilte, lediglich ein blasser Reflex zu bleiben, der andere eines Toten, selbst ein Toter? Um aus diesem »Widerspruch« oder besser aus dieser Ambivalenz herauszufinden, hatte ich offensichtlich keine andere Hilfsquelle als zu versuchen, meine Mutter zu *verführen* (wie man eine Zufallsbekanntschaft, eine Fremde verführt), damit sie einwilligte, mich um meiner selbst willen anzuschauen und zu lieben.

Nicht nur im geläufigen Sinne, in dem der kleine Junge, wie bereits Diderot sagte, »mit seiner Mutter schlafen will«, sondern auch im tieferen Sinne, zu dem ich mich zwangsläufig entschließen mußte, um mir die Liebe meiner Mutter zu gewinnen, um selbst der Mann hinter mir zu werden, den sie liebte, im niemals vom Tod freien Himmel: *sie verführen, indem ich ihren Wunsch verwirklichte.*

Mögliche und unmögliche Aufgabe! Denn ich war ja nicht jener andere, ich war im Grunde nicht jenes so verständige und so reine Wesen, das sich meine Mutter von mir erträumte. Je weiter ich gegangen bin, desto deutlicher habe ich die sogar heftigen Formen meines eigenen Begehrens verspürt, vor allem diese ganz elementare Form: nicht im Element noch im Phantasma des Todes leben, sondern für mich selbst existieren, ja, einfach existieren und vor allem in meinem Körper, den meine Mutter ja so verachtete, denn sie hatte (wie jener Louis, den sie immer noch liebte) Abscheu davor.

Von mir als kleinem Jungen habe ich das Bild eines winzigen und schwachen Wesens mit schmalen Schultern in Erinnerung, die niemals die eines Mannes werden würden, mit bleichem Gesicht, von einer allzu schweren Stirn niedergedrückt und in der Einsamkeit leerer Alleen in einem unermeßlich weitläufigen und verlassenen Park verloren. Ich war nicht einmal ein Junge, sondern ein schwaches kleines Mädchen.

Dieses Bild, das mich so lange verfolgt hat und dessen Nebeneffekte man im weiteren Verlauf erkennen wird, habe ich als materielle Spur wie durch ein Wunder in einer kleinen Photographie wiedergefunden, die ich nach dem Tode meines Vaters in seinen Papieren entdeckt habe.

Ohne Zweifel bin ich darauf zu sehen. Ich stehe aufrecht in einer der weitläufigen Alleen des parc de Galland in Algier, ganz in der Nähe unserer Wohnung. Ich bin tatsächlich jener winzige, blasse und zarte kleine Junge ohne Schultern, den Kopf mit seiner zu groß geratenen Stirn von einem ebenfalls blassen Hut bedeckt. Am ausgestreckten Arm ein winziges Hündchen (das von M. Pascal, dem Mann von Suzy), das sehr lebhaft ist und an der Leine zieht. Abgesehen von dem Hund bin ich auf dem Photo allein: niemand ist auf den verlassenen Alleen zu sehen. Man wird sagen, daß diese Einsamkeit durchaus nichts zu bedeuten braucht, daß M. Pascal eigens gewartet hatte, bis alle Spaziergänger aus dem Bildausschnitt verschwunden waren.

Richtig ist: Diese vom Photographen vielleicht gewollte Einsamkeit hat in meiner Erinnerung die Realität und das Phantasma meiner Einsamkeit und meiner Gebrechlichkeit eingeholt.

Denn ich bin *völlig* allein in Algier, so wie ich in Marseille und Lyon sehr lange allein sein werde und später schrecklich allein nach dem Tode von Hélène. Ich habe *keinen* wirklichen Spielkameraden, nicht einmal unter denen, mit denen ich mich unter Aufsicht auf dem Schulhof in der Pause abgebe, Arabern, Franzosen, Spaniern, Libanesen, wie sehr hat meine Mutter uns (oder sich) vor jedem zweifelhaften Umgang abgeschirmt, das heißt vor Mikroben und Verführungen, die Gott weiß wo stattfinden können! Ich sage *keinen Spielkameraden* und a fortiori *keinen Freund.* Und als ich nach der Gemeindeschule aufs Gymnasium Lyautey in Algier kam, und zwar in die Sexta, wiederum keinen Kameraden, nicht einmal auf dem Hof. Schlimmer noch, ich habe sogar reiche Jungen in Erinnerung behalten, die, vollkommen blasiert, hochnäsig, verächtlich und zynisch, mich weder ansahen noch mit mir reden wollten, und wunderbare Sportwagen, die sie am Ausgang erwarteten, mit Chauffeur am Steuer (unter anderen einen hinreißenden Voisin). Meine einzige Gesellschaft war die Familie, meine redselige Mutter und mein schweigsamer Vater. Der Rest bestand aus Mahlzeiten, Schlaf und Arbeit im Unterricht und zu Hause: insgesamt also »freiwillig gutgeheißener« Gehorsam.

In der Volksschule war ich ein vorbildlicher, von meinen Lehrern geliebter Schüler. In der Sexta im Gymnasium von Algier aber war ich verloren und trotz aller Anstrengungen völlig mittelmäßig. Erst in Marseille (1930–1936) und dann in Lyon (1936–1939, Vorbereitung auf die École normale) wurde ich Klassenbester. Auf Betreiben meiner Mutter wurde ich Pfadfinder und natürlich Fähnleinführer, von einem Feldgeistlichen dazu geschlagen, der zu gewitzt war, als daß er aufrichtig sein konnte: er hatte bei mir sofort das Schuldgefühl gespürt, das mich bewog, die erstbeste Verantwortung zu übernehmen. Ich war also verständig, allzu verständig, und rein, allzu rein, wie meine Mutter sich das gewünscht hatte. Ich darf das ohne jeden Irrtumsvorbehalt sagen: ja, ich habe auf diese Weise – und wie lange! bis zum Alter von neunundzwanzig Jahren!! – den Wunsch meiner Mutter erfüllt: die absolute Keuschheit.

Ja, ich habe erfüllt, was sich meine Mutter seit unvordenklichen Zeiten (das Unbewußte ist zeitlos) von der Person jenes anderen Louis wünschte und erwartete – *und ich habe es getan, um sie zu verführen:* die Verständigkeit, die Reinheit, der reine Intellekt, die Entkörperlichung, der Erfolg in der Schule und zu guter Letzt eine »literarische« Karriere (mein Vater hätte eine naturwissenschaftlich-technische vorgezogen, wie ich später erfahren habe, ließ das jedoch nie durchscheinen), dazu schließlich dann noch die Aufnahme in eine École normale supérieure, nicht in Saint-Cloud, die Schule meines Onkels Louis, sondern, mehr noch, in die der rue d'Ulm. Dann wurde ich, wie bekannt, jener Intellektuelle, der sich wildentschlossen weigerte, sich in den Medien »die Hände schmutzig zu machen« (o Reinheit!) und, als mein Name auf der Titelseite einiger Bücher stand, die meine Mutter voller Stolz las, ein bekannter Philosoph.

War es mir wirklich gelungen, meine Mutter zu verführen? Ja und nein. Ja, weil sie, die in mir die Verwirklichung ihres Wunsches erkannte, glücklich und äußerst stolz auf mich war. Nein, weil ich bei dieser Verführung immer den Eindruck hatte, nicht ich selbst zu sein, sondern nur *durch Kunstgriffe* und in Kunstgriffen zu existieren, eben den Kunstgriffen der Verführung, die durch *Schwindeleien* zustande kamen (vom Kunstgriff zur Schwindelei ist der Weg kurz), meine Mutter also nicht wirklich erobert, sondern sie kunstvoll und künstlich verführt zu haben.

Kunstgriffe: denn ich hatte ja auch *meine* Wünsche oder, wenn man aufs äußerste vereinfachen will, *meinen* eigenen Wunsch: also das Unmögliche. Der Wunsch, auf eigene Rechnung zu leben, mit den fußballspielenden Buben auf dem Brachfeld zusammenzutreffen, mich unter die kleinen Franzosen und Araber der Volksschule zu mischen, in den Parks und Wäldern mit zufällig getroffenen Burschen zu spielen, Burschen und *Mädchen,* mit denen abzugeben meine Mutter uns *stets verbot,* weil »man ja ihre Eltern nicht kannte«, selbst wenn sie nur zwei Schritte entfernt waren oder auf derselben Bank saßen: keine Rede davon, sie anzusprechen, man wußte ja nie, mit wem man es zu tun hatte!! Ich mochte ruhig aufmucken: letztlich parierte ich doch immer. Ich existierte nur im Wunsch und Begehren meiner Mutter, nicht in meinem eigenen, mir unzugänglichen.

Noch eine prägende Erinnerung. Wir sind, meine Mutter, meine Schwester und ich, im Wald von Bois de Boulogne, in der Nähe einer Aloe mit enormem Stempel (wiederum eine Art Pfahl). Dazu gesellt sich eine Dame mit zwei kleinen Kindern: einem Jungen und einem

Mädchen. Ich weiß nicht, wie meine Mutter sich darein fügte, aber wir begannen tatsächlich miteinander zu spielen. Nicht lange! Ich habe nie erfahren, was da über mich kam, aber plötzlich gab ich dem kleinen Mädchen eine Backpfeife und sagte zu ihr: »Du bist doch nur eine *Tourtecuisse!*«* (Ich hatte das für mich inhaltsschwangere Wort in einem Buch gelesen, ohne zu wissen, was es bedeuten mochte.) Jetzt aber meine Mutter: auf der Stelle riß sie uns von den Gören und ihrer Mutter weg, ohne ein einziges Wort. Noch eine plötzliche gewalttätige Geste, die mir herausgerutscht war wie auf dem Schulhof. Diesmal aber galt sie einem kleinen Mädchen. Ich erinnere mich, hinterher keinerlei Scham oder Wiedergutmachungsbedürfnis verspürt zu haben. Immer gewann »es«!

Hin- und hergerissen, das war ich, aber ohne Zuflucht vor dem Wunsch meiner Mutter und vor meiner eigenen Zerrissenheit. Ich tat alles, was sie wollte, ich half meiner Schwester, die ach so gefährlichen Straßen zu überqueren, indem ich sie an der Hand hielt, ich kaufte auf dem Rückweg von der Schule die beiden kleinen Schokoladenriegel, mit der genau abgezählten Geldsumme, die sie mir mitgegeben hatte, ich, der ich nie einen eigenen Groschen bei mir hatte (bis zu meinem achtzehnten Lebensjahr!), denn man konnte ja immer *bestohlen werden,* und man wußte ja, was ein Kind sich alles an Überflüssigem oder Schädlichem kaufen konnte: ein schrankenloser Sparsamkeitssinn, der überdies noch mit der Furcht vor Lebensmittelverunreinigung und vor der Diebstahlsgefahr zusammentraf. Zu Hause erledigte ich brav meine Schulaufgaben und wartete aufs Abendessen. Eine einzige Ausgangserlaubnis, nämlich später in Algier, die mich, noch immer mit meiner kleinen Schwester an der Hand, zur Wohnung eines verwelkten, hageren, entkörperlichten und schwärmerischen Paares führte, keines Ehepaares, sondern eines Paares von Bruder und Schwester (wie wir), beide unverheiratet und lebenslänglich zusammengeschmiedet, denen meine Mutter (angesichts ihrer manifesten Reinheit) ihr volles Vertrauen geschenkt hatte: meine Schwester erhielt Unterricht am Klavier, ich auf der Geige, damit auch wir später als Bruder und Schwester zusammenspielen konnten. Ich vermochte gegen diese Zwänge nichts auszurichten. Und wie hätte ich das auch

---

* *Tourtecuisse* und *Tortecuisse* (*cf.* S. 334). Nach Orthographie und Bedeutung unverständliche Wortbildungen. (*A. d. Hrsg.*)

können, so wie ich nun einmal beschaffen war? Daraus resultierte ein dauerhafter Haß auf die Musik, der später noch durch die wöchentliche Pflicht verstärkt wurde, mit meiner Mutter klassische Konzerte in Marseille zu besuchen (mein Vater nahm nie daran teil)! Man möge unbesorgt sein: Heute spiele ich zu meinem größten Vergnügen Klavier (oder improvisiere, weil ich es nie richtig gelernt habe; man wird später sehen wie). Ja, was hätte ich gegen diese musikalischen und anderen Zwänge ausrichten können? Ich hatte keinerlei Rückzugsmöglichkeit nach draußen und vor allem keinerlei Rückzugsmöglichkeit nach drinnen, zu meinem Vater. Die einzigen Freunde, die ich kannte, waren die sehr seltenen Besucher, die mein Vater uns brachte. Genaugenommen ein einziger: jener M. Pascal, sein Bürokollege und Untergebener, mit schütterem Haarwuchs, sanft wie eine Melone und gegenüber seiner Frau, der ausgelassenen Suzy, völlig willenlos.

In einem bestimmten Jahr, als meine Schwester (dieses ständig kranke Kind) sich die Windpocken zugezogen hatte, bat meine Mutter die Pascals, um jede Ansteckung zu vermeiden (einmal mehr!), mich bei ihnen zu beherbergen. Also lernte ich ihr behagliches Nest kennen, das Nest eines kinderlosen Paares, und ihre Manien, den Glanz der sinnlichen, immer mit entblößtem Busen herumlaufenden Suzy und ihre warmherzige Autorität und den kleinen Alltagsschlendrian von M. Pascal, der ihr in allem und jedem folgte wie der kleine Hund, den er im großen Garten des Parks an der Leine führte. In meinem Bett hatte ich immer denselben Alptraum: Vom Wandschrank herunter kam ein längliches Tier, eine lange Schlange ohne Kopf (kastriert?), eine Art gigantischer Erdwurm, der auf mich zukroch. Ich erwachte schreiend. Suzy kam herbeigelaufen und preßte mich lange an ihre üppige Brust. Ich beruhigte mich wieder.

Eines Morgens wachte ich spät auf. Mir wurde klar, daß M. Pascal zur Arbeit gegangen war. Ich stand auf, und als ich mich vorsichtig näherte, hörte ich, wie sich Suzy hinter der Küchentür zu schaffen machte (Kaffee oder Abwasch?). Ich weiß nicht, wie es kam, aber *ich war sicher, daß sie nackt war* in ihrer Küche. Von einem unwiderstehlichen und kühnen Drang getrieben – wie sollte ich es herausbekommen, ohne Gefahr zu laufen, entdeckt zu werden? –, öffne ich die Tür und betrachte sie lange: noch nie hatte ich einen nackten Frauenkörper gesehen, die Brüste, den Bauch, das Vlies und solche faszinierenden Gesäßbacken! Der Reiz der verbotenen Frucht (ich war etwa zehn Jahre alt)? Die sinnliche Pracht ihrer üppigen Formen? Lange genieße ich meine Lust. Dann bemerkt sie mich, und ohne mit mir zu schimpfen, zieht sie mich an sich und hält mich lange, um mich an ihre Brüste und ihre warmen Schenkel zu drücken. Nie war später unter uns davon die Rede. Aber diesen Augenblick der intensiven »Verschmelzung«, der nicht seinesgleichen hatte, habe ich nie vergessen.

Im darauffolgenden Jahr, als meine Schwester (immer krank, diese Schwester) sich Scharlach zugezogen hatte, schickte mich meine Mutter, um wiederum jede »Ansteckung« zu vermeiden, zu meinen Großeltern mütterlicherseits, die sich damals bereits im heimatlichen Morvan zur Ruhe gesetzt hatten.

VI

Die lieben Großeltern! Diese aufrechte und schlanke Großmutter mit ihren hellblauen und offenen Augen, immer aktiv, aber nach ihrem eigenen Rhythmus, und immer allen gegenüber großzügig, ein Hort der Heiterkeit und des Friedens für alle. Ohne sie hätte mein Großvater seine anstrengende Arbeit in den Wäldern Algeriens nie überlebt. Ihre Töchter... sie hat ihnen schon ihre Prinzipien von Gesundheit und Tugend mitgeben müssen, damit daraus aufrechte und reine, schöne junge Mädchen wurden. Und dieser Großvater, unruhig, unter seiner Schirmmütze und seinem Schnauzbart ständig fluchend und nörgelnd: allein diese beiden bildeten meine wirkliche Familie, meine einzige Familie, meine einzigen Freunde auf der Welt.

Anerkannt muß werden, daß die weiten Räume, in denen ich bei ihnen lebte oder in denen ich sie traf, etwas an sich hatten, das ein Kind, das bis dahin in die Einsamkeit enger Stadtwohnungen eingepfercht gewesen war, begeistern mußte – wenn es nicht einfach, und wahrscheinlicher, ihre Präsenz und die Liebe war, die sie mir entgegenbrachten und die ich erwiderte, die die Häuser, die Wälder und die Felder, wo sie zu Hause waren, zu einem Kinderparadies machten.

Zunächst war das, bevor mein Großvater sich pensionieren ließ, um wieder in sein heimatliches Morvan zurückzukehren, das große Forsthaus von Bois de Boulogne, von dem aus man ganz Algier überblicken konnte, später dann das kleine Haus in Larochemillay (Nièvre) mit seinem Garten und den Feldern von Bois-de-Velle.

Der Bois de Boulogne! Ich behalte eine farbige Erinnerung daran im Gedächtnis, an sein in den Mittelpunkt eines gewaltig großen Gartens gekauertes Forsthaus. Die Zimmer waren niedrig und kühl. Ich fand dort eine dunkle und geheimnisvolle Waschküche, in der unausgesetzt Wasser floß; einen Pferdestall, in dem man das helle Stroh roch, den wunderbaren Pferdemist und den gleißenden Geruch zweier Rassepferde, die unter ihren glatten Flanken vor Leben strotzten: die schönen Reittiere, die mein Großvater für die Herren der Direktion betreute. Ich halte Pferde noch immer für die schönsten Lebewesen auf der Welt, unendlich viel schöner als die meisten Menschen. Eines Nachts machten die Tiere großen Lärm, der mir aber keine Angst einjagte: zweifellos wegen Hühnerdieben, die aber von den Pferden, die wachsamer waren als Hunde, abgeschreckt wurden.

Zwanzig Meter vom Haus entfernt befand sich ein langes, großes Wasserbecken, und wenn man mich mit ausgestreckten Armen darüberhielt, konnte ich darin merkwürdig blasse, rote, grüne und violette Fische sich langsam unter lange und geschmeidige schwarze Gräser zurückziehen sehen, die sanft auswichen. Später, als ich Lorca las, sollte ich wieder darauf stoßen, auf diese Schenkel der ehebrecherischen Frau, die ans Flußufer flieht – »Zwischen geschlossenen Schenkeln, meinen geschlossenen Schenkeln, schwimmt die Sonne, der Fisch« –: Fische, die durch zurückweichendes Schilfrohr schwimmen.

Im Forsthaus fand ich Rabatten von fabelhaften Blumen (diese Anemonen, diese Fresien mit ihrem erotischen und intensiven Geruch, diese schüchternen rosa Alpenveilchen, rosa wie später das weibliche Rot des Geschlechts von Simone in Bandol in seinem schwarzgrünen Gekräusel), in denen wir, meine Schwester und ich, zu Ostern manchmal schon halb von den Ameisen zerfressene Zuckereier suchten, die für uns versteckt worden waren; und jene riesigen vielfarbigen Gladiolen, von denen mein Vater jeden Sonntag einen großen Strauß pflückte, um ihn in aller Heimlichkeit einer »sehr schönen jungen Frau« mit belgischem Namen zu bringen, die wir nie zu Gesicht bekamen. Und jener gewaltige Gemüsegarten, durchsetzt von Mispeln aus Japan! Diese Mispeln! Sie trugen ovale, blaßgelbe Früchte, die ein Paar miteinander verbundener harter Maronenkerne enthielten, glatt und glänzend wie Männerhoden (aber damals hatte ich davon keine *bewußte* Ahnung, offensichtlich!), die ich langsam, mit einer merkwürdigen Freude, zwischen den Fingern streichelte. Wenn meine junge Tante Juliette, der Schwarmgeist der Familie, wie eine Ziege für mich auf die Bäume kletterte, um sie von den Ästen zu pflücken und sie mir zu reichen, mir, der ich unten wartete und begehrliche Blicke auf ihre interessanten Unterröcke warf, ihr sanfter und süßer Saft, der auf der Zunge zerging und jenes Paar glänzender Kerne freigab – welche Würze und Wonne! Aber diese selben Mispeln waren noch besser, wenn ich sie direkt von der Erde aufsammelte, wo sie, von der Sonne ausgedörrt, bereits im herben und sauren Hauch des Erdbodens zu verfaulen begonnen hatten! Etwas weiter entfernt gab es noch ein kleines, diesmal auf meine Größe zugeschnittenes Becken mit klarem und fließendem Wasser (eine Quelle?) und ganz fernab, hinter hohen schwarzen Zypressen, ein Dutzend Bienenstöcke in einer Reihe, die ein früherer bretonischer Lehrer, M. Kerruet, häufig inspizieren kam, den Strohhut auf dem Kopf, aber ohne Schleier oder Handschuhe, denn die Bienen waren seine Freunde. Zwar waren sie es nicht für jedermann, denn als sich eines Tages mein Großvater ihnen etwas zu sehr genähert hatte und seine Nervosität und Unruhe sie ihrerseits nervös und unruhig machte, umschwirrten sie ihn und ließen sich massenhaft auf seinem Gesicht nieder, so daß er seine Rettung nur einem Sturmlauf und einem Sprung ins große Wasserbecken zu verdanken hatte. Merkwürdigerweise aber hatte ich diesmal keinen Schrecken davongetragen.

Vor allem aber erhob sich ganz hinten links im Garten ein gewaltiger runder Johannisbrotbaum, dessen lange und glatte dunkle Schoten (von denen ich gerne gekostet hätte – aber meine Mutter hatte entschieden gesagt: verboten!) mich faszinierten. Das war ein unerwarteter Beobachtungsposten, von dem aus ich, ganz allein, zu meinen Füßen die ungeheuer große Stadt in der Sonne liegen sah, verkleinert und endlos, ihre Straßen, Plätze, Gebäude und ihren Hafen, wo große, reglose Schiffe mit Schornsteinen vor Anker lagen und Hunderte von kleineren Barken in einer langsamen, immerwährenden Bewegung wimmelten. In ganz weiter Ferne konnte ich auf dem stets glatten und fahlen Meer zunächst eine winzige Rauchwolke am Horizont sehen, dann allmählich Masten und einen Schiffsrumpf, gleichsam unbeweglich, weil verzweifelt langsam: die Schiffe der Linie Marseille–Algier, die schließlich, wenn ich genug Geduld hatte, unter unendlichen Vorsichtsmaßnahmen und Manövern an den wenigen freien Quais des Hafens festmachten. Ich wußte, daß eines davon (nach so vielen, die *Général-Chanzy* und anders hießen) den Namen *Charles-Roux* trug. Charles wie mein Vater (ich glaubte damals fest, daß alle Kinder, erwachsen geworden, ihren Namen änderten, um fortan Charles zu heißen, eben nur Charles!). Ich stellte mir vor, daß es sich, vom Spiel des Räderwerks unter seinem Rumpf getrieben, näherte, und wunderte mich dabei, daß niemand davon Kenntnis hatte.

Und dann ging ich in Gesellschaft meines Großvaters in die Wälder.

Welche Freiheit! Mit ihm zusammen gab es weder Gefahr noch Verbot. Welches Glück! Er, der »Nörgler«, mit einem Charakter, den alle Welt unmöglich fand (wie später Hélène), sprach mit mir ganz beiläufig wie mit einem Gleichgestellten. Er zeigte und erklärte mir alle Bäume und Pflanzen. Vor allem faszinierten mich die endlosen Eukalyptus-Wälder: wie gern spürte ich unter meinen Fingern die Schuppen ihrer langen, röhrenförmigen Rindenstücke, die plötzlich mit großem Getöse aus den Wipfeln herabstürzten und dann endlos wie nutzlose Arme oder Lumpen hängenblieben (die Lumpen, in die ich mich später gern kleidete, die Lumpen der großen roten Vorhänge meines Schlafzimmers in der École normale) – ihre so langen, so glatten, gekrümmten und spitzen Blätter, die im Laufe des Jahres von dunkelgrün zu blutrot übergingen, und ihre Frucht-Blüte mit dem zarten Pollen und dem Geruch nach »Arzneimittel«. Und dann die immer wieder neue Entdeckung wilder rosa Alpenveilchen, die stets unter ihren dunklen Blättern verborgen waren und denen man das Laubwerk abstreifen mußte, um ihre innerste Rose zu finden; wilde Spargel, stark wie erigierte Penisse, die ich roh verspeisen konnte, sobald sie aus der Erde kamen. Dann jene schrecklichen Aloe-Pflanzen, die mit Stacheln und Dornen besetzt waren und manchmal (einmal alle zehn Jahre?) einen gewaltigen Stempel gen Himmel sprießen ließen, an dem sich langsam eine unerreichbare Blüte entfaltete!

Ich erlebte ein intensives, freies und erfülltes Glück in der Gesellschaft meines Großvaters und meiner Großmutter, selbst wenn meine Eltern mich begleiteten, und im Paradies jenes Forsthauses mit seinem Garten und seinem gewaltigen Wald.

Bis man aber dorthin gelangte, ging es manchmal dramatisch zu. In Höhe des Waldes erhob sich, genau an dem unbefestigten Weg, den wir benutzten (zu Fuß vier Kilometer), ein großes weißes Haus, das von einem noch diensttuenden Hauptmann, M. Lemaître (was für ein Name...), seiner Frau, ihrem zwanzigjährigen Sohn und ihrer kleinen Tochter bewohnt wurde. Es passierte immer sonntags: dem arbeitsfreien Tag meines Vaters und auch dem Ruhetag von M. Lemaître. Wenn wir zum Forsthaus hinaufstiegen, war er stets da, von seiner Familie umringt; aber sehr häufig kam es zu schrecklichen Szenen zwischen Vater und Sohn. Der Sohn sollte in seinem Zimmer sitzen und seine Bücher durcharbeiten, und wenn er sich weigerte, sperrte der Vater ihn buchstäblich darin ein. Eben das war an diesem Sonntag der Fall. Der Hauptmann erklärt uns in hellem Zorn die Gründe für die Abwesenheit seines Sohnes. Plötzlich hören wir laute Geräusche von zersplitterndem Holz: der Sohn schlägt seine Zimmertür ein, kommt heulend herausgestürzt und verschwindet im Wald. Der Vater rennt eilends ins Haus zurück, kommt mit einem Revolver in der Faust wieder und macht sich an die Verfolgung des Sohnes. Noch ein gewalttätiger Vater, Schreie und ein Revolver! Diesmal aber ein gewalttätiger Sohn, der sich gegen die Gewalt des Vaters zur Wehr setzt. Die Mutter schweigt. Abseits, auf der ersten Stufe des zweiten Treppenabsatzes des Hauses, sitzt das kleine Mädchen, Madeleine, und weint, das Gesicht tränenüberströmt. Ich setze mich neben sie, nehme sie in die Arme und beginne sie zu trösten. Ich habe den Eindruck eines gewaltigen Aktes von Mitleid und Selbstverleugnung meinerseits, so als ob ich schon wieder (nach meiner Mutter) eine neue und definitive Daseinsberechtigung und die Opfermission meines ganzen Lebens gefunden hätte: diese kleine Märtyrerin retten. Außer mir beschäftigt sich übrigens niemand mit ihr, was meinen Überschwang noch steigert. Der Sohn kommt zurück, der Vater hinter ihm, den Revolver in der Faust; erneut sperrt er ihn in seinem Zimmer ein und zieht den Schlüssel ab, und wir verlassen diesen Schauplatz von Gewalt und familiärer Trostlosigkeit und flüchten uns in den Frieden des ganz nahe gelegenen Forsthauses. Diesmal hatte ich noch sehr große Angst, aber wie soll man das ausdrücken: ich hatte auch eine Art freudiges Glück verspürt, als ich die noch ganz kleine Madeleine in die Arme nahm (der Name meiner Großmutter. Ach! diese Namen... Lacan hat durchaus recht gehabt, auf die Rolle der »Signifikanten« zu verweisen, als er nach Freud von *Namens*halluzinationen sprach).

Ich war verblüfft, weil mein Großvater, der doch sonst bei jeder Gelegenheit über alles mögliche unaufhörlich schimpfte und nörgelte, wenn auch halblaut, sich in meiner Gegenwart völlig anders benahm. Kurz, nie hatte ich Angst, daß er mich verlassen würde. Wenn es sich gerade traf, daß er mir gegenüber schweigsam blieb, verspürte ich keinerlei Angst (welcher Unterschied zu meiner Mutter oder zu meinem Vater!). Denn er schwieg nur, um mit mir zu reden. Und jedesmal geschah das, um mir die Wunder des Waldes, die ich noch nicht kannte, zu zeigen und zu erklären: ohne je etwas von mir zu verlangen, im Gegenteil; sondern um mich unaufhörlich mit Gaben und Überraschungen zu überschütten. Eben da muß ich mir zum ersten

Mal eine Vorstellung von dem gemacht haben, was passiert, wenn man liebt. Ich verstand das so: jedesmal eine Gabe ohne Gegenleistung, die mir bewies, daß ich existierte. Er zeigte mir auch, der Umfriedung des Forsthauses benachbart, die hohen Ziegelmauern, die als Sicherheitsmaßnahmen für die Résidence de la Reine-Ranavalo dienten, die man nie zu Gesicht bekam. Später erfuhr ich, daß die französischen Truppen, die in den schönen Tagen der Kolonialzeit Madagaskar eroberten, die Königin des Landes gefangengenommen und sie in dieser aufgezwungenen und streng überwachten Residenz auf den Anhöhen über Algier in Gewahrsam genommen hatten. Später begegnete ich in Blida auf eben diese Weise einem gewaltig großen, bebrillten, immer mit einem enormen Regenschirm ausgestatteten Schwarzen (man verkaufte Postkarten von ihm), der alle Zufallsbegegnungen anredete, indem er ihnen die Hand schüttelte und dabei sagte: »Freunde, wir sind alle Freunde!« Es war Béhanzin, der frühere Kaiser von Dahomey, auch er nach Algerien verbannt. Dieser Zustand erschien mir merkwürdig: es war zweifellos meine erste Lektion in Politik.

VII

Als mein Großvater, ich glaube 1925, seinen Abschied nahm, war es mit dem Forsthaus (ich habe es nie wiedergesehen) und allen seinen Herrlichkeiten zu Ende.

Meine Großeltern kehrten wieder in ihr Heimatland zurück, den Morvan, und kauften dort ein kleines Haus in Larochemillay, einem Dörfchen fünfzehn Kilometer von Château-Chinon und elf Kilometer von Luzy entfernt, in einer hügeligen und waldigen Gegend. Für mich war das eine weitere Herrlichkeit. Zwar war es weit von Algier, aber wir konnten dort lange Sommer verbringen, zumeist ohne meinen Vater, der an seinem Arbeitsplatz in Algier blieb. Zunächst mußte man das Meer überqueren, auf einem der *Gouverneur Général X . . .*, die den Liniendienst versahen, langsame und unbequeme Schiffe, deren bloßer Geruch – ein Geruch, der auf den Gängen und in den Kabinen herrschte, die mit einer Art dickem, nach Erbrochenem riechenden Fettfilm überzogen waren – einen schon vor dem Ablegen seekrank machte. Ich bin immer seekrank geworden, genau wie meine Mutter und meine Schwester, mein Vater dagegen nie.

Dann kam die rasche Einfahrt in den Hafen von Marseille, La Joliette, die Gepäckprobleme, die Unruhe meiner Mutter (wenn man uns nun die Koffer gestohlen hätte!), dann der Zug. Ach! der Zug! Der Geruch der großen Rauchwolken der Dampflokomotiven, das sanfte Geräusch ihrer Pleuelstangen, die langen schrillen Pfeifsignale unterwegs (warum? wahrscheinlich unbeschrankte Bahnübergänge), bei der Einfahrt in die Bahnhöfe und bei der Ausfahrt dann das endlose und beruhigende, nur vom regelmäßigen und besänftigenden Knacken der Schienenanschlüsse unterbrochene Gleiten auf den Gleisen. Wenn man gut »angeschlossen« ist, gut abgestimmt, geht alles von selbst. Meine Mutter lebte in ständiger Erwartung eines Eisenbahnunglücks. Ich nicht. Die Landschaft, diese große Unbekannte, huschte hinter den Fensterscheiben vorbei. Wir aßen unsere Wegzehrung auf den Knien, nachdem meine Mutter die schon in Algier im voraus zurechtgemachten Vorräte aus ihrem Korb geholt hatte. Nie haben wir die Herrlichkeiten eines Speisewagens kennengelernt: Sparsamkeit!

In Chagny nahmen wir eine Nebenlinie: Chagny–Nevers. Wir stiegen um (Achtung auf die Koffer!) und wechselten in eher provinzielle Waggons, die von einer langsamen, keuchenden Maschine gezogen wurden. Aber wir näherten uns unserem »Zuhause«. Sehr rasch lernte ich die Bahnhöfe kennen und wiedererkennen, und an den Böschungen des Bahndammes (der Zug fuhr in gemächlich-keuchender Gangart) versuchte ich um jeden Preis inmitten der wuchernden Pflanzen die ersten Walderdbeeren auszumachen, an denen ich mich laben wollte: waren sie schon reif? Schließlich kamen wir am Ziel der Reise an: in Millay, einem unbedeutenden kleinen Bahnhof; aber da begann erst das wirkliche Abenteuer.

Hinter dem Bahnhof erwartete uns ein Pferdewagen. Beim ersten Mal unternahmen wir die Fahrt in heftigem Regen, der jede Sicht verhinderte, aber wir waren, wenn auch gegen die Kälte dicht zusammengedrängt, wenigstens von einem groben Leinenverdeck geschützt – sonst aber beinahe immer in strahlendem Sonnenlicht. M. Ducreux, der 1936 in der Auseinandersetzung mit dem örtlichen Herrn Grafen zum Bürgermeister von Laroche gewählt werden sollte, lenkte in aller Ruhe eine schöne rotbraune Stute mit starker Kruppe, die rasch Schaum vor dem Maul hatte und deren lange, pulpöse Gesäßfurche, die ich ständig vor Augen hatte, mich über Gebühr interessierte. Sechs Kilometer Anstieg, dann die Höhen von Bois-de-Velle, von wo aus man eine gewaltige, mit dichten Baumgruppen bestandene Berglandschaft überblickte (Eichen, Kastanien, Buchen, Eschen, Hagebuchen, ganz zu schweigen von Haselnußsträuchern und Weiden), dann eine lange, aber ziemlich sanfte Abfahrt, auf der die Stute wieder in ihren gewohnten Trab verfiel, und endlich das Dorf. Das jähe Gefälle eines sehr schlechten Weges: man fuhr an der Gemeindeschule (aus Granit) vorbei, und alsbald tauchte »das Haus« auf, mit meiner Großmutter, die uns, kerzengerade auf der Schwelle stehend, schon erwartete.

Diesmal war das Haus nicht sehr groß, aber es hatte zwei kühle Keller, einen großen, beinahe wohnlichen Speicher, mit Romanen von Delly vollgestopft, die aus *Le Petit Echo de la mode* ausgeschnitten waren, das meine Großmutter immer gelesen hatte, mit Schuppen für die Kaninchen und einem großen, vergitterten Hühnerstall, wo sich verschiedene Geflügel mit der ihnen eigenen langsamen Selbstgenügsamkeit tummelten, mit den Augen aber stets auf der Lauer. Da fand sich eine schöne Zisterne aus Zement (in die manchmal die Katzen fielen und zu meinem Entsetzen [noch mehr Tote] ertranken – ein Drama!) zum Auffangen des Regenwassers. Und vor allem ein schöner, abschüssiger Garten mit sehr reizvoller Aussicht auf einen der höchsten Berge des Morvan: den Touleur. Zu diesem Zeitpunkt gab es weder fließendes Wasser noch Elektrizität: man holte das Wasser in Kübeln bei zwei alten Jungfern gegenüber, als Beleuchtung diente die Petroleumlampe, ach!, was die für ein schönes Licht gab, vor allem wenn man, um in ein anderes Zimmer zu gehen, *das Licht mitnahm* und lebhafte und zuweilen verwirrende Schatten an den Wänden tanzten: welche Sicherheit, das Licht bei sich zu haben!

Später ließ mein Großvater einen wirklichen Brunnen ausheben, und zwar nach Befragung eines Rutengängers, der, seine Gerte in der Hand, erklärte, hier müsse es sein, nahe dem großen Birnbaum und in der und der Tiefe. Man hob den Brunnen mit der Hand aus – man stelle sich vor! –, mitten in einer Schicht von rötlichem Granit! Was für eine Gewalt- und Präzisionsarbeit: man hob Minen aus, die barsten; dann mußten die Steinblöcke herausgezogen und die Minengänge erneut mit der Brechstange ausgebohrt werden. Auf Wasser stieß man in genau der Tiefe, die der Rutengänger vorausgesagt hatte. Aus dieser Zeit habe ich eine wirkliche Hochachtung für die Kunst der Männer mit ihren Haselnußgerten behalten, die ich sehr viel später auf »Vater Rocard«, den Leiter des physikalischen Instituts der École normale und Vater von Michel Rocard (ein Unbekannter für mich und anscheinend auch für seinen »Vater«), übertragen sollte, der seltsame Experimente zum physischen Magnetismus mit seiner Gerte anstellte, zu Fuß in den Gärten der École, und zwar sonntags (da gab es niemanden, der ihn beobachten konnte), auf dem Fahrrad, im Auto und sogar im Flugzeug! Dieser legendenumwobene Mann, der 1936 [recte: 1944] die physikalischen Institute, die ohne Ausrüstung waren, am Tage nach dem Einmarsch der ersten französischen Truppen in Deutschland eigenmächtig dadurch versorgte, daß er bei seinem Chef Militärlastwagen orderte und sich in den deutschen Instituten und den großen Fabriken alles Material holte, das er brauchte. Der seinem Physikalischen Institut, einem der ersten in Frankreich (an dem Louis Kastler arbeitete, der später den Nobelpreis erhielt), Arbeitsmöglichkeiten verschaffte. Eben dieser »Vater Rocard« galt auch als der »Vater der französischen Atombombe«, was weder bestätigt noch je dementiert wurde; aber dieser Titel oder Pseudo-Titel trug ihm die politische Feindschaft der Mehrzahl der *normaliens* ein. Als weltweit erster entwickelte Rocard ein System zur Aufspürung von Atomexplosionen auf der Basis ihrer Fortpflanzung durch die Erdrinde und Triangulation (er hatte eine Anzahl recht komfortabler kleiner Häuser an etwa zwanzig Stellen erbaut, die in Frankreich zumeist unzugänglich waren; einmal lud er Dr. Étienne ein, der darüber entrüstet war – nicht mich), das den Zeitpunkt des Eintreffens der Wellen registrierte. Damals war er von der Explosion einer Bombe, sogar einer unterirdisch gezündeten, eine Viertelstunde vor den Amerikanern informiert und (auf bescheidene Weise) nicht wenig stolz darauf... Ich bewunderte seine »freibeuterischen« Fähigkeiten: er verstand sich darauf, die Mehrzahl der Auflagen der Verwaltung zu umgehen, die er verachtete, und beim großen Skandal des Direktoriums der École behielt er einen Geheimfonds übrig, aus dem er, der Physiker, mir ein ganzes Jahr eine Teilzeit-Sekretärin finanzierte, die meinen Kurs für Naturwissenschaftler im Studienjahr 1967 abtippte! Mehr noch, ich habe ihm diese wirkliche List, diesen Erfindungsreichtum, diese Kühnheit, diese völlige Vorurteilsfreiheit und diese Großzügigkeit niemals vergessen. Dieser »Vater Rocard«, der schwerhörig war oder sich zuzeiten so stellte, als sei er es, von allen seinen Assistenten in seinen kleinsten Gesten und Redeweisen imitiert (auch er!), kauderwelschte wie mein eigener Vater, wenn er seine Anweisungen gab, und war ein Meister-»Schnorrer«, weit über die Grenzen der schüchternen kleinen Kühnheiten meines Vaters hinaus: er war für mich, nach meinem Großvater und ohne daß er es jemals erfuhr, mein wirklicher zweiter Vater.

Nach der Aushebung des Brunnens ließ mein Großvater auf seinem Rand einen Metalldeckel und fünfzig Zentimeter darüber einen kleinen Windfang aus Zink anbringen, der die Brunnenöffnung schützen sollte. Auf diesen Windfang trommelten in der Reifezeit von sehr hoch oben Tag und Nacht und mit einem trockenen, zeitweilig aussetzenden Geräusch, das man vom Haus aus hören konnte (und noch aus fünfzig Metern Entfernung und sogar hinter seinen Mauern), die winzigen dunkelroten Birnen herab, die nicht einmal mit dem Messer zu zerschneiden waren und aus denen meine Großmutter eine wunderbare Marmelade kochte, die ich mein ganzes Leben lang nirgendwo wiedergefunden habe. Dieser Birnbaum war gut und gerne dreißig Meter hoch. Hinter ihm, hinter den Hecken und einem behelfsmäßigen Fußpfad, erhoben sich die hohen Mauern des Hofs der Gemeindeschule, von dem man, wenn sie unter lautem Geschrei ankamen und wieder heimgingen, den durchdringenden Lärm der Schüler mit ihren Holzschuhen hörte, ihre geräuschvollen Spiele vor dem Betreten der Klassenräume, dann das plötzliche Schweigen der Reihen, das Händeklatschen des Lehrers, das Klappern der auf der kleinen Treppe abgestellten Holzschuhe und endlich die tiefe Stille des beginnenden Unterrichts.

Ganz nahe, auf dem hohen Hügel, lag der Friedhof (auf dem meine Großeltern unter einer Grabplatte aus grauem Granit ruhen) mit zwei oder drei schwächlichen Fichten, jenseits davon dann der schlammige Weg und das Elendsquartier der »Armen« (eine ganze Familie, die Frau von zahlreichen Schwangerschaften entstellt, ein gebrechlicher Greis und ungezählte Kinder in einem einzigen stinkenden Zimmer). Jenseits davon dann eine kleine, ebene Straße und schließlich die Wälder, in die man an einer wunderbaren, unter Misteln gelegenen Quelle, der »Liebesfontäne«, vorbei einbog, und ein viel benutztes Waschhaus für die Frauen. Ganz in der Nähe entdeckte ich da am Waldrand eines Tages in Gesellschaft meiner sehr unruhigen Mutter einen ganzen Winkel voller Steinpilze, die in der Gegend ziemlich selten waren, mit ihren Häubchen aufgerichtet und dick wie erigierte Penisse: ein Prozeß ohne Subjekt noch Ziel, der für mich faszinierend war, meine unsensible Mutter aber vollständig gleichgültig ließ (wenigstens dem Anschein nach). Ich verstehe nur zu gut, warum ich dieses intensive Bild in Erinnerung behalten habe: ich wußte damals mit meinem eigenen Geschlecht noch nichts anzufangen, spürte aber wohl, daß ich eins hatte. Ich erinnere mich, daß ich später, als Jugendlicher, im Verlauf einiger Monate, die ich, wie man sehen wird, bei meinen Großeltern verbrachte, einmal zufällig allein im unteren Teil des Gartens spazierenging, wo niemand mich sehen konnte, mit voll erigiertem Penis unter meinem Schülerkittel, den ich ziellos streichelte, ohne anderes zu versuchen: die Lust obsiegte über die Scham des Verbotes. Ich wußte damals noch überhaupt nichts von den Wonnen der Masturbation, die ich erst eines Nachts in der Gefangenschaft durch Zufall entdecken sollte, im Alter von siebenundzwanzig Jahren!, und die bei mir einen solchen Gefühlsaufruhr auslöste, daß ich ohnmächtig wurde.

Die ihrem Bestand nach wechselnden Wälder (es gab auch viele schöne Farnkräuter und Ginsterwiesen, manchmal mit Lichtungen durchsetzt, auf denen sich ein Gehöft erhob) waren eher hügelig und von klaren Quellen und Wasserläufen mit Krebsen und Fröschen durchzogen. Sie waren ziemlich uneben, aber von friedlicher Weite: das Sonnenlicht spielte gemächlich auf ihrem Blattwerk. Ein ganz anderer Wald als der in Algerien! Dennoch weihte mein Großvater als Sohn des Morvan mich auch in diesen ein, genau wie früher. Er zeigte mir den richtigen Zuschnitt guter Kastanienäste (ach! ihre zarten und saftigen Triebe...), die sich als Gerüst für bäuerliche Körbe eigneten, die er mich im Keller anzufertigen lehrte, und wies mich auf die jungen Weidenschößlinge hin, die man zwischen die Rippen des »Gebäudes« flechten konnte. Auf alles machte er mich aufmerksam, auf die Teiche, die Frösche, die Krebse, aber auch auf das Land und die Leute, denen man begegnete und mit denen er im Dialekt der Gegend schwatzte.

Das Morvan war damals noch eine Region, in der große Armut die Regel war. Man lebte praktisch ausschließlich von der Aufzucht und Mast weißer Charolais-Rinder, vor allem aber von der Haltung von Schweinen und... Waisenkindern der Öffentlichen Wohlfahrt, die häufig dort untergebracht wurden. Hinzu kamen noch massenhaft Kartoffeln, etwas Weizen, Roggen, Buchweizen (der dort, im Verein mit den Kastanien, sehr gut gedieh), Kastanien und Wild, darunter im Winter Wildschweine, bestimmte Früchte, und das war alles.

Im Dorf stand auf einer kleinen Anhöhe die Kirche, jüngeren Datums, ohne Anmut und wirkliche Höhe, und vor ihr das klassische und schreckliche Kriegerdenkmal für die Toten des Ersten Weltkrieges, mit unzähligen Namen bedeckt, denen später, wie überall im Lande, die Liste der Gefallenen von 1939–1945, dann die Namen einiger Deportierter und schließlich das Verzeichnis der Opfer der Kriege in Algerien und Vietnam hinzugefügt werden sollten, eine traurige Bilanz, die mit aller Deutlichkeit zeigte, daß diese Kriege, wie immer, kurzen Prozeß mit der Jugend des Landes gemacht hatten. Ein Veteran des Krieges von 1914–1918 kümmerte sich um die Kirche, las die Messe, bei der ich ihm als Chorknabe assistierte, und hielt in einem winzigen, im Winter von einem kleinen, rotglühenden Ofen beheizten Zimmer Katechismusunterricht, an dem später auch ich teilnahm. Dieser Geistliche, weltzugewandt, sanftmütig, sehr großzügig in bezug auf Sünden und vor allem sexuelle Gelüste oder gar Handlungen, ohne morbide Neugier bei der Beichte, immer beruhigend auf die Kinder einwirkend, seine ewige Schützengrabenpfeife im Mund, war die Nachsicht selbst: noch einmal die Gestalt eines guten »Vaters«.

Er zog sich sehr gut aus der Affäre, denn das Land stand noch immer unter der ungeteilten aristokratischen Autorität des Grafen, dessen aus dem 17. Jahrhundert stammendes vornehmes Schloß sich hinter sehr hohen, jahrhundertealten Bäumen versteckte. Er verfügte über beträchtlichen Grundbesitz, er besaß etwa zwei Drittel der Ländereien der Gemeinde, er war ihr rechtmäßiger Bürgermeister und hielt die Mehrzahl der Bauern am kurzen Zügel, seine Pächter, damals aber noch in der Mehrzahl Meier; er unterstützte und kontrollierte durch seine Frau – die Gräfin, eine große Person von liebenswürdigem Äußeren, die ich ein einziges Mal in ihrem prächtigen Wohnsitz mit alten, von der Zeit mit Patina überzogenen Möbeln zu Gesicht bekam – eine freie Mädchenschule. Die Auseinandersetzung zwischen der Partei des Grafen und der des Lehrers, der ebenfalls ein Mensch von beträchtlicher Großzügigkeit war, war damals voll im Schwange. Er mußte sich das aber gefallen lassen, dieser Lehrer, das war ein Strukturgesetz. Der Geistliche hatte sich als tapferer Mann und guter »Politiker« so geschickt arrangiert, daß er keinerlei Feind im Lande hatte.

Mein Großvater erzählte mir diese Dinge, wenn wir die Wälder durchstreiften oder wenn ich ihm bei seiner Arbeit im Garten Gesellschaft leistete, der mit niedrigen Erdbeersträuchern und wer weiß wie vielen Obstbäumen aller Arten bepflanzt war, ganz zu schweigen von einem Sauerampferstrauch, den ich nicht vergessen habe, so sehr verbrannte mir sein saurer Geschmack die Zunge. (Als ich später, in der École normale, dem [Philosophenehepaar] Châtelet, das mir noch heute davon erzählt, einen Hecht in Sauerampfersoße bieten wollte, ging ich in die rue Mouffetard, um Sauerampfer zu kaufen, und als ich die Frage allen Gemüse- und Kräuterhändlern stellte, die keinen hatten, bekam ich stets – wohl dreißig Mal! – dieselbe Antwort vorgesetzt: »Wenn wir welchen hätten, wären wir nicht da!«) Mein Großvater brachte mir alles bei, säen, pflanzen, roden, die Obstbäume veredeln und sogar hinter den Aborten Komposterde herstellen, für die

die Pisse und Scheiße der Hausbewohner gesammelt wurde. Dieser enge hölzerne Abort, eine Holztür genau vor der Nase, ohne Fenster nach draußen! Dort harrte ich unendlich lange aus, mit einem Delly in der Hand, auf der Klosettschüssel aus Holz sitzend, den Hintern im Freien, den köstlichen Geruch von Pisse, Scheiße, Erde und verfaulten Blättern einsaugend, der daraus aufstieg, von Pisse und Scheiße von Männern und Frauen! Dieser Abort war von einem dichten Holunderstrauch überwuchert, dessen Früchte (ein schreckliches Gift!) mir von meiner Mutter streng verboten waren. Später erfuhr ich, daß die Deutschen daraus eine schmackhafte Suppe kochen... Ein Holunderstrauch, dessen betäubend duftende Blüten mich über diesem Bodensatz von Pisse, Scheiße und Dung berauschten.

Mein Großvater brachte mir auch bei, mit einem einzigen, von unten nach oben geführten Nackenschlag ein Kaninchen zu töten und auf einem Holzklotz mit einer Sichel Enten den Hals abzuschneiden, deren Körper dann noch einige Minuten weiterliefen. Mit ihm zusammen hatte ich nie Angst. Aber wenn meine Großmutter sich daranmachte, Hühnern die Halsschlagader durchzuschneiden, indem sie ihnen eine lange spitze Schere in den Schlund einführte, war ich durchaus kleinlaut wegen dieses Schreckens, vor allem in ihrer Gegenwart.

Das alles machte mir großen Spaß, aber ich muß einräumen, daß es immer nur im Sommer passierte und wir zum Ende der Ferien wieder nach Algier zurückkehren mußten. Dennoch war ich noch nicht auf dem Gipfel meines Glücks und meiner Überraschungen.

Eines Tages brachen meine Großmutter, meine Mutter, meine Schwester und ich nach Fours auf, wo meine Urgroßmutter mütterlicherseits, Mutter Nectoux, die seit geraumer Zeit Witwe war, allein in einem einzigen Zimmer lebte, schrecklich allein mit ihrer Kuh, die sie drinnen hielt. Noch eine alte Frau, entsetzlich zäh, vertrocknet und überdies stumm, mit Ausnahme einiger Ausrufe in einem archaischen Dialekt, den ich nicht verstand. Aber ich erinnere mich ganz deutlich eines Vorfalles, der mich tief beeindruckte und der sich nahe dem kleinen Fluß des Ortes abspielte, zu dem sie ihre schwerfällige Kuh auf die Weide getrieben hatte. Ich spielte mit vielfarbigen Libellen, die von Blume zu Blume schwirrten (vor allem zu den intensiv duftenden »Wiesenblumen«). Da sah ich plötzlich, wie meine Urgroßmutter, die sich nie von einem dicken knotigen Holzstock trennte (um die Kuh anzutreiben und sich selbst beim Gehen darauf zu stützen), ein seltsames Verhalten an den Tag legte. Ohne ein Wort richtete sie sich gerade auf, und unter ihrem langen schwarzen Rock drang das laute Geräusch eines starken Strahls hervor. Ein klares Bächlein plätscherte zu ihren Füßen. Ich brauchte einige Zeit, um zu »begreifen«, daß sie so aufrecht stehend unter ihrem Rock pißte, ohne sich hinzuhocken, wie das Frauen gewöhnlich tun, und daß sie keinen Schlüpfer unter ihrem Rock trug. Ich war ganz verdutzt: es gab also Mann-Weiber, die sich ihres Geschlechts durchaus nicht schämten und sogar so weit gingen, vor aller Augen zu pissen, ohne jede Zurückhaltung und Verlegenheit, ja ohne auch nur anzukündigen, daß es jetzt soweit war! Was für eine Entdeckung... Obwohl sie freundlich zu mir war, schwindelte mir der Kopf: war sie ein Mann, diese Frau, und was für ein Mann war sie, die mit ihrer Kuh schlief, sie bewachte und vor aller Augen wie ein Mann pißte, aber ohne ihren Pimmel aus dem Hosenschlitz zu ziehen und ohne sich hinter einem Baumstumpf zu verstecken! Aber sie war auch eine Frau, weil sie ja kein männliches Geschlecht hatte, und fähig, mich zu lieben, streng zwar, aber mit der zurückhaltenden Zärtlichkeit einer guten Mutter... Das hatte nichts zu tun mit der Mutter meines Vaters. Diese überraschende Episode flößte mir keinerlei Angst ein, ließ mich aber lange in tiefe Grübelei verfallen. Meine Mutter hatte natürlich nichts gesehen und sprach nie darüber. Ach! die Unempfindlichkeit meiner Mutter für alles, was mich berührte...

Als meine Schwester im September 1928 (ich muß damals zehn oder elf Jahre alt gewesen sein) an Scharlach erkrankte (immer krank, diese Kleine, die sich auf diese Weise, so gut sie konnte, durch die Flucht in ein organisches Leiden verteidigte), ergriff meine Mutter die schärfsten Maßnahmen, die ihr und ihrer Ansteckungsphobie einfielen. Sie befragte meine Großeltern und später auch mich, ob ich einverstanden wäre, nicht mehr nach Algier zurückzukehren, sondern in Larochemillay zu bleiben und dort den ganzen Rest des Jahres zu verbringen. Und ob ich einverstanden war! Ganz entschieden konnte das, wovon ich noch nicht wußte, daß es die Phobien meiner Mutter waren, also doch – eine List der Psyche – sein Gutes haben, verflixt noch einmal.

Natürlich bedeutete ein ganzes Jahr folgerichtig auch ein ganzes Schuljahr an Ort und Stelle, in der Gemeindeschule des Dorfes. Die Schule war, wie gesagt, zwei Schritte weit von zu Hause entfernt. Sie wurde von einem Mann geleitet, der ganz Freundlichkeit, Standhaftigkeit und Großzügigkeit war, M. Boucher, sogar in den Augen meiner Mutter, die die gewissenhaften Menschen liebte und die er zu beruhigen geeignet war. Ich zog also Holzschuhe an, die ich gern trug, um nicht als Fremder zu erscheinen, und hüllte mich in den unerläßlichen schwarzen Kittel. Derart ausstaffiert hielt ich meinen Einzug in die Welt der Kleinbauern, die ich seit Jahren mit schrecklichem Neid lärmend auf ihrem Schulhof hatte herumtollen hören, die dann langsam an unserer Haustür vorbei hinauf oder im Sturmschritt den steilen und schlechten Weg hinabbrannten, der vorm Haus vorbeiführte, mit ihren Zurufen, Püffen und freudigen Schreien vor einem immerwährenden Hintergrundgeräusch von klappernden Holzschuhen, denn Lederschuhe waren zu dieser Zeit und in dieser Gegend noch zu teuer, und man stellte Holzschuhe handwerklich her (ich habe mich selbst daran versucht, welche aus Holzklötzen herauszuschneiden, mit wunderbaren scharfkantigen Werkzeugen – »Hohlmeißeln« –, die mir in die Hände fielen), jene glänzenden und harten Wunderwerke für die Füße, die ganz zu Anfang die Achillessehne reizten, an die man sich aber rasch gewöhnte, die ebenso gut vor Kälte wie vor Wärme schützten, denn wirklich! Holz ist ein schlechter Wärme- und Kälteleiter – im Gegensatz zum Leder.

Hier zur Schule gehen – das hieß sich mit einer unbekannten Welt und zunächst einmal mit der Sprache der Jungen vom Land auseinandersetzen: mit dem Dialekt des Morvan, einer Sprache voller gänzlich unerwarteter Verkettungen von Konsonanten und Vokalen und vor allem voller (aus dauerhafter Verschleifung und Hervorhebung der Phoneme erwachsener) fortgesetzter Entstellungen von Vokalen und Diphtongen, schließlich voller Wendungen und Ausdrücke, die mir unbekannt waren. Es war durchaus nicht die in den Klassenräumen gesprochene Sprache, wo der Lehrer das Französisch und die klassische Aussprache der Ile-de-France lehrte, sondern eine zweite und ganz andere Sprache, eine Fremdsprache, ihre Muttersprache, die Sprache der Pausen, der Straße, also des Lebens. Die erste Fremdsprache, die ich lernen mußte (in Algier hatte ich keinerlei Gelegenheit, das auf der Straße gesprochene Arabisch zu erlernen, weil die Straße mir ja von meiner Mutter verboten war, die gleichwohl begonnen hatte, das »literarische« Arabisch zu lernen). Ich mußte mich daran gewöhnen.

Ich machte mich also mit einer Leidenschaft, einer Raschheit und einer Gewandtheit ans Werk, die mich nicht im mindesten erstaunten, so faszinierend und leicht war diese linguistische Bekehrung für mich. Erst sehr viel später, nachdem ich Gelegenheit gehabt hatte, etwas Polnisch sprechen zu lernen (aber mit solchem Akzent, daß ich bei dieser so schwer auszusprechenden Sprache als gebürtiger Pole galt), dann das Deutsch der Internierungslager und das literarische Deutsch, ganz zu schweigen vom Englisch des Gymnasiums, das ich mit einem wunderbaren, aber provozierend amerikanischen Akzent aussprach, den ich Gott weiß wo aufgeschnappt hatte, sicher vom Radio, und der mir Genuß bereitete (zur großen Wut meiner Englischlehrer: noch eine Art und Weise, mir eine Sprache *für mich selbst* zu schaffen, bei der ich sowohl den Akzent als auch die Redewendungen ganz allein lernte, um mich vom Beispiel und der Autorität meiner Lehrer freizumachen). Ich lernte diese Sprachen mit einer Leichtigkeit, die mich auf den Gedanken verfallen ließ, ich müsse zweifellos wohl, wie man so sagt, für Fremdsprachen »begabt« sein. Begabt! Ebenso gut könnte man sagen, daß es die einschläfernde Kraft des Opiums ist, die den Schlaf bewirkt. Daher rührt meine feindselige Abneigung gegen die Ideologie der Gaben (die Lucien Sève Spaß machen sollte, der lange und mit gutem Grund dagegen zu Felde zog, wenn auch mit ganz anderen Argumenten als den meinen, sehr viel politischeren, wie ich anerkennen muß!). Noch später überlegte ich mir, daß das Sprechenlernen, und zwar gerade die genaue Aussprache der Phoneme von Fremdsprachen, bei mir *sowohl* aus meinem Nachahmungs- *und* damit Verführungsbedürfnis *als auch* und gleichzeitig aus dem manifesten Gelingen dessen herrühren mußte, was ich eine Art *physischer Erziehung der Muskeln* nannte, aus einem sehr angenehmen Spiel der Lippen-, der Kau- und der Zungenmuskeln, der Stimmbänder und der Muskeln zur Beherrschung der Mundhöhle. Tatsächlich stellte ich mich sehr geschickt dabei an, mit allen Muskeln meines Körpers zu spielen, ich konnte mit den Zehen Steine ergreifen und sogar werfen, verschiedene Gegenstände damit vom Boden aufheben und sie mir in die Hände oder auf einen Tisch legen. Ich konnte sogar sehr rasch »mit den Ohren wackeln«, und zwar in jeder Richtung und sogar nur mit einem, unabhängig vom anderen (mein größter Erfolg bei den Gören), und wie niemand sonst mit einem Fußball dribbeln (wenn auch ohne Einsatz des Kopfes, den ich für zu dick und verletzlich

hielt), und ich erfand sogar ganz von allein bestimmte Einsatzmög-
lichkeiten von Fuß, Sohle, Ferse und Knie, ja sogar Schüsse in Rück-
lage, sogenannte »Fallrückzieher«, die ich erst viel später bei altgedienten Berufsfußballern habe beobachten können.

Später habe ich schließlich folgenden besonderen Umstand konsta-
tieren müssen: sogar bei der Ausübung von Disziplinen, die ich von
meinen Eltern gelernt hatte (wie Tennis, Schwimmen oder Radfahren,
die ich mir »im Kreise der Familie« aneignete), gelang es mir (und war
ich wild darauf versessen), von selbst und ganz allein Techniken zu
entwickeln, die meine Eltern mir nicht hatten beibringen können. So
führte mein Vater beim Tennis seinen Aufschlag so aus, daß er mit
dem Schläger von oben auf einen Ball drosch, den er anschnitt. Kraft-
vergeudung! Nach längeren Beobachtungen wirklich guter Spieler
und anhand von Photos von Lacoste und Tilden lernte ich von ganz
allein so aufzuschlagen, wie man es heute macht, nämlich mit einer
Drehung des Schlägers hinter die Schulter, die dann die größtmögliche
Kraftentfaltung beim Treffen des Balles ermöglicht, und entwickelte
darin große Geschicklichkeit. So beherrschte mein Vater nur das
Brustschwimmen, hatte aber eine Vorliebe für das Rückenschwimmen,
und zwar mit der folgenden Besonderheit: er bediente sich weder der
Arme noch der Schenkel, sondern bewegte sich vorwärts, indem er
mit beiden Händen gegen die Hüften wedelte (er kam übrigens recht
schnell voran) und indem er vor allem sorgfältig darauf achtete, daß
sowohl der Kopf *als auch* die Zehen aus dem Wasser ragten, und das
ergab eine merkwürdige Fortbewegungsart, an der er schon von weitem zu erkennen war. Und er machte sich gar nichts daraus! Ich dagegen überlegte anhand von Photos und Beobachtungen wirklich guter
Schwimmer und lernte von ganz allein tauchen, das heißt vor allem
solange wie nötig bei untergetauchtem Kopf den Atem anhalten (bei
untergetauchtem Kopf! welche Kühnheit, das war gefährlich, sagte
meine Mutter, man hätte ja ertrinken können!), und schließlich lernte
ich durch Einsatz des richtigen Beinschlages auch von ganz allein den
Kraulstil. Dabei machte ich niemanden mehr nach, ich wollte auch
niemanden mehr verführen, es sei denn die Leute durch meine Lei-
stung verblüffen. Man muß mir glauben, es war für mich eine Ehrensache, mich sichtbar und effektiv von allen Familientechniken freizumachen und wenn auch noch nicht »von selbst in meinem Körper zu
denken«, doch wenigstens meinen eigenen Körper durch mich selbst

und gemäß meinem eigenen Verlangen in Besitz zu nehmen, um gleichsam anzufangen, aus den Regeln und Normen der Familie auszubrechen.

So machte ich mich denn auch mit großer Leichtigkeit und äußerstem Vergnügen an die Erlernung des Dialekts des Morvan, und sehr bald schon war kein Unterschied zwischen mir und den Jungen aus der Gegend mehr festzustellen. Gleichwohl ließen sie mich eine ganze Zeitlang deutlich spüren, daß ich keiner der Ihren war. Ich erinnere mich, als der erste Schnee fiel und den Schulhof bedeckte, einen schrecklichen Zusammenstoß erlebt zu haben, bei dem sie mich mit ihren Schneeballwürfen ins Gesicht buchstäblich massakrierten, und ich sehe noch den kleinen dürren Baum, zu dessen Füßen ich unter diesen Würfen leblos zusammensank. Der Lehrer griff umsichtigerweise nicht ein. Ich hatte mein Fett bekommen, aber ohne jede Angst, und sie ihren Spaß und ihre Vergeltung. Dann merkte ich, daß sie mich langsam akzeptierten. Welche Freude!

Ich erinnere mich noch mit großer Bewegung meines letzten Unterrichtstages im Morvan, an dem sie mir, als ausnahmsweise gebilligtes Vorrecht, für die letzte Pause das Spiel zu wählen erlaubten, das ich wollte. Ich wählte den Barlauf, dessen überraschende Bahnen mich reizten, und meine Mannschaft gewann.

»Sie.« Das war vor allem der Spiel- und der Gruppenführer, ein vierschrötiger und untersetzter Bursche, schwarzhaarig, Marcel Perraudin mit Namen, ein sehr entfernter Großneffe meiner Großeltern. Er hatte eine wunderbare Vitalität, und wie so viele andere Bauern sollte er später im Krieg fallen. Noch ein Toter in meinem Leben. Anfangs verfolgte er mich unaufhörlich und rücksichtslos, ich hatte unverhohlen Angst vor ihm, weil ich weit davon entfernt war, es ihm an Kraft und vor allem an Wagemut gleichzutun, und weil ich eine Heidenangst hatte, körperlich geschlagen zu werden: die Angst, die immergleiche Angst, meinen Körper versehrt zu sehen. Tatsächlich habe ich mich denn auch nie, *nicht ein einziges Mal* in meinem ganzen Leben, körperlich geschlagen.

Unter Jungen gab es natürlich nur körperliche Spiele, vor allem ein mit Vorliebe gespieltes Spiel, das darin bestand, überraschend und zu mehreren über einen gerade allein dastehenden Jungen herzufallen, ihn in einem dunklen Winkel des Schulhofes zu Boden zu werfen, festzuhalten, ihm den Kittel weit zu öffnen und sein Glied herauszuholen, woraufhin alle unter lauten Schreien auseinanderliefen. Auch mir blieb dieses Schicksal nicht erspart, wenn ich mich auch sträubte, aber mit einer merkwürdigen Lust, die mich erfaßte. In der Schule traf ich auch mit einem Waisenkind der öffentlichen Fürsorge zusammen, das wer weiß woher kam, sehr intelligent war und mir die Rolle des Klassenbesten streitig machte. Der Junge war zart und blaß (wie ich), und man tuschelte um die Wette, daß er mit einem Mädchen der Schwesternschule im hohen Gras des Parks der Gräfin »Papa und Mama« spielte. Als man mir eines Tages davon erzählte, hielt ich es für richtig, auf eine Art und Weise einzugreifen, die keinen Widerspruch duldete: Unmöglich, die sind ja noch viel zu jung!... So als ob ich maßgebliche Vorstellungen über die Geschlechter und ihren Umgang miteinander hätte: ich brachte lediglich die Vorurteile und Ängste meiner Mutter in Umlauf. Zwei Jahre später erfuhr ich, daß dieser brillante, aber kränkliche Junge an Tuberkulose gestorben war. Eine neue Gestalt des tragischen Schicksals: noch ein Toter, und blaß und zart wie ich.

Ich entsinne mich jenes schrecklichen Winters von 1928–1929, in dem das Thermometer in Larochemillay auf minus 35° Celsius fiel, in dem alle Teiche und Wasserläufe zufroren und sogar der Wasserkübel in der Küche, der doch in der Nähe des warmen Herdes stand. Der Schnee bedeckte alles mit einer lautlosen dicken Schicht. Man hörte nicht einmal mehr Vogelschreie. Von ihnen sah man nur noch die sternförmigen Spuren ihrer Läufe im Schnee. Ich erinnere mich der Lust, mit der ich, wohlgeborgen und in Sicherheit, für die Schule eine Schneelandschaft zeichnete und wie sehr ich diesen alles einhüllenden Schnee liebte: für mich war das der unanfechtbarste Schutz, der Rückzug ins warme und geborgene Haus, das mich vor jeder Gefahr von draußen abschirmte – wobei die Außenwelt unter der sie einhüllenden Schneedecke ihrerseits Bürgschaft von Frieden und Sicherheit war, und die absolute Gewißheit, daß mir unter dieser leichten Decke von Stille und Frieden nichts Böses zustoßen konnte. Das Draußen wie das Drinnen waren sicher.

Darf ich noch ein Detail hinzufügen? In der Schule nannte man mich nicht Louis Althusser, das war viel zu kompliziert... Sondern Pierre Berger: das heißt mit dem Namen meines Großvaters! Das paßte mir nur zu gut.

Indessen brachte dieser Großvater mir auch weiterhin alles über das

Leben und die Arbeit auf den Feldern bei. Und als er im Bois-de-Velle anderthalb Hektar Land und zwei alte Schuppen erworben hatte, die ihm dann als Geräteremisen dienten, brachte er mir bei, Weizen, Roggen, Hafer, Buchweizen, Klee und Luzerne zu säen und sie mit Sichel und Sense zu mähen, Getreidegarben zu bündeln, sie mit Kastanienzweigen oder Strohgeflecht zusammenzubinden, zu verschnüren, mit der Gabel oder dem Rechen in voller Sonnenhitze Klee und Luzerne zu wenden, sie zu runden Ballen zusammenzurechen und sie am ausgestreckten Arm (was für ein Gewicht!) auf den Karren eines Nachbarn zu heben, der sie vom Feld holte.

Seinen Weizen, seinen Hafer und seinen Roggen brachte mein Großvater zur Dreschmaschine (zum *battoère* [Kornklopfer]), der einzigen der Gegend, die die Höfe reihum bediente, und alle Nachbarn und Freunde wurden dann turnusmäßig zum großen Dreschfest eingeladen. Einmal, ein einziges Mal, nahm mein Großvater mich mit. Mit Erstaunen sah ich die »Dreschmaschine«, eine gewaltige holzverkleidete Masse, kompliziert und betäubend laut, voller unverständlicher Pendelbewegungen und Gerassel, in Gang gesetzt durch Kraftübertragung mittels eines langen Lederriemens, der gefährlich war, weil er leicht »absprang«, und zwar von einer anderen, kohlegespeisten Dampfmaschine: was für ein eindrucksvolles Schauspiel. Vom Wagen warf man die Garben mit der Forke aufs Dach. Dort banden zwei weißbestäubte Männer sie los und warfen die Getreidebündel in den gierigen Schlund der hölzernen Maschine, die sie mit einem infernalischen Lärm von gequetschtem und zerriebenem Stroh verschlang.

In einer von Weizen- und Haferspreu verdunkelten und kaum mehr atembaren Luft kamen und gingen hustende Männer, spuckend und fluchend, schreiend und fluchend, um sich in diesem infernalischen Getöse verständlich zu machen, wie Phantome in einer merkwürdigen Nacht am hellichten Tage, das rote Tuch um den Hals geknotet. Am hinteren unteren Ende der Maschine »rieselte« der gemahlene Weizen wie ein rauschendes, aber stilles Rinnsal in Säcke, die von Hand aufgehalten wurden. Oben stieß die Maschine das geräderte und zerhackte, seines Korns beraubte Stroh aus. Man rechte es zu großen Ballen zusammen. Ein dichter und wunderbarer Geruch nach Kohle, Rauch, Dampf, Öl, Korn, Jutesackleinwand und Männerschweiß tränkte den enormen Schauplatz des ganzen Werkes. Mein Großvater versuchte mir in dem Getöse die Mechanik der Maschine zu erklären, und ich hielt mich in seiner Nähe, als *sein* Weizen in *seine* Säcke rieselte: was für eine Pracht und welche Gemeinsamkeit vor dem Wunder der Arbeit und ihres Lohns!

Mittags hielt jedermann inne, und der ganze Lärm wich mit einem jähen Schlag einer großen, unerhörten Stille. Dann füllte sich der große Raum des Gehöftes, in dem die frohgemute Bäuerin eine üppige Mahlzeit servierte, mit Männer- und Schweißgeruch. Welche Brüderlichkeit in Mühsal und Ruhe, die derben Schulterschläge, die Zurufe und Aufforderungen vom einen Ende des Raumes zum anderen, die Lachsalven, die Flüche, die Obszönitäten.

Ich bewegte mich ganz ungezwungen in dieser Welt von erschöpften Männern, die sich an Arbeit und Geschrei berauschten. Niemand richtete das Wort an mich, aber da war auch niemand, der eine Bemerkung über mich machte, es war, als ob ich einer der Ihren wäre. Ich war auch völlig sicher, daß ich, auch ich, eines Tages ein Mann wie sie werden würde.

Plötzlich dann stieg, vom Wein befeuert – er floß in vollen Strömen in die großen Gläser und die durstigen Kehlen –, das erste Lied aus jenem Gewirr holpriger Stimmen auf, die, stammelnd, einander suchend, verfehlend, wieder verlierend, sich dann endlich zusammenfanden und in eine überschwengliche Kakophonie ausbrachen: ein altes bäuerliches Kampf- und Revolutionslied (ein *jacquerie*-Lied – der Vorname Jacques, den ich so gern getragen hätte), in dem Grafen und Geistliche ihr Fett abbekamen. Und ich – da war ich miteins in der Gesellschaft richtiger Männer, die nach Schweiß, Fleisch, Wein und Geschlecht rochen. Und da hält man mir auch schon um die Wette ein volles Glas Wein hin, unter aufreizenden anzüglichen Scherzen: Tut es der Kleine schon? Bist Du ein Mann oder nicht? Und ich, der ich mein Leben lang keinen Wein getrunken hatte (meine Mutter: gefährlich, vor allem in Deinem Alter – zwölf Jahre!), nippe etwas und werde beklatscht. Dann erhebt sich erneut der Gesang. Und am Ende der großen Tafel lächelt mein Großvater mich an.

Man erlaube mir, um der Wahrheit willen, ein schmerzhaftes Geständnis. Diese Szene mit ihren holprigen Gesängen (die ich natürlich von draußen hörte, so wie an dem Tage, als in der randvollen Mairie im Jahre 1936 M. Ducreux über seinen Gegenkandidaten, den Grafen, siegte und zum Bürgermeister gewählt wurde), diese Szene mit dem Glas Wein habe ich nicht drinnen im großen Raum des Gehöfts erlebt. Ich habe sie also geträumt, das heißt sie mir intensiv zu erleben gewünscht. Sie wäre zwar nicht völlig unmöglich gewesen. Aber ich muß sie in Wirklichkeit für das halten und sie als das präsentieren, was sie durch meine Erinnerung geworden ist: eine Art Halluzination meines intensiven Wunsches.

Mir liegt nämlich im gesamten Verlauf dieser Assoziationen von Erinnerungen daran, mich streng an die Fakten zu halten: aber auch die Halluzinationen sind Fakten.

VIII

Im Jahre 1930, ich war damals zwölf Jahre alt, wurde mein Vater zum Prokuristen seiner Bank in Marseille befördert. Wir bezogen eine Wohnung Nr. 38, rue Sébastopol, im quartier des Quatre-Chemins, und ganz selbstverständlich wurde ich aufs Gymnasium Saint-Charles geschickt, das nicht weit entfernt liegt. Louis, Charles, Simone: mit Sicherheit sind es Namen, die »Geschicke« formen, wie bereits Spinoza in seiner Abhandlung über die hebräische Grammatik sagt. Spinoza!

Zu Hause immer dasselbe: völlige Einsamkeit. Im Gymnasium geht das Abenteuer weiter. In der Quinta, in die ich eingestuft werde, bringe ich es weit, gehöre rasch zu den Besten, immer so brav und strebsam. Mein ganzes Leben spielt sich zwischen dem Gymnasium (schön, wenn auch altehrwürdig, aber auf der einen Seite die Stadt beherrschend) und den Gleisen der Eisenbahn auf der anderen ab, die zum großen Kopfbahnhof führen: Saint-Charles. Immer habe ich diese »Kopf«-Bahnhöfe bewundert, in denen die Züge – denn weiter können sie ja nicht mehr fahren – vor gewaltigen Prellböcken halten. Auf der Seite des Bahndamms liegt ein Sportplatz. Das Entscheidende an diesem Sportplatz ist, daß man sich ein wenig bewegt, daß aber der Lehrer sehr bald innehält und uns Fußball spielen läßt. Diesmal habe ich gewonnen. Man stellt aufs Geratewohl Mannschaften zusammen, ich weiß nicht, warum man mich im Sturm spielen läßt, und wir gewinnen, weil wir zwischen den Pfosten einen Jungen stehen haben, der hechtet, als ob er sein Leben lang nichts anderes getan hätte: ein Bursche namens Paul. Wir kommen ins Gespräch, wir verstehen uns gut, und sehr rasch entwickelt sich eine erstaunliche Freundschaft.

Paul ist im Unterricht nicht so gut wie ich, er wird es auch nie werden, aber hat irgend etwas, das mir fehlt: ohne besonders groß zu sein, ist er breitschultrig, besitzt starke Hände, ist stämmig und vor allem sehr mutig. Meine Mutter wird gewahr, daß ich eine Freundschaft geschlossen habe, sie erkundigt sich nach den Eltern: der Vater Geschäftsmann, die Mutter sehr liebenswürdig, ein respektables, katholisches Paar, also grünes Licht. Alles intensiviert sich noch, als meine Mutter mich bei den Pfadfindern eintreten läßt. Paul tritt ebenfalls ein: eine Garantie mehr. Ich darf Paul sogar bei sich zu Hause besuchen, der bei seinen Eltern wohnt, in einem Haus, in dem sein Vater seine Waren lagert, getrocknete Weintrauben, Mandeln, Pinienkerne usw., deren Duft mich noch heute verfolgt.

Es ist eine wahre Zuneigung aus heiterem Himmel. Wir werden Komplizen und untrennbar. Bald bearbeiten wir gemeinsame Projekte: Paul schreibt Gedichte im Stil von Albert Samain, ich versuche mich ebenfalls darin, das ergibt eine poetische Rundschau, die die Welt auf den Kopf stellen wird. Als wir einander verlassen – und schon zuvor in Marseille –, unterhalten wir eine überschwengliche Korrespondenz: einen regelrechten Liebesbriefwechsel.

Eine ganze Zeitlang wurde ich in der Quinta und Quarta buchstäblich verfolgt, von einem gewaltigen und starken, rothaarigen Burschen namens Guichard. Er kam von sehr weit »unten«, hatte eine vulgäre Sprache und »vulgäre« Einstellungen und Sitten, oder jedenfalls erschienen sie mir so. Er war vorsätzlich grob, scherte sich einen Dreck um Professoren, Aufseher, Zensor und Direktor, kurz: um jede Autoritätsperson, und schien alle guten Schüler, in erster Linie mich, zu verachten. Er hörte, wie ich meinte, gar nicht auf, mich zu provozieren, während es zweifellos ich war, der ihn – unbewußt, wie ich später begriff – durch mein moralisches Gebaren provozierte. Er forderte mich auf, mit ihm zu kämpfen, und wettete, daß ich es nicht tun würde. Ich, mich schlagen, vor allem mit einem solchen Burschen, der so groß war wie ein Mann! Das paßte mir ganz und gar nicht, ich hatte buchstäblich Angst davor, ich hatte Angst, aus diesem Kampf mit für immer *gezeichnetem Körper* und wie tot hervorzugehen. Dann aber schien er sich zu beruhigen, ohne daß ich begriffen hätte, warum. Aber bald begriff ich. Trotz seiner extremen »Schamhaftigkeit« (ein magisches Wort für uns) vertraute mir Paul eines Tages an, daß er sich mit Guichard geschlagen hatte, draußen auf dem Gehsteig, mit bloßen Fäusten, an meiner Stelle, um mich zu verteidigen und ohne mich davon in Kenntnis zu setzen. Ich war erleichtert, einer solchen Gefahr entronnen zu sein, und verdoppelte meine Liebe zu Paul.

Unzertrennlich, wie wir waren, wurden wir beide »Fähnleinführer« bei den Pfadfindern, er bei den »Tigern«, ich bei den »Luchsen«, mit einem gewissen Pélorson als Scharführer, genannt Pélo, der durch seinen kleinen Wuchs und seine Zungenfertigkeit Gnade vor den Augen des Geistlichen mit seiner dicken, stark behaarten Nase gefunden hatte; Pélo, ein verdammter Schürzenjäger, jedenfalls rühmte er sich dessen in aller Offenheit, was mir ganz und gar unangemessen erschien in dieser katholischen, der Reinheit der Sitten geweihten Organisation.

Im Sommer brachen wir gruppenweise zu langen Camping-Lagern in den Alpen auf.

Dieses Jahr sind wir in der Nähe von Allos auf einer schönen, die Täler beherrschenden Bergwiese, und Paul und ich haben, genau wie die anderen, den Raum im Umkreis unserer Zelte, also unseren jeweiligen »Bezirk«, mit kleinen Steinmäuerchen umgeben, vor denen ein großer Portikus aus leichten Birkenstämmen abgesteckt war.

Alles schien ganz nach Wunsch zu verlaufen. Nun befand sich aber in meinem Fähnlein ein junger Bursche, der etwas älter war als ich, aber arm, schwächlich, mickrig, und nicht mein Bildungsniveau hatte, sondern eine »vulgäre« Sprache und »vulgäre« Manieren an den Tag legte und sich aggressiv weigerte, mir zu gehorchen, wie es doch seine »Pflicht« gewesen wäre. Mit der drückenden Verantwortung betraut, die man mir aufgebürdet hatte, versuchte ich unaufhörlich, ihn wieder zur »Vernunft« zu bringen. Schließlich wollte auch er sich mit mir schlagen, um es kurz zu machen. Diesmal war ich der bei weitem Stärkere, aber er antwortete mir nur mit Flüchen, Drohungen und obszönen Provokationen. Die Angelegenheit zwischen mir und diesem Jungen verschärfte sich so, daß ich schließlich an meiner Autorität zu verzweifeln begann und in eine Art Depression verfiel, die »erste« meines Lebens, wenn ich so sagen darf. Da sich mein Freund Paul nicht wohl fühlte, ich weiß nicht aus welchem Grund, vielleicht wegen einer Magenverstimmung, fällte Pélo die Entscheidung, uns beide vorübergehend in einer großen Scheune einzuquartieren, in der Nähe eines verlassenen Bauernhofes, etwa fünfhundert Meter entfernt. Dorthin brachte man uns etwas zu essen. Wir blieben da allein, endlich allein, sanft in unser gemeinsames Elend versunken und unser Schicksal beweinend. Ich erinnere mich sehr deutlich, daß ich im Laufe unserer Umarmungen mein Geschlechtsteil sich regen fühlte: nicht mehr, aber es war sehr angenehm, diese überraschende Erektion zu spüren.

Dasselbe passierte mir im Laufe dessen, was man damals die »Reise erster Klasse« nannte, eine Prüfung mit dem Ziel, eine spezielle »Anstecknadel« zu gewinnen und unsere Beförderung im Verband zu betreiben. Es handelte sich für uns beide (wie immer unzertrennlich) darum, zu Fuß eine lange Distanz auf dem Flachland und in den Hügeln der Umgebung von Marseille zurückzulegen, mit dem Rucksack auf der Schulter, und uns sorgfältig alles zu notieren, was dabei beobachtenswert war, Zustand der Straßen, Landschaft, Flora, Fauna, Begegnungen, Äußerungen der »Eingeborenen« usw. Unsere Eltern, mit dem doppelten Segen Pélos und des Geistlichen versehen, nahmen mit dem Ernst teil, den unser feierlicher Aufbruch erforderte. Wir brachen gemeinsam auf und gerieten bald ins Flachland, über das dann rasch die Nacht hereinbrach. Wo schlafen? Wir hatten zwar ein Zelt, aber es hatte zu regnen begonnen, also suchten wir einen Unterschlupf. Wir fanden ihn in einem winzigen Dorf, wo wir an die Tür des Geistlichen klopften, der uns die Bühne seines kleinen Gemeindetheaters öffnete. Dort streckten wir uns unter unseren Decken aus, einander in den Armen liegend. Um uns zu erwärmen? Eher aus Liebe und Zärtlichkeit. Und wieder fühlte ich mein Geschlechtsteil sich regen. Dasselbe passierte am darauffolgenden Tag, mittags, als Paul in den Hohlwegen ernstlich erkrankte und schreckliche Leibschmerzen zu erdulden hatte: er krümmte sich vor Schmerzen und blieb an Ort und Stelle liegen. Um ihm beizustehen, nahm ich ihn in die Arme und spürte von neuem dieselbe ungestillte Lust an meinem warmen Unterleib (naiv, wie ich war, wußte ich nicht, daß sie sich stillen ließ, das erfuhr ich erst durch Zufall in der Gefangenschaft, mit siebenundzwanzig Jahren!). Wir konnten diese »Reise« nicht beenden und kehrten, beschämt und erschöpft, in einem Auto nach Marseille zurück, das uns mitnahm.

Man hätte glauben können, daß ich, ohne es zu ahnen, für die Homosexualität ausersehen war. Durchaus nicht! Es gab stets, neben den Jungengruppen, parallel dazu auch eine Mädchengruppe, die von *cheftaines* [Führerinnen] geleitet wurde. Die eine Dunkelhaarige, für meinen Geschmack zu groß, aber mit der typischen und auffallenden Figur, war zu schön und faszinierte mich. Paul verliebte sich in sie und gestand mir das natürlich insgeheim. Sie hatten sich eines Nachts, an einem großen »Lagerfeuer«, das sie mit brennbaren Zweigen unterhielten, gegenseitig eröffnet: die Flamme, ihre Flamme, loderte ins Dunkel des schwarzen Himmels empor.

Ich betrachtete dieses Mädchen fortan, als ob ich selbst sie liebte, und vertraute mich dieser stellvertretenden Liebe mit aller Intensität an. Sie sollten später, während des Krieges, in Luynes heiraten, dem Dorf, aus dem Pauls Vater stammte und wo wir beide, in der Einsamkeit zu zweit, begeisternde Ferien verbracht hatten. Bei der Messe spielte ich das Harmonium, auf dem ich nach meiner Art und Weise improvisierte. Aber die Schönheit und die Figur dieses Mädchens hatten mich fürs Leben geprägt; ich sage, und man wird das später verstehen: *fürs Leben.*

Einmal vermietete uns ein Kollege meines Vaters, der eine Villa in Bandol besaß, für den Sommer deren oberste Etage. Mein Vater blieb an seinem Arbeitsplatz in Marseille, aber meine Mutter, meine Schwester und ich richteten uns in Bandol ein. Das Erdgeschoß dieser Villa aber wurde bald von der Frau und den beiden Töchtern des Kollegen meines Vaters mit Beschlag belegt. Das ältere Mädchen, Simone, beeindruckte mich auf den ersten Blick: dieselbe Schönheit, dasselbe Gesichtsprofil wie Pauls Geliebte, dunkelhaarig und überdies kleiner: *genau* meiner Vorstellung entsprechend. Eine heftige Leidenschaft keimte in mir auf. Ich dachte mir alle möglichen Listen aus, um sie zu treffen und vor den Augen unserer Mütter den Henkel eines Korbes zu fassen, dessen anderen sie hielt! Und ihr sogar die Anfangsgründe des Kraulschwimmens beizubringen, indem ich ihr Brüste und Unterleib mit den Händen stützte, und sie schließlich dann (unter »Aufsicht« ihrer kleinen Schwester, eine von meiner Mutter gestellte Bedingung!) in die Höhen von La Madrague zu begleiten, sechs Kilometer von Bandol entfernt, bis zu einem großen Hügel, dessen feiner Sand unter unseren Füßen knirschte. Ich schmolz dahin vor Verlangen nach ihr. Eines Tages wurde ich gewahr, daß ich, wenn ich schon nicht den Mut aufbrachte, sie zu streicheln (die kleine Schwester lag auf der Lauer – und selbst in ihrer Abwesenheit hätte ich derartiges nicht gewagt), ihr doch zumindest kleine Hände voll Sand zwischen den Brüsten hinabrieseln lassen konnte. Der Sand sickerte bis zu ihrem Bauch und erreichte dann die Wölbung ihrer Pubis. Daraufhin stand Simone auf, spreizte die Beine und den Schritt ihres Badetrikots, der Sand rieselte zur Erde, und ich konnte einen flüchtigen Augenblick lang an der Oberseite ihrer herrlichen Schenkel das Gekräusel ihres dunklen Vlieses und vor allem den rosa Spalt ihres Geschlechts sehen: ein rosa Alpenveilchen.

Meine Mutter aber kam meiner unschuldigen, wenn auch heftigen Leidenschaft sehr bald auf die Schliche. Sie nahm mich beiseite und hatte die Kühnheit, mir zu erklären: Du bist achtzehn Jahre alt, Simone neunzehn; es ist undenkbar, weil unmoralisch, daß angesichts des Altersunterschiedes zwischen euch irgend etwas passiert, gleichgültig was. Das war nicht »schicklich«! Und überhaupt bist Du viel zu jung, um Liebe empfinden zu können!

Das Schlimmste aber kam eines glühendheißen Tages, und zwar nachmittags. Ich wußte, daß Simone an einem Strand bei La Madrague badete. Also bestieg ich mein Rennrad und fuhr los, um sie zu treffen, als plötzlich meine Mutter aus dem Haus trat. Wohin fährst Du? Ich ahnte, daß sie es bereits wußte. Es war also keine Rede mehr davon, Simone zu treffen. Ohne eine Sekunde zu zögern und mit einer Reaktion, die ich weder verstand noch in der Gewalt hatte, zeigte ich meiner Mutter *die meinem Wunsch genau entgegengesetzte Richtung*: »Ich fahre nach La Ciotat!« Also trat ich mit intensiver Wut in die Pedale, ich erinnere mich sehr deutlich, ich weinte auf dem Rad in heftiger Auflehnung.

Fortan bildeten die Episode der Vergewaltigung (»Du bist jetzt ein Mann, mein Sohn!«) und die des Verbots, mich mit Simone zu treffen, in meiner Erinnerung nur eine einzige und verknüpften sich mit dem obszönen Widerwillen, den mir als Kind oder in einer auf die Kindheit zurückprojizierten Erinnerung der Anblick der Brüste meiner Mutter und ihr weißer Nacken mit den blonden Locken eingeflößt hatten: obszön. Einen geradezu viszeralen Widerwillen und Haß: Wie konnte sie so meine Bedürfnisse behandeln? Ich sage: »fortan«. In meinem Unbewußten sicherlich, aber in meinem Bewußtsein durchaus nicht. Erst sehr viel später, mit der bekannten Nachträglichkeit der Affekte, sah ich in bezug auf diese Episoden ihre Affinität zueinander und ihre Umschrift klarer: im Laufe meiner Analyse.

In dieser ganzen Zeit in Marseille setzte ich meine schulischen Großtaten fort. Wir waren zwei, die sich den Rang des Klassenbesten streitig machten: ein kleiner Junge mit unangenehmem Gesicht, untersetzt, sehr stark in Mathe (ein Fach, in dem ich, nach dem »Wunsch meiner Mutter«, eher mittelmäßig war) und Vieilledent mit Namen. *Vieilles dents/vieilles maisons* (Althusser: *alte-Häuser* im elsässischen Dialekt), ein merkwürdiges Wortpaar. Ich erinnere mich, daß er eines Tages versuchte, mich für die Jugendorganisation von Colonel de La

Roque anzuwerben, aber ich zog nicht mit. Zweifellos nicht aus politischem Bewußtsein, sondern aus Vorsicht, wie mein Vater.

Ich rächte mich an ihm in den geisteswissenschaftlichen Fächern. Ich habe eine deutliche Erinnerung an meine Zeit in der Oberprima im Gedächtnis behalten, anhand derer ich später etwas Wichtiges von meiner psychischen Struktur erfaßt zu haben glaube. Wir hatten einen bedeutenden Literaturprofessor, M. Richard, einen großen, schlanken Mann, sehr zart und immer kränklich, mit länglichem, blassem Gesicht, auch er von einer Denkerstirn erdrückt, ständig unter Schmerzen und Entzündungen eines Halses leidend, den er fortgesetzt in wollene Schals einmummelte (wie meine Mutter und natürlich auch ich); ein Mann von unendlicher Sanftheit und Feinheit; auch er offenkundig ein reiner Geist, aller Versuchungen des Körpers und der Materie ledig wie das aus mir und meiner Mutter zusammengesetzte Doppelbild (das wird mir in eben dem Augenblick klar, da ich diese Worte niederschreibe); er führte uns, und mit welcher Wärme, Feinfühligkeit und mit wie großem Erfolg!, in die großen Literaturen und Dichter der Geschichte ein. Ich identifizierte mich völlig mit ihm (alles bot sich dazu an), ich ahmte alsbald seine Handschrift nach, griff seine häufig gebrauchten Redewendungen auf, übernahm seine Vorlieben, seine Urteile, imitierte sogar seine Stimme und ihre leichten Modulationen und spiegelte ihm in meinen Aufsätzen das genaue Bild seiner Persönlichkeit zurück. Er wußte meine Meriten sofort einzuschätzen. Welche genau? Ich war zweifellos ein guter Schüler, sehr sensibel, angetrieben, wenn ich so sagen darf, von einer ständigen Unruhe, ihm alles recht zu machen. Aber ich habe seither verstanden, daß es sich um durchaus anderes handelte.

Zunächst identifizierte ich mich mit ihm aus den ebengenannten Gründen, die mit meinem Selbstbild und dem Bild meiner Mutter und darüber hinaus mit dem meines toten Onkels zusammenhingen: Louis. Es war M. Richard, der mich dazu überredete, mich später auf die Aufnahmeprüfung zur École normale supérieure in der rue d'Ulm vorzubereiten, ohne Wissen meiner Eltern und vor allem meiner Mutter. Ich begriff nämlich, daß er ein positives Bild dieser Mutter darstellte, das ich liebte und das mich liebte, eine reale Person, mit der ich diese geistige »Verschmelzung« verwirklichen konnte, die dem Wunsch meiner Mutter entsprach, die ihr »abstoßendes« Wesen mir jedoch untersagte.

Lange habe ich geglaubt (und glaubte es sogar noch zu Beginn meiner Analyse), daß ich bei ihm die Rolle des liebenden und folgsamen Sohnes spielte, den ich damals als guten Vater betrachtete, weil ich ihm gegenüber bei dieser Gelegenheit den Part des »Vaters des Vaters« innehatte, eine Formel, die mich lange bestach und mir Rechenschaft von meinen affektiven Zügen abzulegen schien. Eine Weise, auf paradoxe Art meine Beziehung zu einem abwesenden Vater zu regeln, indem ich mir einen imaginären Vater gab, aber mich wie dessen eigener Vater verhielt.

Und tatsächlich habe ich mich bei mehreren, wiederholten Gelegenheiten in derselben Situation und unter demselben affektiven Druck wiedergefunden, mich meinen Lehrern gegenüber als ihr eigener Lehrer zu verhalten, der ihnen wenn auch nichts beizubringen, so doch die Verantwortung für sie zu übernehmen hatte, so als ob ich das sehr starke Gefühl hätte, das Verhalten meines Vaters in bezug auf meine Mutter und meine Schwester kontrollieren, überwachen, zensieren, ja sogar lenken zu müssen.

Ach!, diese schöne Konstruktion, die auf einer bestimmten Ebene richtig war, sollte sich als durchaus einseitig erweisen. Ich begriff nämlich, wenn auch sehr spät, daß ich damals das wichtigste Element außer acht ließ: *meine Kunstgriffe*, die Nachahmung der Stimme, der Gebärden und der Schreibweise, der Redewendungen und der Ticks meines Lehrers, die mir nicht nur Macht über ihn, sondern auch Existenz für mich verliehen. Kurz, *dieser fundamentale Schwindel*, dieses *Scheinwesen*, das ich nicht sein konnte: dieses Fehlen des nicht-angeeigneten Körpers und damit meines Geschlechts. Ich begriff also (aber wie spät!), daß ich nur einen Kunstgriff benutzte, genau wie ein »Schnorrer« einen benutzt, um in ein Stadion eingelassen zu werden (mein Vater), um meinen Lehrer zu *verführen* und mich bei ihm durch das Spiel dieser Kunstgriffe beliebt zu machen. Was heißt das? Daß ich, weil ich keine Eigenexistenz, keine authentische Existenz hatte und an mir selbst zweifelte, so stark, daß ich mich für gefühllos hielt, weil ich mich deshalb unfähig fühlte, affektive Beziehungen zu wem auch immer zu unterhalten, darauf beschränkt war, *mich beliebt zu machen*, um zu existieren und um zu lieben (denn Lieben verlangt Geliebtwerden), also auf Kunstgriffe der Verführung und des Schwindels beschränkt war. Also auf die Verführung auf dem Umweg über Kunstgriffe und schließlich auf den Schwindel.

Da ich nicht wirklich existierte, war ich im Leben nur ein Kunst-griff-Wesen, ein Nichts-Wesen, ein Toter, dem es nur auf Umwegen zu lieben und geliebt zu werden gelang, auf dem Umweg über Kunst-griffe und Schwindeleien, die ich bei denen entlehnte, von denen ich geliebt werden wollte und die ich zu lieben versuchte, indem ich sie bestach.

In mir selbst war ich also nur ein Wesen, das nicht nur bewußt geschickt dabei vorging, seine Muskeln zu bewegen und einzusetzen, sondern auch unbewußt und diabolisch geschickt war, die anderen zu verführen und zu manipulieren, jedenfalls alle, von denen ich geliebt werden wollte. Ich erwartete von ihnen aufgrund dieser künstlichen Liebe die Anerkennung einer Existenz, an der ich schrecklich und im-merwährend zweifelte, in einer dumpfen Angst, die nur dann die Be-wußtseinsschwelle überschritt, wenn ich bei meinen Verführungsver-suchen scheiterte.

Erst kürzlich bin ich mir über die »Wahrheit« dieses Zwanges klar-geworden, als ich über das folgende merkwürdige Abenteuer nach-dachte. Ich war ein sehr guter Schüler, dem seine Lehrer eine große intellektuelle Zukunft verheißen hatten. So hatte mich mein Lehrer bereits früher einmal zum nationalen »Börsen«-Wettbewerb gemel-det, weil er annahm, ich würde dabei einen der ersten Plätze belegen. Ich landete aber auf einem der letzten. Bestürzung! So meldeten mich M. Richard und alle Lehrer, jeder für sein Spezialgebiet, zu den Prü-fungen des allgemeinen Wettbewerbs. Dieselbe Prüfung wiederholte sich bei der Abschlußklasse. Bei keiner Gelegenheit aber erntete ich, trotz meiner hervorstechenden Meriten, das heißt der von meinen Lehrern anerkannten Meriten, auch nur die geringste Auszeichnung. Bestürzung! Ich erkläre mir dieses enttäuschende Ergebnis heute nur dadurch, daß es mir gelungen war, zu meinen Lehrern Beziehungen der Identifikation und damit der Verführung aufzubauen, so daß sie sich unfreiwillig über meinen wirklichen Wert hatten täuschen lassen.

Da ich ihnen gegenüber zum »Vater des Vaters« oder eher zum »Vater der Mutter« geworden war, das heißt sie durch Imitation ihrer Personen und Gewohnheiten buchstäblich verführt hatte, hatten sie sich so gut in mir wiedererkannt, daß sie auf mich sei es die Idee, die sie sich von sich selbst machten, sei es jene andere projiziert hatten, die sie sich unbewußt von ihren eigenen Sehnsüchten und Hoffnungen zurechtlegten. Daher meine Schlappen, sobald ich vor Richtern zu erscheinen hatte, die zu bestechen ich keine Möglichkeit gehabt hatte! Also verfingen alle meine Kunstgriffe, die Kunstgriffe *ad hominem* waren und nur in der Verführungsbeziehung zur Geltung kamen, die ich ihnen hinter ihrem Rücken aufgedrängt hatte, nicht mehr, sondern erlitten ein Fiasko. Bestürzung! Das hat mich sehr lange beunruhigt, weil es mir nicht gelang, es zu verstehen, denn »Verständnis braucht Zeit«.

IX

Als mein Vater von seiner Bank nach Lyon berufen wurde, war das eine neue Entwurzelung, für meine in Tränen aufgelöste Mutter ein neues Exil und eine neue Pein und für mich der Eintritt ins lycée du Parc, und zwar in die Vorbereitungsklasse zur allgemeinen Aufnahmeprüfung in die Normal sup.

Die Vorbereitung dauerte drei und manchmal sogar vier Jahre. Die Jüngeren wurden in der *hypokhâgne*, die anderen in der *khâgne* zusammengefaßt.*

Dort war ich buchstäblich verloren. Ich kannte niemanden, ich sah mich Jungen gegenüber, die bereits mit allen Wassern gewaschen waren, die gemeinsame Traditionen feierten und den Kult der »Ehemaligen« pflegten (die in dieser Provinzstadt sehr selten waren). Für mich bedeutete das eine sehr schwer erträgliche Einsamkeit, die noch durch die Überzeugung erschwert wurde, daß *ich nichts wußte*, rein gar nichts, daß ich alles noch vor mir hatte und auf niemandes Hilfe zählen durfte.

Also führte ich ein Tage-, ein Logbuch (auf Empfehlung von Guitton, auf den ich noch zu sprechen kommen werde) und begann meine tägliche Seite mit der Anrufung des »Willens zur Macht«, einer Formel, die ich irgendwo aufgeschnappt hatte und die mir als Lösung diente, um aus dieser Leere herauszufinden und mich mittels eines leeren Willens zu behaupten, der die Natur ersetzen konnte. Daneben standen lange Liebeserklärungen an Simone, die abzuschicken ich jedoch nie kühn genug war. »Das tut man nicht«, hatte mir meine einzige Hoffnung, meine Tante, geantwortet, die ich gefragt hatte, ob ich Simone denn wohl einen Gedichtband ohne ein einziges Begleitwort schicken könnte...

---

* *Hypokhâgne* und *khâgne* – die beiden *classes préparatoires* (Vorbereitungsklassen) für die *Grandes Écoles*, die *École normale supérieure* und die *École polytechnique*. (A.d.Ü.)

Der erste Professor, der mich verblüffte, war Jean Guitton. Er hatte gerade die Normale hinter sich, war dreißig Jahre alt, mit einem großen Kopf (die »Kuppel von Rom«) auf einem kleinen, kränklichen Körper. Er war geradezu die Verkörperung von Güte, Intelligenz und Sanftheit, aber auch einer Art Bosheit, die uns stets widersprach. Er war stark christlich geprägt, Schüler von Chevalier, Kardinal Newman und Kardinal Mercier, und sein ganzer Philosophiekurs bestand darin, uns zu erklären, daß das Christentum sich in seiner Geschichte in verschiedene »Mentalitäten« gespalten und darin ausgeprägt habe. Er sollte sich später einer Laufbahn als Sonderbeauftragter von Johannes XXIII. und Paul VI. widmen. Er hielt Hélène und mich für Heilige und hat das unter Beweis gestellt, als er nach dem Artikel von Jean Dutourd über Hélènes Tod eine Fernsehsendung unterbrach, um bekannt zu machen, daß er mir gegenüber in allen Dingen vollkommenes Vertrauen habe und bewahre und stets, auch in den schlimmsten Prüfungen, an meiner Seite sein werde. Ich bleibe ihm in unendlicher Dankbarkeit für das verbunden, was damals ganz einfach ein *Akt von Zivilcourage* war.

Bald gab er uns einen Aufsatz über ein Thema auf, das ich vergessen habe. Ich konnte damals noch keinen »Aufsatz« schreiben und verstand auch nicht viel von Philosophie (in Marseille hatten wir einen unbegabten Philosophieprofessor gehabt). Ich stürzte mich in eine Arbeit *à la* Lamartine: lyrische Klagelieder ohne Beweisführung und Strenge. Ich bekam eine schlechte Note – 7 von 20 Punkten – und kurze *Ad-hoc*-Kommentare am Rand: »*überhaupt nicht getroffen*«. Ich war niedergeschlagen von dieser Strafe, die mich in meine Nacht tauchte.

Daraufhin kam sehr bald die Zeit des ersten schriftlichen Aufsatzes. Wir schrieben im großen Lesesaal, wo die Älteren nach ihren Vorlesungen und unter sich arbeiteten, gewiefte Könner, die mit allen Wassern gewaschen waren. Guitton hatte uns als Thema gegeben: »*Das Reale und das Fiktive.*« Verbissen, aber vergeblich versuchte ich, mir einige vage Begriffe aus der Nase zu ziehen, und gab mich schon erneut verloren, als ein Älterer mit einigen Blättern in der Hand auf mich zutrat. »Da, nimm das, das wird dir helfen. Es ist übrigens dasselbe Thema.«

Tatsächlich hatte Guitton im vorigen Jahr dasselbe Thema gegeben, und der Ältere bot mir mit boshaftem Lächeln seine eigene, von Guitton korrigierte Reinschrift an. Ich versank zwar vor Scham, aber meine Verzweiflung war stärker. Raschentschlossen griff ich zu, ich bemächtigte mich der korrigierten Reinschrift des Meisters und verwertete das Wesentliche davon (die Teile, ihre Themen und den Schluß), das ich nach besten Kräften an meine eigene Denkweise anpaßte, das heißt an das, was ich bereits von der Guittons erfaßt hatte, eingeschlossen die Schreibweise. Als Guitton die Arbeiten in der Klasse zurückgab, überhäufte er mich mit ernstgemeinten und verblüfften Lobsprüchen: wie hatte ich in so kurzer Zeit nur solche Fortschritte machen können! Ich war Bester mit 17 von 20 Punkten.

Gut. Was mich betraf, so hatte ich einfach nur die von Guitton korrigierte Fassung abgeschrieben, ich hatte gemogelt, geschnorrt und seinen Text geplündert: das Äußerste an Kunstgriff und Schwindel, um mir seine Gunst zu erringen. Ich war verwirrt: er konnte doch gar nicht umhin, das zu bemerken! Stellte er mir da auch keine Falle? Denn ich glaubte fest, daß er alles durchschaut habe und mir das nur aus Großzügigkeit verhehlen wollte. Als er mir aber lange danach, vielleicht sogar dreißig Jahre danach, bewundernd von dieser außergewöhnlichen Arbeit erzählte und ich ihm als Entgegnung darauf die Wahrheit sagte, war er darüber noch mehr verblüfft. Keinen Augenblick hatte er geargwöhnt, ich könne schwindeln, und wollte es gar nicht glauben!

Als ich sagte, daß ein Lehrer es durchaus nicht ungern sieht, wenn ihm sein eigenes Bild zurückgespiegelt wird und er es häufig selbst nicht wiedererkennt, zweifellos aufgrund des bewußten/unbewußten Vergnügens, das es ihm bereitet, sich in einem auserkorenen Schüler wiederzuerkennen ...

Welchen Nutzen zog ich daraus also für mich selbst? Zweifellos den Vorteil, fortan Klassenbester zu sein, endlich die Achtung meiner jungen Schulkameraden zu genießen – und vor allem die der älteren – und im Unterricht akzeptiert zu werden. Aber um welchen Preis! Um den Preis eines wirklichen Schwindels, der mich seither unaufhörlich gequält hat. Mir schwante bereits, daß es mir nur um den Preis von Kunstgriffen und Anleihen zu existieren gelingen würde, die nicht mein eigen waren. Diesmal aber handelte es sich nicht mehr um Kunstgriffe und Kniffe, für deren geschickten Autor ich mich wenigstens halten durfte, sondern um einen *Schwindel* und einen *Diebstahl*, die mit aller Deutlichkeit zeigten, daß ich nur um den Preis einer wirklichen Selbsttäuschung über mein wahres Wesen existieren konnte, durch skrupellose Entwendung des Denkens, ja sogar der Beweisführung und der Formulierungen meines Lehrers, das heißt eines anderen, vor dem ich auftreten wollte, um so zu tun, als ob ich ihn verführte. Wenn dazu noch ein wirkliches Schuldgefühl kommt, hört die Nicht-Existenz für sich selbst auf, ein bloßes technisches Problem zu sein, und wird zu einem moralischen. Fortan fühlte ich mich nicht nur nicht-existent, sondern *schuldig, nicht zu existieren*.

Natürlich zog ich daraus Nutzen. Nicht nur, weil Guitton mich ausgezeichnet hatte und von da an mir gegenüber eine reine und ganz von mitbrüderlicher Bewunderung geprägte Liebe hegte. Ich war *sein anderer*. Er zog mich auch hinsichtlich seiner Arbeiten ins Vertrauen, nahm mich nach Paris mit, wo ich vor einem Auditorium von Nonnen den Materialismus philosophisch verdammen mußte (Ravaisson, hilf!). Guitton nahm sich nach mir übrigens sein Exposé, das er ein wenig trocken gefunden hatte, erneut vor und arbeitete es um.

Gleichwohl hatte ich von Guitton, dem bewundernswerten Pädagogen, wenn nicht sogar großen Philosophen, zwei im eigentlichen Sinne akademische Tugenden gelernt, die später einen großen Teil meines Erfolges ausmachten: zunächst die äußerste Klarheit der Schreibweise und dann die Kunst (immer ein Kunstgriff), über jedes beliebige Thema, *a priori* und gleichsam durch Deduktion ins Leere hinein, einen Aufsatz zu verfassen und niederzuschreiben, der Bestand hat und überzeugt. Wenn mir darin Erfolg beschieden war, so wie beim Wettbewerb für die Normale und später bei der *agrégation* in Philosophie, dann verdanke ich ihn gerade ihm. Denn er hatte mir die Kenntnis nicht willkürlicher, sondern anderer Kunstgriffe geliefert (ohne daß ich sie mir mühsam hätte ausdenken müssen), die geeignet waren, mir Anerkennung auf dem höchsten Niveau der Universität zu verschaffen (und sei es als Schwindler, aber ich hatte damals keinen anderen Weg, der mir offenstand).

Allerdings hatte ich seit der Zeit von der Universität, genau wie von mir selbst, eine wenig rühmliche und respektvolle Vorstellung, die mich nie verlassen und mir, wie man verstehen wird, sowohl geschadet als auch genützt hat.

Guitton blieb nur ein Jahr und verließ uns mit der Ankündigung, daß an seine Stelle ein gewisser M. Labannière treten werde. Im folgenden Jahr durften wir Jean Lacroix als Neuankömmling begrüßen. Guitton hatte uns mit einer drolligen Pirouette verlassen.

Ich kam mit Lacroix, einem integren Mann, »personalistischer« Katholik, Freund von Emmanuel Mounier und als Philosoph ausgezeichneter Kenner der Philosophiegeschichte, recht gut aus, indem ich die bei Guitton gelernten Kunstgriffe anwendete; ich war noch immer Bester in Philosophie, begann aber dennoch und dank ihm etwas vom Stoff zu begreifen. Lacroix hatte ein junges Mädchen aus der abgeschlossensten Kaste der Bourgeoisie von Lyon geheiratet, die ihn für den Teufel in Person hielt und ihn das deutlich spüren ließ, er gehörte eben nicht dazu und teilte auch ihre reaktionären Ideen nicht. Lacroix hat sich in diesem Zusammenhang des Ausschlusses, der sich sicherlich als harte Prüfung erwies, vor allem in Lyon, als sehr beherzter Mann gezeigt, der für die Résistance arbeitete und nach dem Krieg alle großherzigen Unternehmungen unterstützte.

Der erstaunlichste Mann der *khâgne* von Lyon war jedoch der Geschichtsprofesssor, Joseph Hours, den man liebevoll »Vater Hours« nannte. Er verabscheute Guitton von ganzem Herzen, von dem er sagte, er sei kein Mann, sondern eine Frau, schlimmer noch: eine »Mutter«. Oh! meine Mutter... Klein, untersetzt, mit Gesicht und Schnurrbart *à la* Laval, war er politisch sehr engagiert, zusammen mit Georges Bidault Gründer von *L'Aube* und bot die merkwürdige Besonderheit eines überzeugten Katholiken, der gleichzeitig Jakobiner und natürlich Gallikaner war, ein wildentschlossener Gegner des Ultramontanismus der europäischen Partei, in dem er noch immer die Erbschaft des Heiligen Römischen Reiches Deutscher Nation sah. Er tat sich keinerlei Zwang an, uns mit lauter Stimme *und* sogar im Unterricht (und noch davor, wenn man ihn bei sich zu Hause besuchte, ein Privileg, in dessen Genuß ich erst allmählich kam), über die politische Situation in Frankreich aufzuklären. Ich erinnere mich, wie er mir 1937 sagte: »Die französische Bourgeoisie hat einen solchen Abscheu vor dem Front populaire[*], daß sie ihm von jetzt an Hitler vor-

---

[*] Le Front populaire – die »Volksfront«; eine Koalition von kommunistischen, sozialdemokratischen und linksbürgerlichen Parteien, wie sie von der Sowjetunion nach dem 7. Weltkongreß der Komintern angestrebt wurde. Die ersten »Volksfront«-Regierungen in Frankreich (1936/37 und 1938) wurden von Léon Blum geleitet. (*A. d. Ü.*)

zieht. Hitler wird angreifen, und die französische Bourgeoisie wird die Niederlage wählen, um dem Front populaire zu entgehen.« Ich begnüge mich mit diesem einen Satz, er stützte sich jedoch auf eine detaillierte Analyse der Lage der gesellschaftlichen und politischen Kräfte und auch der Persönlichkeit und Laufbahn von Politikern, deren Verhalten er aufmerksam beobachtete. So hatte er unter den Besseren besonders Maurice Thorez im Auge und setzte alle seine Hoffnungen nicht auf die Privilegierten, sondern auf das »französische Volk«, von dem er in seiner *Histoire* einen kleinen Abriß gab – ein wenig auf den Spuren von Michelet. Diesem »Vater Hours« verdanke ich meine ersten Ausblicke auf die Politik und ihre Risiken, ebenso auf den Kommunismus, der sich für mich auf Thorez reduzierte. Er hatte, körperlich und durch seine ständigen Nörgeleien, etwas an sich, das in mir die Erinnerung an meinen Großvater wachrief, der in diesen Jahren starb und meine Großmutter in ihrem Haus in Larochemillay allein ließ, noch zwanzig Jahre lang.

Damals verwirklichte ich auch einen großen Plan, den ich ganz allein aufgestellt hatte. Die Kirche hatte derzeit, um der Entwicklung des Sozialismus Widerstand zu leisten, etwas lanciert, das man die Mouvements d'action catholique nannte. Es handelte sich nicht um eine Gemeinschaftsbewegung, sondern um auf verschiedene »sozioprofessionelle« Schichten spezialisierte Bewegungen, um eine Jeunesse agricole chrétienne (Christliche Landjugend [JAC]), eine Jeunesse ouvrière chrétienne (Christliche Arbeiterjugend [JOC]), eine Jeunesse étudiante chrétienne (Christliche Studentengemeinde [JEC]). Es gab keinen »Kreis« der JEC am lycée du Parc. Ich machte mich daran, einen zu gründen, und begab mich zu diesem Zweck auf die Suche nach einem Geistlichen: ohne einen Geistlichen konnte man schlecht auskommen. Auf ich weiß nicht mehr welche Hinweise hin stieg ich eines Tages bis nach Fourvière hinauf und klopfte an die Tür eines jungen Jesuiten, Pater Varillon, der sich als großer, magerer, mit einer gewaltigen Hakennase ausgestatteter Mann entpuppte. Er willigte ein und kam von diesem Tage an zu unseren Treffen, die vor allem die Schüler der oberen Klassen ansprachen, also auch meine. Da hatte ich freilich Verantwortung übernommen, aber zum ersten Mal *von allein.* »Wille zur Macht«! Von Zeit zu Zeit machten wir Exerzitien in einem Trappistenkloster bei Les Dombes, etwa hundert Kilometer von Lyon entfernt und inmitten großer Teiche gelegen. Von dem einzigen

Mönch empfangen, der Sprecherlaubnis hatte – was für ein Schwätzer! –, drangen wir schweigend in gewaltige Gebäude ein, die einen Geruch nach Wachs und alter Seife verströmten, schliefen in Zellen und wurden nachts mehrmals vom Glockengeläut zu den Gottesdiensten geweckt, an denen wir teilnahmen. Ich war fasziniert vom Leben der Mönche, das der Keuschheit, der Handarbeit und dem Schweigen geweiht war. Dieses dreifache Gelübde paßte mir recht gut. Später ist es häufig vorgekommen, daß ich an einen Rückzug ins Kloster als Lösung für alle meine unlösbaren Probleme dachte. In der Anonymität verschwinden, meine einzige Wahrheit: sie ist es immer geblieben und ist es noch heute, trotz und gegen meine Bekanntheit, unter der ich schrecklich leide. Im Kloster hielten wir auch unsere eigenen Treffen der Kreise ab, und ich erinnere mich, mit der Aufgabe betraut worden zu sein, eine kurze Ansprache zum Thema »Andacht« zu halten. Ich legte in diese Ansprache einen solchen fortgesetzten Überschwang und ein solches Überangebot an »Verschmelzung« und frommer Überzeugung hinein, daß sich alle meine Kameraden von meinem Gefühlsstrom mitreißen ließen. Zum ersten Mal entdeckte ich, daß ich eine Art ansteckende Rednergabe hatte, daß ich aber, um sie zur Geltung zu bringen, spontan auf eine andere Art von Kniff zurückgriff: nämlich gerade auf ein Übermaß an Sprachrhythmus, Pathos und ständiger Emotion, das ich gleichsam durch Ansteckung verteilen wollte. Immer dieser nostalgische Wunsch nach »Verschmelzung«. So als ob ich, um glauben zu können, was ich sagte, und es anderen glaubhaft zu machen, noch etwas »hinzufügen« müßte, als ob ich mit meinen Worten und Gefühlen sehr viel höher reichen müßte als bis zum angestrebten Ziel, und indem ich mich diesem Höhergebot verschrieb, war ich gleichzeitig zu Tränen gerührt, so als ob ich auch weinen und einen Gefühlsüberschwang zeigen müßte, um meine Hörer darin einzubetten und vor allem selber daran zu glauben. Den Sinn dieser merkwürdigen Disposition sollte ich erst viel später verstehen. Zunächst warnte mich ein Wort einer mir sehr lieben Freundin, die mir eines Tages erklärte: »Ich mag es gar nicht, wenn Du so übertreibst« (natürlich vor allem bei ihr), und tatsächlich liebte ich sie damals mit einer Art Verschmelzungsüberschwang, den sie sich vollkommen klargemacht hatte. Dieser entschieden scharfblickenden Freundin verdanke ich es auch, einen entscheidenden Satz über mich zu hören bekommen zu haben, auf den ich zu gegebener Zeit zurückkommen werde: »Was ich an Dir gar nicht mag, ist, daß Du Dich um jeden Preis selbst zerstören willst.« Ich hatte damals noch nicht begriffen, daß der Wille zur Übertreibung, sagen wir: der paranoide Wille, und der Wille zur Selbsttötung ein und derselbe Wille sind.

Ich bestand die Aufnahmeprüfung für die École im Juli–August 1939, wurde im September zum Wehrdienst eingezogen und sollte erst im Oktober 1945 in die École eintreten, sechs Jahre später.

X

Ich wurde eingezogen und nach Issoire versetzt, zu einer Gruppe von Offiziersanwärtern der Reserve (EOR [Centre de formation des élèves officiers de reserve]) bei der bespannten Artillerie. Ich lernte die traurigen Reserven der französischen Armee kennen, die schwerfälligen requirierten Zugpferde, die Nachtwachen, die Stallungen, in denen ein üppiges, kleines und schwarzhaariges Mädchen mit der bekannten Figur absolut mit mir im Stroh schlafen wollte – aber ich wies ihre Annäherungen natürlich ab. Wir lernten die Mutwilligkeiten eines lausigen Oberfeldwebels kennen, Courbon de Casteljaloux, ich gewann einige sehr gute Freunde, von denen leider nur einer den Krieg überlebt hat.

Wir blieben bis zum Frühjahr 1940 in Issoire, wobei die Ausbildung sich durch den ganzen »komischen Krieg« hinzog. Guitton war beim Stab in Clermont, er kam mich manchmal besuchen. Ich hatte heftige Angst vor dem Krieg, nicht so sehr davor, getötet, sondern *verletzt* zu werden, und da ich noch immer gläubig war, hatte ich eine Formel gefunden, die mir beim friedlichen Einschlafen half: »Mein Gott, Dein Wille geschehe!«

Im Mai 1940 wurden Freiwillige für die Luftwaffe gesucht. Nichts für mich. Zu gefährlich (mein Onkel Louis war in einem Flugzeug gestorben). Ich habe bereits angemerkt, daß ich eine panische Angst davor hatte, mich zu schlagen, Angst vor der Gefahr, dabei verletzt, an meinem zarten Körper *versehrt* zu werden. Meine Kameraden beteiligten sich allesamt an dem Abenteuer. Ich blieb erneut allein. Ich hatte gewählt... Dann aber, ich weiß nicht warum, wurde wenig später auch ich von der Luftwaffendrohung ereilt. Ich *stellte* mich, als sei ich krank, und bevor der Arzt zur Visite vorbeikam, versuchte ich eines Abends, mein Thermometer zu »zinken«, indem ich es heftig am Oberschenkel rieb. Noch eine ehrenrührige Betrügerei. Ohne Ergebnis, glaube ich. Der Arzt kam und schrieb mich nicht untauglich.

Währenddessen war mein Vater, überglücklich mit seinen schweren Geschützen, in die Alpen oberhalb von Menton eingezogen worden, diesmal aber in Betonunterständen: eine ruhige Kugel. Er speiste und trank vorzüglich in der besseren Offizierskantine. »Man« feuerte von Zeit zu Zeit einige Granaten auf irgendeinen italienischen Hafen ab, um »ihre Kampfmoral hochzuhalten«. Aber das war nicht sehr ernst gemeint.

Meine Muter verließ Lyon und richtete sich bei meiner Großmutter in deren Haus im Morvan ein. Sie war endlich allein! Und dann passierte eine für sie ganz wunderbare Sache. Sie wurde Sekretärin im Bürgermeisteramt und mußte sich mit zahlreichen lokalen Problemen herumschlagen, die durch das Debakel vom Mai/Juni 1940 noch verschärft wurden. Sie zog sich bewundernswert aus der Affäre, ohne das kleinste gesundheitliche Unwohlsein. Endlich stand sie nicht mehr unter der Autorität ihres Gatten, endlich konnte sie tun und lassen, was sie wollte, sie war glücklich, und alle ihre Krankheiten verflüchtigten sich.

Wenn ich sie heute in ihrer Klinik besuche, erkennt sie mich kaum wieder, sie behauptet aber, sehr glücklich zu sein, ihre Gesundheit ist, trotz des vorgerückten Alters, ausgezeichnet, und sie weigert sich, sich Mme. Althusser nennen zu lassen. Sie ist *Lucienne Berger*, mit ihrem Mädchennamen, und damit basta. Die Sache ist geregelt, aber mit einer Verspätung von nur sechzig Jahren.

Im März/April 1940 schickte man uns nach Vannes, wo die Ausbildung sich beschleunigte. Es gab eine Abschlußprüfung, aus der ich natürlich als letzter hervorging. Erster wurde Pater Dubarle, der heute schwer krank ist. Wenn er das hier lesen kann, möge er wissen, daß ich ihn nie vergessen und seine schönen Bücher über Hegel gelesen habe.

Die deutschen Truppen näherten sich im Sturmschritt. Paul Reynaud hatte angekündigt, daß man sich in der »bretonischen Höhle« schlagen werde, aber die Städte wurden eine nach der anderen für »offen« erklärt, so auch Vannes. Unsere Offiziere standen unter dem Kommando des unheilvollen Verräters General Lebleu, der aus Angst vor den »Kommunisten«, die wir sein oder werden konnten, uns daran hinderte, uns in Richtung der noch bis Nantes freien Loire in Marsch zu setzen und dann in den Süden auszuweichen. Er hielt uns in unseren Kasernen eingesperrt, *unter unserem eigenen Kommando*, selbst als die Deutschen bereits mit ihren Panzern eingerückt waren. »Wer seinen Posten verläßt, wird als Deserteur betrachtet und standrechtlich erschossen!«

Die Deutschen, die uns gewitzt unsere Befreiung ankündigten, erst in acht, dann in vierzehn Tagen, dann in einem Monat, bedrohten uns ihrerseits mit Repressalien an unseren Familien, wenn wir das Weite suchten. Drei ganze Monate lang hatten wir tausend ganz einfache Gelegenheiten, uns aus den schlecht bewachten französischen Lagern davonzustehlen: Verpflegungswagen und Fahrzeuge des Roten Kreuzes hatten dort freie Zufahrt und öffneten uns den Ausweg zur Flucht aus dem Lager. Wir waren zu naiv: man flieht nicht unter dem Deckmantel des Roten Kreuzes. Ich persönlich hatte nicht den Mut dazu und war in diesem Falle nicht der einzige.

Schließlich brachte ein langer Truppentransportzug mit Viehwagen uns in vier Tagen und vier Nächten nach Norddeutschland, und zwar nach Sandbostel, in ein gewaltig großes Lager in Sand und Heide, wo wir zum ersten Mal, hinter elektrisch geladenen Stacheldrahtzäunen, russische Kriegsgefangene sahen, die, halbnackt der bereits schneidenden Kälte ausgesetzt, abgezehrt und gerippedürr, uns um Brot anflehten, das wir ihnen aus unseren mageren Rationen hinüberwarfen.

Ein junger Student aus Brive leistete mir während der ganzen Fahrt Gesellschaft. Wir pißten in dieselbe Flasche. Er war damals mein einziger Freund. Er erzählte mir verblüffende Geschichten von Mädchen in den Parks hinter dem Gymnasium. Und besonders eine, die mich zu Tränen rührte: »Die Mädchen – man schlug ihnen von hinten mit der Hand auf den Hintern, ohne sie vorzuwarnen, und zack! Eines Tages dreht ein Mädchen, dem ich die Hand auf den Hintern gelegt hatte, sich um und sagt in einer langen, klagenden Antwort zu mir: ›Oh! Warum haben Sie mir denn nicht gesagt, daß Sie mich lieben!...‹«

Mehrere meiner Kommilitonen und ich wurden dann zusammen mit dreihundert anderen französischen Kriegsgefangenen, beinahe alles normannische Bauern, auf eine gigantische Baustelle der Luftwaffe geschickt, auf der, von Privatfirmen betrieben, die ihr Schäfchen auf unserem Rücken ins trockene brachten, gewaltige unterirdische Benzintanks entstanden. Das war trotz der Kameradschaftlichkeit der Kriegsgefangenen ein hartes Jahr. Wir krepierten beinahe vor Hunger. Auch bei strengstem Frost (dieses Jahr bis zu minus 40°) wurden wir zur Zwangsarbeit getrieben. Nur abends hatten wir Zeit zum Ausruhen, in der intensiven Wärme riesiger Schlafräume und Hütten, in denen wir große Herde mit Torfstücken bis zur Rotglut beheizten. Sonntags hatten wir, o Wunder!, Anspruch auf einen Ruhetag und auf ein Fleischkügelchen mit Soße.

Alle meine Studienkollegen zogen sich dort Tuberkulose zu und wurden in die Heimat überführt. Erneut blieb ich allein zurück. Was mich betraf, so hielt ich recht gut durch. Ich mochte die normannischen Bauern, mit denen ich arbeitete. Manche, und das kam geradezu über sie, waren regelrecht übereifrig, um den *Chleuhs* [Deutschen] zu zeigen, wie man in Frankreich arbeitet. Wir, die Studenten, taten so wenig wie möglich und waren bei unseren normannischen Kameraden nicht gut angeschrieben. Sie machten uns nur zu gern »Sabotage« zum Vorwurf!

Ich habe dort unten Menschen kennengelernt, die für mich völlig ausgefallen waren. Vor allem Sacha Simon, ein großer Journalist von *L'Est républicain*, der unaufhörlich schmutzige Geschichten erzählte. Er hatte bei einem großen Essen zwei Frauen gleichzeitig unter einer großen Tischdecke masturbiert, »nichts leichter als das, das wollen sie ja gerade«. Seither habe ich eine Menge anderer davon gehört. Insbesondere die Abenteuer einer internationalen Funktionärsfreundin, die nur einen Ehrgeiz im Leben hatte: die ranghöchsten Offiziere der Roten Armee unter der Tischdecke zum Ejakulieren zu bringen. Einer davon erlitt vor allzu stürmischer Aufregung sogar einen Herzinfarkt. Seither hat sie die überwältigende Mehrheit der Präsidenten der Republik und mehrere Bischöfe und Kardinäle »vernascht«. Ihr höchstes Ziel, das sie meines Wissens noch nicht erreicht hat, ist der Papst. Und sie lachte und lachte!

Eines Tages wurde ich krank, offenbar ein Nierenleiden, und zu meiner Verwunderung brachte mich, auf Anweisung des französischen Lagerarztes, Oberleutnant Zeghers, dem ich später im Zentrallager wiederbegegnen sollte, ein sehr bequemer deutscher Krankenwagen in einer Tagesfahrt zum Krankenhaus des Lagers. Dort blieb ich acht Tage und wurde dann nach Schleswig verlegt, ins Lager XA. Meine Nummer, mit vielen Nullen, war 70670. Sie paßte mir. Ich verrichtete dort weiterhin harte Arbeiten, Abladen von Kohlewaggons usw.

Ich fühlte mich sehr wohl bei diesen körperlichen Kraftakten, ich war vor allem glücklich über die brüderliche Gesellschaft meiner bäuerlichen Kameraden: in mir seit der Kindheit vertrautem Gelände.

Das Lager umfaßte auch bestimmte Kontingente von Polen, die, als die Zuerstgekommenen, sich alle Abteilungen gesichert hatten und die Franzosen, die 1939 »Verrat« begangen hatten, scheel ansahen. Es gab auch beleibte Belgier, Berufsunteroffiziere, darunter ein Flötist und ein Schauspieler, die auf der Bühne die Frauen spielten, und elende »Serben«, von denen einige sich an ihren Bettlaken erhängten.

Nach dem Wortlaut der Genfer Konvention von 1929 mußte jede Nationalität bei den deutschen Behörden durch einen von seinen Kameraden gewählten »Vertrauensmann« repräsentiert sein. Der erste, ein gewisser Cerutti – Autohändler in der Schweiz –, war von den Deutschen eingesetzt worden, vermutlich deshalb, weil er sehr gut deutsch sprach. Ich wurde eine Zeitlang in die Krankenstation des Lagers »überstellt«, wo ich sehr rasch zum Experten für Spritzen aller Art wurde, die mir persönlich durchaus nicht weh taten (beinahe im Gegenteil), wenn ich sie verabreicht bekam (der Gegensatz des Pfahls!). Ich stand unter dem Schutz von Dr. Zeghers, der in seiner untadeligen Uniform immer wie aus dem Ei gepellt aussah. Ich hatte von allein etwas Deutsch gelernt: also wurde ich zum »Oberpfleger« ernannt. Und wie früher in meinem Pfadfinderfähnlein und später am lycée du Parc sah ich mich mit einem gewaltig großen Pariser Straßenlümmel konfrontiert, stark an Stimme und Slang, der sich meinen »Anordnungen« zu fügen weigerte. Er wollte mir den Hals umdrehen. Ich wich vor ihm zurück, und zwar ohne jede Scham.

Diese Qual dauerte bis zu dem Tage, als die Deutschen »ihren« Vertrauensmann, um ihn zu belohnen, in seine Heimat entließen. Da Pétain von Hitler in Montoire das »Privileg« zugebilligt bekommen hatte, daß Frankreich (im Gegensatz zur Genfer Konvention) selbst die »Schutzmacht« seiner eigenen Kriegsgefangenen sein sollte, und da Pétain sich dieses »Abkommen« zunutze gemacht hatte, um französische Offiziere als »Kollaborateure« in die Lager einzuschleusen, die für die Révolution nationale Propaganda machten und im Handumdrehen ganze Cercles Pétain gründeten, willigten die Deutschen ein, daß der neue Vertrauensmann gewählt werden sollte, aber *sie* präsentierten ihren Kandidaten für dieses Amt: den Vorsitzenden des Cercle Pétain, einen jungen Adeligen von bewundernswerter Schönheit.

Ach! Sie hatten die Rechnung ohne den Widerspruchsgeist der kleinen Franzosen gemacht! Eine gigantische und geheime Wahlkampagne wurde innerhalb von zwei Tagen entfesselt, mit einem Pariser als treibender Kraft, einem Zahntechniker und Anarchisten mit trotziger Sprache. Er assistierte einem elendiglichen Lagerzahnarzt, der, schrecklich anzusehen und speicheltriefend, seine Zeit vor aller Augen damit verbrachte, unglücklichen Ukrainerinnen im Nachbarlager kleine Schokoladenstückchen zuzuwerfen, damit sie, zehn Meter entfernt, ihre üppigen Schenkel öffneten. Und dieser Lagerzahnarzt wichste sich dann angesichts ihrer entblößten Geschlechtsteile. Das ganze Lager war darüber informiert, für den, der es sehen wollte, war es ein alltägliches Schauspiel.

Ein im Lager sehr beliebter Mann namens Robert Daël wurde mit triumphaler Mehrheit gewählt.

Seine erste Amtshandlung bestand darin, den Präsidenten des Cercle Pétain, den Mann der Deutschen, zu sich rufen zu lassen. Eine gewaltige Woge von Kritik überschwemmte Daël, der nichts darauf antwortete. Einen Monat später aber erreichte Daël, der die Deutschen durch diese geschickte Geste beruhigt hatte, von ihnen die unverzügliche Repatriierung des Präsidenten des Cercle Pétain, der nichts weiter wollte als das. Wir begriffen. Und begannen zu verstehen, was ein Mann der Tat sein konnte.

Dann ließ Daël mich zusammen mit dem Architekten de Mailly und anderen in sein »Büro« rufen. Und ich sah Daël aus der Nähe agieren. Mit Standfestigkeit und in einem unwahrscheinlichen Deutsch eigener Machart nahm er den Deutschen von einem Tag auf den anderen die gesamte Kontrolle der aus Frankreich geschickten Lebensmittel, Kleidungsstücke und Schuhe aus den Händen und setzte damit ihrer nahezu vollständigen Plünderung seitens der Lagerbehörden ein Ende.

Von den Pétain[-Dienststellen] erhielt er einen Lastwagen, um selbst zur Verteilung der *Liebesgaben* [i.O.dt.] an die kleineren Kommandos schreiten zu können, die davon noch nicht einmal einen Hauch zu sehen bekommen hatten, übrigens ebensowenig wie vom Vertrauensmann des Zentrallagers! Ich begleitete ihn gelegentlich bei seinen mobilen Einsätzen. Ich bewunderte sowohl die unglaubliche Dreistigkeit, die er dem ihn bewachenden Deutschen gegenüber an den Tag legte, den er von einem Tag auf den anderen mit zwei Tafeln Schokolade einwickelte, als auch seine Warmherzigkeit gegenüber unseren gefangenen Kameraden, die bis auf ihn bisher von allen völlig im Stich gelassen worden waren.

Ich begriff also, was das Handeln war, die Tat, die zwar nicht ohne Prinzipien ist, aber doch grundverschieden von deren bloßer Anwendung, denn man muß die Imponderabilien der Lage, der Menschen, ihrer Leidenschaft und der Feinde in Rechnung stellen und zu diesem Zweck von ganz anderen menschlichen Ressourcen Gebrauch machen als von bloßer Reinheit und Strenge der Prinzipien.

Der erste und wichtigste Schluß, der sich mir aufdrängte, bestand darin, meiner Besessenheit von Kunstgriffen einen völlig unerwarteten neuen Sinn zu geben. Ich begann zu verstehen, daß die Kunstgriffe, Tricks und anderen Listen etwas durchaus anderes sein konnten als Schwindeleien, daß sie ganz im Gegenteil für ihren Autor und andere Menschen nützliche Effekte hervorbringen konnten, unter der Bedingung allerdings, daß man wußte, was man wollte, und jedes Schuldgefühl im Zaum hielt, kurz, daß man frei war, was ich erst in meiner Analyse erfahren sollte. Ohne das damals zu wissen und ohne je den kleinsten Versuch einer Aussöhnung mit meiner Angst-Besessenheit vor Kunstgriffen unternommen zu haben, näherte ich mich den Regeln, die – wie ich erst sehr viel später entdeckte – der einzige Mensch aufgestellt hat – ich sage: der *einzige* Mensch –, der über die Bedingungen und die Formen des Handelns (allerdings nur in der Politik) nachgedacht hat, der einzige Mensch, der, lange vor Freud, wie ich eines Tages darlegen werde, *seiner Entdeckung sehr weit voraus* war: Machiavelli. Ich war damals jedoch noch weit vom Schuß.

Was mir die Erfahrung der Gefangenschaft überdies beibrachte, [war*] das Glück, das ich empfand, nicht mehr in der Gesellschaft von Vater und Mutter und im Universum der Studien in der Klasse und der elterlichen Wohnung (ohne jedes Draußen) leben zu müssen, kurz, nicht mehr unter dem *schrecklichen, ja, ich sage schrecklichen, hörst Du mich, Robert Fossaert?, hörst Du mich von jenseits Deines*

---

* Der vom Autor vorgesehene Einschub einer sehr langen Abschweifung in eine erste Fassung dieses Kapitels – einer Abschweifung über die Rolle der Familie – hat uns dazu bewogen, in diesem und im folgenden Absatz zwei minimale Korrekturen vorzunehmen, die in eckigen Klammern auftauchen und es ermöglichen, die Kohärenz des Gedankenganges wiederherzustellen *(A.d. Hrsg.)*.

schauderhaften Grabes, Gramsci?, dem schrecklichen, entsetzlichen und dem fürchterlichsten aller ideologischen Staatsapparate, wie das in einer Nation, in der der Staat existiert, die *Familie* ist. Darf ich sagen, daß ich sogar in Lyon, während der drei Jahre – also im Alter von achtzehn bis einundzwanzig Jahren –, außer meinen *khâgne*-Kameraden und meinen Professoren *absolut niemanden kannte?* Und das aus welchem anderen Grund als aus einer Mischung von Angst, Wohlerzogenheit, Respekt, Schüchternheit und Schuldgefühl, das mir von wem eingepflanzt worden war? Von meinen eigenen Eltern, die ihrerseits und gleichsam für immer in der ideologischen Struktur gefangen und festgekeilt waren, die für meine Mutter nicht minder hart war wie für meinen Vater, wenn der Schein auch trügen mochte, und das alles wofür, es sei denn, um einem kleinen Kind alle die hohen Werte einzutrichtern, die in der Gesellschaft, in der es lebt, dem absoluten Respekt vor jeder absoluten Obrigkeit und darüber hinaus vor dem Staat dienen, von dem man, Gott sei Dank, seit Marx und Lenin weiß, daß er eine schreckliche »Maschine« ist (ja, Fossaert, ja, Gramsci) nicht im Dienst der herrschenden Klasse, die ja nie allein an der Macht ist, sondern im Dienst von Klassen, die den herrschenden »Machtblock« bilden, wie er von einem gewissen Sorel sogar in Frankreich und bei allgemeiner politischer und theoretischer Indifferenz so genau beschrieben worden ist. Aber wie lange noch werden sich die aufgeklärtesten und intelligentesten Geister von dem mißbrauchen lassen, was noch blinder und verblendender ist als der schreckliche verborgene Fisch des Unbewußten, den Freud mit seinem feinmaschigen Netz vom tiefen Grund der Meere aufzufischen verstand, wie lange werden sie sich noch von dem verblendenden Augenschein der Tiefenstruktur des ideologischen Staatsapparates der *Familie* mißbrauchen lassen? Muß man nach den drei großen narzißtischen Wunden der Menschheit (die ihr Galilei, Darwin und das Unbewußte schlugen) noch eigens sagen, daß es eine vierte, noch viel schwererwiegendere gibt, weil deren Aufdeckung für jedermann absolut unannehmbar ist (denn die Familie ist von jeher der eigentliche Ort des *Heiligen,* also der *Macht* und der *Religion* gewesen) und die unwiderlegbare Realität der Familie als der mächtigste ideologische Staatsapparat in Erscheinung tritt?

In der Kriegsgefangenschaft hatte ich überdies mit einer gänzlich anderen Welt als der der heiligen Familie zu schaffen: nämlich mit reifen, zumindest zu ihrem eigenen Besten *aus der Familie* entlassenen

Menschen, reif, weil erwachsen und frei geworden: diese normannischen Bauern und belgischen Kleinbürger und die polnischen Berufsunteroffiziere, die, unaufhörlich und mit lauter Stimme, sowohl ihre pantagruelischen Festmähler in Friedenszeiten als auch – und bis in die derbsten und intimsten Einzelheiten – ihre sexuellen Abenteuer und Obsessionen beschrieben, brachten mir auf eine bestimmte Weise bei, was es heißt, erwachsen und sexuell frei zu sein, wenn sie es auch weder ökonomisch noch sozial noch politisch noch ideologisch waren, sondern im Gegenteil, weil sie in jeder dieser Hinsichten »entfremdete« Menschen waren (das heißt, um nicht mehr wie Feuerbach oder Hegel zu sprechen, ausbeutende oder ausgebeutete, unterdrückende oder unterdrückte, manipulierende oder manipulierte!). Was aber entdeckte ich in dieser neuen Welt? Meine Besessenheit, immer über *Reserven* verfügen zu wollen. Und das war ausschlaggebend, um mich selbst verstehen zu können.

Im ersten Jahr, als man uns insgesamt und für jeden zweihundertfünfzig Gramm Schwarzbrot und fünfzig Gramm deutsche Blutwurst zuteilte, schnitt ich, weil ich panische Angst hatte, schon vorzeitig Mangel an Nahrung leiden zu müssen, jeden Tag eine Scheibe Brot und eine Scheibe Blutwurst ab, die ich mir unter das Kopfteil meines Strohsackes stopfte: ein wahrer Schatz an Reserve; man weiß ja nie!

Als ich aber mein erstes Kommando verlassen mußte, fand ich unter meinem Strohsack nur noch einen Haufen *Fäulnis* vor. Ich hatte alle meine Reserven eingebüßt, gerade weil ich sie so angestrengt in Reserve halten wollte. Die Wahrheit, die Wirklichkeit dieser Reserve entfaltete sich vor meinen Augen und unter meinen Händen und vor meiner Nase und in meinem Mund: *Fäulnis*! Aber ich war unfähig, die Lehre aus dieser grausamen Erfahrung zu ziehen, und zwar sechzig Jahre lang! In besseren Zeiten häufte ich später auch weiterhin tagtäglich Reserven an, zunächst Brot, Biskuits, Schokolade, Zucker, Schuhe (wie viele Paare habe ich heute wohl in meinen Schränken, sicher etwa hundert!), Kleidungsstücke – desgleichen und natürlich *Geld*, die Reserve der Reserven, Marx hat das deutlich gezeigt, mit und nach vielen anderen, deren scharfsinnigster zweifellos Locke gewesen ist (das Geld ist für Locke *das einzige Gut, das nicht verfault...*), und die einzige Reserve, die sich durch diese Ausnahmeeigenschaft von allen anderen Gütern abhebt, die vergänglich sind. Später legte ich mir dann Reserven an Freunden zu und zu guter Letzt an *Frauen*. Warum? Einfach deshalb, um nicht Gefahr zu laufen, mich eines Tages *allein, ohne eine einzige Frau* zur Hand zu finden, wenn zufällig eine meiner Frauen mich verließ oder im Sterben lag, und das ist mir unzählige Male passiert, und wenn ich neben Hélène immer eine *Reserve an Frauen* gehabt habe, dann deshalb, um sicherzugehen, daß ich, wenn Hélène mich verließe oder im Sterben läge, auch nicht einen einzigen Augenblick im Leben allein wäre. Ich weiß nur zu gut, daß dieser schreckliche Zwang »meinen« Frauen schreckliches Leid zugefügt hat, Hélène als erster. Eine meiner Freundinnen hat mir kürzlich gesagt, und wie sehr hatte sie *damals* recht: »Du verstehst es bemerkenswert gut, Deine Freunde zu benutzen (sie hat nicht gesagt: Deine Freundinnen), aber Du achtest sie nicht«, ein Satz, der mich damals (vor vier Monaten) aus der Fassung brachte, aber ich war damals ganz und gar von der Rolle.

Ich bezog diesen Zwang, mich mit Reserven aller Art zu versehen, nämlich ganz natürlich auf die Phobien meiner Mutter und besonders auf ihre alle Vernunft übersteigende Obsession, alle ihre Ausgaben zu kürzen und Ersparnisse ohne jedes andere vernünftige Motiv zusammenzukratzen, als sich vor den möglichen Bedrohungen der Zukunft zu schützen, *vor allem vor dem Diebstahl*.

Wie alle Frauen ihrer Generation (und der Zeit ihrer eigenen Mutter) versteckte meine Mutter ihr Geld, zumindest wenn sie ausging oder verreiste, unter ihren Röcken, also in *größtmöglicher Nähe ihres Geschlechts*, so als ob man sowohl sein Geschlecht als auch sein Geld auf jede erdenkliche Weise vor allem schlechten Umgang schützen müßte. Freilich war ich damals und noch lange meines Geschlechts nicht weniger Herr als meines Geldes. Eine Weise, nur in der Wiederholung der immergleichen Gegenwart zu leben, ohne je den Mut oder besser die einfache Freiheit zu haben, der Zukunft (ohne die vorherige Garantie von Reserven) anders entgegenzutreten als in der akkumulierten Gestalt der Vergangenheit, einer für sich selbst akkumulierten, wucherzinsträchtigen Vergangenheit.

Dieser Obsession real zu entrinnen, war ganz sicher eine der härtesten Prüfungen meines ganzen Lebens, und zwar bis noch vor zwei Monaten, ich werde auf der Stelle sagen, warum und wie.

Heute scheint es mir, daß es, wie ich aus sicherer Quelle weiß, kein Leben ohne Verausgabung noch Risiko gibt, also auch keines ohne Überraschung, und daß Überraschung und Verausgabung (zweckfrei, nicht marktgerecht: das ist die einzig mögliche Definition des Kommunismus) nicht nur Bestandteil des ganzen Lebens, sondern das Leben selbst in seiner letzten Wahrheit sind, in seinem *Ereignis*, seinem Hervortreten, wie Heidegger das so treffend formuliert hat.

Wenn ich also heute meine Mutter besuche, die seit der Zeit in Marokko, wo sie sich das zugezogen hatte, was man Amöben nennt, in entsetzlicher Angst vor Magenleiden lebte, stopfe ich sie mit großen Tafeln, sehr teuren Tafeln Schokolade voll, den besten von Hédiard. Früher hätte sie sich ein solches Verhalten nicht erlaubt und es auch mir nicht durchgehen lassen, sie hätte es im Gegenteil sogar streng verboten, sich selbst und mir. Heute stürzt sie sich auf meine Schokoladen von Hédiard, ohne mich nach dem Preis zu fragen, und sie, die so große Angst vor Amöben hatte (bekannterweise ist Schokolade absolut verboten, wenn man an durch Amöben hervorgerufenen Darmkrankheiten leidet), spürt nicht das kleinste Unwohlsein, im Magen oder anderswo, noch eines ihrer unzähligen hypochondrischen Wehwehchen, die, als mein Vater noch lebte, jeden zweiten Tag Besuche bei verschiedenen Ärzten und unglaubliche, medizinische wie diätetische Betreuung erforderten: und da verschlingt sie jetzt gierig meine Schokoladen, ohne je auch nur im geringsten krank zu werden!

Man kann also von einer unglaublichen Reihe von Phobien vollständig genesen *ohne jede Analyse:* es genügt beispielsweise, daß der Ehemann stirbt, daß Mme. Althusser wieder Lucienne Berger wird, und alles renkt sich ein und kommt in Ordnung, wahrscheinlich nicht in die des Wunsches und der Freiheit, jedenfalls aber in die der Lust, die als Lustprinzip, nach Freud, dennoch ernsthaft mit der Libido zu tun hat, jenem Heiligen Geist der Gläubigen (meine Mutter ist immer sehr gläubig gewesen).

Einzig in der Gegenwart leben! Zwar wußten wir nicht, daß die Gefangenschaft fünf Jahre dauern sollte, aber die Zeit verging Tag für Tag, Monat für Monat, vor allem nach dem 21. Juni 1941, an dem die Ost-Front aufgebaut wurde, auf der dann alle unsere Hoffnungen ruhten. Ich muß allerdings einräumen, daß ich mich in der Gefangenschaft eher sehr gut eingerichtet habe (wirklicher Komfort, weil wirkliche Sicherheit unterm Schutz deutscher Wachen und Stacheldrahtverhaue): ohne jede Sorge um meine Eltern, und ich versichere, daß ich in diesem brüderlichen Leben unter wirklichen Männern etwas gefunden habe, das es als gleichsam leichtes, glückliches, weil wohlge-

borgenes Dasein erträglich machte. Wir lebten zwischen Stacheldrahtzäunen und unter den Augen bewaffneter Aufseher, allen Schikanen
von Appellen, Leibesvisitationen und Strafarbeiten ausgesetzt, wir
hatten, besonders im ersten und im letzten Jahr, große Hungerphasen
durchzustehen, aber wie soll ich das ausdrücken: ich fühlte mich dort
in Sicherheit und von der Gefangenschaft selbst vor jeder Gefahr beschützt.

Nie habe ich ernsthaft daran gedacht, mich aus dem Staube zu machen, trotz des Beispiels mehrerer Kriegskameraden, die ihr Glück bis
zu sechsmal versuchten wie jener wunderbare Clerc, ein winziger Fuß-
ballchampion (ein Meter vierzig), trotz seiner fehlenden Größe ein
unvergleichlicher Kopfballspezialist, der 1932 mit der Mannschaft
von Cannes die Coupe de France gewonnen hatte. Dagegen habe ich
mir ein Fluchtszenario ausgeheckt, das mich später lange zum Nachdenken veranlaßt hat.

Nachdem ich festgestellt hatte, daß die Deutschen, als sie einmal die
Flucht eines der Unseren bemerkt hatten, die gesamte Polizei und die
Truppen in ungeheuer weitem Umkreis in Alarmbereitschaft versetzten, was zumeist auf die erneute Verhaftung des Wagemutigen hinauslief, malte ich mir aus, daß das sicherste Mittel zur Flucht darin
bestünde, die Deutschen *von einer Flucht zu überzeugen* und eine
Phase allgemeiner Alarmbereitschaft verstreichen zu lassen, die gewöhnlich nicht mehr als drei bis vier Wochen dauerte, um *dann* wirklich die Flucht zu ergreifen. Es handelte sich also darum, zu *verschwinden* (ich hatte damit bereits die Bestimmung des »Verschwun-
denen«!), sich aus dem Lager zu entfernen, um glauben zu machen,
man hätte es verlassen, bevor man sich wirklich aus dem Staube
machte, wenn der Alarm einmal vorbei war. Dazu genügte es nicht,
sich heimlich wegzuschleichen, man mußte verschwinden, das heißt
sich im Lager selbst verstecken (was durchaus nicht unmöglich war)
und sich erst später in Luft auflösen, wenn die Zeit (drei Wochen) der
Alarmbereitschaft verstrichen war. Kurz, ich hatte das Mittel gefunden, dem Lager zu entkommen, *ohne es zu verlassen!* Also in Gefangenschaft zu bleiben, um ihr zu entrinnen! Nachdem ich dieses Projekt aber entwickelt hatte, ließ ich ihm, stolz, die »Lösung« gefunden
zu haben, keinerlei Aktion folgen: da ich meine Beweise geliefert
hatte, brauchte ich nicht mehr zur Tat zu schreiten. Später habe ich
häufig gedacht, daß diese »Lösung« sehr weit hergeholt war, weil sie

die Angst vor Gefahr und das absolute Bedürfnis nach Schutz miteinander verknüpfte, um diese fiktive Kühnheit als Resultat zu bekommen. Wenn mein Freund Rancière diese »Episode« gekannt hätte, als er mir später den Vorwurf machte, ich kritisierte die Kommunistische Partei, um darin Mitglied zu bleiben, ich glaube, er hätte Stoff zum Träumen gehabt.

Schutz! Ja, im Lager war ich geschützt, und unter der Bedingung dieses Schutzes durfte ich mir ungezählte Kühnheiten erlauben. Beschützt wurde ich zunächst von Dr. Zeghers, später dann von Daël. Daël, dieser zwei Meter große Mann, der so zart mit mir umging wie eine Frau (die wirkliche Mutter, die ich nicht gehabt hatte), dieser »wirkliche Mann«, der auch ohne jede Angst den Gefahren und den Deutschen entgegentreten konnte (wie ein wahrer Vater, den ich nicht gehabt hatte), war für mich ein Schutz ohnegleichen. Und im Rahmen seiner beschützenden Zuneigung wiederholte ich mein altes obsessives Verhalten, ich wurde, in der Obhut seines Schutzes, sein Ratgeber in allem, auch der Ratgeber bei seinen Kühnheiten, indem ich fortan (wie früher bei Zeghers) zum »Vater des Vaters« oder eher und gleichzeitig zum »Vater der Mutter« wurde, gleichsam um einmal mehr und auf meine Weise meine Einsamkeit und meinen Widerspruch aufzuheben, nie eine wahre Mutter noch einen wahren Vater gehabt zu haben. Ich bin mir durchaus darüber klar, daß ich ihn auf meine Weise sehr »liebte«. Als wir nach Frankreich zurückkehrten und ich ihn in Paris verließ, wo er, wie ich bald erfuhr, voller Glück »die Absätze einer Frau an seinem Arm auf den Gehsteigen der Stadt klappern« hörte, war ich vor Eifersucht schrecklich unglücklich. Ich beschwor ihn sogar von Marokko aus, wo ich meine Eltern wiedergetroffen hatte, *nie zu heiraten*. Er versprach es, hielt sich aber nicht daran und überließ mich meinem Schmerz.

Was meine persönlichen »Kühnheiten« betraf, so fielen sie allesamt durch. Als ich im Lager meinen Wehrpaß mit falschen Eintragungen und Stempeln versah, um ihn nachträglich in einen *Sanitäter*-Paß zu verwandeln (denn die Deutschen schickten damals alle Sanitäter nach Hause), und so tat, als entdeckte ich ihn im Frachtgut aus Frankreich, das ein alter, beinahe blinder Posten öffnete (diese Operation war äußerst leicht zu bewerkstelligen), *vergaß ich darin durch Zufall* eine Anweisung von General Lebleu, die mich wie alle Offiziersanwärter der Reserve aus Vannes »zum Dienst in der Region« berief. Und mein

Paß hatte nur zwei Seiten, ich hatte alles andere herausgerissen, was mich bloßstellen konnte! Zwei Seiten und ein solches »Vergessen«! Der deutsche Oberleutnant gab mir meine Dokumente mit wissendem Lächeln zurück. Wie hatte ich denn auch dieses Blatt in einem Wehrpaß von zwei Seiten vergessen können? Man muß wahrhaftig glauben – die einzig denkbare Erklärung –, daß ich unbewußt das Lager gar nicht verlassen wollte! Und wenn ich auch alle und die verrücktesten Kühnheiten *für* Daël ausgeheckt hatte, war ich doch unfähig, auch nur eine einzige für mich selbst zu planen. Ich wollte sicherlich auf gar keine Weise – und unterm Druck einer weitaus stärkeren Kraft als meines Bewußtseins und meiner durchdachten Projekte – dieser Gefangenschaft entrinnen, die mir wie ein Handschuh paßte. Ich stritt mich eines Tages mit dem deutschen Arzt herum, aber als er mich vor ihm antreten ließ, bei gespannter Aufmerksamkeit des gesamten polnischen Stabes des Lazaretts, der mir »auf den Zahn fühlen«, das heißt meine scheinbaren aufrührerischen Großsprechereien und Kühnheiten unter die Lupe nehmen wollte, vermochte ich nur kläglich zu faseln. Ich bekam einen Monat strengen Arrest aufgebrummt und lernte so die Karzer kennen, in denen elende Russen verrotteten.

Endlich näherten sich die Alliierten. Das Lager räumte den Aufsehern zwei Stunden Bedenkzeit ein, die daraufhin in der Nacht verschwanden. Dann kam eine unglaubliche Zwischenphase von Freiheit, Jagd, Frauen und Schlemmerei: ich aber hielt mich abseits. Die Engländer kamen noch immer nicht. Ich dachte mir also ganz allein (welche Kühnheit!) den Plan aus, ihnen zuvorzukommen, und überredete Daël, der mit mir zusammen seinen Posten als Vertrauensmann aufgegeben hatte, wir hatten uns nämlich beide, zur Verblüffung der Deutschen, geweigert, uns mit der obligatorischen Repatriierung einverstanden zu erklären. Ich fand einen Wagen und einen Fahrer, und wir brachen heimlich in Richtung Süden auf: nach Hamburg und Bremen. Aber wir wurden von den Engländern in Hamburg »gefangengenommen«, entkamen ihnen jedoch dank der Findigkeit unseres Fahrers mit knapper Not, mußten aber, weil die Straßen gesperrt waren, kehrtmachen. Wir fuhren unter allgemeiner Mißbilligung unserer Freunde ins Lager zurück, die uns unsere »Aufgabe« nicht verziehen. Derjenige, dem es am meisten leid tat, war »der kleine Abbé Poirier«, der Lagergeistliche, den wir sehr mochten und der unsere Zuneigung erwiderte: auch er war sehr traurig über einen Fluchtversuch, der die brüderliche Solidarität des Lagers spaltete. Ein einziges Mal hatte ich versucht, Daël zu *einer selbstausgedachten Kühnheit* zu verführen, und natürlich nahm das ein böses Ende. Für die Kraftproben und das Draufgängertum der Abenteurer war ich wahrhaftig nicht geschaffen.

Festhalten will ich schließlich, daß ich im Lager zum ersten Mal vom Marxismus reden hörte, und zwar von einem Pariser Rechtsanwalt auf dem Transitwege – und dort einen Kommunisten kennenlernte, einen einzigen.

Dieser Kommunist, *Pierre Courrèges*, traf in den allerletzten Monaten im Lager ein; er hatte gerade ein Jahr in einer Strafkompanie für Unbeugsame in Ravensbrück verbracht. Daël war seit langem nicht mehr Vertrauensmann. Ein großer, ziemlich farbloser Bursche, seines Zeichens Bestattungsunternehmer, hatte seine Nachfolge angetreten, und mit ihm waren manche der früheren Unregelmäßigkeiten oder Komplizenschaften wieder an die Oberfläche getreten. Oh! nicht eben viele! Ohne irgend jemandes Auftrag griff Courrèges ein, einzig in seinem Namen und in dem der Ehrlichkeit und der Brüderlichkeit, und das hatte eine unglaubliche Wirkung. Er war einfach, direkt, warmherzig, natürlich und handelte und sprach ohne ersichtliche Anstrengung. Seine bloße Präsenz verwandelte das Lager und versetzte uns in ein unglaubliches Erstaunen. Alle Erleichterungen, alle halben Kompromisse mit den Deutschen hatten von einem Tag zum anderen zu verschwinden, und das Lager erlebte eine Atmosphäre, wie es sie seit dem »Regime« von Daël nicht mehr gekannt hatte. Ein *einziger* Mensch und *einzig* und allein ein Mensch hatte dafür ausgereicht, allerdings ein Mensch, der »nicht wie die anderen« war, sondern »wasganzbesonderes« (die Kommunisten sind »keine Menschen wie andere«, das Leitmotiv einer Propaganda, die ich später kennenlernte), dieses überraschende Ergebnis zu erzielen. Für mich erwuchs daraus eine intensive Hochschätzung der militanten Kommunisten: und gleichermaßen die Idee, daß man anders handeln konnte als Daël, daß also andere Formen des Handelns und der Beziehung zum Handeln existierten, bei denen die Geschicktheit sekundär wird, wenn das Handeln sich von wahren und authentischen Prinzipien als evidenten Beweggründen leiten läßt, die dann auch ohne die Kunst der »Erpressung« und ohne die List auskommen können. Dieser erstaunliche Courrèges, der mir meine erste praktische Lektion in Kommunismus gab! Ich habe ihn in Paris wiedergesehen: er ist noch immer so warmherzig, aber ein Mensch wie alle anderen. Ich hatte nicht geglaubt, daß er auch ein Mensch wie alle anderen sein könnte...

Jedenfalls sollten alle diejenigen, die der Meinung sein mögen, ich sei durch Hélène zum Kommunismus bekehrt worden, wissen, daß es Courrèges war.

Als die Engländer endlich angekommen waren, wurden wir im Flugzeug nach Paris gebracht. Ich ging Jean Baillou besuchen, den Geschäftsführer der École normale. Ich war so verzweifelt, daß ich ihm schlankweg erklärte: »Ich kann Deutsch (ich hatte die Sprache in der Gefangenschaft gelernt), etwas Polnisch [*idem*] und Englisch vom Gymnasium her. Verschaffen Sie mir eine Stellung, ich flehe Sie an.« Er antwortete mir: »Gehen Sie zuerst nach Hause, später werden wir weitersehen.« Ich ließ mich (die erste persönliche *Erpressung*, die mir gelang, noch ein Schwindel) als Offizier eintragen und wurde mit diesem Titel in ein Flugzeug mit Kurs nach Casablanca gesetzt, wohin mein Vater 1942 berufen worden war. Meine Eltern empfingen mich aufs beste. Mein Vater, der über einen Dienstwagen verfügte, ließ mich in aller Eile einige Städte Marokkos in Augenschein nehmen. Meine Eltern waren damals einzig mit den Ardouvins eng liiert, einem völlig verschiedenen Paar, er winzig und krumm, ein früherer Klassenkamerad meines Vaters, der ihn unaufhörlich drangsalierte, und bei der marokkanischen Eisenbahn angestellt; sie groß, ziemlich schön, eine Intellektuelle und Französischlehrerin an einer höheren Schule, eine Frau von Herz, die meiner Mutter sehr gefiel, mit der sie über Studium, Literatur und Poesie sprechen konnte. Es war immer dasselbe: Mein Vater hörte nicht auf, die beiden mit seinen Neckereien zu bestürmen und zu hänseln. Er war sich völlig gleichgeblieben: der Stärkste an Spottlust und Humor. Ich aber lernte in drei Monaten *niemand* anderen kennen. Meine Mutter war krank und hypochondrisch geworden, die Eingeweide und dieses und jenes. Ich hatte, Gott weiß warum, nur eine einzige Idee im Kopf: mir die Gewißheit zu verschaffen, daß ich keine Geschlechtskrankheit hatte. Ich konsultierte zehn Militärärzte, die mich gesundschrieben; aber ich war jedesmal überzeugt, daß sie etwas vor mir verbargen. Ich fand mich, fern der Brüderlichkeit der Kameraden im Lager, in einer völlig geschlossenen Welt wieder, fern auch von Daël, an den ich unaufhörlich dachte, an der Schwelle zur Depression. Ich weiß nicht, wie es mir da herauszufinden gelang. Zweifellos dadurch, daß ich meine Rückkehr nach Frankreich beschleunigte. Ich hatte gleichwohl noch Klarheit genug, um aus diesen zwei Monaten zu schließen, daß ich meiner Schwester (die ihr Studium unterbrochen hatte, um Kinderschwester zu werden, und die Schwerverwundeten der Bombardierung von Casablanca hatte versorgen müssen) dabei behilflich sein mußte, dieser ausweglosen Welt zu entrinnen. Ich opferte mich also für sie auf, überredete meine Mutter, die sie mir »anvertraute«, alte Schachtel, und wir stachen gemeinsam in See, auf einem alten Kahn, der nur in Halbkreisen vorwärtskam: er hielt an und fuhr wieder los. Vier Tage und Nächte auf See und im Gestank, um endlich Marseille zu erreichen. Ich besorgte in Paris ein Zimmer für meine Schwester und bezog endlich die École.

Ein Desaster! Ich kannte dort niemanden (ich war der einzige meines Jahrgangs, der in Kriegsgefangenschaft geraten war, und als Provinzler, der ich war, hätte ich auch 1939 nie jemanden meines Jahrgangs kennengelernt). Ich fühlte mich unwiderruflich alt und von allen Ereignissen überholt. Ich wußte nichts mehr von dem, was ich früher gelernt hatte, und kam aus einer ganz anderen Welt als der der Universität. Diese »andere Welt« und das Gefühl, von all den Leuten, den Sitten und dem Universitätsleben nicht das geringste zu verstehen, haben mich fortgesetzt verfolgt. Nie habe ich überdies irgendwelche persönlichen Beziehungen zu irgendwelchen Universitätsvertretern geknüpft, mit Ausnahme von Jean-Toussaint Desanti und Georges Canguilhem, aber man wird sehen warum. Wenn ich später eine Arbeitsthese disputiert habe, dann auf dringenden Wunsch von Bernard Rousset, dem Präsidenten der UER [Unité d'enseignement et de recherche] von Amiens, der sich wünschte, daß ein »Pariser«, »allgemein bekannt durch seinen Ruhm« (Heine [über G. Meyerbeer]), Amiens etwas Profil verschaffte. Kurz, ich war völlig allein und fühlte mich überdies krank (meine sexuellen Zwangsvorstellungen und hartnäckigen Sehbeschwerden – in Wirklichkeit einfache *Mouches volantes* [*i. e.* Mückensehen] –, die mich Blindheit fürchten ließen) und ohne jede Perspektive. Früher hatte ich, unter dem Einfluß von »Vater Hours« und seiner Vorliebe für die Politik, Geschichte betreiben wollen. Aber ich scheute vor diesem Ziel zurück (ich hatte kein Gedächtnis oder glaubte das wenigstens). Ich warf mich also auf die Philosophie und sagte mir, es würde letztlich genügen, wenn ich eine vorschriftsmäßige Abhandlung schreiben könnte. Auf meine Ignoranz kam es nicht an, ich würde mich doch immer aus der Affäre ziehen.

Der Arzt der École, der junge Dr. Étienne, hatte mir, um mir Schutz zu bieten, obwohl er durchaus nicht an mein Augenleiden glaubte (wie recht er hatte!), Aufnahme in der Krankenstation der École verschafft, wo ich ein kleines Zimmer ganz am Ende eines langen Flures der ersten Etage belegte, neben dem von Pierre Moussa, einem früheren Lyoneser[*], den ich da kennenlernte. In dieser kleinen Klause empfing ich zunächst meine Schwester, meine einzige Bekanntschaft in Paris; sie wusch meine Socken und kochte mir Tee. Ich hatte seit der Zeit meiner Gefangenschaft einen sehr lyrischen, beinahe amourösen Briefwechsel mit ihr geführt, in dem ich ihr wer weiß was berichtete, zweifellos um nur ja nicht an meine Eltern schreiben zu müssen, denen ich gar nichts zu sagen hatte. Ein Aspekt, der mir noch dunkel bleibt, es sei denn, es hätte sich da um irgendeine Verschiebung gehandelt. Eben dort lernte ich Georges Lesèvre, genannt Séveranne, kennen, einen früheren Lyoneser, der, wie das damals in den *khâgnes* der Provinz Brauch war, die nicht allzu viele Erwählte hervorbrachten, meine lokale »Heiligenlegende« (aus dem Mund von Lacroix und Hours) gesammelt hatte und von seinem Eintritt in die École durch eine lange Tätigkeit in der Résistance zurückgehalten worden war, wo er, wie ich später erfahren sollte, Hélène sehr gut gekannt hatte. Aber ein einziger Mensch, dessen Vergangenheit und Ungezwungenheit mich überdies weit in den Schatten stellten – das war nicht viel.

Ich wußte nicht, wie ich es anstellen sollte, aber ich hatte den Wunsch, irgendeine weibliche Liaison anzuknüpfen. Ich erinnere mich, daß ich eine Zeitlang mit einem etwas steifen Mädchen in einer schrecklichen Montmartre-Klitsche für den Ball der École tanzen lernte... wo, wie ich wußte, auch Sèvriennes auftauchen würden (die Studentinnen der École normale für Mädchen in Sèvres). In der Ballnacht des Jahres 1945 sah ich ein Gesicht im Profil, das mich seither

---

[*] Handschriftlicher Zusatz am Rand, dessen Übereinstimmung mit dem Rest des Satzes der Autor nicht hergestellt hat: »über den Hélène, die ihn in Lyon gekannt hatte, eine sehr festgefügte Meinung hatte, genau wie mein Vater, als er in Casablanca seinen Besuch empfing und sich hinterhältig über ihn lustig machte, indem er ihm Geschwätz erzählte (auf die Verschwiegenheit und den wilden Humor meines Vaters konnte man zählen)«. (*A.d.Hrsg.*)

lange verfolgt hat: ein reizendes kleines Mädchen, das ebenso stumm war wie ich und mit dem ich einige Tanzschritte absolvierte. Augenblicklich verfiel ich in unglaubliche amouröse Vorstellungen. Sie hieß Angeline, ein Vorname, von dem ich unzählige Varianten bildete: *ange* [Engel], *angelette* [Engelchen], *ameline, amelinette, ronsardelette*... Ich sah sie, ich sah sie wieder, ich schrieb ihr, und mit einer Art überschwenglicher Parteinahme faßte ich den Entschluß, nur noch an sie zu denken, und zwar bis zu dem Tage, da sie sich auf das Spiel einlassen würde, aber ihre Eltern machten ihr klar, daß das unmöglich war. Zwischenzeitlich hatte mich Lesèvre unter die Schirmherrschaft der Jeunesses républicaines (die in Wirklichkeit kommunistisch waren) unter Führung von Herriot gestellt, und zwar auf einer Reise in die Tschechoslowakei. Lesèvre war Kommunist und ging damals bei vielen Résistance-Mitarbeitern seiner Bekanntschaft ein und aus. In Prag, am Ufer der halbausgetrockneten und stinkenden Moldau, erfuhr ich, daß sich eine unserer Reisebegleiterinnen, Nicole, in mich verliebt hatte. Mir wurde davon so angst und bange, daß ich sie nicht berühren konnte. Ich wollte mich durchaus in ein Mädchen verliebt fühlen, konnte es jedoch nicht ertragen, daß ein Mädchen sich aus eigenem Antrieb in mich verliebte. Wie man sieht, eine alte Abneigung.

Damals machte ich die Bekanntschaft von Hélène.

XI

Eines Abends im Dezember 1946 lud mich Lesèvre im schneebedeckten Paris zu einem Besuch seiner Mutter, die die Deportation in traurigem Zustand überlebt hatte, in ihre Wohnung oben in der rue Lepic ein. Ich sehe mich noch neben Lesèvre, der für zwei redete, den beschneiten pont de la Concorde überqueren. Er sprach von seiner Mutter. Damals sagte er: »Du wirst auch Hélène kennenlernen, eine sehr gute Freundin, sie ist etwas verrückt, aber völlig außergewöhnlich, was ihre politische Intelligenz und den Großmut ihres Herzens betrifft.« Etwas verrückt? Was mochte er mit solchen Lobsprüchen sagen wollen? »Wir treffen sie unten an der rue Lepic, am Métro-Ausgang.«

Sie war tatsächlich da und erwartete uns im Schnee. Eine winzigkleine Frau, in eine Art Umhang eingemummelt, der sie beinahe völlig verhüllte. Gegenseitige Vorstellung. Und dann sofort Weitermarsch auf den vereisten Gehsteigen, die ganze rue Lepic hoch. Meine erste, ganz instinktive Regung war die, ihr den Arm zu reichen, um sie zu stützen und ihr zu helfen, die abschüssige Straße zu bewältigen. Aber es war auch die Regung, ohne daß ich je begriffen habe warum (oder besser, ich weiß es nur zu gut: die Lockung einer unmöglichen Liebe, vermehrt um meine Neigung zum Pathos und zur Übertreibung von Gesten), unter ihrem Ärmel meine Hand in ihre gleiten zu lassen und ihre kalte mit der Wärme meiner eigenen zu umschließen. Es wurde still, wir stiegen hinauf.

Von diesem Abend ist mir eine pathetische Erinnerung geblieben. Ein großes Holzfeuer flackerte im Kamin. Mme. Lesèvre, glücklich, ihren Sohn wiederzusehen, empfing uns mit Wärme. Sie war eine große, aufgrund der überstandenen Prüfungen vollkommen abgemagerte, hagere und beinahe schemenhafte Frau, die nie lachte. Sie sprach leise, nach Worten suchend, um die aufwühlenden Erinnerungen an die Résistance und die »düsteren« Alpträume der Deportation zu vergegenwärtigen: die Konzentrationslager – das hatte nichts zu tun mit den Gefangenenlagern, die ich kennengelernt hatte, oder mit den Bedingungen der Résistance, unter denen Hélène und Georges gearbeitet hatten. Man konnte sich das nicht einmal *vorstellen*. Georges war in bezug auf seine Leistungen in den Alpen und in der Stadt Lyon immer sehr diskret gewesen. Ich hatte zwar von Deportierten reden hören, aber hier begegnete ich zum ersten Mal einem und zudem einer Frau, die ihre Prüfungen völlig aufrecht und standhaft ertragen hatte. Ich erinnere mich, daß ich damals (aus Sparsamkeitsgründen, ich hatte mir keine andere gekauft) die enge und schlechtgeschnittene Jacke anhatte, eine kastanienbraune Jacke, die mir schlecht paßte und die man mir in Paris nach meiner Rückkehr aus der Gefangenschaft angedreht hatte. Später erzählte mir Hélène oft von dieser Jacke und ihrer Rührung, mich so schlecht gekleidet zu sehen, wie ein linkischer Jugendlicher, der seinem Äußeren gegenüber völlig gleichgültig ist, wie ein Heimkehrer aus einer anderen Welt.

Und tatsächlich trug ich sehr lange farblose Kleidung einfacher Konfektion ohne jede Appretur oder Änderung,[*] aus Sparsamkeit und einer Art Genuß daran, dem Schein nach zur Welt der Deklassierten zu gehören, zu den kleinen Arabern meiner Kindheit und den Soldaten meiner Kriegsgefangenenzeit. Ich erinnere mich, daß ich an diesem Abend nur einige wenige Worte fallenließ, um den Spanischen Bürgerkrieg zu vergegenwärtigen, zum Gedenken an »Vater Hours« und meine Großmutter, die, als ich ihr eines Tages in Larochemillay einige Seiten aus *L'Espoir* von Malraux vorlas, ihr Mitgefühl nicht zurückhalten konnte: »Die armen Kinder!« Hélène, die bei den Erzählungen von Mme. Lesèvre und später bei meinen wenigen politischen Einlassungen völlig präsent war, sagte beinahe gar nichts. Nichts von ihrem eigenen Elend, nichts von ihren Freunden, die während des Krieges von den Nazis erschossen worden waren, nichts von ihrer verzweifelten Notlage. Gleichwohl bemerkte ich an ihr einen uner-

---

[*] Handschriftlicher Zusatz am Rand, dessen Übereinstimmung mit dem Rest des Satzes der Autor nicht hergestellt hat: »nie nach Maß (zu teuer), bis die sehr schöne und zärtliche Claire, meine erste Liebe parallel zu Hélène, mich mit einer gewissen Eleganz anziehen lehrte. Hélène hat ihr immer mit allem Nachdruck das Verdienst dafür zugestanden«. (A.d.Hrsg.)

gründlichen Schmerz und eine tiefe Einsamkeit und glaubte nachträglich zu verstehen (aber das war nicht wahr, wie gesagt), warum ich in der rue Lepic ihre Hand in meine genommen hatte. Von diesem Augenblick an war ich von einem erregenden Wunsch und Opfermut beseelt: sie retten, ihr zu leben helfen! Im Laufe unserer ganzen Geschichte und bis zum Ende bin ich nie von dieser obersten Mission abgewichen, die bis zum letzten Augenblick unausgesetzt meine Daseinsberechtigung gebildet hat.

Man stelle sich diese Begegnung vor: Zwei Wesen auf dem Gipfel von Einsamkeit und Verzweiflung, die sich zufällig gegenüberstehen und aneinander die gemeinschaftliche Verstrickung in ein und dieselbe Angst, in ein und dasselbe Leiden, in ein und dieselbe Einsamkeit und in ein und dieselbe verzweifelte Erwartung wiedererkennen.

Allmählich sollte ich erfahren, wer sie war. Aus einer jüdischen Familie an der russisch-polnischen Grenze stammend, die, Rytmann mit Namen, vor den Pogromen die Flucht ergriffen hatte, war sie in Frankreich geboren, und zwar im XVIII. Arrondissement in der Nähe der rue Ordener; aber sie hatte mit den Straßenkindern in der Gosse gespielt. Sie hatte eine schreckliche Erinnerung an ihre Mutter im Gedächtnis behalten, die, weil sie keine Milch für sie hatte, ihr nie die Brust gab und sie nie in die Arme nahm. Sie haßte sie, denn sie hatte einen Jungen erwartet, und dieses schwärzliche und wilde Kind stieß alle Pläne ihres unbewußten Verlangens um. Nie hatte diese Mutter eine Geste von Zärtlichkeit für sie gehabt: immer nur Haß. Hélène, die, wie jedes Kind, von der Mutter geliebt werden wollte und sah, daß ihr alles verweigert wurde, die Wärme von Milch und Körper, die Aufmerksamkeit der Gesten von Liebe und Freundlichkeit, mußte sich zwangsläufig mit dieser Mutter, die sie haßte, und mit dem schrecklichen Bild identifizieren, das diese Mutter sich von ihrer Tochter machte: verabscheut, weil abgelehnt, dunkelhäutig und wild, ein kleines, aufsässiges Tier, das sich nicht umgarnen ließ, immer in Wut und ungestüm (ihre einzige Abwehr). Die Formung, die Erneuerung des Bildes einer schrecklichen und haßerfüllten Mutter und des Bildes, das diese haßerfüllte Mutter sich von ihrer kleinen Tochter machte, nämlich das eines kleinen, schwarzen Tieres, das, bissig und ungestüm, um sein Überleben kämpfte, sollte lebenslang und bis zum Schluß Hélènes schreckliches Phantasma bilden: sie hatte eine ununterdrückbare Angst, für immer selbst eine schreckliche Frau zu sein, eine Megäre von äußerster Ungerechtigkeit und Gewaltsamkeit, Böses um sich verbreitend, ohne je die entsetzlichen Exzesse unter Kontrolle bringen zu können, in die sie diese Kraft, die stärker war als sie, pausenlos hineintrieb.

Man kann allerdings nicht behaupten, daß Hélène vorgeben konnte, in keiner Hinsicht den genauen und objektiven Reflex ihrer realen Mutter noch die bewußten, geschweige denn unbewußten Intentionen dieser Mutter zu repräsentieren. Höchstens läßt sich sagen, daß diese Urphantasie nicht willkürlich, sondern gleichsam an realen »Indizien« aufgehängt war, anhand deren der Wunsch (der unerbittliche Wunsch) des Unbewußten und des »Willens« ihrer Mutter etwas zu besetzen fand. Richtig ist, daß Hélène als Kind verkümmert, dunkel und stets in Raserei war. Aber die Raserei . . . So daß sich, selbst unter dem Deckmantel der Erinnerung, etwas sehr Reales zum Ausdruck brachte, das Hélène buchstäblich zu *leben* verbot, so heftig war das Entsetzen, doch nur eine schreckliche Megäre und für immer unfähig zu sein, geliebt zu werden; geliebt zu werden − denn lieben konnte sie, und wie! Ich glaube, daß ich nie bei einer Frau wieder eine solche Liebesfähigkeit gesehen habe, nicht in Phantasien, sondern in der Realität: wie sehr hat sie mir das bewiesen!

Umgekehrt hatte sie freundliche Erinnerungen an ihren Vater. Dieser sanfte und fürsorgliche Mann betrieb einen kleinen Gemüsehandel im XVIII. Arrondissement. In der jüdischen Gemeinde der Umgebung galt er als »Weiser«, man kam ihn konsultieren, und er war immer bereit, seinem Nächsten beizustehen. Er hatte eine einzige Leidenschaft: die Pferde (auch er). Schließlich kaufte er sich eins, das er zusammen mit seiner Tochter betreute, und diese gemeinschaftliche Pflege im Banne des Vertrauens und der Zuneigung des Vaters bereitete Hélène wirkliche Freude, die nie verstanden hatte, wie ihr Vater, es sei denn mit unendlicher Geduld, es bei ihrer Mutter aushalten konnte. Bald verließen sie das XVIII. Arrondissement und zogen in ein kleines Haus im Chevreuse-Tal. Und da nahm das Drama seinen Anfang.

Der Vater hatte Krebs. Hélènes Brüder und ihre Schwester lebten anscheinend auf eigene Rechnung, ohne allzu viel Rücksichtnahme auf die Eltern. Es war somit Hélène, die im Alter von zehn, elf Jahren Monat um Monat am Bett ihres Vaters mit seiner Pflege und Betreuung verbringen mußte, weil ihre Mutter diese Last vollständig auf die

Schultern dieses bösen Mädchens gelegt hatte. Zwar gab es den guten Doktor Delcroix, den Hélène sehr mochte, weil er ihr wie ein wirklicher, warmherziger und fürsorglicher Mensch half, ihre einzige Zuflucht in der Einsamkeit und Verantwortung, die ein Kind geradezu zugrunde richten konnten. Aber ach! Eines Tages fiel es dem guten Doktor ein, in einem vertraulichen Augenblick an Unterrock und Geschlecht des kleinen Mädchens herumzuspielen. Es war, als ob sein einziger Freund auf der Welt es verlassen hätte. Die Betreuung ihres Vaters blieb ihr auch weiterhin überlassen, und sie war es denn auch, die Dr. Delcroix in den letzten Leidensstunden bat, ihrem Vater die letzte hochdosierte Morphiuminjektion zu verabreichen. Dieses schreckliche Mädchen hatte also gleichsam den Vater getötet, der sie liebte und den sie liebte.

Ein Jahr später sah sich auch ihre Mutter von einem Krebsleiden betroffen, und dieselbe Situation trat erneut ein. Wiederum war es Hélène, die ihre Mutter betreute und für sie wachte, für diese Mutter, die sie verabscheute. Und erneut verschrieb Dr. Delcroix in den letzten Stunden die todbringende Spritze. Und wiederum war es Hélène, die sie ihrer Mutter verabreichte. Dieses schreckliche Mädchen hatte auch die Mutter getötet, die sie verabscheute. Mit dreizehn Jahren!

Ich weiß nicht recht, was sich dann ereignete, aber sie fand von ganz allein die Möglichkeit, zu arbeiten und sich ihren Lebensunterhalt zu verdienen, später sogar einige Vorlesungen an der Sorbonne nachzulesen und selbst zu besuchen, wo sie unter anderen Albert Mathiez hörte, von dem sie mir häufig erzählte. An der Sorbonne schloß sie Bekanntschaft mit ihrer ersten wirklichen Freundin, die sie so akzeptierte, wie sie war, und unter den wilden Grobheiten des jungen Mädchens den Kern einer unvergleichlichen Intelligenz und Großherzigkeit zu erfassen wußte. Sie hieß Émilie, studierte Philosophie, begeisterte sich für Spinoza und Hegel und war Kommunistin. Sie brach eines Tages in die UdSSR auf, wo sie ihr Studium fortsetzte, um schließlich nach Sibirien verbannt, dort in einen Kerker geworfen und schließlich durch einen Genickschuß hingerichtet zu werden. Diese letzte Einzelheit erfuhr Hélène erst in den fünfziger Jahren. Aber ohne selbst Philosophie zu studieren (sie hatte Historikerin werden wollen), hatte Hélène von Émilie gelernt und behalten, daß die Philosophie für die Politik von vitaler und ausschlaggebender Bedeutung ist. Infolgedessen verstand sie mich, als ich sie kennenlernte und wir einander besser kennenlernten.

Hélène war der Kommunistischen Partei in den dreißiger Jahren beigetreten und als junges Mädchen eine außergewöhnliche Aktivistin im XV. Arrondissement gewesen, in der Nähe der Citroën-Werke (Javel), wo die Repression so drückend war, daß jede gewerkschaftliche oder politische Arbeit nur von außen her ansetzen konnte. Sie erwarb sich dort außergewöhnliches Ansehen, indem sie, ohne sich abschrecken zu lassen und unter den Schmähungen und dem Gespött der faschistischen Gegner, eine Verkaufsstelle der täglich erscheinenden *L'Humanité* für die Arbeiter bei Citroën aufrechterhielt. Sie wurde äußerst beliebt bei den Arbeitern und gefürchtet bei den Faschisten der Ligen, so groß waren ihre Entschlossenheit und ihr Mut, und eben damals schloß sie auch Freundschaft mit außergewöhnlichen Aktivisten wie Eugène Hénaff (Gégène), den sie, über die bloße Zusammenarbeit hinaus, liebte, oder Jean-Pierre Timbaud und Jean-Pierre Michels, der später Abgeordneter des XV. Arrondissements werden sollte: die beiden letztgenannten wurden in Châteaubriant hingerichtet. Bei *L'Humanité* hatte sie auch Paul Vaillant-Couturier sehr gut gekannt, dessen Freundin sie wurde, ebenso (aber ihr sehr viel ferner stehend) André Marty, dessen legendäre Beredsamkeit und »Lumpencharakter« sie beeindruckten. Am 9. Februar 1936 nahm sie an der unter gewaltsamem körperlichen Einsatz ausgetragenen Straßenschlacht gegen die Faschisten teil, an der Seite ihrer von Gewerkschaft und Partei aufgebotenen Arbeiterkameraden. Das war die Epoche von Maurice Thorez: »Die Münder sollen sich öffnen, keine Gliederpuppen in der Partei!« Eines Tages begegnete sie sogar Jacques Duclos in einem Bistro, wo sie eine Partie Billard gegen ihn spielte und gewann: »Den Unschuldigen die vollen Hände!«, kommentierte Duclos schalkhaft.

In dieser Zeit erwachte auch die Leidenschaft ihres Lebens: die Leidenschaft *für die* »*Arbeiterklasse*«. Eine wirkliche, totale, unerbittliche Leidenschaft, die zwar teilweise mythisch war, sie aber wirksam vor einem anderen Mythos schützte, dem der Organisation und der Führer der Arbeiterklasse. Nie hat sie diese beiden Mythen miteinander verquickt, weder in ihrem Leben noch mir gegenüber: ganz im Gegenteil, nach 1968 kam sogar der Zeitpunkt, da sie jedem, der es hören wollte, sagte, daß »die Partei die Arbeiterklasse verraten« habe, und nicht mehr verstand, daß ich in der Partei blieb. Von meinen Büchern wiederholte sie mir unaufhörlich, daß sie »der Arbeiterklasse

›ihre Habe‹ zurückgeben«, und aus diesem Grunde schätzte und billigte sie sie. Für sie zählte in der Politik nur die Arbeiterklasse, ihre Tugenden, ihre revolutionären Quellen und ihr revolutionärer Mut.

Darf ich, was das betrifft, schließlich einen eigennützigen Mythos über Hélène und mich zerstören, der weite Verbreitung gefunden hat, sogar bei manchen meiner Freunde (sicher nicht den engsten): *nie hat Hélène den geringsten Druck auf mich ausgeübt*, weder auf philosophischem, noch auch auf politischem Gebiet. Nicht sie war es, sondern Pierre Courrèges, dann Séveranne und seine Freunde und später meine eigenen gewerkschaftlichen Erfahrungen an der École normale, wo ich mich mit den Sozialisten herumstritt und sie im Kampf um die Leitung der Gewerkschaft schlug, weiter dann Jean-Toussaint Desanti und Tran Duc Thao, die, Kommunisten und Philosophen, an der École normale lehrten und deren Vorlesungen ich nach der *agrégation* besuchte. *Nie* hat sie in bezug auf meine Manuskripte, die ich ihr natürlich zu lesen gab, die kleinste Bemerkung hinsichtlich einer Richtungsänderung gemacht: sie hielt sich weder in der Philosophie noch in der politischen Theorie für kompetent und kannte auch nicht das *Kapital*, verfügte aber über eine unvergleichliche Erfahrung mit der Partei und im politischen Handeln. Sie begnügte sich damit, mir beizustimmen, und griff nur ein, um mir Änderungen vorzuschlagen, die geeignet waren, diese oder jene Formulierung zu verstärken oder abzuschwächen. In diesen Fragen, in denen nicht-informierte Leute die ersten Anfänge eines Konflikts zwischen uns sehen wollten, hat es immer nur tiefes gegenseitiges Einverständnis gegeben. In dem, was ich schrieb, fand sie das Echo ihrer Erfahrungen von politischer Praxis. In dem, was sie dazu sagte, fand ich gleichsam die gelebte Antizipation dessen, was ich schrieb.

Unsere persönlichen Schwierigkeiten hatten ihren Ursprung ganz woanders. Man wird das in Kürze sehen.

Als ich sie kennenlernte, nämlich 1946, wurde ich sehr rasch gewahr, daß sie nicht nur alle ihre Freunde verloren hatte, darunter auch einen außergewöhnlichen Priester, Pater Larue, den sie in Lyon in der Résistance kennengelernt und mit großer Zuneigung geliebt hatte und der in den allerletzten Kriegstagen des Jahres 1944 von den Nazis in Montluc erschossen wurde, bei einer wagemutigen Operation, die jedoch *von der Partei verboten worden war und bei der der Kommissar der Republik von Lyon*, der von de Gaulle nominierte

Yves Farge, ihn hätte retten können, und mit ihm alle Gefangenen von Montluc. Ihr ganzes Leben lang sollte sich Hélène, so als ob sie daran schuldig gewesen sei, den Vorwurf machen, die Verantwortlichen nicht überredet zu haben, rechtzeitig einzugreifen, um die Widerstandskämpfer zu befreien, die Geiseln der Nazis in Montluc waren. Pater Larue (ein kleiner Platz in Fourvière trägt heute seinen Namen) hatte sie verstanden und mit tiefer Zuneigung geliebt, ihre wundersame Geschichte hatte ihn mit heftiger und überschwenglicher Freude hingerissen, und plötzlich war er tot, und sie sollte sich lebenslang vorwerfen, daß sie ihn nicht hatte retten können.

Ich entdeckte überdies, daß sie im Elend lebte. Sie hatte jeden Kontakt zur Partei verloren, die seit 1939 im Untergrund operierte. Während des Krieges hatte sie sich, als sie diesen Kontakt nicht wiederherstellen konnte und nachdem sie mit Jean Renoir gebrochen hatte, dem sie in zahlreichen seiner Filme assistiert hatte (sie hatte auch Françoise Giroud gekannt, die man, mit dem Blick auf ihre Körperformen, böswillig die »Blutwurst« nannte), ohne aber je zuzulassen, daß ihr Name in irgendeinem Vorspann genannt wurde, und der von Frankreich aus nach Amerika geflohen war, in einer bedeutenden Résistance-Organisation engagiert (ich glaube Libération-Sud, bin aber nicht ganz sicher), und um Informationen, Geld und Waffen aus der Schweiz nach Frankreich zu bringen, hatte sie die Vertretung des Verlages Skira in Frankreich übernommen, was ihr erlaubte, die größten Maler der Zeit zu treffen und kennenzulernen. Durch die Ballards, Jean und Marcou, ihre Freunde bei den *Cahiers du Sud* in Marseille, die zahlreiche Widerstandskämpfer und Literaten beherbergten oder weitervermittelten, hatte sie auch alles kennengelernt, was die Welt der französischen Literatur an großen Namen der Zeit aufzubieten hatte. So kannte sie Malraux sehr gut und hatte vertrauten Umgang mit Aragon und Eluard, die auch ihrerseits, aus Gründen strenger Sicherheit, den Kontakt zur Partei im Untergrund nicht hatten erneuern können. Sie hatte auch Lacan sehr gut gekannt, der in Nizza, wo er mit Sylvia lebte, ihr spätnachts auf der promenade des Anglais endlose vertrauliche Geständnisse machte. Lacan äußerte ihr gegenüber eines Tages jenen Satz, den mein eigener Analytiker, in Unkenntnis des Urteils von Lacan, später bestätigen sollte: »Sie hätten eine außergewöhnliche Analytikerin abgegeben!« Zweifellos ein außerordentliches »Gehör« und ein erstaunlicher *insight*.

Von allen diesen Beziehungen, Freundschaften und Lieben war ihr im Jahre 1945 absolut nichts geblieben, ich will sagen, warum. Jedenfalls steckte sie, als ich sie kennenlernte, im schwärzesten Elend. Sie überlebte, indem sie einige Erstausgaben von Malraux, Aragon und Eluard verkaufte. Sie bewohnte ein schäbiges Dienstmädchenzimmer in einem Hotel an der place Saint-Sulpice, im allerobersten Stockwerk.

Nach unserer Begegnung bei den Lesèvres lud sie mich ein, sie dort zu besuchen. Wenn sie mich nicht auf diese Weise aufgefordert hätte, wäre ganz sicher nichts zwischen uns passiert. Ich trank ihren Tee, sie sprach über meine Jacke (ich hatte sie noch an), die sie so bewegt hatte, verlor sogar einige Worte über mein Gesicht und meine Stirn, die sie »schön« fand, und wir gingen auf den Platz und setzten uns auf eine Bank. Zum Abschied erhob sie sich und streichelte mit der rechten Hand unmerklich meine blonden Haare, ohne ein Wort zu sagen. Aber ich verstand nur allzu gut. Ich war von Widerwillen und Angst förmlich überwältigt. Ich konnte den Geruch ihrer Haut nicht ertragen, der mir obszön erschien.

Es war sie, immer sie, die mich gelegentlich anrief. Dann ging ich mit Lesèvre auf unsere Expeditionen nach Mitteleuropa, ich machte immer noch Angeline den Hof, Nicole war immer noch in mich verliebt, ich dagegen gar nicht. Ich reiste sogar nach Rom zum Papst, und zwar mit einer Universitätsdelegation, die von Abbé Charles organisiert worden war, dessen absichtliche und demagogische Vulgarität mir Angst einjagte. Er war damals Geistlicher der École, und ich ließ ihn sich unter meinen unwiderleglichen Argumenten förmlich »winden«. Er ist jetzt in Montmartre und wird mir diese Affäre nie verziehen haben – wenn er sich denn überhaupt daran erinnert, denn er ist ein Mensch, der rasch vergißt –, weil er gar nicht wissen will, *daß* er ein schändlicher Priester ist. Ich war damals noch gläubig. Ich habe in wer weiß welcher Zeitung zwei Artikel über diese Reise geschrieben. Es war unmittelbar nach den großen Zerstörungen in Italien. Unser Zug passierte in gedrosseltem Tempo unzählige Holzbrücken, die in schwindelerregender Höhe den leeren Raum überspannten und schwankten. Nachts in Rom angekommen, stimmten wir aus vollem Herzen das *Credo* an. Verteufelt eindrucksvoll und bewegend. Der Papst (Pius XII.) empfing uns als Gruppe, richtete jedoch in unwahrscheinlichem Französisch an jeden von uns eine Frage und ein kurzes

Wort. Mich fragte er, ob ich *normalien* sei – ja –, geistes- oder natur-wissenschaftlicher Zweig – geisteswissenschaftlich. Sehr gut, seien Sie ein guter Christ, ein guter Professor – und vor allem (vor allem!) ein guter Bürger. Der ganze Pius XII. steckte in diesem »vor allem«. Und er gab mir seinen Segen. Ich werde gewahr, daß ich seinen Erwartun-gen nicht ganz entsprochen habe.

Im Februar 1947 begann das erste Drama. Ich machte noch immer Angeline den Hof, dabei war ich es, der die Initiative ergriffen hatte, es war also mein Vorteil und meine Sache. Von Zeit zu Zeit sah ich Hélène: aber es war sie, die die Initiative ergriffen hatte, nicht ich: sehr peinlich. Mir kam also nicht nur die Idee, sondern der unwider-stehliche Drang, Angeline Hélène vorzustellen: es sollte nicht das letzte Mal sein, daß ich mich in einer ähnlichen Sackgasse verrannte, ich war aber noch sehr weit davon entfernt, etwas von den Triebfe-dern dieser albernen Idee zu ahnen: dem unwiderstehlichen Bedürfnis, Hélènes Billigung einer amourösen Wahl zu erhalten, die nicht sie selbst, sondern eine andere Frau betraf.

Ich lud sie zu mir zum Tee in mein kleines Kämmerlein in der Kran-kenstation der École ein. Ich war dreißig Jahre alt, Hélène achtund-dreißig, Angeline zwanzig. Ich weiß nicht mehr, wovon die Rede war, aber sehr genau, wie es zu Ende ging: mit einem Meinungsaustausch über Sophokles. Angeline verfocht ich weiß nicht mehr welche, zwei-fellos noch sehr schulmäßige Idee über den großen Tragiker, ich selbst hatte überhaupt keine. Also übernahm es Hélène allmählich, Angeli-nes Position zu kritisieren. Zunächst ganz gelassen und mit ernst-haften Argumenten, und als Angeline ihnen Widerstand leistete, ver-änderten sich Gesicht und Stimme Hélènes langsam, sie wurde mehr und mehr widerspenstig und unnachgiebig, sogar schroff, und been-dete das Gespräch schließlich mit einer verletzenden »Szene« (der er-sten, aber nicht der letzten dieser Art, der ich unglückseligerweise bei-wohnte), die Angeline bis ins Herz traf und sie in Tränen ausbrechen ließ. Ich war entsetzt angesichts dieses Ausbruchs von Heftigkeit, den ich nicht verstand (warum hatte Angeline vollkommen vernünftigen Argumenten auch derart zäh widerstanden?) und der mich ratlos machte. Angeline ging, und ich verharrte schweigend. Ich merkte, daß Hélène dieses Mädchen und vor allem die Zeremonie nicht ertragen hatte, die ich ihr auferlegt hatte, die Zeremonie, sagen wir genauer: die Provokation, und daß fortan zwischen Angeline und mir alles zerstört und verheert war. Ich sollte sie nie wiedersehen. Hélène war fortan in mein Leben getreten, mit Gewalt, aber nicht mit Gewalt gegen mich...

Das »Drama« beschleunigte sich einige Tage später, als Hélène, noch immer in jenem kleinen Kämmerlein der Krankenstation, mich neben mir auf dem Bett sitzend umarmte. Noch nie hatte ich eine Frau umarmt (mit dreißig Jahren!), und vor allem war ich noch nie von einer Frau umarmt worden. Die Begierde stieg in mir auf, wir schliefen miteinander auf dem Bett, das war neu, erschütternd, erregend und stürmisch. Als sie gegangen war, tat sich in mir ein Abgrund von Angst auf, der sich nie mehr schloß.

Am folgenden Tag telephonierte ich mit Hélène, um ihr in heftigem Tonfall zu verstehen zu geben, daß ich nie wieder mit ihr schlafen würde. Aber es war zu spät. Die Angst verließ mich nicht mehr, und jeder Tag, der verging, machte sie nur noch unerträglicher. Muß ich eigens betonen, daß da nicht meine christlichen Prinzipien auf dem Spiel standen? Weit entfernt! Sondern ein sonst stummer und heftiger Widerwille, der jedenfalls stärker war als alle meine Entschlüsse und Versuche moralischer und religiöser Sammlung. Die Tage vergingen, und ich versank in den ersten Anfängen einer intensiven Depression. Ich hatte bereits schwierige Durststrecken zu überstehen gehabt wie bei meiner Patrouille in Allos, dann in der Gefangenschaft und schließlich in Casablanca. Aber nichts Vergleichbares, und das hatte höchstens einige Tage gedauert, sogar nur einige Stunden, und war dann sehr glimpflich verlaufen. Ich versuchte mich nach Kräften ans Leben zu klammern, an Dr. Étienne, meinen Freund: unmöglich, jeden Tag versank ich unwiderruflich etwas tiefer in der erschreckenden Leere der Angst, einer Angst, die rasch gegenstandslos geworden war: das, was die Spezialisten, glaube ich, eine »Angstneurose ohne bevorzugtes Objekt« nennen.

Sehr beunruhigt, riet Hélène mir, einen Spezialisten aufzusuchen. Wir erhielten einen Termin bei Pierre Mâle, dem großen Psychiater und Analytiker der Zeit, der mich ausführlich befragte und zu dem Schluß kam, daß ich einen Fall von *Dementia praecox* (!) darstellte. Folglich hielt er meine unverzügliche Hospitalisierung in Sainte-Anne für geboten.

Ich wurde im pavillon Esquirol in einem ungeheuren Gemeinschaftssaal einquartiert und augenblicklich streng von der Außenwelt abgeschirmt; alle Besuche, auch die von Hélène, wurden mir strikt untersagt. Das war ein schrecklicher, mehrere Monate dauernder Aufenthalt, den ich nie vergessen habe. Dann übernahm mich eine Psychiaterin zur Betreuung, die zweifellos von meiner Jugend, vielleicht auch von meiner Eigenschaft als Intellektueller und Philosoph und von meinem Drama überrascht und zu glauben entschlossen war, daß ich sie liebte, die jedenfalls sicher war, mich über bloße Zuneigung hinaus zu lieben, auch sicher, daß sie es war, die mich durch ihre Liebe »retten« würde. Natürlich dachte sie (sie war die erste, aber nicht die letzte), daß Hélène die Schuld an meiner Erkrankung trüge. Ich weiß nicht, was man mir verschrieb, aber mein Zustand verschlechterte sich daraufhin sehr schwerwiegend. Ich hatte dank des Erfindungsreichtums von Hélène ein Mittel gefunden, Verbindung mit ihr aufzunehmen. Aus den Toiletten im ersten Stockwerk führte ein winziges Fenster nach draußen. Ich weiß nicht, wie sie es anstellte, aber Hélène, die ich auch nicht ein einziges Mal innerhalb des pavillon Esquirol sah, kam sehr häufig mittags unter das Fenster, und so konnte ich von fern und andeutungsweise mit ihr reden. Meine Vorstellung war die, daß man mich nicht verstand, ihre die, daß man mich sehr schlecht behandelte (vor allem jene Psychiaterin mit ihrer schrecklichen »Liebe«) und daß der Kreis durchbrochen werden mußte, in dem ich mich gleichsam für immer eingeschlossen sah (ein früher Dementer!). Wir kamen überein, daß sie Julian Ajuriaguerra zu treffen versuchen sollte, den ich eines Tages kennengelernt hatte, als er, von Georges Gusdorf eingeladen, in der École einen Vortrag hielt. Es war – und ist noch heute – äußerst schwer für einen Arzt, sich gewissermaßen als »Dritter« von außen Zutritt zu einer Krankenhausabteilung zu verschaffen und vor allem einzugreifen, namentlich für einen spanischen Einwanderer, der er damals noch war. Ich weiß nicht, wie er das angestellt hat, aber eines Tages sah ich ihn in den großen Gemeinschaftsraum eintreten, folgte ihm in ein Büro und konnte mich mit ihm unterhalten. Er kam zu dem Schluß: das ist keine *Dementia praecox*, sondern eine sehr schwere Melancholie. Er riet zu Elektroschocks, die damals erst seit kurzem angewendet wurden, in solchen Fällen aber mit Erfolg benutzt wurden. Und ich erhielt ungefähr achtzig Schocks, einen jeden zweiten Tag, und zwar im ungeheuer großen Gemeinschaftsraum. Da sah man dann einen untersetzten und schnauzbärtigen Mann mit seinem großen elektrischen Kasten hereinkommen, der, wegen seiner Zug um Zug nachvollziehbaren Ähnlichkeit, seiner Gangart und seinem spöttischen Schweigen, von den Patienten »Stalin« getauft worden war. Er ließ sich in aller Ruhe am jeweiligen Bett nieder (wir waren etwa dreißig, die Elektroschocks verabreicht bekamen), und vor allen anderen, die ihr Schicksal erwarteten, drückte er seinen Hebel, und der Patient verfiel in eine eindrucksvolle epileptische Trance. Das Dramatische der Situation lag darin, daß man Stalin von weitem kommen sah, daß seine Patienten einer nach dem anderen in unregelmäßige Zuckungen verfielen und er, ohne das Ende der Krise des jeweils zuletzt Behandelten abzuwarten, zum nächsten überging. Man riskierte Knochenbrüche (vor allem der Beine). Man mußte ein Handtuch zwischen die Zähne pressen: bei mir war es immer dasselbe, mein einziges stinkendes Handtuch, das verhindern sollte, daß ich mir die Zunge zerbiß. Noch jahrelang später habe ich den widerwärtigen und entsetzlichen Geschmack im Mund gespürt, denn er war ein Vorbote des »kleinen Todes«, der Geschmack dieses form- und namenlosen Handtuches. Ich kam also an die Reihe, nach all den Schauspielen, die mir meine Nachbarn geboten hatten. Stalin näherte sich, immer ganz lautlos, setzte mir den Helm auf, ich fletschte die Zähne und war nahe daran zu sterben, dann eine Art Blitz und dann gar nichts mehr. Ich erwachte kurze Zeit später (ich schlief, zu meiner großen Verzweiflung, nur zwei Minuten, ich, der ich mir so sehnlich wünschte, mich im Schlaf zu vergessen, während nahezu alle anderen ganze Stunden, ja sogar den halben Tag schliefen!) und fragte mich stets: wo bin ich denn? Was ist mit mir passiert? Je länger die Behandlung dauerte, um so größer wurde meine (Todes-)Angst. Schließlich wurde es unerträglich. Ich verweigerte die Zeremonie mit aller mir zur Verfügung stehenden Energie, aber man fesselte mich fest an mein Bett.

Ich möchte von einem ganz belanglosen kleinen Vorfall berichten, der aber sehr viel über die Atmosphäre des Krankenhausmilieus, über das Bild der Patienten und über den völligen Unglauben der Psychiater angesichts der Behauptungen eines Kranken aussagt. Da ich überhaupt nicht mehr schlafen konnte und keine Ohropax-Kügelchen hatte, hoffte ich mir welche aus Brotkrumen zu verfertigen, dem einzigen verfügbaren Rohstoff. Aber die gewaltsam in den Gehörgang eingeführten Kügelchen aus Brotkrumen zersetzten sich bald (augenscheinlich wurden sie nicht von dem geschmeidigen, aber festen

Baumwollnetz festgehalten, das man bei den wirklichen Ohropax-Kugeln findet), und die zähen Körner glitten durch den Gehörgang bis zum Trommelfell hinunter. Diese Auflösung und der Rutsch der Rückstände bereiteten mir unsägliches Leiden, unerträgliche Kopf- und Halsschmerzen. Ich machte meine Ärzte fortgesetzt darauf aufmerksam, sie wollten mir jedoch nicht glauben und dachten, ich delirierte. *Drei Wochen lang, ich sage: drei volle Wochen lang* weigerten sie sich, mich von einem Hals-, Nasen- und Ohrenspezialisten untersuchen zu lassen, und ich erduldete ein Martyrium. Noch einmal bedurfte es des Eingriffs von Ajuria,[*] um sie zu überzeugen, und nach drei Wochen dieser schrecklichen Prüfung brachte man mich schließlich zu jenem Spezialisten, der mich in zwei Sekunden von meinen Brotresten und meiner Qual befreite... Die Psychiater fanden kein einziges Wort des Bedauerns oder der Entschuldigung!

Alles in allem schlug die von Ajuria angeratene Behandlung langsam bei mir an, und nach Verstreichen einer weiteren langen Frist, diesmal ohne Elektroschocks, und mehrere Monate nach der Einweisung in den pavillon Esquirol fühlte ich mich besser, wenn auch noch immer schwankend, aber weniger angsterfüllt, und verließ das Krankenhaus. Hélène erwartete mich am Ausgang.

Welche Freude! Sie führte mich in das winzige Zimmer eines anderen Hotels, wo ein elendes Zimmermädchen ihr alle ihre Sachen gestohlen hatte: ganz unwichtig! Ein Diebstahl fiel für sie kaum ins Gewicht... neben mir – und dem, was sie für mich getan hatte – ich erfuhr erst sehr viel später, und zwar nicht von ihr, die darüber völliges Stillschweigen wahrte, sondern von einer ihrer Freundinnen: Hélène, die von unserem einzigen Geschlechtsverkehr schwanger geworden war, hatte in England eine Abtreibung vornehmen lassen, damit ich nach dieser Nachricht keine erneute Depression erlitt, so wildes Entsetzen hatte ich darüber an den Tag gelegt, daß ich sie körperlich geliebt hatte. Wo findet sich ähnlicher Opfermut? Noch heute bin ich körperlich wie seelisch davon zutiefst erschüttert und bewegt. Es gab also Véra, ihre älteste lebende Freundin, eine sehr große, brünette und schöne Frau, Aristokratin russischer Herkunft. Hélène ging über den Diebstahl und alles andere hinweg, und ich wurde wie immer empfangen. Auch ich schloß sie mit unendlicher Zärtlichkeit in die Arme,

[*] Verkleinerungsform von Julian Ajuriaguerra (*A.d.Hrsg.*).

überzeugt, daß ich ohne sie dort geblieben wäre, wahrscheinlich für immer.

Hélène und Jacques Martin (den ich kennenzulernen begann) fanden einen Zufluchtsort für mich: Combloux, wo erschöpfte oder genesende Studenten aufgenommen wurden. Die Ruhe und Pracht des Hochgebirges, das ich seit meiner Pfadfinderzeit liebte, die Aufmerksamkeiten des Ehepaares Assathiany, das das Haus mit Leidenschaft, Takt und äußerster Hingabe leitete, wobei es jedermann die größtmögliche Freiheit ließ, die Überraschung, dort ein wunderbares, unbekanntes ungarisches Streichquartett zu finden, das Vegh-Quartett, das damals pausierte, dazu Jungen und Mädchen meines Alters und schließlich die Wonnen von Spielen aller Art, darunter auch Liebesspiele. Ich suchte mir sehr schnell ein kleines, schwarzhaariges Mädchen mit schönem Gesicht aus (nicht genau mein Profil, aber doch beinahe): Simone (schon wieder dieser Name...), die mir sehr interessant erschien. Ich machte ihr auf geradezu heftig provozierende Weise den Hof, nannte sie Léonie, das war ganz unverfänglich, aber wir kamen einander in den drei Wochen meines Aufenthalts dort sehr nahe und wurden Freunde fürs Leben, bis zu dem Tage vor nur sechs Monaten, im Oktober 1984, als Simone mit folgender Botschaft aus meinem Leben verschwand: »Du verstehst es sehr gut, Deine Freunde zu benutzen, aber Du hast keinerlei Respekt vor ihnen.« Sie hatte mich nicht »verfehlt«.

Einigermaßen wiederhergestellt, verließ ich Combloux und erwartete Hélène, die mich in Saint-Rémy-de-Provence in einem Etappenort des Jugendherbergsverbandes treffen sollte... Sie hatte noch immer kein Geld und war per Anhalter gefahren, um mich abzuholen, und ein Fahrer hatte sie zu vergewaltigen versucht (als junges Mädchen war sie einmal in der Nähe von Chevreuse, als sie ihren im Sterben liegenden Vater betreute, von vier jungen Burschen angefallen worden, deren Absichten nur zu deutlich waren, aber es war ihr gelungen, sie mit dem »Mühlrad« in die Flucht zu schlagen, zu dem sie ihren Beutel am Ende ihres langen Gürtels gemacht hatte; dennoch hatte sie mir mit immer demselben Entsetzen davon erzählt, und ich dachte, wenn ich ihr zuhörte, *in petto* immer, daß ich selbst, im Unterschied zu ihr, nicht einmal die Vorstellung ertragen hätte, mich zu schlagen, weil ich im Grunde ein Feigling war). Aber sie war da, sie liebte mich, ich war unendlich stolz auf sie, ich liebte sie, es war Frühling auf dem

Lande, in den Wäldern, den Weinbergen, im Himmel und im Herzen. Wir schliefen miteinander (ich hatte überhaupt keine Angst mehr, ganz im Gegenteil!) im Obergeschoß eines nahen Gehöftes, wo man uns Brot, Milch, Butter und Oliven gab. Die Pächter protestierten gegen den Lärm, den wir mit unseren ausgelassenen Liebesspielen machten. Ich muß sagen, daß ich dabei sehr direkt zu Wege ging und bei dieser Affäre ein Ungestüm an den Tag legte, das der Liebesraserei meines Vaters ähnelte. Aber wenn ich diese Details erzähle, dann nur deshalb, weil sich die Jugendherberge (die uns bis dahin ganz allein gehört hatte) plötzlich mit einer Gruppe von jungen Leuten füllte, Mädchen und Jungen, locker gekleidet, aber sehr lustig und verspielt wie wir. Wir schlossen Bekanntschaft miteinander, ich kochte sogar eine außerordentlich gute Bouillabaisse, von der mir Hélène noch lange nachher vorgeschwärmt hat. Stets habe ich nicht die Rezepte der klassischen Küche, sondern das vorgezogen, was man die »kulinarische Suche« nennt, die die Möglichkeit nie dagewesener Erfindungen bietet, angesichts deren die klassischen und sogar die neuerungsfreundlichen Gerichte unserer größten Köche nur einfache Plattheiten sind. »Durch Zufall« aber hatte ich in der Gruppe ein dunkelhaariges Mädchen mit fabelhafter Figur gesehen, das glücklich schien, daß ich ihm den Hof machte, und zwar bis zum Ufer eines stillen Teiches, in dem wir schweigend nebeneinander schwammen (ich habe noch Photos davon). Das ist ja noch nie dagewesen! Ich verbringe ganze Monate in der Hölle der schrecklichsten Depression, die ich erlebt habe, es gelingt Hélène, mich daraus zu retten, ich begegne ihr im Überschwang des Frühlings und der Liebe wieder, ich schlafe mit ihr ohne Zurückhaltung oder Angst, und da genügt es auch schon, daß diese beiden Gesichter vor mir auftauchen, das von Simone (in Abwesenheit von Hélène in Combloux) und das von Suzanne in Gesellschaft von Hélène in Saint-Rémy, damit ich mich, vor Hélènes Augen, daranmache, einen Sturmangriff auf eine Zufallsbekanntschaft zu starten, auf ein Mädchen, von dem ich nichts weiß, das offensichtlich aber etwas sehr Tiefliegendes in mir anrührt und erregt: zweifellos das Mädchen selbst, dahinter aber ein bestimmtes Mädchen-Bild und noch weiter dahinter der unwiderstehliche Wunsch (in beiden Fällen nicht erfüllt), mit diesen beiden Mädchen etwas zu erleben, das mir an Hélènes Seite versagt blieb. Was? Diese Situation sollte sich mein ganzes Leben lang wiederholen. Erst vor kurzem habe ich erfahren, daß die intensive Sexualerregung eines der Hauptsymptome der Hypomanie ist, die jeder Depression folgen *kann*. Hélène entging meine amouröse Reitschule natürlich nicht: sie war bekümmert darüber, machte mir aber nicht den kleinsten Vorwurf und zeigte auch nicht die mindeste Heftigkeit wie früher bei Angeline. Hatte ich also ihre Billigung? Jedenfalls ist deutlich, daß ich sie suchte.

Im Midi erlebten wir dann, bald nachdem Suzanne mit ihrer Gruppe verschwunden war, Monate wahren Glücks und leichter und erregender Freiheit. Es traf sich, daß ich Hélène in das Dorf Puyloubier mitnehmen konnte, das zu kennen und zu lieben ich gute Gründe hatte, weil daher ja die Verlobte und Frau meines Freundes Paul stammte. Was für ein unvergleichlicher Ort zu Füßen der Heiligen, der Sainte-Victoire, einer massigen Steinblume mit wechselnden und lebhaften Farbtönen, und vor der gewaltigen plaine de Flers, die am Horizont von den Einschnitten der Sainte-Baume und in weiter Ferne von den Türmen der Abtei Saint-Maximin gesäumt wurde. Abseits des winzigen Dorfes trafen wir zwei kleine Beamte im Ruhestand, die einwilligten, uns beinahe umsonst zu beherbergen. Zum Frühstück kamen wir morgens nach unseren Liebesnächten, erschöpft von Leidenschaft und Ermattung, auf die Terrasse herunter, wo uns Mme. Delpit im hellen Sonnenlicht das Frühstück nach provenzalischer Art servierte: Kaffee, Milch, Ziegenkäse, rohe Artischocken, Honig, Sahne und schwarze Oliven. Welche Wonne und Freude im Frieden der frischen Maisonne!

Später erwartete mich Hélène eines Tages bei den Delpits; ich dagegen bestieg in Paris den Zug, nahm mein Rennrad im Gepäckwagen mit, lud es in Cavaillon aus und strampelte in einer Art Trunkenheit (ein ganz anderes Rennen als in Bandol!) der Geliebten entgegen, etwa vierzig Kilometer lang. Sie erwartete mich auf der kleinen Landstraße, die zum Dorf führte, und hatte mich schon von weitem herankommen sehen. Ich war erschöpft, weinte aber diesmal nicht, es sei denn aus Freude. Welche Vergeltung an meiner Mutter! Ich war ein Mann geworden.

Richtig ist, daß ich stolz war, einer geworden zu sein. Als Hélène, die noch immer so arm war, mit meiner Hilfe ein winziges Dienstmädchenzimmer im obersten Stockwerk eines alten Hauses im Val-de-Grâce gefunden hatte, und zwar bei einem Geographen, Jean Dresch, einem bekannten Sorbonne-Professor, besuchte ich sie bei Tag und bei Nacht, vor allem bei Nacht, und verließ sie frühmorgens, zumeist gegen vier Uhr. Mit welcher Freude und welchem Stolz ließ ich dann das Pflaster der verlassenen rue Saint-Jacques unter meinen Schritten ertönen, leicht in meinem frohlockenden Körper, die ganze Welt erschien mir schön, wenn der erste Sonnenstrahl die Mauern der École umspielte, in die ich langsam heimkehrte und wo alle Zöglinge noch schliefen: sie hatten keine Liebe wie die meine im Leben und im Herzen! Um nichts auf der Welt hätte ich, was es auch sein mochte, für mein Glück, meinen Schatz, meine Liebe und meine unvergleichliche Freude eingetauscht.

Natürlich gab es etwas, das meinen Stolz rechtfertigte. Meine Kameraden hatten wahrscheinlich, ja sicherlich Verbindungen zu Frauen, die im studentischen Milieu entweder angestrengt gesucht oder leicht geknüpft worden waren (man besuchte sich und heiratete gängigerweise unter *normaliens* und *normaliennes*, das blieb in der Familie und in der Kaste, dieser Universitätskaste, die ich wenigstens ebenso intensiv haßte wie Hélène, die berechtigtere Argumente hatte als ich, denn sie war ihr immer verschlossen geblieben). Ich hatte das unvergleichliche Privileg, eine Frau zu lieben (die mich liebte), und eine Frau von welch anderer Qualität! Nicht nur, daß sie älter war als ich, und zwar merklich – dieser Unterschied hat zwischen uns nie eine Rolle gespielt; in diesem Falle aber gaben ihre Klarsichtigkeit, ihr Mut, ihre Großzügigkeit und ihre so weitreichende und vielgestaltige Erfahrung, ihre Kenntnis der Welt, ihre Bekanntschaft mit den größten Malern und Schriftstellern ihrer Zeit und ihre Aktivitäten in der Résistance den Ausschlag, wo sie sogar wichtige militärische Aufträge auszuführen gehabt hatte (sie, eine Frau, in dieser Zeit: sogar ein *Mann*, Lesèvre, erkannte das an). Sie hatte eine außergewöhnlich heldenhafte Rolle und einen verblüffenden und unfehlbaren Mut für eine kleine Jüdin mit ihrer auf hundert Meter erkennbaren »Judennase« und ihren krausen Haaren gehabt, die allen Nachstellungen zu entkommen verstanden hatte – darunter auch jener, als sie einmal im Zug von Lyon nach Paris als Jüdin erkannt und bei einer Gestapo-Kontrolle festgehalten wurde, als sie etwas bei sich hatte, für das man sie stehenden Fußes hätte erschießen können, und nur durch ihre Kaltblütigkeit gerettet wurde und weil sie durch ihre Kühnheit einem Nazi-Offizier imponierte, der schließlich vor ihr zu stottern begann. Sie erzählte diese Geschichte, als ob es sich dabei um eine einfache

Anekdote gehandelt hätte, wobei sie in ihrem Bericht ebenso unspektakulär verfuhr wie bei der Prüfung selbst. Kurz, eine Ausnahmefrau (zumindest empfand ich sie so und übrigens auch alle ihre Kameraden der Résistance, Lesèvre und andere Lyoneser *khâgneux*, mit denen sie zusammengearbeitet hatte, und *alle* diejenigen, die sie später während unseres langen gemeinsamen Lebens kennenlernten), größer, unendlich viel größer als ich, die mir, ohne daß ich etwas gefordert hätte, gleichsam nach Maßgabe dessen, was sie über mich dachte, das wunderbare Geschenk einer Welt machte, die ich nicht kannte, von der ich in der Vereinzelung meiner Gefangenschaft geträumt hatte, eine Welt der Solidarität und des Kampfes, eine Welt des nach den großen Prinzipien der Brüderlichkeit reflektierten Handelns, eine Welt des Mutes: mir, der ich mich so entblößt und feige fühlte, vor jeder physischen Gefahr zurückweichend, die die Unversehrtheit meines Körpers hätte antasten können, mir, der ich mich nie geschlagen hatte und es auch nie tun würde, wegen eben dessen, was ich für meine unwiderrufliche Feigheit hielt; mir, von dem sie sagte: »Wenn Du nicht in Gefangenschaft geraten wärst, hättest Du Dich der Résistance angeschlossen und wärst sicher getötet worden, erschossen wie so viele andere, Gott sei Dank hat Dich die Gefangenschaft für mich aufgespart!« Ich zitterte innerlich bei der Vorstellung einer tödlichen Gefahr, der ich entronnen war, sicher, wie ich war, daß ich nie die Kraft noch den Mut gehabt hätte, mich den physischen, tödlichen Prüfungen des bewaffneten Kampfes im Untergrund gewachsen zu zeigen, ich, der ich nie einen Gewehrschuß aus einer dieser Kriegswaffen abgefeuert hatte, die mir als Kind so angst gemacht hatten, ich, der ich vor der kleinsten Gefahr sofort »zusammengesackt« war – welches Geschenk machte sie mir da und welches Vertrauen setzte sie in mich! Und da wurde ich jetzt plötzlich dank ihrer zum gleichberechtigten Partner aller dieser Kämpfer, die sie gekannt hatte, aber ich war auch, wenn auch aus weiter Ferne, allen diesen armen *normaliens* unendlich überlegen, deren Jugend und Wissen mich niedergedrückt hatte, unter denen ich mich unrettbar alt gefühlt hatte, so alt, daß mir alle Jugend verboten gewesen war – mir, der ich keine Jugend gehabt hatte. Damals fühlte ich mich jung, wie nie und niemals zuvor – und bin es stets geblieben, beispielsweise wenn ich mich immer für viel jünger hielt als meinen Analytiker, der aber genau gleich alt war – und noch kürzlich, letzte Woche, als diese Ärztin, dreißigjährig und ohne besondere Reize, mich nach meinem Geburtsdatum fragte: der 16. Oktober 1918 – aber nein, unmöglich, Sie wollen sagen 38! Sie wollen sagen 38! Wie recht sie hatte, die Jugend, die ich für immer meiner geliebten Hélène verdanke.

Zweifellos hatte die subjektive Gewißheit dieser endlich entdeckten Jugend ihre Ursachen, die ich allmählich erhellt habe. Wenn ich endlich so jung war und mich so jung fühlte, dann deshalb, weil Hélène für mich, endlich, eine gute Mutter, aber auch ein guter Vater war: älter als ich, durch Erfahrung und Leben auf andere Weise geprägt, liebte sie mich wie eine Mutter ihr Kind, ihr Wunderkind, und gleichzeitig wie ein Vater, ein guter Vater, weil sie mich ganz einfach in die wirkliche Welt einführte, in diese unendliche Welt, zu der ich sonst nie Zugang hätte finden können (außer und überdies durch Einbruch, außer in der Gefangenschaft); sie führte mich auch, durch das pathetische Verlangen, das sie nach mir hatte, in meine männliche Rolle und Virilität ein: sie liebte mich, wie eine Frau einen Mann liebt! Wir machten wirklich Liebe wie Mann und Frau, als meine Kommilitonen noch auf der Suche nach – da war ich ganz sicher – der Reife und den ersten Anfängen einer lächerlichen Liebe waren, die den Kreis der Familie und der École nicht überschritt. Der Beweis: Nach einer langen Leidenszeit war es mir gelungen, sogar den Geruch ihrer Frauenhaut zu lieben, die ich zuvor, wie die Haut meiner Mutter, nicht ertragen konnte. Ich war nicht nur ein Mann geworden, sondern auch ein anderer Mann und fähig, wirklich zu lieben, sogar eine Frau und namentlich eine Frau, deren erster Hautgeruch mir obszön vorgekommen war.

Irgend jemand, ein neuerer Freund, der mit der STO nach Deutschland gereist war, nicht aus politischer Überzeugung – er mochte die Kommunisten –, sondern aus intellektueller Neugier, Jacques Martin, verstand mich, verstand uns. Er, ein schwieriger, aber warmherziger Homosexueller in der Distanz seiner latenten Schizophrenie, war uns ein unvergleichlicher Freund geworden. Ich konnte ihn alles fragen, im Gegensatz zu meinen Kameraden an der École, vor denen ich mich schämte, meine Wissenslücken einzugestehen (ich glaubte wirklich, nichts zu wissen, ich hatte nie etwas gewußt oder alles vergessen, was ich je gelernt hatte), und er antwortete mir, wie der wirkliche Bruder, den ich nie gehabt hatte, mir geantwortet hätte. Seine Eltern hatten ihn buchstäblich seinem Elend überlassen, sein Vater, ein schrecken-

erregender Apotheker, der in seiner Gegenwart nie den Mund aufmachte, seine Mutter, von der er etwas Geld geerbt hatte, seit langem
tot. Davon lebte er, wie, weiß ich nicht. Michel Foucault mochte ihn
ebenso wie ich. Wie ich hat er ihn häufig mit kleinen Geldbeträgen
unterstützt. Es kam jedoch eine Zeit, da er, ohne alle Hilfsquellen, ohne
jede Hoffnung, sich welche zu erschließen (er hatte eine Schwester in
der Ferne, die ihn sehr liebte, aber sich kaum um ihn kümmerte, sie war
ebenfalls Apothekerin, ich glaube in Melun), sich schließlich eines Tages im Sommer 1964 selbst den Tod gab, in der Einsamkeit eines
düsteren August, in einem elenden Zimmer im XVI. Arrondissement,
das er bei einer alten Dame gemietet hatte. Ich war damals in Italien, ich
werde darauf zurückkommen, in den Schwindel einer neuen Liebe
eingetaucht und habe mir lange als unaussprechliche Schande vorgeworfen, ihn verfehlt, ihm nicht rechtzeitig und im entscheidenden Augenblick mit meinem Geld geholfen zu haben, einfach nur zu überleben. Allerdings hatte ich nicht viel Geld, gab es vorrangig für Hélène
aus und stand überdies im Banne jener verhängnisvollen Rücklagenob-
session, die mich in meinen Zuwendungen paralysierte. Aber Jacques
hatte ich viel Geld gegeben. Alles, was ich herausbrachte, als seine
Schwester mich fragte, ob ich Jacques Geld geliehen hätte (ja, mehr als
dreihunderttausend damalige Francs, mehr als Foucault), war meine
Antwort: nein, nichts. Aber welche trügerische Antwort, während ich
ihn doch vielleicht hätte retten können! Jedenfalls war das das einzige
Geld, das mich *damals* nie gereut hat, ohne Rückzahlung verausgabt zu
haben. Jedenfalls war mit Jacques Martin der Selbstmord in mein Leben, in unser Leben eingetreten, ohne Regreß noch Wiederkehr. Ich
sollte mich leider daran erinnern.

Jacques Martin half mir, half uns nicht nur durch seine unwandel-
bare und vertrauensvolle Zuneigung. Er half mir auch, jemanden aus
der Branche zu finden, der mir mit seiner »Wissenschaft« helfen
konnte. Das mag heute ganz sonderbar erscheinen, aber damals und
für die mittel- und informationslosen Studenten, die wir waren: wenn
wir auch von der Psychoanalyse hatten reden hören, kannten wir doch
keinen Psychoanalytiker, an den wir uns hätten wenden können, und
wußten auch kein Mittel, einen kennenzulernen. Nun erfuhr Jacques
eines Tages von einer gemeinsamen Freundin, die mehrere Selbst-
mordversuche unternommen hatte (noch ein Selbstmord, wenn auch
ein fehlgeschlagener), von der Existenz eines Mannes und Thera-

peuten, der Analysen »in Narkose« machte, ein guter, liebenswürdiger Mensch, zuvorkommend und etwas rustikal mit seinem kleinen Bauch, der Martin in Behandlung nahm, und ich folgte seinem Beispiel. Zwölf Jahre lang, ich sage: zwölf Jahre lang »betreute« er mich, das heißt ließ er mir eine stützende Therapie angedeihen. Er genoß in unseren Augen großes Ansehen (schließlich betreute er die ganze Familie, meine Schwester, meine Mutter und viele andere nahestehende Freunde), denn er unterhielt, wie er sagte, persönliche, immer etwas mysteriös gebliebene Beziehungen zu sowjetischen Ärzten, die ihm Ampullen mit »Bogomolew-Serum« schickten, die »in beinahe allen Fällen« Wunder wirken sollten und es meiner Schwester anscheinend ermöglichten – sie starb geradezu vor Verlangen danach –, ein Kind von dem Mann zu bekommen, den sie geheiratet hatte, einem jungen Mann aus dem Pariser Volk, der fest auf beiden Beinen stand, strotzend von offensichtlichen Argot-Ausdrücken, mit lockerem, zweifellos etwas zu freiem Mundwerk, aber von beispielhafter Ehrlichkeit und »volkstümlichem« Freimut, den mein Vater natürlich nie ausstehen konnte. Ich liebte eine Jüdin, meine Schwester heiratete einen Mann aus dem Volke, den er für »vulgär« oder zu einfach hielt: der Wunsch meines Vaters ging in die Binsen. Er ließ uns das deutlich spüren, indem er sich weigerte, Hélène und Yves zu empfangen. Als Vergeltungsschlag, toll!, entschloß ich mich *erst ein Jahr nach dem Tode meines Vaters* (ein dürftiger posthumer Trost für ihn), Hélène zu heiraten, und meine Schwester ließ sich schließlich sogar scheiden, beharrte aber darauf, weiter den Namen ihres Ex-Gatten, Yves Boddaert, zu tragen, weil auch sie nicht Althusser heißen wollte, und blieb, obwohl sie gesetzlich völlig von ihm getrennt war, doch nach vielen psychischen Störungen im Midi wohnen, Störungen, bei denen ich ihr nach Kräften beistand, das heißt mit meiner Hingabe und Ignoranz, aus zwanzig Kilometern Entfernung und mit pausenlosen Besuchen und Telephonanrufen. Sie bekam, dank diesem Arzt (?), einen Sohn namens François, der ihre Daseinsberechtigung bildet und den sie aufrichtig liebt, wenn auch aus der Ferne (nämlich Argenteuil, wo ihr ihre Fähigkeiten und ihr ernstes Wesen eine Sekretärinnenstellung bei der Mairie der Gegend verschafft haben).

Weil ich von der Liebe zu Hélène und dem wundersamen Privileg, sie zu kennen, zu lieben und in meinem Leben zu haben, geradezu geblendet war, versuchte ich, sie ihr auf meine Weise zu erwidern, intensiv und, wenn ich so sagen darf, *oblativ*, so wie ich es bei meiner Mutter getan hatte. Für mich war meine Mutter, konnte meine Mutter nichts anderes sein als eine Märtyrerin, die Märtyrerin meines Vaters, eine offene, aber lebende Wunde. Ich habe dargestellt, daß und wie ich ständig ihre Partei ergriff, auf die Gefahr hin, meinem Vater offen die Stirn zu bieten und damit seine Ausflüge zu provozieren. Man wird einwenden, daß diese Gefahr imaginär war, weil meine Zornesausbrüche gegen meinen Vater ja nie, wie die von Lemaître-Sohn im Wald von Bois-de-Boulogne, mit Gewaltstreichen meinerseits zu Ende gingen und ich ihm nur, wenn auch ständig und sehr grob, unterm Schutz stillschweigender familiärer Konventionen die Stirn bot, weil es nie ich war, der sich davonmachte (wie in der Gefangenschaft faßte ich nie den Mut, die Familie zu verlassen, aus ihrem Höllenkreis auszubrechen, wie das meine beste Freundin getan hat, das hätte geheißen, meine Mutter ihrer eigenen schrecklichen Hilflosigkeit zu überlassen). Er war es, der sich davonmachte, und wie! Bis zum Zeitpunkt seines Wiederauftauchens stürzte uns dieses Verschwinden, stürzte es jedenfalls mich in eine unerträgliche Angst. Eben deshalb hörte ich nicht auf, meiner Mutter zur Hilfe zu eilen oder ihr beistehen zu wollen, wie einer wirklichen Märtyrerin. Insbesondere beeilte ich mich, das Geschirrspülen für sie zu übernehmen, das ich als die schlimmste aller Qualen für sie empfand (warum eigentlich?), und überdies bekam ich sehr rasch eine Art intensive und perverse Vorliebe dafür, merkwürdig, aber das versteht sich von selbst. Selbst das Ausfegen, Bettenmachen und das Kochen versuchte ich ihr zu ersparen, und ich war der einzige, der den Tisch deckte und wieder abdeckte, vor aller Augen und als gleichsam tatgewordener, an die unverschämte Inaktivität meines Vaters gerichteter Vorwurf – meine Schwester hielt sich da völlig heraus –, und so wurde ich mit Vergnügen eine Art kleiner Hausmann, eine Art schlankes und blasses Mädchen (meine Deckerinnerung im Park). Ich fühlte mich damals so, als ob mir irgend etwas auf seiten der Männlichkeit *fehlte*. Ich war kein Junge, jedenfalls kein Mann: eine Hausfrau. Dasselbe spielte sich bei Hélène ab, aber mit welchem Unterschied.

Ich hatte sie am Rande des Abgrundes und sogar im düstersten materiellen Elend kennengelernt. *Sinister*: das Wort kehrte in ihrem Munde unaufhörlich wieder, und es sollte ihr bis zum Tode vertraut bleiben. Noch jetzt läßt mich dieses Wort erbeben, wenn ich es eine andere Freundin geradezu zwanghaft im Munde führen höre. Ja, sie führte, was sie selbst betraf, ein »düsteres« Leben. Was sie selbst betraf, hatte sie alles verloren, ihre nahen und entfernten Freunde und Bekannten, die im Krieg umgekommen waren, den ungetreuen Renoir, Hénaff und Pater Larue, ihre einzige Liebe vor mir. Sie hatte schließlich sogar jeden Kontakt zur Partei eingebüßt. Sie hatte beinahe keine Unterkunft, es sei denn die »düsteren« Dienstmädchenzimmer mit ihrer aggressiven und zweifelhaften Umgebung. Sie hatte weder Arbeit noch Einkommen und lebte von einem Notbehelf zum anderen, etwa vom Verkauf einiger ihrer wertvollsten Bücher oder vom Abschreiben der Diplomarbeiten von *normaliens* (nach meiner eigenen), die ich ihr, weil sie das fast umsonst erledigte, nur verschämt besorgte. Und ich, versuchte ich ihr denn nicht zu helfen? Sicher, und von ganzem Herzen; aber das einzige Geld, das ich zu Anfang für mich selbst hatte, waren die zwanzig Francs »Taschen«-Geld, die uns die École zuteilte, bevor es uns gelang, durch eine illegale Aktion der Gewerkschaft, die Maurice Caveing und ich gegründet hatten, für uns und alle ENS eine Art Gehaltsregelung durchzusetzen. Und ich wagte es nicht, einen einzigen Sou von meinem Vater zu verlangen, ich legte allzu viel Wert darauf, ihm meine »Bedürfnisse« und die Art von Frau, nämlich eine Jüdin, vor ihm zu verbergen, die ich besuchte und liebte und die ihm geldgierig erscheinen mußte: sind nicht alle Jüdinnen so geartet? Überdies habe ich bereits hinreichend darauf hingewiesen, wie sehr ich von der Angst vor Geldmangel, also vor Mangel an Reserven, umgetrieben wurde, so daß man sich vorstellen kann, wie sehr ich meine wenigen Sous auf meine Art und Weise umdrehen mußte, trotz meiner großzügigen Absichten. Ich erinnere mich noch des Tages, an dem ich, damit Hélène in ihrem Zimmer im Val-de-Grâce nicht zu sehr fror, ihr einen kleinen blechernen Ofen für Holzfeuerung kaufte, der so klapprig war, daß er schon wieder eine Gefahr darstellte, und kaum heizte – der Gipfel der Aufopferung und der Verausgabung und des Spottes. Ja, ich war ohne Rücklagen oder beraubte mich meiner Rücklagen, so daß ich das Ausmaß meiner Gaben auch durchaus nicht erhöhen konnte.

Vielleicht spielte sich da alles ein, jedenfalls ist es mir später so vorgekommen, als ob sich bereits da alles eingespielt hätte. Hier die Gründe dafür.

Ich habe gesagt, daß ich mich unfähig fühlte zu lieben und gleichsam fühllos für die anderen, für ihre Liebe war, die mir gleichwohl nicht vorenthalten wurde, zumindest nicht von den Frauen und nicht einmal von meinen Männerfreunden. Ganz sicher hatte mich die völlig unpersönliche Liebe meiner Mutter unfähig gemacht, unpersönlich, weil sie ja nicht mir galt, sondern einem Toten hinter mir, sowohl für mich als auch für andere zu existieren, insbesondere für eine andere. Ich fühlte mich unfähig, und zwar in jedem erdenklichen Sinne des Wortes: unfähig zu lieben, sicherlich, aber auch ohnmächtig in mir selbst und vor allem in meinem eigenen Körper. Es war so, als ob man mir weggenommen hätte, was meine physische und psychische Integrität hätte konstituieren können. Hier kann man mit guten Gründen von Amputation, also von Kastration sprechen: wenn einem ein Teil seiner selbst weggenommen wird, der einem für immer an der eigenen persönlichen Integrität fehlen wird.

Und da ich gerade dabei bin, möchte ich auf jenes Phantasma zurückkommen, das ich mit solcher Intensität bei der Rückkehr aus der Kriegsgefangenschaft und meiner Repatriierung bei meinen Eltern in Marokko erlebt habe: die Gewißheit, mir eine Geschlechtskrankheit zugezogen zu haben, also nie wirklich über mein männliches Glied verfügen zu können. Im Rahmen derselben »Sippe« von Assoziationen und Erinnerungen (und diesmal habe ich eine sehr genaue Erinnerung im Gedächtnis behalten) entsinne ich mich, sehr verängstigt gewesen zu sein von einem Phänomen, das anscheinend verbreitet ist und überdies einen lateinischen Namen trägt, die Phimose (in diesen Fällen erlaubt es das Lateinische, sogar schamlose Dinge zu sagen...), die mir in den Jahren in Algier und Marseille buchstäblich das Leben vergiftet hat: ich verbrachte meine Zeit damit, die Vorhaut von meinem Glied abzustreifen, und es gelang mir nicht, der Glans ihr »Hütchen abzunehmen«. Ich hatte damals das, was man »weißen Abgang« nennt, der unter der Vorhaut zum Vorschein kam und mich auf den Gedanken brachte, ich sei fortan und für immer von einer schweren Geschlechtskrankheit betroffen, die mir, ohne daß ich krank war, daran krank war, eine vollständige und in der Ejakulation gipfelnde Erektion versagte. Ich zog fortgesetzt an dieser schmerzenden Haut, aber ohne den geringsten Erfolg. Eines Tages alarmierte meine Mutter meinen Vater, den sie mit mir auf der Toilette einsperrte. Eine gute Stunde lang versuchte mein Vater, mir im Dunkel der Toilette (kein Licht, aus Diskretion oder Angst vor was?) die Vorhaut vom Glied abzustreifen: vergeblich – und natürlich ohne ein einziges Wort! Und das dauerte Jahre, in denen ich überzeugt war, in dieser Hinsicht sei ich ganz entschieden nicht normal. So als ob meinem Glied irgend etwas fehlte, um ein wirkliches Männerglied zu sein, so als ob ich in Wirklichkeit nicht über ein richtiges Männerglied verfügte, so als ob man (wer?) mich dessen beraubt hätte. Zweifellos meine Mutter, die, wie man sich erinnern wird, buchstäblich »Hand daran gelegt« hatte.

Warum verharre ich also bei diesem Beispiel? Weil es symbolisch ist und, über meinen Einzelfall hinaus, uns alle betrifft. Was also ist Liebenkönnen? Es heißt über die Unversehrtheit seiner selbst, über seine »Macht« verfügen, nicht für die Lust oder durch einen Exzeß von Narzißmus, sondern im Gegenteil, einer Gabe fähig sein, ohne Absenz, Rest, Versagen oder gar Mangel. Was also ist Geliebtwerden, wenn nicht die Fähigkeit, als frei, sogar in seinen Gaben frei, akzeptiert und anerkannt zu werden – und daß sie »durchkommen« und ihren Ort und Weg als Gaben finden können, um durch sie den Austausch einer anderen, aus tiefster Seele gewünschten Gabe zu erhalten: eben Geliebtwerden, den freien Austausch der Liebesgabe? Um aber das freie »Subjekt« und »Objekt« dieses Tauschvorganges zu sein, muß man, wie soll man das ausdrücken, ihn in die Wege leiten können, muß man damit anfangen, ohne Einschränkung zu geben, wenn man dafür auf dem Tauschwege (ein Tauschweg, der das genaue Gegenteil einer Kosten/Nutzen-Rechnung ist) dieselbe Gabe oder noch mehr erhalten will als das, was man gibt. Deshalb darf man natürlich und offensichtlich nicht eingeschränkt sein in der Freiheit seines Wesens, darf man nicht versehrt sein in der Integrität seines Körpers und seiner Seele, nicht »kastriert« sein, sagen wir es ruhig, sondern muß über seine Seinsmacht verfügen (man denke an Spinoza), ohne daß einem ein einziger Teil davon beschnitten ist, ohne daß man dazu bestimmt ist, ihn in der Täuschung oder in der Leere zu kompensieren.

Nun war ich aber von meiner Mutter kastriert worden, zehn Mal, zwanzig Mal, im Banne desselben Zwanges, den sie erlebte, vergeblich ihre Angst zu kontrollieren, selbst kastriert, bestohlen (in der Anhäufung ihrer Güter oder Ersparnisse beschnitten zu werden) und vergewaltigt zu werden (in der Zerrissenheit ihres eigenen Körpers). Ja, ich bin von ihr kastriert worden, vor allem als sie behauptet hatte, mir mein eigenes Geschlecht zu schenken, eine schreckliche Geste, die ich als die eigentliche Gestalt meiner Vergewaltigung durch sie aufgefaßt habe, der Beraubung und Vergewaltigung meines eigenen Geschlechts, an das sie gegen meinen tiefsten Willen »Hand gelegt« hatte, gegen meinen Wunsch, ein *eigenes* Geschlecht zu haben, meines und nicht das eines anderen, vor allem nicht, oh äußerste Obszönität, ihres – und deshalb fühlte ich mich unfähig zu lieben, weil sie *eingegriffen* hatte, weil ich im intensivsten Bereich meines Lebens *versehrt* worden war. Wie soll man lieben können oder zu lieben behaupten, wenn in den intimsten Bereich, in den tiefsten Wunsch, ins Leben des eigenen Lebens eingegriffen worden ist? So fühlte ich mich und habe ich mich durch die intime Aggression meiner Mutter Hélène gegenüber immer gefühlt: als Mann (als Mann? das wäre schon zuviel gesagt), der unfähig war, ihr die kleinste wirkliche Gabe authentischer Liebe darzubringen und, abgesehen von ihr, überhaupt jemandem, verschlossen in sich selbst und das, was ich meine eigene Fühllosigkeit nannte. Meine Fühllosigkeit? In Wirklichkeit die meiner Mutter, die mich bestürzt hat, als sie mich aus Marokko wissen ließ, und zwar unterm Vorwand von Amöben im Darm oder was weiß ich, sie müsse es ablehnen, ihrer eigenen Mutter auf dem Sterbebett beizustehen – und ich war es dann, der in den Morvan fuhr und ihr dann nach ihrem Herzinfarkt in der Kälte des frühen Morgens in der kleinen Kirche die letzte Ehre erwies. Meine Fühllosigkeit? In Wirklichkeit die meiner Mutter, als sie mich durch ihr bloßes Schweigen von Simone ablenkte, um mich in den Zornesausbruch meines Radrennens nach La Ciotat zu treiben. Meine Fühllosigkeit? In Wirklichkeit die meiner Mutter, als ich sie gesehen habe, wie sie, unbewegt, ohne den Schatten einer Gefühlsregung, einen kalten Kuß auf die Stirn meines toten Vaters drückte, danach eine einfache Bekreuzigungsgeste, und das war's! Meine Fühllosigkeit? In Wirklichkeit die meiner Mutter, als mein Freund Paul und Many ihr, weil sie die einzigen waren, die sie kannten, einen Besuch in ihrem Einzelpavillon in Viroflay abstatteten, um ihr mitzuteilen, weiß Gott unter welchen zahllosen Vorsichtsmaßnahmen, daß Hélène tot war und ich sie umgebracht hatte – daraufhin ließ sie sie den Garten besichtigen, ohne ein Wort zu sagen, so als ob nichts wäre, in Gedanken offensichtlich anderswo, ich weiß nur zu gut wo. Meine Fühllosigkeit? In Wirklichkeit die meiner Mutter, wenn sie sich, jetzt von allen ihren Phobien befreit, seit sie allein ist und den Namen Mme. Althusser ablehnt, weil sie nur noch ihren

Mädchennamen will: Berger, heute ohne jede Angst vor Amöben oder anderen Darmbeschwerden auf die schönen Schokoladen stürzt, die ich ihr bringe! Mein Gott, und wenn ich ihr gegenüber nun ungerecht wäre? Diese prinzipientreue, in ihrem Leben leicht zu durchschauende Frau, die nie irgendeine Gewalttat an irgend jemandem beging, warmherzig (gegenüber ihren wenigen eigenen Freunden), die uns offenkundig liebte, so gut sie konnte, und sich für uns ganz allein die »guten« Mittel ausdenken mußte (Musik, Konzerte, klassisches Theater, Eintritt bei den Pfadfindern), die geeignet waren, uns eine ordentliche Erziehung zu verschaffen. Die Unglückliche hat getan, was sie konnte, nicht mehr und nicht weniger, für das, was sie für ihr und unser Glück hielt, in Wirklichkeit für mein Unglück, indem sie recht zu tun glaubte, das heißt indem sie sich an dem ausrichtete, was ihr die ruhig ertragenen Ängste ihrer eigenen Mutter in der Einsamkeit der wilden Wälder Algeriens beibrachten, und an der nervösen Unruhe ihres Vaters.

Es nimmt jedoch nicht wunder, wenn ich die schreckliche Bedeutung dieser Fühllosigkeit und dieser Unfähigkeit, wirklich zu lieben, für mich selbst aufgegriffen und sie auf Hélène übertragen habe, jene andere Unglückliche, in meinen Augen Märtyrerin wie sie selbst und offene Wunde. Es war mein, es war unser Schicksal, die Wünsche meiner Mutter so weitgehend verwirklicht zu haben, daß ich mich (bis heute) nie habe »neugestalten« können, um Hélène anderes zu bieten als diese schreckliche Karikatur einer künstlichen, von meiner Mutter ererbten Gabe als einziger Liebe zu ihr. Sicher, ich habe Hélène von ganzem Herzen geliebt, mit meinem ganzen überschwenglichen Stolz, mit dieser ganzen totalen Gabe meiner selbst, die ich ihr rückhaltlos weihte, aber wie soll man es anstellen, um wirklich aus dieser verriegelten Einsamkeit herauszufinden, zu der ich damals, zweifellos mit uneingestandenen Lapsus, Vorbehalten und Hintergedanken, schon ausersehen war, wie soll man es anstellen, um auf ihre Angst zu reagieren, wenn sie mir auf dem Bett und anderswo fortgesetzt wiederholt: sag mir irgend etwas! das heißt *gib* mir alles, was man braucht, um diese schreckliche Angst hinter sich zu lassen, für immer allein und eine entsetzliche Megäre zu sein, ohne mögliche Liebe nach dem Maß meiner eigenen?

Kein Wesen auf Erden kann auf das drängende Ansinnen der Angst antworten, das da lautet: sag mir etwas!, wenn diese Formel einfach nur bedeutet *gib mir alles*, gib mir endlich etwas zum Existieren!, etwas, um diese Angst zu dämpfen, in deinem Leben und in deinem Blick nicht wirklich zu existieren, nur eine einfache, vorübergehende Gelegenheit zu sein, nicht auszureichen, deine versehrte Integrität in der Liebe für immer neuzuschaffen! Und ich wußte nur zu gut – und Hélène selbst wußte nur zu gut –, was sich hinter diesem pathetischen Appell verbarg: das phantasmatische Entsetzen Hélènes, nur eine böse Frau zu sein, eine *schreckliche* Mutter, eine Böses und abermals Böses zeugende Megäre, vor allem für den, der sie liebte oder lieben wollte. Auf den ohnmächtigen Willen zur Liebe antwortete also nur der wilde, hartnäckige und heftige Bescheid (Wunsch), nicht geliebt zu werden, weil sie es nicht verdiente, weil sie im Grunde nur ein schreckliches kleines Tier mit Krallen und Blut, mit Stacheln und Wut war. Woraus sich all die so leicht zu akzeptierenden (so viel leichter zu akzeptierenden!) Merkmale eines sadomasochistischen Paares zusammensetzen lassen, das unfähig ist, den Kreis seiner dramatischen Verstrickung in Wut, Haß und wechselseitige Zerfleischung zu durchbrechen.

Daher auch die »schrecklichen Szenen« einer Ehe zwischen uns, die unsere Freunde, wenn sie deren ohnmächtige Zeugen wurden, erschreckten oder aufbrachten (je nachdem). Wie mein Vater machte sich Hélène davon, mit plötzlich zu Marmor- oder Papierweiße erstarrtem Gesicht, und beim Zuschnappen der Tür rannte ich hinter ihr her, in einer wilden und stechenden Angst, von ihr manchmal tagelang verlassen zu werden, und manchmal ohne etwas dafür zu können. Was hatte ich ihr in Portugal getan, wohin ich sie nach der Nelken-Revolution im Flugzeug gebracht hatte? Im Restaurant, in das Freunde aus der Gegend uns eingeladen hatten, erlitt sie eine hysterische Krise, weil die Straßen in Lissabon ihr *zu steil* waren, und ich mußte sie in den Schutz des hochgelegenen Schloßkastells bringen, damit sich eine vorübergehende Beruhigung einstellte. Was hatte ich ihr in Granada getan, als sie, ich weiß nicht warum, das Anerbieten eines Freundes ausschlug, der sich vorgenommen hatte, uns bei einem Besuch des Alcazar zu begleiten: ohne sie! und daraus entstand eine schreckliche »Szene«. Was hatte ich ihr in Griechenland getan, als sie die traditionelle Gastfreundschaft eines wunderbaren, kleinbürgerlichen Willkommensmahles im Familienkreis verweigerte – aber schon im voraus verweigert hatte. Was... In allen diesen Fällen war ich zweifellos völlig unbeteiligt, aber leider weiß ich nur zu genau, daß ich zumeist mein Spiel mit ihr getrieben habe, indem ich ihre Reaktionen provozierte, indem ich sie sogar in ihrer Intimität aufspürte, um zu sehen, ob sie einverstanden war oder nicht.

So meine »Frauengeschichten«. Bei ihr habe ich immer das Bedürfnis verspürt, mir eine »Frauenreserve« aufzubauen und Hélènes explizite Billigung einzuholen, mich dieser Neigung zu widmen. Zweifellos »brauchte« ich diese Frauen als erotische Ergänzungen, um zu befriedigen, was sie, die unglückliche Hélène, von sich aus nicht geben konnte, einen jungen Körper ohne Spuren von Leid und jene ewige Figur, der ich bis in den Traum nachspürte, die meinem versehrten Verlangen »fehlte«, der Beweis dafür, daß ich, neben einer Vater-Mutter, auch den Körper einer einfachen, begehrenswerten Frau begehren konnte. Aber nie vermochte ich irgend etwas zu unternehmen ohne ihre ausdrückliche Billigung, bis auf neulich.

Darin fand ich unbewußt, aber selbstherrlich meine »Synthese«-Lösung. Ich verliebte mich in Frauen, die ganz nach meinem Geschmack, aber weit genug von mir entfernt waren, um das Schlimmste zu vermeiden: die sei es in der Schweiz (Claire), sei es in Italien (Franca) lebten, also in einer Entfernung, die unbewußt so berechnet war, daß ich sie nur zeitweilig zu sehen brauchte (bei allem, was über drei Tage hinausging, war ich regelmäßig, das heißt unbewußt, ihrer überdrüssig und müde, obgleich sowohl Claire als auch Franca für mich Frauen von außergewöhnlicher Schönheit und Empfindungsfähigkeit waren). Aber diese geographische Vorsichtsmaßnahme entband mich nicht von meinen Schutz- und Billigungszeremonien. Als ich im August 1974 Franca kennenlernte, lud ich unverzüglich Hélène ein, noch am 15. August ihre Bekanntschaft zu machen. Sie verstanden sich sehr gut, aber einige Monate später folgten schmerzhafte Episoden, in denen ich zwischen Hélène und Franca hin und her schwankte, bei wer weiß wie vielen Telegrammen und Telephongesprächen zwischen Panarea (einer sizilischen Insel) und Paris, zwischen Bertinori und Paris, zwischen Venedig und Paris, ohne ein anderes Ergebnis als das, meine hinterhältigen Provokationen zu mehren und die Situation zu verschärfen.

Der Gipfel aber war mit meinen »Freundinnen« erreicht, wenn sie, direkt oder indirekt, die Frage eines Zusammenlebens mit ihnen oder eines eventuellen Kindes zur Sprache brachten. Mit Claire spielte sich das an der Böschung eines Waldweges in Rambouillet ab: sie sprach von jenem kleinen »Julien«, den wir uns doch so sehr wünschten, und bot mir an – sie hatte so ihre eigenen »Vorstellungen von mir« –, mein Leben zu teilen: daraufhin wurde ich sofort krank und verfiel in eine Depression. Mit Franca, dieser wunderbaren Italienerin von sechsunddreißig Jahren, die in ihrem Alter daran verzweifelte, ob sie noch je würde lieben können, war es schlimmer. Eines Tages kam sie in Paris an, und zwar unter dem Vorwand, die Vorlesungen von Lévi-Strauss hören zu wollen, die sie in ihrem Heimatland übersetzt hatte, und verkündete mir am Telephon, sie sei jetzt da und ich könne mit ihr machen, was ich wolle. Sie drang sogar bei mir ein, als sie sah, daß es mir sehr schlecht ging, indem sie durch das Fenster kletterte. Es war nur allzu deutlich. Ich erkrankte auf der Stelle an einer schweren Depression. Auch sie hatte bestimmte »Vorstellungen« von mir gehabt.

Meine aufeinanderfolgenden Depressionen waren zwar nicht alle von gleicher Stärke. Aber es waren merkwürdige Depressionen, bei denen die Krankenhauseinweisung genügte, mich auf der Stelle zu beruhigen, so als ob der mütterliche Schutz des Krankenhauses, die Isolierung und die »Allmacht« der Depression ausreichten, sowohl meinen Wunsch, nicht gegen meinen Willen verlassen, als auch mein Verlangen zu stillen, vor allem und jedem beschützt zu werden. Glückliche Depressionen, wenn ich so sagen darf, die mir Obdach vor dem ganzen Draußen gewährten und mir die unendliche Sicherheit verliehen, nicht mehr kämpfen zu müssen, nicht einmal gegen mein Verlangen. Mein Analytiker mochte mir noch so oft wiederholen, das seien neurotische und atypische »falsche« Depressionen, das schlug nicht an. Und da sie im allgemeinen sehr kurz waren (vierzehn Tage bis drei Wochen) und, ungeachtet der schrecklichen Wartezeit (die schmerzhafter und länger war als die eigentliche Depression), wie durch ein Wunder mit der Krankenhauseinweisung aufhörten, da meine Arbeit nur in sehr geringem Maße davon beeinträchtigt wurde, genau wie meine Projekte, da ich häufig im Zustand der Hypomanie aus der Depression auftauchte, die mir alle Genugtuungen der äußersten Leichtigkeit, der scheinbaren Lösung aller Schwierigkeiten, meiner und der der anderen, verschaffte, war ich im Grunde nicht wirklich davon betroffen, ich arbeitete zwanzig Mal soviel und holte den angeblichen Rückstand, in den ich geraten war, tausend Mal wieder auf. Die Depressionen prägten sich einfach in meinen etwas stürmischen Lebenslauf ein.

Mein Analytiker, den ich damals regelmäßig aufsuchte, klärte mich über einen Aspekt meiner Depressionen auf, den ich offensichtlich nicht von allein geahnt hatte. Er sagte mir: Die Depression – das ist die Allmacht. Formal ist das unbestreitbar: Man zieht sich aus der Welt zurück, man »flüchtet« sich in die Krankheit und liegt, fern aller aktuellen und aktiven Sorgen, im Schutz eines weißen Klinikzimmers, wo einem aufmerksame Pflegerinnen und Ärzte mütterliche Fürsorge angedeihen lassen (die sehr weitreichende Regression im Gefolge jeder Depression macht einen gleichsam wieder zum kleinen, wenn auch nicht verlassenen Kind, im Gegenteil: man überläßt sich jener friedlichen und tiefen Gewißheit, endlich nicht mehr verlassen zu sein), unter dem komischen Fetischismus von Medikamenten, die, wie bekannt, den Prozeß des Ausklingens der Depression in Wirklichkeit nur *abkürzen* und Schlaf und Linderung schenken; ohne daß man etwas dafür tun und ohne daß man irgend etwas dafür eintauschen müßte, ist einem die ganze Welt zu Diensten und zu Willen: Ärzte, Krankenschwestern, diejenigen, Frauen wie Männer, die einen lieben und einen besuchen kommen. Ohne irgendwelche Angst vor der Außenwelt kann man endlich die Allmacht eines Kindes ausüben, das endlich von guten Müttern geliebt wird. Man kann sich vorstellen, wie sehr mich diese theoretische Erklärung befriedigte: ich, der ich mich im Leben ohnmächtig und ohne reale Existenz fühlte (es sei denn durch das Spiel meiner Kunstgriffe und Schwindeleien), sah mich endlich über eine Macht verfügen, wie ich sie mir nie erträumt hatte. Von da bis zu dem Gedanken, daß ich nur in diesen Fällen krank wurde und nach der Krankenhauseinweisung strebte (ich flehte buchstäblich darum, man möge sie mir gewähren), war nur ein kleiner und wahrlich leichter Schritt. Aber wann würde es mir gelingen, diese Allmacht auch im realen Leben zu genießen? Die Gelegenheit dazu bot sich mir in der Phase hypomanischer Erregung, die (nicht immer, aber immer öfter) der depressiven Phase folgte. Sehr rasch ging ich von der Depression zur Hypomanie über, die manchmal in eine wirkliche, überaus heftige Manie umschlug. Dann fühlte ich mich wirklich all-mächtig, mit Macht über alles ausgestattet, über die Außenwelt, über meine Freunde, über meine Arbeitsprojekte, über meine Probleme und die der anderen. Alles erschien mir und war für mich von unglaublicher Leichtigkeit, ich schwebte über allen Schwierigkeiten, meinen und denen der anderen, ich machte mich, und zwar nicht ohne greifbaren Erfolg, an die Lösung ihrer eigenen Probleme, ohne daß sie mich darum gebeten hätten. Ich stürzte mich in Initiativen, die sie für äußerst gefährlich hielten (für mich und sie) und die sie erbeben ließen, aber ich schlug alle ihre Einwände in den Wind, ich kümmerte mich nicht darum, in der absoluten Überzeugung, daß ich der absolute Herr des Seins sei, der absolute Herr des Spiels, aller Spiele, und warum nicht, zumindest einmal, im Weltmaßstab... Ich erinnere mich eines schrecklichen Satzes, den ich um 1967 ausgesprochen habe und seither leider nicht vergessen konnte: »Wir sind im Begriff, führend zu werden...« Jedermann sah deutlich, daß in dieser wunderbaren Leichtigkeit und Anmaßung eine gewaltige Dosis Aggressivität lag, die sich bei dieser Gelegenheit entlud oder sich eher in der Erregung Abfuhr verschaffte, gleichsam ein Symptom meiner Ohnmachtsphantasie und Depression, denn es war nur eine Abwehr, die sich gegen meine Neigung zur Depression und gegen die sie nährenden Ohnmachtsphantasien richtete. Soviel ist richtig, daß sich die Ambivalenz, von der Freud nach Spinoza so treffend gesprochen hat, in allen Fällen auswirkt und in meinem darüber hinaus ganz deutlich war. Meine Angst, völlig ohnmächtig, und mein Bedürfnis, allmächtig zu sein, meine Megalomanie waren nur die beiden Aspekte ein und derselben Einheit: der des Verlangens, über das zu verfügen, *was mir fehlte, um ein Mann zu sein*, ein vollständiger und freier Mann, und wovor ich Angst hatte, es zu verfehlen. Dasselbe doppelgesichtige Phantasma (seine Ambivalenz) suchte mich so abwechselnd in der irrealen Allmacht der Depression und in der megalomanischen Allmacht der Manie heim.

Überdies kann ich die bewußten »Themen« meiner Depressionen (ich hatte deren von 1947 bis 1980 etwa fünfzehn, immer kurze, ausgenommen die erste und die letzte, und ohne »berufliche« Folgen, ganz im Gegenteil, und ich danke den Leitern der École, die mich, in voller Einsicht in meinen Zustand, nie in einen Krankheitsurlaub geschickt haben, weil ich ja nach jeder Depression wenigstens das Zwanzigfache meiner Arbeit nachholte) bei genauer Beobachtung in drei Kategorien einteilen: die Angst, verlassen zu werden (von Hélène, von meinem Analytiker oder von dem oder jenem meiner Freunde oder Freundinnen); die Angst, einem Liebesverlangen ausgesetzt zu sein, das ich als Bedrohung empfand, man werde »Hand an mich legen« oder, noch weitergehend – ich werde darauf zurückkommen –, man könnte »Vorstellungen über mich« entwickeln, offensichtlich ganz andere als meine eigenen; und schließlich die Angst, vor aller Augen in meiner Nacktheit zur Schau gestellt zu werden: in der Nacktheit eines Menschen mit nichts, ohne andere Existenz als die seiner Kunstgriffe und Schwindeleien, und alle Welt würde dann, am hellichten Tage und zu meiner größten Verwirrung, Zeuge meiner endgültigen Verdammung werden.

Ich glaube, man wird verstanden haben, warum die Angst, verlassen zu werden, bei mir eine Angst auslösen konnte, die dazu angetan war, mich in die Depression zu stürzen. Zu der Angst, von meiner Mutter verlassen zu werden, gesellte sich bei mir die alte Furcht vor den nächtlichen Ausflügen meines Vaters, die durch die heftigen, für mich unerträglichen Abgänge Hélènes reaktiviert wurde: für mich waren sie so viel wie Todesdrohungen (und man weiß, in welcher aktiven Beziehung ich immer zum Tode gestanden habe). Diese »Überdetermination« verbannte mich ins Entsetzen, unwiderruflich, ich brauchte mich nur noch meinem »Schicksal« zu überlassen und in das einzutauchen, was ich mir wünschte, meine Wahrheit zu erfüllen, nicht mehr zu existieren, aus der Welt zu verschwinden, kurz, mich hospitalisieren zu lassen, aber mit jenem perversen Hintergedanken, mich in die Krankheit zu flüchten, wo dann niemand mehr mich zu verlassen drohte, weil ich ja offiziell und bekanntermaßen krank war und so tyrannischerweise den Beistand aller forderte und erhielt. Ich habe dieses Verhalten in den letzten Phasen meiner sehr ernsten und langen Depression in Sainte-Anne und vor allem in Soisy wiederholt, und zwar auf äußerst intensive Weise. Ich werde darauf zurückkommen.

XII

Eine äußerst heftige Abneigung und Angst erlebte ich auch bei der Vorstellung (und in den Situationen, die mich darauf brachten), man wolle »Hand an mich legen«. Vor allem fürchtete ich die diesbezüglichen Anstalten von Frauen. Eine Assoziation, die ganz offensichtlich in die Reihe der Traumatisierungen und Übergriffe, ich hätte beinahe gesagt: Attentate meiner Mutter gehört, die sich dieser kastrierenden Aggression mir gegenüber nicht enthalten hatte. Daß eine Frau mir anbot, mit mir zusammenzuleben (was stillschweigend einschloß, daß ich folglich von Hélène verlassen werden würde, die – in meiner Vorstellung – derartiges nie ertragen hätte), versetzte mich in Schrecken und tiefe Depression. Sogar für mehrere meiner Freunde wird das überraschend sein, aber *ich hatte nie den Eindruck, daß Hélène die Absicht gehabt hätte, »Hand an mich zu legen« oder sich mir gegenüber als kastrierende Mutter zu verhalten*; umgekehrt hatte ich diesen Eindruck immer dann, wenn »Neben«-Freundinnen die Grenzen überschritten, die ich ihnen gesetzt hatte (indem sie sich die Umstände zunutze machten oder sie unbewußt wählten), und mich deshalb (ich sehe das heute sehr deutlich) von Hélène zu trennen, also ihren Verzicht zu provozieren drohten. Um mich vor dieser unsinnigen, aber verhängnisvollen Gefahr zu schützen, schreckte ich vor nichts zurück. Offensichtlich wies ich (durch den Beweis, den ich dafür gab, indem ich alsbald krank wurde) jedes Angebot dieser Art ab, das ich als »unerträgliches Handanlegen« empfand. Vorsichtshalber fand ich selbst gelegentlich (genaugenommen immer, aber in unterschiedlicher, impliziter oder expliziter Form) unsinnige Paraden und Worte. So antwortete ich eines Tages einer jungen Frau, die mir brieflich eine seit langem wahrnehmbare Liebe erklärte: »Ich verabscheue es, geliebt zu werden!«, was vollständig falsch war, sondern im Gegenteil bedeutete: ich verabscheue es, wenn man die *Initiative* ergreift, mich zu lieben, »Hand an mich zu legen«, denn ich lasse diese Art Initiative nicht zu, deren Privileg eigentlich mir und keinem (keiner) anderen auf der Welt gehört: ich spreche wohlgemerkt von dem Mann, von dem Individuum, das ich war, und nicht von dem Philosophen – sogar im Verhältnis zu diesem unsinnigen Wunsch zu lieben, dessen ich unfähig war, wie ich spürte und unter Beweis stellte.

Eine allgemeinere Variante dieser Ablehnung der Initiative seitens jeder Frau nannte ich eines Tages in einem heftigen Erklärungsversuch (meinerseits) bei meinem Analytiker meinen Abscheu vor jedem, der »Vorstellungen von mir« zu haben behauptete. Diesmal handelte es sich nicht nur um Frauen, sondern um Frauen und Männer, und vor allem um ihn, meinen Analytiker, von dem ich damals nur sehr undeutlich verstanden hatte, daß er für mich die »gute Mutter« repräsentierte, also eine Frau, die erste von allen. Ich muß hier präzisieren, daß ich nie das Gefühl hatte, Hélène habe irgendwelche »Vorstellungen von mir« gehabt, so sehr akzeptierte sie mich, wie ich war, ganz nach meinem eigenen Begehren. Es ist nämlich die Frage des Begehrens, die hier wie bei den vorhergehenden Ausdrucksformen in Rede steht. Ich hatte das Begehren meiner Mutter hinreichend erlitten, um nicht zu spüren, daß es nur gegen mein eigenes zu verwirklichen war. Ich wollte endlich das Recht auf mein eigenes Begehren haben (wenn ich auch nicht in der Lage war, es mir vor Augen zu führen, und nur von seinem Mangel, seiner Amputation lebte: von *seinem Tod)*, um nicht ertragen zu müssen, daß ein Dritter, gleichgültig wer, mir sein Begehren aufdrängte und seine »Ideen« als meine anbot, an deren Stelle. Bis zu diesem Punkt verallgemeinert, hat die Einforderung meines eigenen (aber unmöglichen) Begehrens gut und gern die Grundlage meines wilden Unabhängigkeitsstrebens sowohl in der Philosophie als auch in der Partei gebildet und auch, trotz meiner Geschicklichkeit, mich zu versöhnen, das heißt die Meinungen meiner Freunde in meinem Sinne umzubiegen, mein Unabhängigkeitsstreben hinsichtlich meiner engsten Freunde angetrieben. Ich glaube, daß ihnen dieser Zug oder diese »Wunderlichkeit« nicht entgangen ist und daß ich sie ihnen manchmal teuer habe bezahlen müssen. Zum Teil liegt sie wahrscheinlich sogar der Reaktion jener Freundin zugrunde, von der ich den Satz kolportiert habe: »Du verstehst es sehr gut, Deine Freunde zu benutzen, aber Du hast keinerlei Respekt vor ihnen.« Daß ich aus dieser Unabhängigkeit (deren negative »Genealogie« mir jetzt sehr deutlich wird) positive Gewinne gezogen habe, die zur Gestaltung und zum Umriß meiner »Persönlichkeit« beigetragen haben, duldet keinen Zweifel. Noch ein Beispiel von Ambivalenz, dem ich es ganz sicher zu verdanken hatte, in weitere Depressionen zu verfallen.

Der Fall aber, der meine phantasmatischen Schrecknisse am deutlichsten zum Ausdruck bringt – denn er repräsentiert gleichsam das Phantasma der unmöglichen Lösung, auf die ich mich eingeschränkt sah, nämlich allmächtig zu erscheinen, während ich es durchaus nicht war –, ist das dritte »Motiv«, das mehrere meiner Depressionen auslöste, insbesondere die spektakuläre Depression vom Herbst 1965. Ich hatte gerade voller Euphorie *Pour Marx* [dt. *Für Marx*] und *Lire Le Capital* [dt. *Das Kapital lesen*] veröffentlicht, die im Herbst erschienen waren. Daraufhin erfaßte mich unglaubliches Entsetzen bei der Vorstellung, daß diese Texte mich vor dem denkbar größten Publikum ganz nackt zeigen würden: ganz nackt, das heißt so wie ich war, ein Wesen, das nur aus Kunstgriffen und Schwindeleien bestand und nichts anderem, ein Philosoph, der beinahe nichts von der Geschichte der Philosophie wußte und beinahe nichts von Marx (dessen Jugendwerke ich zwar genauer studiert, von dem ich ernsthaft aber nur das erste Buch des *Kapitals* gelesen hatte, und zwar in jenem Jahre 1964, als ich das Seminar hielt, das dann mit seinen Ergebnissen in *Das Kapital lesen* aufging). Ich fühlte mich als »Philosoph«, der sich in eine willkürliche, Marx selbst ganz äußerliche Konstruktion gestürzt hatte. Raymond Aron hatte durchaus nicht unrecht, wenn er in bezug auf mich und Sartre von »imaginärem Marxismus« sprach, aber er, dem selbst die Trotzkisten nach seinem Tode Lorbeerkränze wanden, verstand wie immer nichts von dem, was er sagte – wenn es denn vorkam, daß er etwas Wichtiges sagte –, vom übrigen ganz zu schweigen. Kurz, ich fürchtete, mich einer katastrophalen öffentlichen Schande auszusetzen. In meiner Angst vor der Katastrophe (oder meinem Wunsch danach: Angst und Wunsch gehen heimtückischerweise immer Hand in Hand) stürzte ich mich geradezu in diese Katastrophe und »machte« mir eine eindrucksvolle Depression. Diesmal eine ziemlich ernste, zumindest für mich, denn meinen Analytiker täuschte sie nicht.

Ich kannte meinen Analytiker damals erst seit kurzem, und mir liegt daran, über ihn zu sprechen. Man verstünde es schwerlich, wenn ich seine entscheidende Rolle in meinem Leben mit Stillschweigen überginge, und zwar deshalb, weil er, sogar in seinem Kollegenkreis und bei vielen seiner und meiner Freunde, Gegenstand ernsthafter Vorwürfe im Zusammenhang mit Hélènes Tod gewesen ist. Es hat sogar den Anschein, daß eine gegen seine »Methoden« gerichtete und von mehreren »Heterodoxen« unterzeichnete Petition an *Le Monde* geschickt wurde, der sie aber nicht publizierte, und zwar dank der Intervention meines früheren Schülers Dominique Dhombres. »Sie« können ihm jetzt (er ist in Moskau, aber bei seiner Rückkehr) komischerweise die Zeche »zahlen«!

Es war Nicole, heute eine liebe Freundin, wenn auch mit Phobien gespickt, die mich paralysierten, die mir riet, ihn zu konsultieren. Ich begann zu argwöhnen, daß die Bemühungen meines ersten Therapeuten keine authentische Analyse darstellten, sondern eine sehr gute Stützung ohne wirklichen analytischen Effekt. Dieser großzügige Mensch hatte mir in meinen schwierigen Phasen sehr geholfen, er war immer zur Stelle gewesen, um mir die in meinem Zustand erforderlichen Medikamente und Ratschläge zu geben und mir Zugang zu psychiatrischen Einrichtungen und Kliniken zu verschaffen (Épinay, Meudon usw.). Ich brachte ihm meine Träume in schriftlicher Form, und unter der Narkose, die mir so viel Entlastung verschaffte, kommentierte er sie ausführlich, indem er die »positiven Elemente« darin von den »negativen Elementen« schied. Ich verstand manche Dinge, aber zumindest einmal griff er in mein persönliches Leben ein, als er Franca, die während eines meiner Krankenhausaufenthalte seine Meinung erbat, erklärte: »Was da mit Ihnen passiert ist, ist nichts Ernstes, es ist nur eine Ferienliebe.« Und einmal, als ich in Vallée-aux-Loups im Krankenhaus war (der früheren Residenz von Chateaubriand) und von einer alten Dame betreut wurde, einer der beiden Töchter von Plechanow, hätte ich mich beinahe ernsthaft mit einem ordinären langen Messer umgebracht, denn mein Therapeut zögerte, mir Elektroschocks verabreichen zu lassen, die ich in namenloser Verzweiflung heftig forderte. Kurz, Nicole empfahl mir einen wirklichen Analytiker, »einen Mann, dessen Schultern breit genug für Dich sind«. Ich habe den Ausdruck behalten, zweifellos nicht durch Zufall. Schließlich hätte ich auch an meinen Freund Paul denken können, dessen Schultern wirklich breit genug waren, um sich für mich zu schlagen.

Vor dem Sommer 1965 sah ich meinen künftigen Analytiker mehrfach zu Vorgesprächen, und zu guter Letzt willigte er ein, mich zu regelmäßigen »analytischen« Gesprächen zu empfangen, *aber im Sitzen.* Er hat sich später mehrfach dazu erklärt: eine solche Angst lastete auf mir, daß ich seiner Meinung nach die Couch nie ertragen hätte, weil sich diese Angst dadurch verdoppelt hätte, daß ich ihn nicht mit eigenen Augen sehen und sein Schweigen nicht hätte ertragen können. Wirklich wurde ich beim Gegenübersitzen von Angesicht zu Angesicht, wenn ich ihn reagieren sah und ihn häufig ganz plötzlich, wenn auch sehr selten direkt auf meine Fragen antworten hörte, davon sicherlich beruhigt: er war da und unzweifelhaft da. Aufmerksame, *sichtbar* aufmerksame Präsenz, sie beruhigte mich merklich. Gleichzeitig begriff ich (und stellte fest), daß eine Analyse von Angesicht zu Angesicht für den Analytiker auf andere Weise schwierig ist als eine auf der Couch, denn er muß sein Mienenspiel unter Kontrolle halten, vor allem beim Schweigen, ohne sich, bequem hinter dem Patienten postiert, in die Stummheit ruhigen Atmens im Sessel, des Saugens an einer Pfeife, des Umblätterns der Seiten einer Zeitung usw. zurückziehen zu können.

Als im Oktober meine Bücher erschienen, wurde ich von derart starker Panik ergriffen, daß ich von nichts anderem mehr sprach, als sie zu vernichten (aber wie?) und, als letzte, aber radikale Lösung, mich schließlich selbst zu vernichten.

Mein Analytiker sah sich mit dieser schrecklichen Situation direkt konfrontiert. Ich habe seither oft an so viele Analytiker gedacht, die, sozusagen aus Respekt vor dem »Buchstaben« der analytischen Regeln, überhaupt nicht eingreifen und sich weigern, sich auch als Psychiater und Mediziner zu verhalten und so ihrem Patienten die narzißtische Befriedigung zu verschaffen, ihnen zu helfen (nicht nur eine Klinik, sondern sogar einen Psychiater zu finden). Im Wissen darum, daß niemand auf der Welt, im Kollegenkreis oder anderswo, ihnen, wenn der Patient sich tötet, ihr fehlendes Eingreifen vorwirft. Ein mir sehr nahestehender Freund, der damals in Analyse war, hat so 1982 Selbstmord begangen, ohne daß sich sein Analytiker anscheinend (ich sage: anscheinend, ich bin möglicherweise schlecht informiert, aber ich kenne andere Fälle, die keinen Zweifel dulden, und von Lacan selbst) den geringsten »stützenden« Eingriff erlaubt hätte. Mein Analytiker, der mich, von 1965 bis zur Trennung, täglich sah und mich gleichsam am helfenden, »ausgestreckten Arm« hielt (später sollte er mir sagen, daß er damals zweifellos etwas »hypomanisch« gewesen sei, weil allzu sicher, mich aus der Affäre ziehen zu können), gab, mit meiner wiederholten Selbstmorddrohung konfrontiert, schließlich meinem Druck nach und willigte ein, mich ins Krankenhaus zu überweisen. Er präzisierte: »in eine Anstalt, die ich gut kenne, wo wir unsere eigenen Methoden haben: Soisy«. Er machte sogar deutlich, daß er (um der größeren Sicherheit willen, nehme ich an) mich selbst dorthin begleiten werde. Er holte mich im Wagen von der École ab, und ich sehe von weitem noch meinen alten Freund Dr. Étienne ans Gitter eilen und lange mit ihm sprechen, mit diesem alten Mann. Der schien ihm zuzuhören, ohne viel zu sagen. Ich war immer der Meinung – und aus bestimmten Indizien schließe ich, daß ich nicht unrecht hatte –, daß Étienne meinem Analytiker seine private Version der Fakten mitteilte: wenn ich krank wurde, war das die Schuld von Hélène. Diese leichte und beruhigende Version sollte später sehr weite Verbreitung im »Gerücht« finden, aber *sehr wenig* bei meinen nahen Freunden; und das aus gutem Grund, sie kannten Hélène *doch* und wußten (sehr wenige, genaugenommen), daß wir nicht das berühmte »sado-masochistische«, klassische und häufig todgeweihte Paar waren.

Ich wurde nach Soisy überwiesen, in ein schönes, modernes Krankenhaus mit Pavillons in einer weitläufigen Wiesenlandschaft, ich verlangte unter großem Getöse eine Schlafkur, weil ich (noch immer die sowjetischen Mythen) an deren Wunderwirkung glaubte. Dieses Verlangen wurde teilweise befriedigt, man ließ mich jeden Tag etwas schlafen, ich beruhigte mich ziemlich rasch (was mich erstaunte) und verließ die Klinik nach Ablauf eines Monats, völlig wiederhergestellt. Später setzte ich meinen Analytiker immer wieder unter denselben Druck, und da ich es in meiner Angst nicht ertragen konnte, daß er sich nicht mit mir beschäftigte, da er sich in eine Situation verstrickt fand, die bereits durch eine ganze Vergangenheit geprägt war, selbst als er mir schließlich völlig freie Hand bei der Entscheidung ließ, mich internieren zu lassen (oder auch nicht), ging die Entscheidung immer durch seine Hände, zumindest was den *Ort* der Hospitalisierung betraf, sei es zunächst in Soisy, dann in Le Vésinet, Anstalten, deren Leiter Freunde von ihm waren und wohin er mir, durch ihre Vermittlung, »folgen« konnte. In Le Vésinet kam mein Analytiker jeden Sonntagmorgen im Auto an. Ich war verwirrt von seiner Aufopferung und war es noch mehr, als ich nach meinem ersten Klinikaufenthalt erfuhr, daß er mich für diesen von einer sehr langen Autofahrt begleiteten Besuch außer der Reihe denselben Preis bezahlen ließ wie für meine gewöhnlichen Sitzungen (man bedenke die Bedeutung von Geldfragen für mich – und für alle Analytiker!), wobei mein Vater, den ich nicht darum ersuchte, mich noch immer nicht unterstützte, obwohl er damals leicht dazu in der Lage gewesen wäre. Und jedesmal erwartete ich meinen Analytiker mit offenen Armen und in einem Zustand, der mich Tränen vergießen ließ wie ein Kleinkind bei seiner Mutter.

Die Geschichte sollte später, etwa 1974–1975, noch komplizierter werden. Hélène, deren »Charakter«-Störungen manifest waren, willigte ein, eine Analyse zu machen, und zwar bei einer Frau. Sie suchte sie ungefähr anderthalb Jahre lang auf, einmal wöchentlich im Sitzen, brach die Analyse dann aber jäh nach einem Zwischenfall ab, von dem ich nur Hélènes Version kennengelernt habe. Da ihre Analytikerin auf ein klassisches Thema bei Freud angespielt habe (das Gegenübersitzen) und Hélène ihr geantwortet habe, sie wisse nichts davon (sie hatte tatsächlich keinerlei theoretische Kenntnisse von der Analyse), habe ihre Analytikerin ihr entgegnet: »Das ist unmöglich, Sie lügen!« (Hélène hatte eine derart weitreichende Allgemeinbildung, daß ihre Analytikerin legitimerweise annehmen durfte, sie kenne den Ausdruck, lehne ihn jedoch, wenn ich so sagen darf, »willentlich« ab.)

Hélène war, wie man sich vorstellen kann, von diesem schrecklichen Therapieabbruch völlig verwirrt, ich wohl noch mehr. Ich drängte meinen Analytiker mit selbstmörderischer Hartnäckigkeit, eine Lösung zu finden. Er willigte ein (was ich mir von ganzem Herzen wünschte), mit ihr einmal wöchentlich eine therapeutische Séance im Sitzen abzuhalten. So nahm er uns beide, wenn ich so sagen darf, parallel zueinander »in Pflege«, ein Fall, der zwar äußerst selten, aber im Metier doch nicht beispiellos war (Lacan praktizierte häufig dieselbe Methode) und nach dem Tode von Hélène schwerwiegende Verdächtigungen gegen ihn auslösen sollte, sowohl im Kollegenkreis als auch bei mehreren unserer Freunde. Einer davon sprach von »Höllenkreis«, von »Ehe zu dritt«, von »totaler Sackgasse« ohne anderen möglichen Ausweg als den eines Dramas. Freilich hatte mir mein Analytiker stets gesagt, daß ich ein »atypischer Fall« sei (aber ist das nicht jeder »Fall«?) und Hélène auch und unsere Beziehung nicht minder, und daß man für einen atypischen Fall nur eine ihrerseits atypische

Lösung vorschlagen könne, die zwar nicht dem strengen Buchstaben der klassischen Regeln gewachsen sei, aber davon auch nicht völlig ausgeschlossen werde, unter der Bedingung, daß man sich dabei, im Verhältnis zu dem »Fall«, strategisch und taktisch angemessen zu verhalten wisse.

Nachträglich habe ich immer das Gefühl gehabt, daß ich auf meinen Analytiker, in einer ständigen Beziehung der Erpressung mit Abbruch und Selbstmord, einen solchen Druck ausübte, daß er, einmal im Banne des Präzedenzfalles von 1965, gleichsam gezwungen war, gegen seinen Willen daran festzuhalten, in der Erwartung, daß die Beziehung sich hinreichend entspannte, um sich davon zu lösen und mich davon zu lösen: das aber sollte von der Entwicklung meiner Kur, letztlich also von mir abhängen. Eben das passierte. Die Strategie meines Analytikers ist also durch die Erfahrung verifiziert worden.

Mehrfach hatte ich, als ich mich nach einer Depression in der manischen Phase befand, das Gefühl, daß meine Analyse ihr Ende gefunden hatte. Ich legte mir bei diesen wundertätigen Gelegenheiten sogar eine Metapher für das Ende der Analyse zurecht. Die Analyse ist wie ein schwerer, mit feinem Sand beladener Lastwagen. Um ihn zu leeren, hebt eine Winde langsam die Ladefläche an, die sich neigt. Anfangs fällt gar kein Sand herunter, dann allmählich einige Körner. Und schließlich rutscht die gesamte Ladung in einem Schwall auf die Erde. Eine schöne, allzusehr meinem Wunsch angepaßte Metapher. Ich mußte auf eigene Kosten lernen, daß es so nicht ging... Also erklärte ich meinem Analytiker mit absoluter Sicherheit und Dankbarkeit: »Diesmal haben Sie gewonnen!« Und jedesmal erinnere ich mich seines Schweigens, das genaue Gegenteil der stummen Zustimmung, ein mit dumpfer Unruhe geladenes Schweigen, die er, trotz aller Kontrolle seiner »Gegenübertragung«, nicht zu verbergen fertigbrachte. Ich habe sogar eine Geste von ihm in Erinnerung, die mich aufbrachte, und zwar am Ende einer dieser »Befreiungs«-Sitzungen. Da ich ihn in größter Euphorie verließ, sah ich ihn erst im letzten Augenblick, zwischen Tür und Angel, mit der Hand eine Gebärde machen, die bedeuten sollte: sachte, sachte – und das mehrfach wiederholt. Das brachte mich auf. Ich mußte mich ihm gegenüber mit aller Heftigkeit erklären: »Entweder glauben Sie, daß ich mich in einer Phase von Hypomanie mit unbewußten und unkontrollierbaren Motiven befinde, und wie soll ich mich dann Ihrer Meinung nach kontrollieren, und mit welchem Recht halten Sie mich dann zu einer Vorsicht an, die ich nicht üben kann? Oder Sie sind der Meinung, daß ich mich zu kontrollieren imstande bin, und wenn doch alles von mir abhängt, warum dann diese Geste für nichts und wieder nichts? Und zu guter Letzt: Mit welchem Recht wollen Sie, ›im Gegensatz zu jeder analytischen Regel‹, im einen ›Fall‹ wie im anderen in mein Verhalten eingreifen?« Formal hatte ich sicher nicht unrecht. Ich habe ihn nie nach seiner Meinung zu diesem für mich so verletzenden Punkt gefragt. Zweifellos habe ich unrecht gehabt...

In der Phase meiner heftigen Auseinandersetzung mit meinem Analytiker, die mehrere Monate dauerte, etwa 1976–1977, warf ich ihm unverhohlen und lautstark vor, er habe immer »Vorstellungen von mir« gehabt und mich nicht als einfachen und gewöhnlichen Menschen, sondern eher als die bekannte Persönlichkeit behandelt, die ich war, mit viel zuviel Rücksicht. Ich machte ihm den Vorwurf, mir versichert zu haben, daß meine Bücher die »einzigen philosophischen Werke« seien, »die er verstanden« habe, und für mich eine analytisch suspekte Freundschaft, ja Vorliebe gehegt zu haben, kurz: ich machte ihm den Vorwurf, seine eigene *Gegenübertragung zu mir* weder zu durchschauen noch beherrschen zu können, und brachte ihm sogar eine theoretisch anspruchsvolle Schrift mit, die ich (eigens für ihn) über die Gegenübertragung angefertigt hatte und in der ich die recht gut begründete Idee entwickelte, daß von Anfang an nicht die Übertragung, sondern die Gegenübertragung herrscht. Er las diesen Text und antwortete mir kalt: das sind seit langem bekannte Dinge. Das quälte mich schrecklich, und ich dachte mir sogar eine weitere Gehässigkeit gegen ihn aus. Mir war nicht klar, daß ich es sein konnte, der am Ursprung der Komplizenschaft stand, die ich zwischen uns spürte, ich, der ich sie provoziert, gesucht und erreicht hatte, und zwar um den Preis eines gewaltigen Bestechungsversuches. Ich wußte damals nicht, daß ich, gleichgültig ob bei Männern oder Frauen, keine Ruhe hatte, solange ich sie nicht durch kontinuierliche Provokation verführt und auf meine Gnade und Ungnade reduziert hatte. Hat mein Analytiker dieser Tendenz wirklich nachgegeben, oder hatte ich nur den Eindruck? Ich kann es nicht sagen, aber ich gebe hier, mit allen Erinnerungen an meine prägenden Traumata, alle meine Waffen aus der Hand, das heißt meine entwaffneten Schwächen.

Verführung, aber auch Provokation. Die beiden gingen natürlich

Hand in Hand. Bei den Frauen, denen ich in diesen Phasen begegnete, gelang mir die unwiderstehliche und erobernde Verführung in kürzester Frist: zehn Minuten, eine halbe Stunde lebhaften Sturmangriffs, und die Sache war geregelt. Immer dann, wenn ich das Bedürfnis danach verspürte, war ich es auch, der die Initiative ergriff wie bei meinem Hand-in-Hand-Gehen mit Hélène, auf die Gefahr hin, mich später in schrecklicher Verlegenheit hinsichtlich des Resultats zu finden, nämlich der Sorge, selbst in der Falle zu sitzen oder mich einfangen lassen zu haben, die mich in die Angst trieb.

Natürlich machte ich die unsinnige Kühnheit dieser Angriffe und meine nachfolgende Unsicherheit wett, indem ich »noch eins draufsetzte«, indem ich meine Gefühlseinsätze steigerte, indem ich mich überredete, daß ich wirklich und wie rasend liebte, und ich legte mir dann von der Frau, der ich begegnet war, ein Bild zurecht, das geeignet war, diese Leidenschaft des Höhergebots zu unterstützen. Ich habe bis jetzt, bis in die allerjüngste Zeit, auf die ich zurückkommen werde, meine tatsächlichen Beziehungen zu Frauen immer in den Höhen eines maßlos heftigen und leidenschaftlichen Gefühls leben wollen. Das war eine durchaus merkwürdige, aber mir ganz eigene Art und Weise, mir das Gefühl zu geben, die Situation zu »beherrschen«, das heißt eine Situation nicht nur in der Hand, sondern »fest« in der Hand zu haben, die ich gar nicht beherrschte und in der Form, wie ich nun einmal »gemacht« war, auch nicht in ihrer tatsächlichen Realität beherrschen konnte. Ich hätte die Frauen, auf die ich mein Auge warf, wirklich so akzeptieren müssen, wie sie waren, und vor allem mich selbst so akzeptieren, wie ich war, ohne jede »Übertreibung«, ein Wort, das ich von einer Frau gelernt habe, die mir unendlich lieb geworden ist: die erste, die meine Verschrobenheiten zu durchschauen und sie mir vor allem ins Gesicht zu sagen verstand, ohne den Schatten eines Zögerns, das richtige Wort zu finden: »Was ich an Dir nicht mag, ist, daß Du Dich selbst zerstören willst.«

Höhergebot, Übertreibung: offensichtlich kehrt hier etwas von der Provokation wieder: man bringt sich vor einer Frau nicht in den Formen einer unsinnigen und maßlosen Liebe zum Ausdruck, ohne daß sich dabei nicht auch, unbewußt, der Wunsch einschleicht, sie möge nach dem Bild dieser Liebe beschaffen sein und damit in ihrem Wesen, ihren Gesten, ihrem sexuellen Gebaren und ihren Gefühlen übereinstimmen. Dennoch war ich so gespalten, daß ich, der ich mir die letzten Geständnisse und die letzten Zärtlichkeiten von den Frauen wünschte, auf die ich mich stürzte, gleichzeitig große Angst vor ihren fälligen Demonstrationen hatte, Angst, daß sie sich mir nicht auf Gnade und Ungnade ergaben, denn dann wäre die Initiative ins andere Lager übergewechselt, und die schreckliche Gefahr, in ihren Fängen Schiffbruch zu erleiden, ließ mich im voraus vor Angst erbleichen.

Bei Hélène lagen die Dinge ähnlich, wenn auch ganz anders. Ich hatte überhaupt keine Angst, daß sie »Hand an mich legte« oder bestimmte »Vorstellungen von mir« hatte. Zwischen uns gab es eine Gemeinschaft und Brüderlichkeit, die mich vor dieser Gefahr bewahrten. Gleichwohl hörte ich nicht auf, sie zu provozieren. Aber meine Provokationen hatten, wie ich deutlich gemacht zu haben glaube, einen anderen Sinn. Ich gab keine Ruhe, bis sie, und zwar so schnell wie möglich, meine neuen Freundinnen kennengelernt hatte, um von ihr die Billigung zu erhalten, die ich, kurz und gut, von einer guten Mutter erwartete, die ich nie gehabt hatte. Nun fühlte sich Hélène aber durchaus nicht in der Haut einer guten Mutter, sondern, ganz im Gegenteil, in der einer Megäre und schrecklichen Frau. Sie reagierte, wie man sich vorstellen kann: anfangs geduldig, dann allmählich und zu guter Letzt mit einem Schlage nachdenklich (und da sie anfangs geduldig und tolerant gewesen war, verstand ich sie nicht mehr), dann kritisch, kategorisch und schroff. Nicht daß sie eifersüchtig war (sie wollte mich »frei«, und ich glaube, daß sie vollkommen aufrichtig war und in jeder Hinsicht meine Bedürfnisse, Wünsche und sogar meine Manien respektierte), aber sie war, wenn der erste Augenblick von Toleranz einmal vorbei war, offensichtlich so sehr von dieser schrecklichen Phantasie besetzt und erneut besetzt, eine Megäre zu sein, daß sie ihr aus Anlaß meiner unglaublichen Provokation nachgab und sich aufführte, als ob sie sich im Banne ihres inneren Schreckens so verhielte. Ein weiteres Beispiel für Ambivalenz. Nachträglich machte sie sich schreckliche Vorwürfe und gab mir wiederholt zu verstehen, ich könne machen, was ich wolle, aber unter einer einzigen und einfachen Bedingung: ihr von meinen Frauenbeziehungen *nicht zu erzählen*. Diesen einfachen und handgreiflichen Rat aber, den sie mir in der Ruhe einer unbestreitbaren Vernunft gab, konnte oder verstand ich nie zu befolgen. Jedesmal verfiel ich wieder in den Zwang, sie bis zur Weißglut zu provozieren. Wir hatten in Gordes ein sehr schönes Haus, ein altes Gehöft, das wir beinahe umsonst gekauft und wunderbar wiederhergerichtet hatten: eine einzigartige Pracht in der ganzen Gegend. Ich richtete es so ein, daß meine letzten Freundinnen dorthin kamen, und zwar immer, um von Hélène gebilligt zu werden. Nur einmal, ein einziges Mal ging das gut: bei eben jener Freundin, die mich als einzige verstand.

Dieser Zwang zur Provokation von Hélène verstärkte sich offensichtlich noch in meinen Phasen von Hypomanie. Da mir dann alles leicht erschien und auch tatsächlich war, wenn auch von einer trügerischen Leichtigkeit, erfand ich, über diese perversen Vorstellungen hinaus, viele andere Formen von Provokation. Hélène litt schrecklich, denn sie wußte aus Erfahrung, daß diese hypomanischen Zustände nichts Gutes verhießen, sondern im Gegenteil einen Rückfall in die Depression und in ihrem Gefolge ein Unmaß von Leiden für mich wie für sie ankündigten; überdies aber fühlte sie sich von meinem unwahrscheinlichen Verhalten direkt und persönlich aufs Korn genommen (und hatte nicht einmal unrecht damit, wie ich heute weiß). Denn ich hatte damals eine diabolische Vorstellungsgabe. Einmal, in der Bretagne, machte ich mich einen ganzen langen Monat lang daran, systematisch einem besonderen Sport zu frönen: nämlich dem des Klauens in Geschäften, das ich natürlich ganz ohne Schwierigkeiten praktizierte, und jedesmal zeigte ich ihr voller Stolz die unterschiedliche und immer größer werdende Beute meiner Raubzüge und schilderte ihr detailliert meine unwiderstehlichen Methoden. Sie waren nämlich wirklich unwiderstehlich. Gleichzeitig machte ich die Mädchen am Strand an und führte sie ihr, wenn ich sie rasch herumgekriegt hatte, von Zeit zu Zeit zu, um ihre Billigung und Bewunderung einzuholen. Das war die Zeit, wo ich es mir in den Kopf gesetzt hatte, ohne jedes Risiko eine Bank auszurauben und sogar (noch immer ohne jedes Risiko) ein Atom-Unterseeboot zu stehlen. Verständlicherweise war sie darüber entsetzt, denn sie wußte, daß ich bei der Ausführung meiner Pläne sehr weit gehen konnte, aber nie, wie weit. Ich ließ sie also in der Unsicherheit und im denkbar größten Schrecken schwanken. Man stelle sich die Situation vor!

Es kam dazu, daß ich sie bei zwei Gelegenheiten noch schrecklicheren Prüfungen unterwarf. Die erste war ernsthaft, konnte offensichtlich aber keine Folgen nach sich ziehen.

Wir sind bei Freunden zum Essen eingeladen, zusammen mit einem uns bis dahin unbekannten Paar. Ich weiß nicht, was mich antreibt (oder weiß es nur zu gut), aber ich setze während der Mahlzeit mit Hilfe provozierender Erklärungen und Aufforderungen zum Sturmangriff auf die schöne junge Unbekannte an. Und das alles, um den keinen Widerspruch duldenden Vorschlag vorzubringen, wir sollten und könnten, auf der Stelle und vor aller Augen, auf dem Tisch Liebe machen. Der Angriff war so vorgetragen, daß der Schluß sich gleichsam zwingend aufdrängte. Gott sei Dank verteidigte sich die junge Frau sehr gut: sie verstand genau die Worte zu finden, die geeignet waren, dem Vorschlag aus dem Wege zu gehen.

Ein andermal sind wir in Saint-Tropez, und zwar in der Wohnung von Freunden, die ihrerseits verreist sind. Ich hatte einen politischen Freund eingeladen, uns zu besuchen. Er kommt in Begleitung einer sehr schönen jungen Frau, auf die ich mich stürze. Ich gebe ihr ein Manuskript von mir zu lesen. Dieselbe Szene wiederholt sich, diesmal mit Hélène und dem Mann als einzigen Tischgenossen. Auf dem Tisch passiert natürlich nichts, aber ich ziehe das Mädchen beiseite und betaste in aller Offenheit ihre Brüste, ihren Bauch und ihr Geschlecht. Sie läßt es geschehen, etwas verwirrt, aber durch meine Reden vorbereitet. Dann mache ich den Vorschlag, zum Strand zu gehen, einem kleinen, gewöhnlich verlassenen, diesmal sogar völlig verlassenen Strand, denn es weht ein heftiger Mistral, und das Meer ist wild bewegt. Währenddessen bleibt mein Freund zu Hause, mit der Nase über mein Manuskript gebeugt. Am Strand und noch immer in Gegenwart von Hélène, die nicht schwimmen kann, fordere ich die junge Frau auf, sich auszuziehen, und wir stürzen uns beide völlig nackt in die entfesselten Wogen. Ich sehe Hélène, wie sie, völlig außer sich und laut schreiend vor Angst, am Strand entlangläuft. Wir schwimmen weiter hinaus, und als wir umkehren wollen, werden wir von einer starken Strömung erfaßt, die uns aufs offene Meer hinaustreibt. Beinahe ein oder zwei Stunden lang mußten wir unsinnige Anstrengungen unternehmen, um endlich wieder am Strand anzulangen. Es war die junge Frau, die mich rettete, sie schwamm besser als ich und hielt mich bei meinen verzweifelten Anstrengungen über Wasser. Als wir am Strand ankommen, ist Hélène verschwunden. Das nächste Haus ist mehrere Kilometer entfernt, quer durch rauhes und hügeliges Gelände, und es gibt kein Rettungsboot, es sei denn im fernen Hafen von Saint-Tropez. War Hélène voller Verzweiflung losgerannt, um Hilfe zu holen? Nach endloser Suche im Gelände finde ich sie schließlich am Ufer, nicht weit von unserem Strand, unkenntlich und ganz in sich zusammengesunken, in einer quasi-hysterischen Krise zitternd und mit dem tränenüberströmten Gesicht einer uralten Frau. Ich versuche sie in die Arme zu nehmen, um sie zu beruhigen und ihr zu sagen, daß der Alptraum vorbei ist und ich da bin. Nichts zu machen: sie hört und sieht mich nicht. Schließlich, nach wer weiß wie langer Zeit, öffnet sie den Mund, aber nur, um mich heftig wegzuscheuchen: »Du bist widerlich! Für mich bist Du gestorben! Ich will Dich nicht mehr sehen! Ich kann es nicht mehr aushalten, mit Dir zusammenzuleben! Du bist ein Feigling und ein Schwein, ein Schwein bist Du, hau ab!« Ich bedeute der jungen Frau von weitem zu gehen, ich habe sie seither nie mehr wiedergesehen. Es bedurfte mehr als zwei Stunden, bis Hélène, noch immer in Tränen aufgelöst und konvulsivisch zitternd, einwilligte, mit mir nach Hause zurückzukehren. Niemals mehr war zwischen uns von diesem schrecklichen Zwischenfall die Rede, den sie mir in ihrem Herzen wohl nie verziehen hat. Ganz sicher kann man ein menschliches Wesen nicht so behandeln. Ich habe genau verstanden, daß in ihrem Entsetzen nicht nur die Furcht lag, *ich* könnte in den Wellen den Tod finden, sondern eine andere schreckliche Angst: ich könnte *sie* durch meine wahnsinnige und grauenhafte Provokation auf der Stelle töten.

Richtig ist: Zum ersten Mal waren mein eigener Tod und der Tod Hélènes nur einer: *ein und derselbe Tod* – nicht gleichen Ursprungs, aber gleichen Ausgangs.

Das Gesicht Hélènes! Ich weiß nicht zu sagen, wie oft es mich vom ersten Augenblick an in Bann geschlagen hat, noch, wie sehr es mich heute noch heimsucht. Seine fremdartige Schönheit! Gleichwohl war sie nicht schön, aber es lag in ihren Gesichtszügen eine solche Schärfe der Prägung, eine solche Tiefe und ein solches Leben, überdies eine solche Fähigkeit, von einem Augenblick zum anderen überzugehen, von der vollständigsten Öffnung zur dichtesten Verschlossenheit, daß ich davon gleichzeitig geblendet und verwirrt war. Ein Freund, der sie sehr gut gekannt hatte, sagte mir, er habe sie verstanden, als er jenen Trakl-Vers las: »Schmerz versteinert[e] die Schwelle«, und er fügte hinzu, bei Hélène habe man sagen müssen: »Schmerz versteinert[e] das Gesicht.«[*] Es ist gezeichnet, dieses Gesicht, durch die Züge, die Spuren, die ein langer Schmerz ihm eingeprägt hat, der Schmerz der Hohlwangigkeit, die Spuren einer langen und schrecklichen »Arbeit des Negativen«, des persönlichen und des Klassenkampfes in der Geschichte der Arbeiterbewegung und der Résistance. Alle ihre toten Freunde, Hénaff, dem sie zugetan war, Timbaud, Michels, Pater Larue, den sie geliebt hatte, alle von den Nazis erschossenen Toten hatten auf ihrem Gesicht jene Spuren von Verzweiflung und Tod hinterlassen. Sogar die Versteinerung ihrer schrecklichen Vergangenheit: sie war das, was sie gewesen war, »Wesen ist, was gewesen ist« (Hegel). Wenn dieser Freund Trakl und Hegel zitiert, ist mir, als ob ich sie wiedersähe. Dieses arme kleine Gesicht, ganz in seinem Schmerz verhüllt und dann wieder ganz geöffnet vor Freude, ganz in dem aufgehend, was ihre Freunde ihre »Bewunderungsgabe« nannten (ein Ausdruck von Émilie, ihrer Philosophen-Freundin, die in Sibirien vom NKWD erschossen worden war), in ihrer unvergleichlichen Begeisterung für die anderen, ihrer ziellosen Großherzigkeit für sie und vor allem für die Kinder, die sie anbeteten. Ja, die »Bewunderungsgabe«, das war ein Ausdruck von Balzac, der sagte: »*Le génie de l'admiration, de la compréhension, la faculté par laquelle un homme ordinaire devient le frère d'un grand poète.*«[**] So war sie, fähig, sich durch Zuhören, Bewunderungsgabe und Herzensverständnis auf die Ebene der Größten zu erheben, und Gott weiß, daß sie sie kannte und von ihnen geliebt wurde!

Aber dieses so offene Gesicht konnte sich auch in der dichten Versteinerung eines intensiven Schmerzes verschließen, der aus den tiefsten Tiefen in ihr aufstieg. Dann war sie nur weißer und stummer Stein, ohne Augen noch Blick, und ihr Antlitz entzog sich in haltloser Flucht. Wie oft! und wie oft haben nicht diejenigen, die sie nicht gut genug kannten, sie unbarmherzig nach einigen oberflächlichen Merkmalen als die schreckliche Frau beurteilt, die sie zu sein fürchtete! Dann aber, einige Zeit später, einige Minuten, oft mehrere Stunden und manchmal sogar einen oder zwei Tage später (das war schreck-

---

[*] Eine Zeile aus Trakls Gedicht »Ein Winterabend« im Zyklus *Der Herbst des Einsamen*. (A. d. Ü.)
[**] »Die Gabe der Bewunderung, des Verständnisses, die Fähigkeit, durch die ein gewöhnlicher Mensch zum Bruder eines großen Dichters wird.« (A. d. Ü.)

lich, aber selten), öffnete sich ihr Gesicht zur Freude des anderen wieder. Eine schreckliche Prüfung, zunächst für sie, dann aber auch für die ihr Nahestehenden und vor allem für mich, der ich mich dann von ihr verlassen *sah.* Sehr lange glaubte ich, die Schuld an jener jähen Veränderung ihres Gesichts und ihrer Stimme zu tragen, wie zweifellos auch meine Mutter Louis verraten zu haben glaubte, die Liebe ihres Lebens, als sie Charles heiratete.

Denn ihre Stimme war genau wie ihr Gesicht: unvergleichlich warm, gut, immer ernst und geschmeidig wie die eines Mannes und sogar im Schweigen (sie konnte zuhören wie niemand sonst, Lacan hat das sehr wohl gemerkt...) offen wie immer, plötzlich aber hart und geschlossen, dumpf und schließlich für immer stumm. Was konnte, außer daß ich von ihrer Angst wußte, eine schreckliche Megäre zu sein, bei ihr das physische Zutagetreten dieses Schreckens auf dem Gesicht provozieren? Ich habe nie genau den tieferen Grund für diesen dramatischen, schreckenerregenden, aber blendenden Wechsel begriffen: zweifellos auch ihre äußerste Angst, nicht zu existieren, bereits mit dem Grabstein des Unverständnisses bedeckt und tot zu sein.

Sie war, wenn sie »offen« war, äußerst komisch und hatte ein außergewöhnliches Erzähltalent und beim Lachen eine unwiderstehliche Zartheit in der Stimme. Bei allen ihren Freunden war sie gleichermaßen berühmt wegen ihrer ausschweifenden Tätigkeit als Briefschreiberin: ich habe nie wieder solche Briefe gelesen, die ebenso lebhaft und überraschend waren wie der schwärmerische Zickzack-Verlauf eines frischentsprungenen Stromes über die Kiesel seines Flußbettes. Sie gebot über alle stilistischen Kühnheiten, und als ich später Joyce las, den sie sehr liebte, fand ich, daß sie unendlich viel mehr sprachliche Erfindungsgabe hatte als er! Natürlich wird man mir nicht glauben. Aber diejenigen, an die sie unaufhörlich geschrieben hat [wissen es]; ihre jetzt in Cambridge lebende Freundin Véra weiß es – sie hat es mir kürzlich am Telephon gesagt.

Was mich aber zweifellos am meisten rührte, waren ihre Hände, denn die änderten sich nie. Auch sie von der Arbeit versteinert, von Anstrengung und Mühsal gezeichnet, aber beim Streicheln von einer unsagbaren, rissigen und wehrlosen Zärtlichkeit. Die Hände einer uralten Frau, von gnaden- und hoffnungsloser Armut, Hände, die gleichwohl alles von ihr hergeben konnten. Sie brachen mir das Herz:

so viele Leiden waren darin eingezeichnet. Ich habe oft über ihren Händen geweint, in ihren Händen: sie hat nie erfahren warum, und nie habe ich es ihr gesagt. Ich fürchtete, sie damit leiden zu machen.

Hélène, meine Hélène...

XIII*

Ich weiß, daß man hier Äußerungen zur Philosophie, zur Politik, zu meiner Position in der Partei und zu meinen Büchern, ihrem Publikum, ihren Freunden und ihren unerbittlichen Feinden von mir erwartet. Ich werde mich diesem Gebiet nicht systematisch nähern, das ja seinerseits vollkommen objektiv ist, weil es in seinen Ergebnissen vorliegt, von denen sich jeder, wenn er darüber nicht bereits informiert ist, Kenntnis verschaffen kann, und sei es nur, indem er mich liest (es existiert bereits eine gewaltige Bibliographie in allen Ländern), das aber, man vergewissere sich, nur endlos einige wenige spärliche Themen wiederkäut, die sich an drei Fingern einer Hand abzählen lassen.

Umgekehrt ist das, was ich dem Leser schulde, weil ich es mir selbst schulde, die Erhellung der subjektiven Wurzeln der Neigung zu meinem Beruf als Philosophieprofessor an der École normale supérieure, zur Philosophie, zur Politik, zur Partei, zu meinen Büchern und ihrer Nachwirkung, nämlich der Art und Weise, wie ich mich (das ist keine Sache der luziden Reflexion, sondern ein dunkles und größtenteils unbewußtes Faktum) bewogen gefühlt habe, meine subjektiven Phantasien in meine objektiven und öffentlichen Aktivitäten einzubringen und sie damit zu besetzen.

Fern jeder Anekdotensammlung, jedem »Logbuch« und jeder schlechten Literatur, die heute unumgänglich in jeder Autobiographie steckt (diese beispiellose Dekadenz der Literatur), werde ich mich natürlich nur ans *Wesentliche* halten.

---

* Der Autor hatte an den Anfang dieses Kapitels fünf, allem Anschein nach später getippte Seiten gestellt, ohne konsequenterweise auch die Reihenfolge seines Textes geändert zu haben, was mehrere Wiederholungen oder Varianten derselben Ereignisse nach sich zog, die die Lesbarkeit des gesamten Kapitels beeinträchtigten. Aus diesem Grunde haben wir es vorgezogen, an der ersten Version des Textes festzuhalten. (*A. d. Hrsg.*)

Erstes Faktum: erstes Indiz. Ich habe die École nie verlassen. Ich bin zwar mit sechs Jahren Verspätung eingetreten, habe sie aber bis zum 16. November 1980 nie verlassen. Seither habe ich sie nie wieder aufgesucht, nicht einmal im Vorbeigehen.

Ich bin aufgenommen worden mit einer Examensarbeit über den Begriff des Inhalts bei Hegel, und zwar unter Bachelard: als Motti »Ein Inhalt in der Hand ist besser als zwei Formen auf dem Dach«,[*] ein falsches Zitat, dessen Autor ich nicht mehr weiß, und »Der Begriff ist verbindlich, denn der Begriff ist die Freiheit«, eine Wendung von René Clair, der aber nicht von Begriff sprach, sondern von »Arbeit«, das heißt, wenn man der »Arbeit des Negativen« von Hegel Glauben schenken will, von *genau derselben Sache*. Diese Arbeit war noch sehr preziös geschrieben (und zwar in dem Stil, den ich in der Lyoneser *khâgne* übernommen und besonders am Beispiel der »Älteren« entwickelt hatte, Georges Parain, Xavier de Christen und Serge Chambrillon, alles Royalisten – Anhänger des Grafen von Paris und nicht des schrecklichen Maurras – und ausgezeichnete Schriftsteller, Bewunderer von Giraudoux – ich teilte damals ihre Vorlieben). Ich hatte meinen Text in Larochemillay geschrieben, wo ich nach meiner langen Depression von 1947 von meiner Großmutter aufgenommen worden war. Ich hatte, ohne sie vorher zu benachrichtigen, Hélène mitgebracht, die ihre Zeit in dem »alten Haus« damit verbrachte, meinen Text auf der Maschine abzuschreiben, jeweils die Seiten, die ich fertigstellte.[**] Meine Großmutter hatte sie freundlich aufgenommen, so wie ich es von ihr erwartete. Natürlich hatte sie alles von unserer Beziehung mitbekommen, sie jedoch ganz selbstverständlich akzeptiert, trotz aller ihrer Prinzipien. Was für eine Großzügigkeit!

Ich glaube nicht, daß der vielbeschäftigte Bachelard meinen Text gelesen hat. Ich hatte darin von der »Zirkularität des Inhalts« gesprochen, eines meiner Lieblingsthemen. Bachelard hatte mir lediglich ent-

[*] Verquickung von »Der Inhalt wiegt mehr als die Form« und »Ein Spatz in der Hand ist besser als eine Taube auf dem Dach«. *Cf.* S. 373 des vorliegenden Bandes. (*A. d. Ü.*)

[**] Handschriftlicher Zusatz am Rand des Textes, dessen Zusammenhang mit dem übrigen Satz vom Autor nicht hergestellt worden ist: »neben Kartoffeln, die sie sich briet: eine Nuance, denn sie war von meiner Großmutter nicht zu Tisch geladen worden!« (*A. d. Hrsg.*)

gegnet: Wären Sie einverstanden, eher von »Zirkulation« zu sprechen? – Nein. Und er hatte nichts hinzugefügt. An der École hatten wir damals als Lehrer Desanti, einen kleinen Korsen, der sich bereits »mit der Kampfkraft den Weg« bahnte, ein Ausdruck von ihm, der ihn vollauf charakterisiert, und Merleau-Ponty. Letzterer, dessen Vorlesungen wir mit Interesse verfolgten (die einzige Vorlesung, die ich neben den ständig wiederholten Lektionen von Desanti besucht habe, einem »Marxisten«, der aber weitgehend Husserlianer geblieben war), hatte Jacques Martin, Jean Deprun und mir den Vorschlag gemacht, unsere Diplomarbeiten zu veröffentlichen, sogar bevor er sie überhaupt gelesen hatte. Wir hatten alle voller Anmaßung abgelehnt. Ich landete bei der *agrégation* von 1948 auf dem zweiten Platz, nachdem ich bei Spinoza das lateinische Wort *solum* mit Sonne übersetzt hatte! Deprun war erster. Ein verdienter Lohn und eine angebrachte Revanche für sein Scheitern im Vorjahr, das eine skandalöse Kühnheit bestraft hatte: er hatte bei der mündlichen Prüfung ohne Notizen gesprochen.

Darf ich in Erinnerung rufen, daß ich sowohl bei der mündlichen als auch bei der schriftlichen Prüfung die Mehrzahl der Themen behandelt habe, ohne allzu viel davon zu verstehen? Aber ich konnte eine Abhandlung »zustande bringen« und meine Unwissenheit passend unter einer *A-priori*-Behandlung gleich welchen Themas und natürlich in der Ordnung einer guten akademischen Darstellung verbergen, mit aller wünschenswerten theoretischen Unentschiedenheit, die mir Jean Guitton ein für allemal beigebracht hatte.

Ich hatte mich (meine Vorliebe für ältere Frauen und auch meine Verführungskünste) auf guten Fuß mit »Mutter Poré« gestellt, einer einfachen Sekretärin, die die gesamte École während der Kriegsjahre in Betrieb gehalten hatte und sie praktisch auch nach der Befreiung und sogar unter Albert Pauphilet, von oben nach unten und längs und quer, widerspruchslos in der Hand hatte. Jedermann, eingeschlossen jener verbummelte Faulpelz und »Pariser« von Pauphilet, kam dabei auf seine Kosten. Sie wußte alles und kannte jeden. Ich muß ihr wohl gefallen haben, denn beim Abschied von Georges Gusdorf im Juli 1948 schlug sie mich dem Direktor als seinen Nachfolger vor, und der billigte ihre Wahl natürlich.

So erbte ich die winzige Behausung von Gusdorf (ein kleines Zimmer und ein nachgemachter Louis-quinze-Schreibtisch im Erdgeschoß) und seine Funktionen. Ich ließ den nachgemachten Louis-quinze-Schreibtisch fahren und ersetzte ihn durch einen aus der Bibliothek geholten schönen alten Tisch aus grauem Eichenholz. Die Funktionen eines *caïman* waren eigentlich kaum festgelegt: wir sollten »uns mit den Philosophen beschäftigen«. Gusdorf hatte sich sehr wenig mit uns beschäftigt, er hatte in der Gefangenschaft seine *thèse* fertiggestellt (über *Die Selbstentdeckung*, auf der Grundlage »intimer Tagebücher«, die er uns freimütig vortrug, als Vorlesungen! Eines Tages ließen wir ihm einen Brief des Direktors des palais de la Découverte zukommen: »Monsieur Gusdorf, da uns nichts von dem, was die Entdeckung betrifft, fremd ist...«), und diese These [*thèse*] hübschte er auf, im Gedanken an eine Stellung in einer Fakultät: er sollte später nach Straßburg berufen werden. Ich versuchte es besser zu machen als er, was nicht schwer war: zunächst eine Vorlesung über Plato, die mich zwei Jahre in Anspruch nahm, dann über andere Autoren. Vor allem aber ließ ich meine Studenten, die rasch meine Freunde wurden, unerläßliche rhetorische Übungen machen. Merleau hatte uns gesagt: Die *agrégation* ist, auf der Grundlage eines Minimums erworbener Kenntnisse, nur eine »*Kommunikationsübung*«. Davon war ich dank Guitton seit langem überzeugt. Aber ich nahm mir die Sache zu Herzen und führte eine etwas persönlichere Praxis der Korrektur von Arbeiten ein. Ich korrigierte sehr wenig am Rand, es sei denn, um den oder jenen offenkundigen Irrtum zu berichtigen oder mit einer langen, stummen, aber billigenden Unterstreichung oder einem + etwas hervorzuheben, das die Zufriedenheit des Lesers markierte, hinterher aber schrieb ich auf der Maschine eine lange Notiz von einer, zwei oder mehreren Seiten, je nachdem, in der ich den Autor auf zufriedenstellende Punkte hinwies, vor allem aber darauf, *wie er seinen Text hätte aufbauen sollen und argumentieren können, um der Richtung seines Denkens (gleich welchen Denkens) alle erforderliche Überzeugungskraft zu verleihen*. Niemals habe ich irgend jemandem vorgeschlagen, anders zu denken als in der Spur seiner eigenen Wahl, und es wäre auch unsinnig gewesen, anders zu verfahren. Das hatte ich mir zum Prinzip gemacht, zu einem Prinzip, von dem ich nie abgewichen bin, aus schlichtem Respekt vor der Persönlichkeit meiner »Schüler«. In dieser Hinsicht habe ich nie versucht, irgend jemandem irgend etwas »einzutrichtern«, ganz im Gegensatz zur Dummheit einiger Journalisten auf der Suche nach einem »Knüller«.

In den ersten Jahren habe ich mich bemüht, meine Küken mit viel mütterlicher Wärme zu »bebrüten«, ihnen sogar »die Brust zu geben«, indem ich eigens für sie zwischen schriftlicher und mündlicher Prüfung der *agrégation* ein Ruheintervall in Royaumont organisierte, das ich mit ihnen teilte. Später sollte ich dann zurückhaltender werden, aber stets hellhörig für ihre Schwierigkeiten und vor allem für die Richtung ihres eigenen Denkens bleiben.

Rasch wurde ich Sekretär der École und nahm an allen Direktionssitzungen teil, wobei ich die Direktoren auf zahlreichen Gebieten beriet, sie häufig wichtige Entscheidungen fassen »ließ«, die noch immer an den Mauern und Räumlichkeiten des Hauses abzulesen sind und auch an vielen seiner Praktiken – und vor allem eine bedeutsame Rolle im Interregnum bei der Abfolge der Direktoren spielte. Das war ganz normal. Ich war ständig da, während die Direktoren starben oder ihre Funktion aufgaben (Hyppolite beispielsweise, der ans Collège de France berufen wurde).

Was wurde die Schule für mich? Sehr rasch – ich sollte sagen: von Anfang an – ein regelrechter mütterlicher »Kokon«, der Ort, wo ich im Warmen und zu Hause war, vor dem Draußen geschützt, ein Ort, den ich gar nicht mehr zu verlassen brauchte, um Leute zu sehen, denn sie kamen und gingen von selbst, vor allem als ich bekannt wurde, kurz, das Substitut eines Mutterleibes, der *amniotischen* Flüssigkeit.

Eines schönen Tages wurde die winzige Wohnung von Gusdorf eine Beute der Architekten, die vom Ministerium grünes Licht bekommen hatten (nach einer ganz unwahrscheinlichen Frist, und ich habe nie erfahren, auf wessen Antrag) und sich daranmachten, sie auszubauen und in einen weitläufigen Lesesaal für die Zöglinge einzubeziehen. Damals fühlte ich mich sehr wohl und war in der Lage, Hélène zu empfangen, wenn sie in ihrer neuen Wohnung in der Nähe von Montparnasse das Gekläff zweier kleiner Hündchen nicht mehr aushalten konnte, die ihr Herr während seines Arbeitstages zu Hause ließ, zumal es unmöglich war, von ihm das geringste Zugeständnis an die Nachbarn zu erhalten. (Man kann sich bei dieser Gelegenheit eine Vorstellung von der Wachsamkeit von Conciergen und Polizisten machen, für die das doch reine Routinearbeit war...) Erneut »rettete« ich Hélène. Das war um 1970, wir waren noch nicht verheiratet.

Und so ging das Leben hin, die Krankenstation und den Arzt in nächster Nähe, die Handwerksbetriebe der École (Klempner, Tischler, Elektriker usw.) zu meiner Verfügung, die Bibliothek (die ich so gut wie nie aufsuchte, zum größten Erstaunen von Mlle. Kretzoïet und M. und Mme. Boulez, direkten und diskreten Angehörigen des großen Musikers), das Refektorium, das ich an bestimmten Tagen aufsuchte, die *thurnes* [Gemeinschaftszimmer] der Philosophen ganz nahe, so die von Jacques Derrida und Bernard Pautrat, als sie meiner Obhut anvertraut wurden, die Post zwei Schritte weit, der Tabakladen und was weiß ich in unmittelbarer Reichweite. Und das währte zweiunddreißig Jahre lang! Zweiunddreißig Jahre gleichsam klösterlich-asketischer Abgeschiedenheit (mein alter Traum...) und Schutzes. Und als Hélène mit mir zusammenzuwohnen begann, komplizierte das zwar die Begleitumstände meiner Frauenbeziehungen, aber auch sie war da, bei mir.

Die gewaltige »Opfer«-Aufgabe, die ich mir aufbürdete (immer dieselbe Heilsbringeraufgabe für eine blutüberströmte Mutter), lag darin, sie in den Kreis meiner Freunde einzuführen, die in der Mehrzahl meine früheren »Schüler« waren. Das war ganz und gar nicht leicht: der Altersunterschied zwischen uns, ihr Abscheu vor der akademischen Welt und auch ihre rasch bekannt gewordenen Charakterstörungen waren dabei kaum Hilfen. Häufig gelang es mir, aber um den Preis dessen, was ich als Selbstverleugnung meinerseits empfand, und wie stark! Und immer mit einer Art schlechten Gewissens, so als ob ich auf eigene Rechnung die Furcht vor ihren Stimmungsumschwüngen zu bewältigen hätte, für sie und für mich. Ich werde mir heute auch darüber klar (genaugenommen schon seit geraumer Zeit), daß ich gewissermaßen bei meinen Freunden (ich hatte das über Dr. Étienne gemacht) das Urteil über sie »induzieren« sollte, das ich von ihrer Seite befürchtete. Ihrer möglichen Reaktion vorauseilend, verhielt ich mich als eine Art »Schuldiger«, der im voraus für sie und mich um Verzeihung bat. Eine Einstellung, deren schädliche Auswirkungen ich sozusagen stückweise beobachten konnte. Hélène hatte ihre Ecken und Kanten, aber wenn man sie genau kannte – jedenfalls war das früher der Eindruck von Lesèvre und aller ihrer Freunde gewesen, auch der berühmtesten –, wenn man die ersten, zumeist von ihrer Reputation bestimmten Augenblicke hinter sich gelassen hatte, entdeckte man eine Frau, die außergewöhnlich war an Intelligenz, Intuition, Mut und Großzügigkeit. Alle ihre Arbeitskameraden, die sowohl ihre Person als auch ihre Verdienste schätzten, sind sich in ihrer

Anerkennung einig. Und doch verdankte sie ihre großen Arbeitsbeziehungen und -freundschaften nicht mir, sondern sich selbst: diesmal konnte ich nichts dafür, ich hatte nichts getan und nichts zu tun gehabt, um sie vor ihrem schrecklichen Geschick einer entsetzlichen Frau zu »retten«.

Man sieht, in welch unglaublichen Widerspruch ich mich verstrickte, aufgrund meiner eigenen Zwänge und meiner eigenen phantasmatischen Schrecknisse, ich sage: mich von mir aus verstrickte, denn ich war es ja, der, um sie zu »retten« (sie hatte damals praktisch keinen Freund), es auf sich nahm, ihr die meinen zu *geben*, ich konnte das aber nur dadurch tun, daß ich bei ihnen das Bild induzierte und verstärkte, von dem ich fürchtete, daß sie es sich machten, und das ich tatsächlich wie einen Fluch in mir trug. Dieses Unterfangen »klappte« nur in seltenen Fällen, wenn auch um den Preis manchmal lebhafter Unterbrechungen, und zwar dann, wenn Hélène bei meinen früheren Schülern wie Étienne Balibar, Pierre Macherey, Régis Debray, Robert Linhart oder Dominique Lecourt und später Franca etwas fand, aus dem sich ein wirklicher Ideen- und Erfahrungsaustausch entwickeln ließ, oder ganz einfach ruhige und fruchtbare affektive Beziehungen. Bei anderen wurde das häufig zum Fiasko, an dem ich schweigend und mit schuldbewußter Scham herumkaute. Eine der größten Unternehmungen meines Lebens mit Hélène schloß so mit schmerzlicher Unsicherheit, die ich immer wieder zu bannen versuchte, aber vergebens, und meine sukzessiven Mißerfolge bestärkten mich in meiner doppelten Vorsicht und Furcht, die natürlich ihrerseits den Zweifel verstärkten, an dem ich litt, nämlich wirklich ein Mann zu sein und fähig, eine Frau zu lieben und ihr leben zu helfen.

Wie dem auch sei, ich übte eine Funktion als Philosophielehrer aus und fühlte mich mehr und mehr als Philosoph, trotz aller meiner Skrupel.

Natürlich war meine philosophische Kenntnis historischer Texte eher beschränkt. Ich kannte Descartes und Malebranche gut, etwas Spinoza, Aristoteles überhaupt nicht, ebensowenig die Sophisten und die Stoiker, recht gut Plato, Pascal, Kant gar nicht, Hegel ein bißchen und schließlich einige sehr genau studierte Abschnitte von Marx. Ich hatte mir eine Legende der Art und Weise zurechtgezimmert, wie ich Philosophie lernte und schließlich, wie ich zu wiederholen liebte, philosophisches Wissen erwarb, nämlich vom »Hörensagen« (nach Spinoza die erste, unbearbeitete Form der Erkenntnis), von Jacques Martin, der belesener war als ich, von meinen Freunden, wobei ich diese oder jene Formel im Vorbeigehen aufschnappte, und schließlich von meinen eigenen Schülern aus deren Exposés und Abhandlungen. Schließlich machte ich das »vom Hörensagen Lernen« damit natürlich zu einer großsprecherischen Ehrensache, was mich von allen akademischen Freunden, die unendlich viel belesener waren als ich, unterschied, und wiederholte es gern auf paradoxe und provozierende Weise, um das Erstaunen, die Bewunderung (!) und die Ungläubigkeit Dritter zu erwecken, zu meiner großen Verwirrung und meinem eigenen Stolz.

Aber ich hatte zweifellos eine andere, ganz mir selbst eigene Fähigkeit. Von einer einfachen Formulierung ausgehend, fühlte ich mich in der Lage (welche Illusion!), wenn nicht das Denken, so doch wenigstens die Tendenz und Richtung eines Buches oder eines Autors zu rekonstruieren, den ich nicht gelesen hatte. Ich verfügte zweifellos über eine gewisse Dosis Intuition und vor allem über eine Fähigkeit des Vergleichs, das heißt der theoretischen *Opposition*, die mir zu rekonstruieren erlaubte, was ich für das Denken eines Autors hielt, und zwar ausgehend von anderen Autoren, zu denen er in Opposition trat. Ich verfuhr so spontan durch Kontrast und Abgrenzung, deren Theorie ich später entwickeln sollte.

Meine phantasmatische Vorliebe für die totale Autonomie und den Kampf innerhalb der Grenzen eines absoluten Schutzes sollte in diesen Praktiken etwas finden, das sich besetzen ließ. Überdies war ich durch meine Erfahrung der politischen Praxis und meine Vorliebe für die Politik mit einem recht lebhaften Gespür für die »Lage« und ihre Auswirkungen ausgestattet: ein anderes Thema, das ich später theoretisieren sollte. Denn gerade im Rahmen einer gegebenen theoretischen Lage lassen sich philosophische Vergleiche und Oppositionen erfassen. Woher hatte ich diese Sensibilität für die »Lage«? Zweifellos von meiner extremen Sensibilität für konfliktuöse »Situationen« (ohne Ausweg), die ich seit meiner Kindheit unaufhörlich erlebt hatte. Hinzu kam eine andere instinktive Überzeugung, nämlich die, daß das Eigentümliche der Philosophie aus der Entfernung wirkt, in der Leere (meiner!), wie der reglose Gott von Aristoteles, was ich in der analytischen Situation wiederfand (und Sacha Nacht hat dieses Thema in einer kurzen, eindringlichen Formel festgehalten). Ich war also Philosoph und handelte als solcher aus der Entfernung, aus meinem Zufluchtsort in der École, fern der akademischen Welt, die ich nie geliebt noch regelmäßig besucht habe. Ich erledigte meine Geschäfte ganz allein, ohne die Hilfe meinesgleichen, ohne die Hilfe der Bibliotheken, in einer Einsamkeit, die von weither kam und die ich mir zur Doktrin von Denken und Verhalten machte. Aus der Entfernung handeln hieß auch handeln, ohne Hand anzulegen, gleichsam immer in zweiter Position (der Ratgeber, die graue Eminenz von Daël und der Direktoren der École), zweiter, das heißt gleichzeitig geschützt und angriffslustig, aber unter dem Deckmantel dieses Schutzes. Der »Meister der Meister« sein – das verfolgte mich insgeheim immer manifest; aber gerade in dieser Distanz, von eben den Meistern geschützt, hinsichtlich derer ich ja gerade den Abstand hielt, an dem ich in Wirklichkeit Gefallen fand, war ich stets in dieser perversen Beziehung, nicht der »Vater des Vaters«, sondern die Mutter meines vorgeblichen Meisters, dem ich auferlegte, durch seine zwischengeschaltete Person und sein Verlangen mein eigenes entfremdetes Verlangen zu verwirklichen.

In Wirklichkeit aber, und ich werde mir erst jetzt darüber klar (Schreiben nötigt zum Nachdenken), verfuhr ich in solchen Fällen ganz anders. Die expressive Formulierung, die ich von einem Autor (eigentlich von seinem Text) behielt oder aus dem Mund eines Schülers oder Freundes übernahm, diente mir als *Tiefensondierung* auf dem Terrain eines philosophischen Denkens. Bekanntlich geht die Ölsuche auf großen Flächen ebenfalls anhand von *Sondierungen* vonstatten. Die dünnen Sonden dringen tief ins Erdreich ein und holen ans Tageslicht herauf, was man *carottes* [Bohrkerne] nennt, die eine konkrete Vorstellung von der gestuften Zusammensetzung der Schichten des Erdreichs in der Tiefe vermitteln und es erlauben, die Präsenz von Öl oder ölgetränkten Erden und verschiedener horizontaler Schichten über und unter dem Grundwasserspiegel zu bestätigen. Die gefundenen oder gesammelten Formulierungen dienten mir als ebensolche »philosophische Bohrkerne«, aus deren Zusammensetzung (und Analyse) ich leicht das Wesen der Tiefenschichten der in Rede stehenden Philosophie zu rekonstruieren vermochte. Von dieser Zusammensetzung ausgehend – und nur von ihr –, konnte ich mich daranmachen, den Text zu lesen, aus dem diese *carotte* extrahiert worden war. Aus bloßer Neugier auf die Sache (die sicherlich einen

Sinn hat, der mir aber wahrscheinlich immer entgehen wird) habe ich, trotz aller meiner psychoanalytischen *carottes* und meiner ganzen Erfahrung (als Analysand), nie in irgendeinen Text von Freud eindringen können! noch in irgendeinen anderen Text seiner Kommentatoren! Dafür bin ich völlig taub ... Und meine beste Freundin wiederholt mir immer wieder, daß das gut ist und ich überdies eine vollständige Null in analytischer Theorie bin: sie hat vollkommen recht. Was in der Analyse zählt, ist nicht die Theorie, sondern (ein materialistisches und marxistisches Grundprinzip) die *Praxis*.

Von Anfang an – unter dem Einfluß meines Freundes Jacques Martin und auch unter dem des Marx der *Deutschen Ideologie* – habe ich mich nämlich hinsichtlich der Philosophie als solcher unwiderruflich in einer überaus kritischen, ja destruktiven Position gesehen. Meine politische Erfahrung verstärkte diese Überzeugung, wie später auch die Lektüre von Lenin, die »Philosophieprofessoren« so schwerfällt (siehe meine kleine Schrift *Lénine et la philosophie* [dt. *Lenin und die Philosophie*], die den einzigen öffentlichen Vortrag enthält, den ich in Frankreich gehalten habe, eine wahre Herausforderung, und zwar in der Société de philosophie, vor der Jean Wahl Derrida und mich zu sprechen eingeladen hatte). Mein Vortrag löste einen kleinen Skandal aus und brachte mir die Bekanntschaft mit einem erstaunlichen Theologen und Philosophen ein, Pater Breton, der einer meiner liebsten Freunde geworden ist.

XIV

Ich versuchte, diese radikale Kritik der Philosophie als eines ideologischen Schwindels (Ziel: sich keine Geschichten mehr erzählen, die einzige »Definition« des Materialismus, an der ich immer festgehalten habe) mit meiner Erfahrung der philosophischen Praxis zu versöhnen, und landete zunächst bei Formulierungen wie: »Die Philosophie repräsentiert die Wissenschaft bei der Politik und die Politik bei der Wissenschaft«, und später: »Die Philosophie ist ›in letzter Instanz‹ Klassenkampf in der Theorie.« An dieser letzten Formulierung, die natürlich einen Skandal auslöste, halte ich noch immer eisenhart fest. Ich konstruierte ein ganzes System der Philosophie im Verhältnis zu meiner Konzeption des Materialismus, einer Philosophie, die keinen Gegenstand hat (in dem Sinne, wie eine Wissenschaft Gegenstände hat), sondern polemische und praktische Spieleinsätze, und verstrickte mich so, am Modell des politischen Denkens, das ich gleichzeitig bearbeitete, in eine polemische und praktische Konzeption der Philosophie: die Thesen aufstellt, die anderen existierenden Thesen entgegentreten, als jener *Kampfplatz* (Kant), der in der Theorie das Echo des sozialen, politischen und ideologischen Kampfplatzes repräsentiert. Wie man sieht, verknüpfte ich jedenfalls, ohne damals schon Gramsci zu kennen, Philosophie und Politik eng miteinander, insgesamt eine unerwartete Synthese der politischen Lektionen von »Vater Hours« und meiner philosophischen Studien im eigentlichen Sinne.

Welches Ziel verfolgte ich mit diesem Unternehmen? Ich möchte hier keineswegs von seinen objektiven theoretischen Auswirkungen sprechen, das haben andere getan, und nicht ich bin es, dem ein solches Urteil zusteht. Ich will lediglich versuchen, wenn möglich die in der Tiefe wirkenden und persönlichen, die bewußten und vor allem die unbewußten Motive zu erhellen, die diesem Unternehmen in der Form, in die ich es eingekleidet habe, zugrunde lagen.

In der tiefsten Tiefe gab es ganz sicher das, was ich die Verwirklichung des »Wunsches der Mutter« in besonders reiner und vollkommener, das heißt abstrakter und asketischer Form genannt habe. Ich war schlichtweg und objektiv jener reine akademische Geist geworden, *normalien* und überdies Autor eines philosophischen, abstrakten und gleichsam unpersönlichen, aber von sich eingenommenen Werkes. Und gleichzeitig war es mir gelungen, mit dem »Wunsch meiner Mutter« meinen eigenen Wunsch zu kombinieren, in der Außenwelt zu leben,* der Welt des gesellschaftlichen und politischen Lebens. Diese Kombination ließ sich an meinen sukzessiven Definitionen der Philosophie ablesen, also meiner eigenen Aktivität, aber im *reinen Element des Denkens.* Denn wozu machte ich damals die Politik? Zu einem reinen Denken der Politik. Zwar beging Georges Marchais den Fehler, später von den »Intellektuellen hinter ihrem Schreibtisch« zu sprechen, so als ob er gerade mich gemeint hätte, aber seine Formulierung war in ihren Anklängen nicht gänzlich falsch, und alle diejenigen, die mich, sogar Gegner der Kommunistischen Partei, ausufernd als reinen Philosophen angegriffen haben, der die Realität der Praxis von der Höhe seiner Theorie verachte (darunter auch jener Journalist Jean-Paul Enthoven, der eines Tages im Zusammenhang mit meiner Widmung für Waldeck Rochet** schrieb, ich empfände noch immer »als guter Schüler«...), trafen mich, »verfehlten« mich nicht völlig.

Das alles aber reicht nicht aus, Rechenschaft von meinem Tiefenverhältnis zur Philosophie und zu meiner Konzeption der Philosophie abzulegen (die es auf ihre Weise auch zum Ausdruck brachte). Ich war sehr beeindruckt – und bin es noch heute – von einem Wort von Marx, der sagte, daß der Philosoph im Begriff (das heißt in seiner Konzeption der Philosophie) sein »theoretisches Verhältnis zu sich

* Handschriftlicher Zusatz am Rand des Textes, dessen Zusammenhang mit dem übrigen Satz vom Autor nicht hergestellt worden ist: »aktiv aufgrund meiner eigenen Initiative, ohne Initiative jedes anderen, wer es auch sei (Hélène, Desanti, Merleau), ausgenommen J. Martin, der mir lediglich wie ein älterer Bruder half (während er doch zwei Jahre jünger war als ich), aber, wie ich in einem kurzen Nekrolog geschrieben habe, ›uns um zwanzig Jahre voraus‹«. (*A. d. Hrsg.*)

** »Für Waldeck Rochet, der Spinoza bewunderte und mir eines Tages im Juni 1966 ausführlich davon erzählt hat«, Widmung in *Eléments d'autocritique* [dt. *Elemente der Selbstkritik*], Paris 1974. (*A. d. Hrsg.*)

selbst« zum Ausdruck bringt. Was suchte ich also, außer dem, was ich gerade gesagt habe, so Persönliches in meiner Praxis und meiner Konzeption der Philosophie zum Ausdruck zu bringen? Manche meiner Leser und Freunde, beispielsweise Bernard Edelman, der mir das oft mit großem Scharfblick gesagt hat, haben in vielen meiner Essays, insbesondere in meinem kleinen *Montesquieu* und in meinem Aufsatz über Freud und Lacan, die beharrliche Wiederkehr eines Themas bemerkt: Die größten Philosophen sind *ohne Vater geboren* und haben in der Einsamkeit ihrer theoretischen Isolierung und in der einsiedlerischen Gefahr gelebt, die sie angesichts der Welt auf sich nahmen. Ja, ich hatte keinen Vater gehabt und endlos den Part des »Vaters des Vaters« gespielt, um mir die Illusion zu verschaffen, doch einen zu haben, um mir nämlich mir selbst gegenüber die Rolle eines Vaters zuzulegen, weil alle möglichen oder vorgefundenen Väter sie ja nicht spielen konnten. Und ich setzte sie voller Geringschätzung herab, indem ich sie weit unter mir ansiedelte, in manifester Unterordnung unter mich selbst.

Ich mußte also auch philosophisch mein eigener Vater werden. Und das war nur möglich, indem ich mir die väterliche Funktion *par excellence* zulegte: die Beherrschung und *Meisterung* jeder erdenklichen Situation.

Und das praktizierte ich mit dem Hauptstrom der gesamten Geschichte der Philosophie, indem ich den klassischen und unaufhörlich wiederholten Anspruch auf mich münzte – wiederholt von Plato bis Heidegger (in seinen Formulierungen einer negativen Theologie) auf dem Wege über Descartes, Kant und Hegel –, daß die Philosophie diejenige ist, die *alles* mit einem einzigen Blick umfaßt (Plato: *synoptikós*), die das Ganze denkt oder die Bedingungen der Möglichkeit oder Unmöglichkeit des Ganzen (Kant), daß sie sich auf Gott bezieht oder auf das menschliche Subjekt, daß sie also »die Summe und den Rest« (ein Ausdruck von Henri Lefebvre) beherrscht. Die Beherrschung des Ganzen und zunächst ihrer selbst, das heißt ihrer Beziehung zu ihrem Gegenstand als dem Ganzen: das ist die Philosophie, die lediglich das »Verhältnis des Philosophen zu sich selbst« (Marx) ist, das ist also auch der Philosoph. Nun läßt sich aber das Ganze nur in der *Strenge* und Klarheit eines Denkens mit dem Anspruch der Totalität denken, das mithin die Elemente und Gliederungen des Ganzen reflektiert. Ich war also ein klarer Philosoph, der streng sein wollte. Dieser Anspruch blieb ganz sicher nicht ohne Echo bei den persönlichen Tendenzen und Erwartungen meiner Leser, er »erfaßte« sie ganz sicher irgendwo in einer ihrer Intelligibilitätsforderungen, und da auch meine Sprache eine *Herrschaftssprache* war, die ihre eigene Pathetik beherrschte (*cf.* mein Vorwort zu *Für Marx* und die *Réponse à John Lewis* [dt. *Was ist revolutionärer Marxismus?*] usw.), berührte sie meine Leser sicherlich ebensosehr wie die Strenge meiner Argumentation: durch Herrschaftsübertragung. Und ganz natürlich, denn hier hängt alles eng zusammen (und nicht nur bei mir waren das Denken und der Stil eine Funktion ein und desselben »Verhältnisses des Philosophen« zu seinem Begriff), gewann mir diese Einheit des Denkens und seiner Klarheit (eine Herrschaft in voller Klarheit, die Klarheit als Form von Herrschaft, das versteht sich von selbst) und der Sprache eine Leserschaft, die meine bloße Argumentation zweifellos nicht derart tief berührt hätte. Zu meinem großen Erstaunen erfuhr ich so, beispielsweise von Claudine Normand, daß ich einen »Stil« hatte und auf meine Weise eine Art Schriftsteller war. Und ich entwickelte natürlich als Theorie der Philosophie eine Theorie der Philosophie als Herrschaft sowohl über sich als auch über das Ganze und seine Elemente und die Gliederungen dieser Elemente und, über die eigentliche philosophische Sphäre hinaus, als Herrschaft aus der Ferne, als Herrschaft durch Begriff und Sprache. Wie jeder Philosoph, aber mit der radikalen Kritik dieses Anspruchs (ich kritisierte sogar die für mich trügerische Idee eines allmächtigen und sich dafür haltenden Vaters), hielt ich mich für etwas verantwortlich, das die menschlichen Ideale betraf, bis hin zur Führungsrolle in der Geschichte der wirklichen Welt, sogar in den Elementen, die sie ihrem Schicksal entgegenzuführen behaupten (ein Geschick, das nur, wie Heidegger treffend gesagt hat, in der Illusion des Kollektivbewußtseins und der Politiker existiert), nämlich die Politik und die Politiker. Deshalb habe ich mich auch mehrfach auf das konkrete Gebiet der Politik begeben und mich (zwar gewagt) über den Stalinismus, die Krise des Marxismus, die Kongresse der Partei und die Funktionsweise der Partei geäußert. (*Ce qui ne peut plus durer dans le parti communiste*, 1978 [dt. *Wie es in der kommunistischen Partei nicht mehr weitergehen kann*]). Aber welcher Philosoph hat nicht, im Grunde seines Herzens und bei den Großen sehr häufig ganz offen, und vor allem wenn er es sich nicht eingestehen mag, jener philosophisch durchaus organischen Versuchung nachgegeben, das im Blick zu behalten, was er in der Welt ändern, umgestalten möchte? Heidegger selbst sagt, wenn er von der Phänomenologie spricht, daß sie als einzige (aber warum einzig sie? Rätsel!) darauf abzielt, »die Welt zu verändern«. Deshalb habe ich den berühmten Satz der »Thesen über Feuerbach« von Marx kritisiert: »Es kommt nicht darauf an, die Welt zu interpretieren, es kommt darauf an, sie zu ändern«, indem ich zeigte, und zwar gegen diese Formulierung, daß *alle großen Philosophen* in den Lauf der Weltgeschichte haben eingreifen wollen, sei es um ihn umzugestalten, sei es um ihn aufzuhalten und zurückzulenken, sei es um ihn in seiner existierenden Form und gegen alle Bedrohungen eines für gefährlich gehaltenen Wandels zu bewahren und zu verstärken. Und in diesem Punkt glaube ich, trotz der berühmten und gewagten Formel von Marx, recht gehabt zu haben und es immer noch zu haben.

Man möge jedoch ermessen, mit welcher subjektiven Verantwortung sich der Philosoph ausgestattet glaubt! Eine überwältigende Verantwortung! Denn er verfügt nicht, wie die Naturwissenschaften (die ich allesamt für experimentell hielt), über irgendein Verifikationsverfahren oder -instrument. Er begnügt sich damit, Thesen aufzustellen, ohne sie je persönlich verifizieren zu können. Immer muß er den Auswirkungen seiner philosophischen Thesen vorgreifen, ohne zu wissen, wie noch wo diese Auswirkungen sich überhaupt manifestieren können! Zwar stellt er seine Thesen nicht willkürlich auf, aber er berücksichtigt dabei das, was er vom Ganzen und seiner Tendenz wahrnimmt oder wahrzunehmen glaubt, und stellt sie anderen Systemen von Thesen gegenüber, die in seiner Welt bereits existieren. Da er immer antizipieren muß und sich seiner historischen Subjektivität immer sehr nahe fühlt, ist er dennoch sehr allein angesichts seiner Wahrnehmung des Ganzen (jedem sein Ganzes, nicht wahr?) und noch mehr allein bei der Initiative, die er, ohne jeglichen Konsens, weil er damit ja etwas ändern will, ergreift, um neue Theorien aufzustellen. Die Einsamkeit des Philosophen, Descartes im heroischen Rückzug an seinen Herd, Kant in seiner friedlich wiederkäuenden Königsberger Idylle, Wittgenstein in der Waldzuflucht seiner Schäferhütte in Norwegen! Und ich; wie jeder Philosoph auf Erden, selbst wenn er von Freunden umgeben ist, war ich ganz allein in meinem Büro, meiner Anmaßung, meiner beispiellosen Kühnheit. Allein und natürlich voll verantwortlich für meine Taten und ihre unvorhersehbaren Auswir-

kungen, ohne andere Sanktion als das spätere Werden der Weltgeschichte, jene noch unvollendete Tatsache. Als Philosoph war ich
ganz allein, und doch habe ich in *Réponse à John Lewis* geschrieben: »Ein Kommunist ist nie allein.« Darin liegt der ganze Unterschied, aber man versteht ihn, wenn jeder Philosoph tatsächlich
»die Welt verändern« will – was er nicht allein tun kann, ohne eine
kommunistische, aber wirklich freie und demokratische Organisation, die in engem Kontakt zu ihrer Basis und darüber hinaus auch
zu den Massenbewegungen im Volke steht (siehe mein Pamphlet
von 1978).

Es genügt, meine Texte zu lesen: Man wird darin auf das gleichsam
mit einer Art Besessenheit wiederkehrende Leitmotiv der Einsamkeit
stoßen. Wie oft habe ich nicht wiederholt, daß ich in der Politik wie in
der Philosophie nichts anderes tat als *einzugreifen*, allein gegen alle –
und die Gegner ließen mich das weidlich spüren – und »auf eigenes
Risiko und eigene Gefahr«. Ja, ich wußte, daß ich allein war, daß ich
große Gefahren auf mich nahm, man hat mich das durchaus spüren
lassen, aber ich habe es immer im voraus gewußt. Was niemand bei
der Lektüre meiner Schriften bestreiten kann, ist, daß ich mir immer
sowohl der radikalen Einsamkeit bei meinem Eingreifen als auch der
extremen Verantwortung, die ganz entschieden auf mir allein ruhte,
und der »Risiken und Gefahren« bewußt gewesen bin, denen meine
Einsamkeit wie meine Verantwortlichkeit mich aussetzten. Daß sich
so viele Leser in dieser Einsamkeit, der ihren, und der Verantwortung,
die sie bei der Befassung mit meinen Texten übernahmen, und in den
Risiken wiedererkannten, die sie in Verbindung mit den politischen
Auswirkungen auf sich luden, wird niemand wunder nehmen. Wenigstens aber waren sie im vorliegenden Falle nicht ganz allein, weil ich
ihnen ja vorangegangen war und ihnen damit als Bürge und Meister
(Meister in der Beherrschung) dienen konnte, gerade weil ich der erste
bei dieser Initiative war und damit allein.

Ja, auf diesem Gebiet – und wie ich es mir für die Liebe erträumt
hatte – war ich es und niemand sonst, der die Initiative ergriff, ich, der
ich mich gelegentlich rühmte (und das schmerzte Guitton, ich weiß),
keinerlei Lehrer in der Philosophie (ich habe das im Vorwort von *Für
Marx* geschrieben) und nicht einmal in der Politik (außer Hours,
Courrèges, Lesèvre und Hélène) gehabt zu haben. Als Alleinverant-
wortlicher hatte ich endlich den Bereich meiner Initiative gefunden,

einer absoluten Initiative, der meinen, in dem ich endlich mein eigenes Verlangen verwirklichen konnte, äußerstenfalls das Verlangen, endlich ein eigenes Verlangen zu haben (das Verlangen, ein Verlangen haben zu wollen, ist zwar ein Verlangen, aber ein noch rein formales Verlangen, denn es ist die leere Form eines Verlangens, und diese leere Form eines Verlangens für ein wirkliches Verlangen zu halten, war eben mein Drama gewesen, aus dem ich so zwar als Sieger hervorging, aber im Denken, im reinen Denken), gleichsam als Schicksal erfaßt in der Verwirklichung des reinen Verlangens meiner Mutter, sogar in der endlich erreichten Form seiner Negation.

Was konnte ich unter diesen Bedingungen anderes tun, als meinem Denken die schroffe Form eines Einschnitts, eines Bruches zu geben? Man erkennt da eines der in Wirklichkeit objektiven, sehr zweideutigen Themen wieder, die mein Nachdenken immer heimgesucht haben. Wie konnte ich gleichfalls der Notwendigkeit entrinnen, das Abrupte dieses Einschnitts sogar in der Sprache meines Diskurses durch das Abrupte abrupter Formulierungen zu markieren, alles Anzeichen jenes »Dogmatismus«, den man mir so heftig vorgeworfen hat? Ich war zutiefst der Überzeugung, daß jede Philosophie dadurch, daß sie sich anhand von Thesen definiert, die sie ohne jede Möglichkeit der experimentellen Verifizierung aufstellt, ihrem Wesen nach *dogmatisch* ist, ich verkündete das sogar in meinem »Cours de philosophie pour scientifiques« (1967), der das Wahre seiner Thesen aussprach, aufstellte, ohne weiteren Rückhalt als den Akt ihrer Aufstellung. Ich sprach ganz einfach die Sprache der Wahrheit und dessen, was ich dachte und tat (indem ich, manchmal ganz offen, Thesen aufstellte, *cf.* etwa *Philosophie et philosophie spontanée des savants* [dt. *Philosophie und spontane Philosophie der Wissenschaftler*]) und dessen, was alle Philosophie vor mir tat (Thomas von Aquin, Spinoza, Wittgenstein), ob sie das nun anerkannte oder verschwieg. Wenn man sich allein verantwortlich weiß *sowohl* für die Einsamkeit, die für die Wahrheit erforderlich ist, die man in Thesen aufstellt, *als auch* für die Wahrheit des Philosophen, der man ist, *und* die Wahrheit jeder Philosophie, liegt die geringste aller *Redlichkeiten* dann nicht darin, eine konforme Sprache zu sprechen, eine Sprache, die bis in ihre Wendungen der Intervention und Anrufung hinein (siehe die Rolle, die ich im Zusammenhang mit der Ideologie die Anrufung spielen lasse) mit dem innersten Wesen dessen, was man tut, konform ist? Sich in der Form selbst auszudrücken, die das, was man denkt und tut, ohne Umschweife zum Ausdruck bringt?

Mein Vater radebrechte, meine Mutter war klar und träumte von Klarheit. Ich bin klar gewesen, aber auch so abrupt, wie es mein Vater in seinem inneren Denken und in seinen brutalen Interventionen war. Ohne zu zögern, nannte mein Vater eine Katze eine Katze, selbst wenn er schwieg, und war Manns genug, ganz brutal seinen Revolver zu ziehen, und eines Tages warf er sich sogar auf einen unglückseligen jungen Radfahrer, der in den Wäldern meine Schwester umgefahren hatte, und wollte ihn massakrieren. Diese heftige Weigerung, »sich etwas vormachen zu lassen«, diese Brutalität ohne Umschweife, die ich als die eines Vaters empfand, der mir gefehlt und mich jedenfalls nie darin eingeführt hatte, der mir nicht beigebracht hatte, daß diese Welt keine ätherische, sondern eine Welt physischer und anderer Kämpfe ist – endlich hatte ich jetzt die Kühnheit und die Freiheit, ihre Realität anzuerkennen. Wurde ich so nicht, endlich und wirklich, mein eigener Vater, das heißt ein Mann?

Man möge in einer Analyse dieser Art nicht das letzte Wort des objektiven Sinnes irgendeiner Philosophie suchen. Denn welches auch immer die inneren, bewußten oder eher unbewußten Motivationen jedes Philosophen sein mögen, seine niedergeschriebene Philosophie ist eine *objektive Realität* und geht darin völlig auf, und ihre Auswirkungen oder Nicht-Auswirkungen auf die Welt sind *objektive Auswirkungen*, die im Grenzfall keinerlei Beziehung mehr zu diesem Inneren haben, das ich beschrieben habe, Gott sei Dank! Denn sonst wäre die Philosophie, wie übrigens jede Aktivität, nur das reine Innere aller Subjektivitäten der Welt, deren jede in ihren eigenen Solipsismus eingesperrt bliebe. Wenn ich je daran gezweifelt hatte, sollte ich es von einer anderen schrecklichen Realität lernen, der der Politik in Person, zunächst aber von der Philosophie selbst.

XV

Denn jeder Mensch, der durchs Handeln eingreift – und damals hielt ich die philosophische Intervention für ein Handeln und täuschte mich darin nicht –, greift immer in eine Lage ein, um deren Verlauf zu modifizieren. In welche philosophische Lage sah ich mich also »einzugreifen« veranlaßt?

Es war in Frankreich, einem Land, das wie immer in völliger Unkenntnis dessen lebte, was außerhalb seiner Grenzen vor sich ging. Und da war ich, in Unkenntnis von allem, auch von Carnap, Russell, Frege, also des logischen Positivismus, auch von Wittgenstein und der angelsächsischen analytischen Philosophie. Von Heidegger las ich erst spät den Brief *Über den Humanismus* an Jean Beaufret, der nicht ohne Einfluß auf meine Thesen zum *theoretischen* Anti-Humanismus von Marx blieb. Ich war also mit dem konfrontiert, was man damals in Frankreich las, das heißt Sartre, Merleau-Ponty, Bachelard und unendlich viel später Foucault, aber vor allem Cavaillès und Canguilhem. Dann etwas Husserl, den wir weitergaben, und Desanti (husserlianischer Marxist) und Tran Duc Thao, dessen Diplomarbeit mich geradezu blendete. Von Husserl habe ich nie mehr gelesen als die *Cartesianischen Meditationen* und die *Krisis*.

Ich habe nie, und zwar aus tausend Gründen, die ich eines Tages darlegen werde, wie Sartre geglaubt, daß der Marxismus der »unüberschreitbare Horizont unserer Zeit« ist, und das aus einem guten Grund, an dem ich stets festhalte. Ich war immer der Meinung, daß Sartre, dieser brillante Kopf und Autor wunderbarer philosophischer Romane wie *Das Sein und das Nichts* und *Kritik der dialektischen Vernunft*, nie etwas von Hegel noch von Marx noch gar von Freud verstanden hatte. Ich sah in ihm bestenfalls einen jener nach-cartesianischen und nach-hegelianischen »Philosophen der Geschichte«, die Marx verabscheut hatte.

Zwar wußte ich, auf welchen Wegen Hegel und Marx in Frankreich eingeführt worden waren: durch Kojevnikov (Kojève), einen russischen Emigranten, der mit hoher Verantwortung im Wirtschaftsministerium betraut worden war. Eines Tages suchte ich ihn in seinem Büro im Ministerium auf, um ihn zu einem Vortrag an der École einzuladen. Er kam, ein Mensch mit schwarzen Haaren und dunklem Gesicht, der voller infantiler theoretischer Boshaftigkeiten steckte. Ich las alles, was er geschrieben hatte, und überzeugte mich rasch, daß er – den alle, eingeschlossen Lacan, vor dem Krieg begeistert gehört hatten – von Hegel wie von Marx rein gar nichts begriffen hatte. Alles drehte sich bei ihm um den Tod und um das Ende der Geschichte, der er einen verblüffenden *bürokratischen* Inhalt gab. Die Geschichte, das heißt die abgeschlossene Geschichte des Kampfes von Klassen, die Geschichte hört nicht auf, aber es passiert darin nichts mehr als der Routinebetrieb der *Verwaltung von Sachen* (es lebe Saint-Simon!). Zweifellos eine treffliche Art und Weise, seine Bedürfnisse als Philosoph und seine berufliche Situation als höherer Bürokrat zu verbinden.

Ich begriff nicht, wie es möglich gewesen war, daß Kojève, abgesehen von der völligen französischen Unkenntnis in bezug auf Hegel, seine Hörer in diesem Maße hatte faszinieren können: Lacan, Bataille, Queneau und so viele andere. Umgekehrt entwickelte ich eine grenzenlose Wertschätzung für die gelehrte und mutige Arbeit eines Hyppolite, der, anstatt Hegel zu interpretieren, sich damit begnügte, ihm in seiner bewundernswerten Übersetzung der *Phänomenologie des Geistes* das Wort zu erteilen.

Das war also die philosophische Lage, von der ich ausging, um zu »denken«. Wie bereits gesagt, schrieb ich eine Diplomarbeit über Hegel, bei der mich mein Freund Jacques Martin, der philosophisch ungeheuer beschlagen war, anleitete. Mühelos wurde mir klar, daß die französischen »Hegelianer« als Schüler von Kojève *nichts von Hegel begriffen* hatten. Um sich davon zu überzeugen, reichte es hin, Hegel selbst zu lesen. Sie waren allesamt beim Kampf von Herr und Knecht und bei der totalen Absurdität einer »Dialektik der Natur« stehengeblieben. Sogar Bachelard hatte, wie ich bei seiner Bemerkung gewahr wurde, von der ich oben berichtet habe, nichts davon verstanden. Er erhob übrigens in dieser Hinsicht keinerlei Ansprüche, er hatte einfach nicht die Zeit gehabt, ihn zu lesen. Was Hegel betraf, *zumindest in Frankreich*, so war da noch alles zu verstehen und zu erklären.

Umgekehrt war von Husserl, auf dem Umweg über Sartre und Merleau-Ponty, etwas bis zu uns durchgedrungen. Man kennt die berühmte Anekdote, wie sie »le Castor« [*i. e.* Sartres Gefährtin Simone de Beauvoir] berichtet. Raymond Aron, der »kleine Kamerad« von Sartre, hatte 1928–1929 ein Studienjahr in Berlin verbracht, das ihn über die Heraufkunft des Nazismus aufgeklärt hatte, in dem er aber auch die blasse, subjektivistische deutsche Philosophie und Soziologie verdaut hatte. Aron kehrt also nach Paris zurück und besucht Sartre und »le Castor« in ihrem Stammbistro. Sartre trinkt dort einen großen Aprikosensaft. Und Aron sagt zu ihm: »Mein kleiner Kamerad, ich habe in Deutschland eine Philosophie gefunden, die Dir verständlich machen wird, warum Du hier im Bistro sitzt und einen Aprikosensaft trinkst und warum Dir das gefällt.« Diese Philosophie war die von Husserl, die, als vorprädikative, natürlich alles erklären konnte, darunter auch einen Aprikosensaft. Sartre war anscheinend verblüfft und machte sich daran, Husserl und dann, als erster, Heidegger zu verschlingen! Man kann sehen, welche Spuren das in seinem Werk hinterlassen hat: eine subjektivistische und cartesianische Apologie des Subjekts der Existenz gegen das Objekt und das Wesen, des Primats der Existenz vor der Essenz usw. Aber das hatte nicht viel zu tun mit der tiefen Inspiration von Husserl, auch nicht von Heidegger, der Sartre gegenüber rasch Abstand nahm. Es war eher eine cartesianische Theorie des *cogito* auf dem Gebiet einer verallgemeinerten und damit vollständig entstellten Phänomenologie. Merleau, Philosoph von ganz anderem Tiefgang, sollte Husserl auf andere Weise treuer bleiben, vor allem als er dessen Spätwerk entdeckte, insbesondere *Erfahrung und Urteil* und die *Vorlesungen zur Phänomenologie des inneren Zeitbewußtseins*, die er in seinen Vorlesungen an der École bewundernswert kommentierte, indem er die Theorie vom vorprädikativen Status der Praxis bei Husserl und die Theorie des natürlichen Urteils bei Malebranche und das Denken des eigenen Leibes bei Maine de Biran und Bergson zueinander in Beziehung setzte. Das alles war sehr erhellend. In privater Runde sagte uns Thao: »Ihr seid alle transzendentale gleiche Ichs [*egos-égaux*]!« Er lachte stets, aber welche tiefe Wahrheit.

Das alles war sehr aufschlußreich in bezug auf Husserl, den Merleau unaufhörlich weiterdachte, um schließlich bei der Rückkehr zur tiefsten französischen Tradition zu landen, der des Spiritualismus, der bei ihm aber auf eine sehr subtile Weise adaptiert und mit tiefen Einsichten zur Entwicklung des Kindes, zu Cézanne, Freud, zur Sprache, zum Schweigen und sogar zur marxistischen und sowjetischen Politik vermehrt in Erscheinung trat (*cf.* etwa *Humanismus und Terror, Die Abenteuer der Dialektik*). Merleau war, im Unterschied zu Sartre, diesem philosophischen Romancier *à la* Voltaire, aber mit einer persönlichen Unversöhnlichkeit *à la* Rousseau, wirklich ein großer Philosoph, der letzte in Frankreich vor dem Riesen Derrida, wenn er auch in bezug auf Hegel und Marx keineswegs aufschlußreich war. In dieser Hinsicht erinnere ich mich vor allem an Desanti, der sehr kompetent in Logik und Mathematik war (er hat es in seinen Büchern unter Beweis gestellt). Jedes Jahr begann er eine Vorlesung über die Geschichte der Logik, in der er »sich mit Kampfkraft den Weg bahnte«, aber nie über Aristoteles hinauskam. Letztlich kam es darauf auch gar nicht an. Was für mich auf alle Fälle zählte, war, daß er, als in der Philosophie auf Marx die Rede kam, ihn direkt in Husserlschen Kategorien dachte. Und da Husserl die prachtvolle Kategorie der »Praxis« als »vorprädikativer« Bereich vorgeschlagen hatte (die Urschicht des Sinnes, die mit dem handanlegenden Umgestalten der Dinge verknüpft war), war unser guter Touki (sein Spitzname bei den vertrauten Freunden) überglücklich, bei Husserl den *endlich begründeten Sinn* der marxistischen Praxis gefunden zu haben. Noch eine Person, Touki, der (genau wie Sartre) Marx den ursprünglichen Sinn seiner eigenen Philosophie zurückerstatten wollte. Ich dagegen, der ich dank Jacques Martin die Texte von Marx direkt zu lesen und zu verstehen begann, überdies voller Entrüstung über die stifterhaft-humanistischen Ansprüche dieser Jugendtexte, zog da natürlich nicht mit. Ich habe mich nie auf die Husserlschen Marx-»Deutungen« von Desanti noch auf irgendeine »humanistische« Interpretation von Marx eingelassen. Und man wird erraten warum: weil ich einen Abscheu vor jeder Philosophie hatte, die irgendeinen Sinn und irgendeine Wahrheit gleich welcher Art *a priori* und transzendental auf eine Ursprungsschicht gründen wollte, wie vorprädikativ sie auch sein mochte. Desanti hatte damit nichts zu schaffen, es sei denn daß er nicht denselben Abscheu vor dem Ursprung und dem Transzendentalen hatte wie ich.

Mir begannen Zweifel an seiner »Gefolgschaft« zu dämmern, als ich sah, wie er Laurent Casanova, der wie er Korse war, in allen seinen Manipulationen der bürgerlichen Wissenschaft und der proletarischen Wissenschaft folgte, in die ich nie verfiel. Immer wenn ich heute

Victor Leduc treffe, damals ein wichtiger Kader für die »Intellektuellen« der Partei, erinnert er mich an meine Position in den Diskussionen jener Zeit: »Du warst gegen die Opposition der beiden Wissenschaften, und Du warst praktisch der einzige unter den Intellektuellen der Partei, der dieser Meinung war.«

Die Arbeiter kümmerten sich darum natürlich einen Dreck. Was ich weiß, ist, daß Touki zu seiner eigenen Beschämung einen unwahrscheinlichen theoretischen Artikel in *La Nouvelle Critique* schrieb – »im Auftrag«, wie er später sagte –, um die Theorie der beiden Wissenschaften im Klassenkampf zu »begründen« (immer die gleiche Geschichte). Niemand hatte ihn auf Ehre und Gewissen gebeten, seine philosophische Bildung und sein philosophisches Bewußtsein öffentlich zu verleugnen. Aber er tat es und hatte dennoch nicht die Entschuldigung eines Prozesses vor dem Gemeinderat.

Das Schlimmste aber, was ich ihm vorzuwerfen habe – und das ist nun wirklich unsäglich –, ist eine Fernsehsendung, die er in den Jahren um 1975 über sich machte, und zwar er selbst. Er hatte sich auf dem Bildschirm ganz allein präsentiert, nur in Begleitung eines winzigkleinen Köters, wie ihn alte Frauen haben, der unaufhörlich von einer Statue zur nächsten strolchte (um daran zu pinkeln), und Touki sprach ganz allein. Er redete von der Zeit der Phase der beiden Wissenschaften und wie er darin verstrickt worden war. Und das alles im Tonfall eines wirklichen Clowns (er hatte das Talent dazu), der jene schreckliche Geschichte erzählte, die Tote gemacht hatte oder hätte machen können, jedenfalls Marcel Prenant zum lebenden Leichnam machte, gleichsam eine kleine Anekdote betrunkener Männer: »Nun denn, man hat uns gesagt, wir müßten das tun, also haben wir es getan.« Das alles zehn unerträgliche Minuten lang: ein Monolog, der lediglich von Zurufen an den kleinen Köter in den großen Alleen des jardin du Luxembourg und von Augenblinzeln und komplizenhaftem Grimassieren, ja!, an die Adresse der Fernsehzuschauer unterbrochen wurde. Aber man muß sagen: Seither hat Touki die Partei verlassen und ein braves Universitätsleben geführt. Kürzlich hat man mir erzählt, er habe versucht, seine Husserlsche Vergangenheit zu überprüfen. Wollen sehen.

Das soll heißen, daß ich nur allzu viele politische wie philosophische Gründe hatte, mich vor seinem Einfluß und seinem Beispiel zu hüten. Diese »doppelte Wahrheit« paßte ganz entschieden nicht für mich. Ich vermochte mir nicht vorzustellen, daß man selbstdenkender Philosoph an der École und kleines Hündchen im Schlepptau von Casa in der Partei sein konnte. Die für den Marxismus und die Kommunisten (Courrèges!) so wesentliche Einheit von Theorie und Praxis schloß für mich – das gilt selbstverständlich für alle – die Existenz einer doppelten Wahrheit aus, die mich an die von Helvétius und d'Holbach im 18. Jahrhundert so treffend kritisierten Praktiken des Klerus erinnerte. Daß ein vorgeblich marxistischer Philosoph in den Jahren 1945–1950 noch immer sogar diesseits der Prinzipien der Aufklärung stand, die ich gleichwohl kaum teilte, ging über meinen Horizont.

Eben deshalb habe ich, wie ich das im Vorwort zu *Für Marx* geschrieben habe, in der Philosophie keinen wirklichen Lehrer gehabt, keinen wirklichen Lehrer außer Thao, der uns aber bald verließ, um nach Vietnam zurückzukehren und dort schließlich bei Arbeiten im Straßenbau und an einer unbehandelten Krankheit zu verfaulen (seine französischen Freunde versuchten, ihm Medikamente zukommen zu lassen), und Merleau, dem ich aber, weil er bereits zu stark von der alten und vorherrschenden spiritualistischen Tradition angezogen war, keine Gefolgschaft leisten konnte.*

Eine unglaubliche Tradition, die damals, zusammen mit der sogenannten neo-kantianischen Tradition von Brunschvicg, alles unter ihren Fittichen vereinte, was die Universität an Philosophen zählte! Eine Tradition, die institutionell zu Beginn des 19. Jahrhunderts von Victor Cousin begründet worden war (siehe dazu das interessante erste Buch von Lucien Sève) und die, durch sein Werk und vor allem seine offiziellen Programme sowie durch alle die Ausgeburten der von dem Sozialisten Pierre Leroux so wirkungsvoll bekämpften eklektischen Schule, Ravaisson, Bergson, Lequier und jüngst Ferdinand Alquié »hervorgebracht« hat. Im Ausland findet sich kein Äquivalent für diese Tradition. Sie war, o Ironie der Dialektik der Geschichte, nicht ohne »Verdienste«, weil sie ja Frankreich bis in die allerletzten Jahre (bis zu den Arbeiten von Jules Vuillemin und Jacques Bouveresse) vor der Invasion des angelsächsischen logischen Positivismus

---

* Da dieser Satz vom Autor teilweise gestrichen worden ist, was ihn holprig und unverständlich machte, ist er hier in seiner ursprünglichen und vollständigen Form wiederhergestellt worden. *(A. d. Hrsg.)*

und der analytischen Philosophie der englischen Sprache (die übrigens sehr interessant und dauerhaft ist) bewahrt hat. Außerhalb dieser beiden im Ausland dominierenden Strömungen stehend, blieb uns ein Werk wie das von Wittgenstein – Jacques Bouveresse und Dominique Lecourt und in Argentinien Mari haben das deutlich gezeigt und demonstriert – damals völlig unbekannt. Aber was kann ein »Schutz« durch Unkenntnis oder Abneigung wohl sein? Machiavelli hat mit aller Deutlichkeit gezeigt: Es sind gerade die Festungen, die die schwächsten Punkte jeder militärischen Kampfaufstellung bilden, und Lenin hat das mit Goethe zum Ausdruck gebracht: » *Willst Du Deinen Feind verstehen, mußt in Feindesland Du gehen!* «[*] Das alles war trügerisch. Und sogar der Neo-Kantianismus von Brunschvicg, der Spinoza zum plattesten Spiritualismus entstellte, zum Spiritualismus des Bewußtseins und des Geistes. Heute, da man endlich bestimmte Texte übersetzt hat, heute, da Heidegger nach Nietzsche endlich Bürgerrecht bei uns genießt, heute, da Bouveresse uns sehr gelehrte Studien zum Neo-Positivismus geliefert hat und da Wittgenstein oder Hegel und Marx weitläufig übersetzt und kommentiert worden sind, stehen die Grenzen endlich offen.

In den Jahren von 1945 bis 1960 aber war davon nichts zu spüren. Man hatte zwar Descartes, aber in welchen spiritualistischen Interpretationen!, ausgenommen die von Étienne Gilson, Émile Bréhier oder auch von Henri Gouhier, jenes Gouhier, der gegen Alquié polemisierte, der wiederum Descartes als Spiritualisten interpretierte. Zwar gab es Martial Guéroult, jenen Gelehrten ohne jede Liederlichkeit bei der Lektüre der klassischen Autoren, genaugenommen der einzige große Historiker unserer Zeit, aus dessen Schule Jules Vuillemin und Louis Guillermit hervorgegangen sind. Aber Guéroult war damals nur ein großer »Kommentator« von Autoren, man ahnte noch nicht, daß er eines Tages an der Spitze einer *strukturalen* Theorie der philosophischen Systeme stehen würde. Vuillemin und Guillermit waren praktisch unbekannt. Ich holte sie an die École, aber Vuillemin war (genau wie Bouveresse, sein Schüler in Verbitterung) so voller Ressentiments in bezug auf die intellektuelle Einsamkeit, auf die er sich beschränkt

---

[*] Nach dem Motto von Goethes *Noten und Abhandlungen – Zu besserem Verständnis des West-Östlichen Divans*: »Wer den Dichter will verstehen, / Muß in Dichters Lande gehen.« (*A. d. Ü.*)

sah, daß er alles daransetzte, sein Auditorium auf zwei oder drei Schüler zu reduzieren, woraufhin er mich dann davon in Kenntnis setzte, daß er aufgab! Dieselbe merkwürdige Heimsuchung wiederholte sich mit dem sehr viel jüngeren Bouveresse. Er war »Student« bei mir gewesen, und ich hörte nicht auf, ihn an die École einzuladen. Ich glaube zu wissen, daß Bouveresse mich angeklagt hat (und mich vielleicht noch immer anklagt), der Verantwortliche für die philosophische Dekadenz in Frankreich zu sein, so wie er in seinem letzten Buch Derrida mit Schmutz beworfen hat, jenen Riesen, der wie einst Hegel von ihm als »krepierter Hund« behandelt wurde (wenn das Wort auch nicht stimmt, so doch die Sache). Auch bei den Philosophen gibt es unverhüllte Delirien.

Ebenso hartnäckig holte ich Guéroult an die École, aber was für ein Aufwand! Ich mußte ihn im Wagen abholen und wieder zurückbringen. Er hatte großen Erfolg bei den Philosophen der École. Es war die Zeit, als Derrida, damals gerade auf meinen Vorschlag an die École berufen, in Frankreich von der Universität geringgeschätzt und allein, bei uns noch nicht wirklich bekannt war. Und ich wußte noch nicht, in welche Richtung er sich entwickeln würde.

Für mich, der ich die Notwendigkeit empfand, aus politischen und ideologischen Gründen in die Philosophie einzugreifen, bedeutete das, daß ich damit und mit den Kenntnissen, über die ich verfügte, »zurechtkam«: etwas Hegel, viel Descartes, wenig Kant, eine ganze Menge Malebranche, etwas Bachelard (*Der neue wissenschaftliche Geist*), viel Pascal, dann etwas Rousseau, etwas Spinoza, etwas Bergson und die *Histoire de la philosophie* von Bréhier, mein Kopfkissenbuch, und auch zuerst etwas, später eine ganze Menge Marx, der einzige, der geeignet war, uns aus der Konfusion der Moden herauszuhelfen.

Ich machte mich also an die Arbeit, zunächst in einigen dunklen Aufsätzen (diese Artikel waren noch sehr in der Übermacht des Diamat befangen, obwohl ich sorgfältig zwischen dialektischem Materialismus und historischem Materialismus unterschied, ohne dem ersten irgendein theoretisches Primat über letzteren einzuräumen) in der *Revue de l'Enseignement philosophique*. Ich veröffentlichte auch einen Aufsatz über Paul Ricœur.

Endlich wurde mir die Möglichkeit geboten, in *La Pensée* zu veröffentlichen, und zwar [1962] unter Umständen, die ich im Vorwort zu *Für Marx* dargestellt habe. Ich verdanke das nur der Freundschaft von Marcel Cornu, der mich getreulich gegen Georges Cogniot, den damaligen Sekretär von Maurice Thorez, unterstützt hat. Cogniot, damals Leiter der Zeitschrift, hatte die Angewohnheit, alle Artikel mit heftigen Ausrufen zusammenzustreichen: blöde! idiotisch! absurd! unsinnig! Man stelle sich später den Redakteur angesichts des Autors des Artikels vor! Für mich hatte Marcel ganz einfach seinen Rücktritt in die Waagschale geworfen, was Cogniot Respekt abnötigte.

Bis zu dem Tag, an dem Cogniot, nach meinem Artikel über »Widerspruch und Überdeterminierung« und einer beißenden, von dem damals allmächtigen Roger Garaudy initiierten Entgegnung von Gilbert Mury, einen »theoretischen Prozeß« in den Räumlichkeiten des Instituts »Henri Langevin« von Orcel organisierte, bei dem er den Vorsitz führte, umgeben vom gesamten philosophischen und politischen »Stab« von *La Pensée*. Verglichen mit dem Gemeinderat war das eine kleine Komödie. Sie dauerte anderthalb Monate, jeden Samstagnachmittag. Cogniot griff nicht ein, er erteilte das Wort dem oder jenem Redner, der mich zu widerlegen versuchte. Meiner Gewohnheit entsprechend malte ich einige Schemata an die Tafel und antwortete auf die Einwände. Nach etwa sechs Wochen sah ich, wie Cogniot zu lächeln begann: im Grunde war ich ein *normalien* wie er, und ich merkte, daß ich ihn wo nicht für mich gewonnen, so doch wenigstens entwaffnet hatte. Bei der letzten Zusammenkunft nach anderthalb Monaten antwortete ich mit einem einfachen Satz: »Ich bin der Meinung, daß ich halbwegs geantwortet habe, und glaube, daß die theoretischen Instanzen der Partei, die doch sicher alle Hände voll zu tun haben, besser daran täten, diesen Prozeß auszusetzen und sich mit dringenderen Dingen zu beschäftigen.« Und ich kam nicht wieder.

Dank Jacques Martin entdeckte ich schließlich zwei Denker, denen ich beinahe alles verdanke. Zunächst Jean Cavaillès, bei dem ich mich mit einigen Formulierungen begnügte (»der Prozeß nicht einer Dialektik, sondern eines Begriffs«), und Georges Canguilhem, jenen angesehenen Mann von unmöglichem Charakter wie mein Großvater und wie Hélène, nämlich genau wie er und sie ein Mann von wunderbarer Intelligenz und Großzügigkeit. Er willigte schließlich auf hartnäckiges Drängen meiner Freunde ein, seine Kandidatur für das *Enseignement supérieur* [Universitätslaufbahn] anzumelden. Er hatte ein von Nietzsche beeinflußtes Buch über das Normale und das Pathologische geschrieben. Er hatte auch einen berühmten Artikel über die »Psychologie, die entweder zum Collège de France oder zur Polizeipräfektur führt...« verfaßt. Für die Aufnahme ins *Enseignement supérieur* schrieb er eine kleine *thèse* über den Begriff des Reflexes, in der er haarscharf jene Paradoxie nachwies, daß die Vorstellung des Reflexes nicht in einem mechanistischen, sondern vitalistischen Kontext entstanden war! Dieser Skandal wurde mit unbestreitbaren Texten und Beweisen untermauert. Das war etwas, das mir verblüffende Einsichten darin verschaffte, wie sich die herrschenden Ideologien in ihren Folgeerscheinungen in den eigentlichen Wissenschaften umgekehrt auswirkten. So erhielt ich von ihm mehrere entscheidende Lektionen: zunächst die, daß die sogenannte Epistemologie, der ich offenbar meine Aufmerksamkeit gewidmet hatte, außerhalb der Geschichte der Wissenschaften absurd war; und dann die, daß diese Geschichte, weit davon entfernt, der Logik der Aufklärung zu gehorchen, in ihre Entdeckungen einmünden konnte, ausgehend von etwas, das er, beinahe wie wir, »wissenschaftliche Ideologien« nannte, philosophische Vorstellungen, die auf die Ausarbeitung, die Konzeptionen und sogar die wissenschaftlichen Begriffe einwirken konnten, und zwar häufig auf absolut paradoxe Weise. Diese entscheidende Lektion fiel bei mir nicht auf unfruchtbaren Boden. Ich kann nicht sagen, bis zu welchem Punkt der Einfluß von Canguilhem für mich und für uns ausschlaggebend war. Sein Beispiel aber brachte mich, brachte uns (denn Balibar, Macherey und Lecourt folgten ihm aus sehr viel größerer Nähe als ich) von dem meine ersten theorizistischen Definitionen beeinflussenden idealistischen Projekt der Philosophie als Theorie der theoretischen Praxis ab, das heißt der Praxis der Wissenschaften – eine nahezu positivistische Konzeption, in der die Philosophie gleichsam die »Wissenschaft der Wissenschaften« ist, eine Definition, die ich mich im Vorwort zur italienischen Ausgabe von *Das Kapital lesen* (1966) zu berichtigen beeilte. Ich habe ihn seit sehr langer Zeit nicht mehr gesehen. Eines Tages sagte er mir nach der Lektüre meiner Bücher: »Ich verstehe, was Sie haben machen wollen«, aber ich habe ihm nicht die Zeit gelassen, es mir zu sagen. Ich weiß, daß er im Mai 68 den Studenten erlaubte, das Wort zu ergreifen, um zu einer Demonstration, einem Streik aufzurufen usw. Ich schulde ihm unendlich viel. Er hat mir die verwirrenden historischen Listen der Beziehungen zwischen Ideologie und Wissenschaften erhellt. Er hat mich auch in der Idee bestärkt, daß die Epistemologie eine Variante der Erkenntnistheorie ist, jener (seit Descartes und Kant) modernen Form der Philosophie als Wahrheit, also Bürgschaft der Wahrheit. Die Wahrheit ist nur da, um in letzter Instanz die etablierte Ordnung der Dinge und der moralischen und politischen Beziehungen unter den Menschen zu verbürgen.

So fand ich schließlich meinen eigenen philosophischen Standort auf dem *Kampfplatz* der untilgbaren Gegensätze, die in letzter Instanz bloße Reflexe im Gesamtkomplex des Kampfes der sozialen Klassen sind. Ich legte mir so eine persönliche Philosophie zurecht, die nicht ohne Ahnen, aber im französischen philosophischen Kontext doch recht isoliert war, denn meine Anreger, Cavaillès und Canguilhem, waren entweder verkannt oder unbekannt, wenn nicht sogar geringgeschätzt.

Und als die Mode der »strukturalistischen« Ideologie aufkam, die den Vorteil eines Bruchs mit jedem Psychologismus und Historizismus bot, schien ich dieser Bewegung zu folgen. Fanden wir nicht bei Marx die Idee zwar nicht einer Kombinatorik (mit beliebigen Elementen), sondern einer Kombination von distinkten Elementen, die geeignet waren, die Einheit einer Produktionsweise zu konstituieren? Machte diese strukturale und objektivistische Position nicht endgültig Schluß mit dem »anthropologischen« Humanismus eines Feuerbach, den ich aus größter Nähe kannte, weil ich ihn als erster in Frankreich herausgegeben und übersetzt hatte nach den sehr mittelmäßigen und unvollständigen Übertragungen von Joseph Roy, dem schlechten Übersetzer des *Kapitals*? Nun hatten wir aber von Anfang an auf den strukturalen Unterschied zwischen (abstrakter) *Kombinatorik* und (konkreter) *Kombination* hingewiesen, und eben das machte das ganze Problem aus. Aber wer hatte das gesehen? Niemand gab auf diesen Unterschied acht. Man klagte mich überall auf der Welt des Strukturalismus an und warf mir vor, die Immobilität der Strukturen in der herrschenden Ordnung und die Unmöglichkeit der revolutionären Praxis zu rechtfertigen, während ich doch eine Theorie der Lage im Zusammenhang mit Lenin mehr als bloß skizziert hatte. Aber das verschlug wenig, das Entscheidende war, jenes vereinzelte Individuum zu verdammen, das da behauptete, daß Marx sein Denken auf die Ablehnung jeder philosophischen Grundlegung im Menschen, im Wesen des Menschen gestützt habe, jenes Marx, der geschrieben hatte, er gehe nicht »*vom* Menschen« aus, sondern von »Individuen auf einer bestimmten historischen Entwicklungsstufe«; jenes Marx, der geschrieben hatte, die Gesellschaft setze sich nicht aus Individuen zusammen, sondern aus »Produktionsverhältnissen« usw. Vereinzelt. Eben das war ich in der Philosophie und Politik, während niemand, nicht einmal die Partei, die auf den frömmelnden sozialistischen Humanismus setzte, anerkennen wollte, daß der theoretische Anti-Humanismus der einzige war, der einen praktischen, realen Humanismus rechtfertigte. Der Zeitgeist, womöglich noch durch die schillernd-mehrdeutigen *gauchistes* des wunderbaren Aufstandes von 68 verstärkt, stand auf seiten der Demagogien des Erlebten und des Herzens, nicht auf seiten der Theorie. Nur wenige gab es, die sich bereit erklärten, Verständnis für meine Ziele wie für meine Gründe aufzubringen. Und als die Partei die Diktatur des Proletariats aussetzte, »so wie man einen Hund aussetzt«, änderte das nichts. Ich hatte nicht nur die Meute der Philosophen gegen mich, die gegen Foucault und mich Bücher »für den Menschen« schrieben (Mikel Dufrenne und andere), sondern auch alle die Ideologen der Partei, die kein Geheimnis daraus machten, daß sie mich mißbilligten und mich nur ertrugen, weil sie mich, angesichts meiner Bekanntheit, nicht ausschließen konnten. Eine erstaunliche Zeit! Ich war endlich auf dem Gipfel meines Verlangens angekommen: allein recht haben gegen alle!

Genaugenommen war ich ganz und gar nicht allein: ich erfuhr einen gewissen Trost von Lacan. Ich hatte in einer verstohlenen Fußnote zu einem meiner Aufsätze in der *Revue de l'Enseignement philosophique* festgehalten, daß, genau wie Marx den *homo oeconomicus*, Lacan den *homo psychologicus* abgelehnt und daraus mit aller Schärfe die Konsequenzen gezogen hatte. Einige Tage später rief Lacan mich an, und wir gingen mehrere Male gemeinsam essen. Natürlich spielte ich bei ihm erneut den »Vater des Vaters«, um so mehr, als er in einer üblen Lage war. Ich erinnere mich an ihn mit der unbeschreiblichen Zigarre im Mund und an mich selbst, der ich ihm, als einzige Begrüßung, sagte: »Aber Sie haben sie ja völlig zerknautscht!« (Ich offensichtlich nicht.) In der Unterhaltung ließ er oft kein gutes Haar an manchen seiner »Analysanden« und vor allem an ihren Frauen, die er, wie es sich ergab, manchmal gleichzeitig mit ihren Gatten in Analyse hatte. Da ich sah, daß er seit der Drohung mit dem

Ausschluß aus der Klinik von Sainte-Anne in großer Verlegenheit war, bot ich ihm die Gastfreundschaft der École an. Und von diesem Tage an war die rue d'Ulm mittwochsmittags jahrelang von prachtvollen englischen Autos auf allen Gehsteigen verstopft, zur großen Empörung der Einwohner des Viertels. Ich nahm nie an einem Seminar von Lacan teil. Er sprach in einem rauchgeschwängerten, vollbesetzten Saal, was später seinen Ausschluß provozieren sollte, denn der Rauch drang bis in die mit kostbaren Büchern gefüllten Abteilungen der Bibliothek genau darüber, und Lacan konnte, trotz der ernsthaften Warnungen von Robert Flacelière, nie erreichen, daß seine Hörer das Rauchen einstellten. Eines Tages teilte ihm Flacelière, dieses Rauches überdrüssig, die Kündigung des Vorlesungsraumes mit. Ich war damals krank und fern der École. Lacan rief bei mir an und versuchte mehr als eine Stunde lang hartnäckig, von Hélène meine Adresse zu bekommen. Zu einem bestimmten Zeitpunkt sagte er sogar zu ihr: »Aber ich glaube doch Ihre Stimme zu erkennen, wer sind Sie denn?« Hélène antwortete: »Eine Freundin.« Und das war alles. Lacan mußte die École räumen, nicht ohne laute Proteste.

Dennoch leistete mir Lacan, ohne daß ich ihn noch sah (er brauchte mich ganz einfach nicht mehr), aus der Ferne eine Art Gesellschaft. Wir hatten sogar Gelegenheit, uns durch Mittelsmänner zu unterhalten.[*]

Ich hatte seit langem die Idee mit mir herumgetragen, daß es immer und überall, wie Marx sagt, »Nebenprodukte« der Produktion oder »Abfälle« gibt, nutzlose und unwiderrufliche Verluste. Deren Vorwegnahme hatte ich bei Malebranche gefunden, wenn er »das Meer, den Wüstensand und die großen Wegstrecken« nennt, auf die der Regen ohne irgendein bestimmbares Ziel fällt. Ich durchdachte also meine »Geschichte« als materialistischer Philosoph, der »auf einen fahrenden Zug springt«, ohne zu wissen, woher er kommt, noch wohin er fährt. Und ich dachte an die »Briefe«, die, obwohl vorschrifts-

---

[*] Nach handschriftlichen Einschüben die nicht allesamt von Althusser selbst zu stammen scheinen, sind die drei folgenden Absätze Gegenstand einer Auslassung gewesen, die nicht immer sehr deutlich ist und die Lesbarkeit des Textes beeinträchtigt. Immer dann, wenn das Verständnis des Textes es erforderte, ist also an der ursprünglichen Version des Manuskriptes festgehalten worden. (*A. d. Hrsg.*)

mäßig eingeworfen, doch nicht immer ihren Adressaten erreichen. Nun las ich eines Tages aus der Feder Lacans den Satz, daß »ein Brief immer seinen Adressaten erreicht«. Überraschung! Die Geschichte wurde noch komplizierter, und zwar durch einen jungen indischen Arzt, der eine kurze Analyse bei Lacan machte und bei deren Abschluß ihm folgende Frage zu stellen wagte: »Sie sagen, daß ein Brief immer seinen Adressaten erreicht. Althusser aber behauptet das Gegenteil: es kommt vor, daß ein Brief seinen Adressaten nicht erreicht. Was sagen Sie zu seiner These, die er als materialistisch bezeichnet?« Lacan dachte ganze zehn Minuten nach (zehn Minuten für ihn!) und antwortete dann einfach: »Althusser ist kein Praktiker.« Ich begriff, daß er recht hatte: Tatsächlich ist in den Übertragungsbeziehungen der affektive Raum so strukturiert, daß sich darin keinerlei Leere findet und schlechterdings jede unbewußte, ans Unbewußte des anderen gerichtete Botschaft ihn folglich auch zwangsläufig erreicht. Gleichwohl war ich von meiner Erklärung nicht völlig zufriedengestellt: Lacan hatte recht, aber ich auch, und ich wußte, daß er durchaus keinen Idealismusvorwurf verdiente, weil seine ganze Konzeption der Materialität des Signifikanten davon Zeugnis ablegte. Daraufhin ahnte ich den Ausweg. Lacan sprach vom Standpunkt der analytischen Praxis aus und ich vom Standpunkt der philosophischen Praxis, zwei verschiedene Bereiche, die ich, wenn ich in meiner Kritik des klassischen dialektischen Materialismus konsequent verfuhr, nicht voneinander abziehen konnte, weder den philosophischen Bereich vom analytischen und umgekehrt noch die philosophische Praxis von einer wissenschaftlichen Praxis und umgekehrt. Was uns beiden recht gab, aber keiner von uns hatte den Grund unseres Widerstreits deutlich gesehen. Jedenfalls lernte ich Lacans Scharfsinn noch mehr schätzen, der, trotz der Mehrdeutigkeit mancher seiner Formeln (das leere Sprechen, das volle Sprechen in der »Rede von Rom« [1953]), doch den wahrscheinlich nicht reflektierten Reflex gehabt hatte, die Differenz zu spüren und sie »aufzuspießen«.

Ganz zum Schluß (Lacan war todkrank) hatte ich noch Gelegenheit, mit ihm in Verbindung zu treten. Es war bei seinem letzten öffentlichen Auftritt im Hotel PLM. Ein sehr enger Freund, den ich nicht wiedersehen wollte nach dem Skandal seines Verhaltens, hatte mich gedrängt, an der Séance teilzunehmen, »um ihn zu unterstützen«. Dieser Freund aber erschien nicht und ließ auch nichts von sich hören. Er hatte mich im Stich gelassen. Ich betrat also ohne Erlaubnis die gewaltige Hotelhalle. Eine junge Frau fragte mich nach dem Namen dessen, der mich eingeladen hatte, und ich antwortete: »Im Namen des Heiligen Geistes, des anderen Namens der Libido.« Dann ging ich ostentativ durch den gähnenden Leerraum zwischen Rednerpult und still verharrendem Publikum nach vorn, die Pfeife im Mund. Ich hielt inne und klopfte, noch immer mit abgemessenen und berechneten Bewegungen, meine Pfeife am Absatz meines Halbstiefels aus, stopfte sie und zündete sie an und näherte mich dann Lacan, dem ich lange die Hand schüttelte. Er war nach seiner langen Rede sichtlich am Ende seiner Kräfte. Ich legte in mein Verhalten allen Respekt, den mir dieser große, alte, wie ein Pierrot in eine mit blauen Karos gemusterte Tweed-Jacke gekleidete Mann einflößte. Ich ergriff das Wort »im Namen der Analysanden«, indem ich den Anwesenden lebhaft vorwarf, sie geradezu unter den Tisch fallen zu lassen. Eine empörte Stimme erhob sich: »Von welcher Couch spricht denn dieser Herr?« Ich setzte meine Ansprache unerschütterlich fort. Ich habe vergessen, was ich sagte; nicht vergessen aber habe ich das Aufsehen und den heimlichen Wirbel, den mein Auftritt auslöste. Ich wollte nach dem Ende von Lacans Rede die Diskussion fortsetzen, aber alle stahlen sich davon.

Sei's drum; ich hatte mit Lacan bereits sehr viel früher in einer dramatischen Situation zu tun gehabt. Eines Morgens wurde sehr früh an meine Wohnungstür in der École geklopft. Es war Lacan, in einem erbarmungswürdigen Zustand, beinahe unkenntlich. Ich wage kaum zu berichten, was sich abspielte. Er kam, um mir, »bevor ich es aus umlaufenden Gerüchten erfuhr, die ihn, Lacan, persönlich einbezögen«, den Selbstmord von Lucien Sebag zu beichten, den er in Analyse gehabt hatte, die er jedoch abbrechen mußte, weil er, Sebag, sich in seine eigene Tochter Judith verliebt hatte. Er sagt mir, er werde jetzt »ganz Paris abklappern«, um die Situation allen denen, die er ausfindig machen könne, zu erklären, damit allen »Mordanklagen oder Fahrlässigkeitsbeschuldigungen« der Wind aus den Segeln genommen sei. Völlig außer sich, erklärt er mir, er habe Sebag nicht mehr in Analyse behalten können, seit der sich in Judith verliebt habe: »das war aus technischen Gründen unmöglich«. Er erzählt mir, daß er Sebag dennoch die ganze Zeit über weiter gesehen habe, auch noch am Abend zuvor. Er hatte Sebag versichert, er werde seinen Anruf zu jeder Tages- und Nachtzeit entgegennehmen, er besitze einen ultraschnellen Mercedes. Dennoch hat sich Sebag um Mitternacht eine Kugel in den Kopf geschossen, später ist es ihm dann gelungen, sich mit einer zweiten und letzten Kugel um drei Uhr morgens endgültig zugrundezurichten. Ich gestehe, daß ich nicht wußte, was ich ihm sagen sollte. Gleichwohl wollte ich ihn fragen, ob er nicht hätte »eingreifen« können, um Sebag in Sicherheit bringen zu lassen, indem er ihn in eine Klinik einwies. Wahrscheinlich hätte er mir geantwortet, daß das nicht der analytischen »Regel« entsprochen hätte. Jedenfalls fiel kein Wort über den Schutz einer Klinikeinweisung. Als er ging, zitterte er immer noch vor Aufregung. Er verließ mich am frühen Morgen, um seine Besuche fortzusetzen. Ich habe mich sehr oft gefragt, was er wohl in meinem eigenen »Fall« getan hätte, wenn ich sein Patient gewesen wäre, und ob er mich ohne Schutz gelassen hätte (ich wollte mich ständig umbringen), um nicht die kleinste analytische »Regel« zu verletzen. Mein eigener Analytiker war früher seine größte »Hoffnung« gewesen, hatte ihn jedoch an eben dem Tag verlassen, als er gewahr wurde, daß »Lacan absolut unfähig war, jemand anderem zuzuhören«. Ich fragte mich auch, was er wohl mit Hélène gemacht hätte, immer noch in bezug auf seine berühmten »Regeln«, die im Geiste Freuds und seiner Nachfolger nie unwiderrufliche Imperative gewesen waren, sondern nur einfache und allgemeine technische »Richtlinien«, er, Lacan, der mehrere Frauen meiner früheren Schüler in Analyse genommen hatte, seiner Patienten, er hatte es mir bei unserer ersten Begegnung selbst gesagt. Dieser Vorfall eröffnete mir merkwürdige Einblicke in die schrecklichen Verhältnisse der Analyse und ihrer berühmten »Regeln«. Man möge mir, wenn möglich, verzeihen, daß ich hier so getreulich davon berichtet habe, aber durch und mit dem unglücklichen Sebag, den ich gern mochte, und Judith, die ich ziemlich gut kannte (sie sollte später meinen früheren Schüler Jacques-Alain Miller heiraten), handelte es sich auch um mich: »De te fabula narratur.« Diesmal aber war die »Fabel« eine Tragödie, nicht nur für Sebag, sondern auch für Lacan, der damals keine andere manifeste Sorge hatte als die um sein berufliches Ansehen und den Skandal, der auf ihn zurückfallen würde. Jene Analytiker, die seinerzeit eine Petition an *Le Monde* gerichtet haben (unveröffentlicht), um die »Methoden« meines Analytikers zu brandmarken, mögen hier die Niederlegung meines Zeugnisses finden.

In diesen Jahren (1974) hatte ich Gelegenheit zu einer Reise nach Moskau, und zwar zu einem Internationalen Kongreß zur Philosophie Hegels. Ich erschien bei diesem Kongreß nur zu meinem Vortrag, für den man mir die Schlußsitzung im gewaltigen Zeremoniensaal reserviert hatte. Dort sprach ich über den jungen Marx und die tieferen Gründe seiner Entwicklung. Gegen Ende meines Beitrages, über den die *Prawda* zu berichten hatte ... im voraus, verbreitete sich offizielles Schweigen, aber einige Studenten blieben im Saal und stellten mir Fragen: Was ist das Proletariat? Was ist der Klassenkampf? Offensichtlich verstanden sie nichts von dem, was man ihnen erzählte. Ich war davon verblüfft, sollte es aber mühelos verstehen.

Ich verstand es, denn während der acht Tage, in denen ich nicht am Kongreß teilnahm, machte mich mein sehr guter Freund Merab, ein glänzender georgischer Philosoph, der die UdSSR nicht hatte verlassen wollen wie sein Freund Sinowjew (»denn dort sieht man die Dinge wenigstens nackt und unverblümt«), mit einem guten Hundert von Sowjetrussen aller Ränge und Stellungen bekannt, die mir von ihrem Land und von ihren politischen und intellektuellen materiellen Existenzbedingungen berichteten, und ich begriff unendlich viele Dinge, die mir alles, was ich seither an ernsthafter Literatur über die UdSSR gelesen habe, bestätigte.

Die UdSSR ist nicht das Land, wie man es gewöhnlich bei uns beschreibt. Zwar ist dort jeder öffentliche Eingriff ins politische Leben verboten und gefährlich; in allem anderen aber, was für ein Leben! Zunächst ist die UdSSR ein gewaltiges Land, das das Problem des Alphabetismus und der Bildung in unbekanntem, sogar bei uns unbekanntem Maßstab gelöst hat. Dann ist sie ein Land, in dem das Recht auf Arbeit garantiert und sogar, wenn ich so sagen darf, geplant und verbindlich ist: seit der Abschaffung der Arbeitsbücher konstatiert man dort eine wunderbare Mobilität der Arbeiter. Schließlich ist sie ein Land, in dem die Arbeiterklasse so stark ist, daß sie sich Respekt verschafft und die Polizei nie mehr in den Fabriken auftaucht und eingreift, jene Arbeiterklasse, die ihr Ablenkungsventil in Alkohol und Schwarzarbeit findet, indem sie Ausrüstungsgegenstände aus Gemeinbesitz entwendet, um für Privatleute zu arbeiten. Ein Land mit doppelter Buchführung, mit Schwarzarbeit in der Industrie, im Bildungswesen, im Gesundheitswesen und (offiziell gebilligt) in der landwirtschaftlichen Produktion. Ich habe seither erfahren, daß sich, was ich nicht wußte, jetzt Teams von Arbeitern zusammenschließen, die ihre Dienste zu hohen Preisen an Unternehmen verkaufen, um Planrückstände aufzuholen. Man kann sich das bei uns nicht vorstellen, trotz der Schwarzarbeit, denn es sind nicht die »Unternehmer«, die ihnen die Preise diktieren, sondern Teams von Arbeitskumpeln, die sich organisieren, um ihre Dienste den Unternehmen mit Planrückständen zu verkaufen. Ich glaube, daß K. S. Karol recht hat, der die UdSSR genau kennt, wo er viele Jahre im Laufe einer verblüffenden Odyssee gelebt hat, die er in seinem bemerkenswerten Buch (*Solik: tribulations d'un jeune homme polonais dans la Russie en guerre*) nachgezeichnet hat: Mit der Heraufkunft neuer, auf Konsumgüter versessener Generationen, auf der Grundlage einer sehr bemerkenswerten Akkulturation und auf der Basis eines Patriotismus, der sich aus dem Andenken an zwanzig Millionen Tote im Großen Vaterländischen Krieg nährt, trotz der skandalösen psychiatrischen und Inhaftierungspraktiken, die wir aber in anderem Maßstab auch in Frankreich haben (wenn auch aus nicht immer direkt politischen Gründen, aber welcher Unterschied besteht da im Grunde?), aber auch auf der Grundlage der totalen Zerstörung der Kleinlandwirtschaft, ihrer traditionellen Lebensweise und sogar ihres Know-hows (die Bauern erfahren aus dem Radio, wann es Zeit ist für Aussaat und Mahd!! – welcher Unterschied zu China!!), darf man, geduldig, aber billigerweise, langsame Veränderungen in der UdSSR erwarten. Man muß der jungen Generation und Gorbatschow eine Chance geben, der, zum ersten Mal in der Geschichte der UdSSR, dafür der geeignete Mann ist. Natürlich fand ich in der UdSSR eine wirkliche philosophische Wüste vor. Meine Bücher waren dort zwar übersetzt worden wie alles, was im Ausland erschien, aber in die »dreifache Hölle« der Bibliotheken verbannt worden, die nur hohen, politisch sicheren Spezialisten zugänglich war. Und als der Dekan der Philophischen Fakultät mich zum Flughafen von Moskau begleitete, war alles, was er mir zu sagen hatte, folgendes: »Grüß mir die kleinen Mädchen von Paris!!«

XVI

Die Politik? Ich stelle mir vor, daß man dazu Äußerungen von mir erwartet. Tatsächlich hätte ich unendlich viel dazu zu sagen, aber das hieße in die Anekdoten der kleinen Politik eintreten: ohne Bedeutung für die nachträgliche »Genealogie« meiner affektiven psychischen Traumata. Anekdoten? Man findet überall genug davon und vor allem »zum Verkaufen«. Das interessiert mich nicht. Ich habe ja gesagt, daß ich von meinem Leben hier nur die Ereignisse oder die Erinnerungen an Ereignisse herausgreifen wollte, die, weil sie mich geprägt haben, dazu beitrugen, entweder die Struktur meines Seelenlebens zu verfestigen oder und vor allem, wenn nicht sogar *immer*, es in der *Nachträglichkeit* endloser Wiederholungen zu verstärken oder in den Konflikten von Wünschen zu merkwürdigen Formen umzubiegen, die ersteren fremd sind, zumindest dem Anschein nach.

Hier schulde ich dem Leser die erneute Erinnerung an Ereignisse, die er kennt.

Die Partei hatte eine sehr große Rolle beim Widerstand gegen die Nazi-Besatzer gespielt. Unbestreitbar ist, daß die Parteiführung im Juni 1940 eine verhängnisvolle Linie verfolgte. Die Theorie der III. Internationale, die, unter der maßgeblichen Autorität von Stalin, alle kommunistischen Parteien leitete (und auch die französische Partei, die vom Delegierten der Internationale, dem Tschechen Fried, »kontrolliert« wurde, einem anscheinend sehr bemerkenswerten Menschen, dem Thorez ganz sicher viel verdankte), lief darauf hinaus, daß der Krieg ein rein *imperialistischer Krieg* war, weil er die Franzosen und Engländer um rein imperialistischer Ziele willen gegen die Deutschen antreten ließ. Sollten sie sich also gegenseitig zerfleischen, die UdSSR wartete nur, die Kastanien aus dem Feuer zu holen. Wenn sie einen deutsch-russischen Nichtangriffspakt geschlossen hatte, war der Grund dafür furchtbar einfach: weil sich die westlichen Demokratien lange vor München sträubten, ihre eigene Unterschrift anzuerkennen, offensichtlich aus Faszination von und Furcht vor Hitler und kraft des berühmten Prinzips: »Hitler ist besser als der Front populaire«, der Nazismus ist besser als der Front populaire und *a fortiori* auch die proletarische Revolution. Man versteht die Bourgeoisie, und wir alle hatten den Beweis dafür bekommen. Verzweifelt hatte die UdSSR nach der ersten großen Niederlage der Arbeiterbewegung in Spanien verhandelt, wo sie entschieden eingegriffen hatte (mit Waffen, Flugzeugen, internationalen Brigaden), um die Zustimmung der westlichen Demokratien zu erhalten. Aber weder Daladier noch Chamberlain hatten den »Mut« gehabt, ihre förmlich gegebenen politischen und militärischen Zusagen schlicht und einfach einzuhalten: sie sollten den Beweis dafür bei der Preisgabe der Tschechoslowakei, zunächst des Sudetenlandes und später des ganzen Landes, liefern. Und zu diesem Zeitpunkt hinderte sie kein Interdikt wie später im Falle des faschistischen Polen am Eingreifen.

Der Beweis ist unanfechtbar: Die Fakten sind offenkundig, und kein auch nur halbwegs ernsthafter Historiker wird sie bestreiten. Trotz dieser Fakten und trotz ihres auf diese historischen Fakten gegründeten tiefen Mißtrauens versuchte die UdSSR auch weiterhin, bei den westlichen Demokratien die Errichtung einer Einheitsfront gegen Hitler durchzusetzen, der zunehmend verrückt und auf Lebensraum versessen geworden war, vor allem auf die reichen Ebenen der Ukraine. Offensichtlich in Richtung Osten, also fern von Frankreich und England. Unter diesen Bedingungen, als nämlich der Hitlersche Angriff auf Polen drohte, als das faschistische Polen von Pilsudski der Roten Armee den Durchmarsch durch sein Gebiet verbot, um in Kontakt mit der Wehrmacht treten zu können, *mußte* die UdSSR sich angesichts der Gewißheit und der historisch erwiesenen Feigheit ihrer westlichen »Verbündeten« zur Aushandlung eines Kompromisses mit dem Reich und Hitler entschließen. Das war der berühmte deutschrussische Nichtangriffspakt und die unvermeidliche Teilung Polens: Die UdSSR konnte nicht das *ganze Polen* der Hitlerschen Besatzung preisgeben. Sie mußte zwangsläufig ihre Westgrenze so weit wie möglich vorschieben, notfalls aus dem unbestreitbaren historischen Grund der Rückeroberung weißrussischer Gebiete, die Polen durch den Versailler Vertrag überlassen worden waren, um sich bei einem deutschen Angriff in vorgeschobener Verteidigungsposition zu befinden.

Das war eine dramatische Phase für alle Aktivisten der internationalen kommunistischen Bewegung und ihre Verbündeten. In Frankreich verließen damals Aktivisten wie Paul Nizan und andere die Partei und wurden natürlich für Renegaten gehalten (das war der damalige Ausdruck). Die Partei ließ das noch lange nachher Rirette Nizan, die Hélène sehr gut gekannt hatte, und die Kinder von Nizan spüren, die Thorez sich stets zu empfangen weigerte. Was für Praktiken! Wie zahlreiche Aktivisten begriff auch Hélène, daß die UdSSR angesichts der Hitlerschen Drohung und der völligen politischen »Feigheit« der westlichen Demokratien nichts anderes tun konnte. Was hätte sie denn anderes tun können? Diejenigen, die so kühn gewesen sind, das zu behaupten, sollen sich doch trauen, es zu sagen.

Man hatte sich also auf eine merkwürdige Politik eingelassen, bei der die UdSSR die Nazi-Thesen *nicht zu widerlegen schien*, denen zufolge der Nationalsozialismus gegen den »internationalen Kapitalismus« kämpfte, während seine gesamte frühere, bereits vor der Zeit des Spanienkrieges konstante Politik das genaue Gegenteil bewies. Was aber eine Zeitlang den Ausschlag gab, war die unglaubliche Vertrauensseligkeit Stalins gegenüber Hitler. Er war offenbar zutiefst davon überzeugt, daß Hitler aufrichtig war, daß er sein Wort halten und die Länder der Sowjetunion nicht angreifen würde. Hélène, die zahlreiche Kontakte gehabt und sorgfältig alle Dokumente und Zeugnisse der Zeit geprüft hatte, lenkte meine Aufmerksamkeit sehr bald auf dieses überraschende Faktum, das damals noch unbekannt war, seither aber lang und breit bewiesen worden ist. Aus verschiedenen Quellen, darunter Sorge und zahlreiche sowjetische Spione in Japan, weiß man, daß Stalin über den bevorstehenden Angriff der Nazis lange im voraus im Bilde war. Man weiß, daß Roosevelt ihn warnte. Man weiß sogar, daß ein deutscher Deserteur, ein Kommunist, die Linien durchbrach, um die Sowjets vor dem deutschen Angriff auf die UdSSR am folgenden Morgen zu warnen, um 15 Uhr. Er wurde auf der Stelle erschossen. Man weiß, daß Stalin während langer Wochen mit ständigen Luftangriffen der Nazis den Befehl gab, *keinen Gegenangriff zu starten*!, weil er der Meinung war, es handle sich dabei entweder um ein Mißverständnis (*sic*) oder um ein einfaches und friedliches militärisches Manöver. Man weiß das heute alles sehr genau. Es folgten daraus die Katastrophen, die man kennt.

In den westlichen Parteien war die Verwirrung total. In Frankreich war es der Internationale gelungen, Maurice Thorez zur »Desertion« zu veranlassen, der das wildentschlossen ablehnte: aber es war ein Befehl, und darüber wurde nicht diskutiert. Er mußte den ganzen Krieg in einem winzigen Dorf im Kaukasus verbringen, mit einem unbrauchbaren Radio alleingelassen und insbesondere von Frankreich abgeschnitten. In Frankreich übernahm Duclos die Führung der im Untergrund operierenden Partei (deren Deputierte in den Jahren 1939–1940 verhaftet worden waren). Er begann damit, die Theorie des *imperialistischen Krieges* anzuwenden, ohne deutlich zu sehen, daß er gleichzeitig auch ein »Befreiungskrieg« war (eine These, die erst später anerkannt wurde). Folglich wurden nach der Niederlage nicht nur Befehle ausgegeben, Kontakt mit den deutschen Besatzungsbehörden aufzunehmen, um das Erscheinen von *L'Humanité* unter der Leitung von Marcel Cachin zu ermöglichen, sondern – und das war unendlich viel schwererwiegender – die im Untergrund operierende Leitung der Partei gab auch unwiderrufliche Anweisungen an ihre verantwortlichen und vor allem bei den Arbeiter- und Volksmassen bekannten Aktivisten, an ihre gewerkschaftlichen und politischen Verantwortlichen, Bürgermeister usw., sich in der Öffentlichkeit zu zeigen und Versammlungen abzuhalten. Eine unglaubliche Entscheidung!, die einfach nur folgendes Resultat hatte: Die großen Aktivisten der Partei wie Hénaff, Timbaud, Michels und andere wurden von den Deutschen ausfindig gemacht, die sie inhaftierten und nach Châteaubriant verschifften, wo sie später erschossen wurden. So kam es, daß die wichtigsten Freunde von Hélène verschwanden und hingerichtet wurden.

Während dieser Zeit organisierten aber viele Aktivisten, die keinen Kontakt mehr mit der Partei hatten, auf eigene Rechnung und in ihren jeweiligen Bereichen den Volkswiderstand, bereits lange vor dem Aufruf vom 18. Juni. Ich möchte ein einziges Beispiel dafür anführen, das von Charles Tillon, den Hélène und ich dank Marcel Cornu sehr genau kannten. Er organisierte nicht nur ein erstes Widerstandsnetz im Midi, sondern weigerte sich, als ihm von der Parteileitung im Untergrund Anweisung gegeben wurde, auf die offizielle Linie des »kämpferischen Pazifismus« einzuschwenken, offen, sich zu unterwerfen, und war himmelweit davon entfernt, in diesem Fall der einzige unter den französischen Kommunisten zu sein. Die erklärten Anti-Kommunisten wollen von diesen authentischen Fakten nichts wissen.

Im Dezember 1941 wurde diese Linie von der Internationale berichtigt: Der Krieg war nicht nur ein Krieg zwischen imperialistischen Mächten, sondern auch und gleichzeitig ein »Befreiungskrieg«. Und die gesamte Partei trat geschlossen in die Résistance ein und weihte ihr alle ihre Kräfte.

Wenn ich an die politischen Angriffe denke, die sogar zur Zeit der deutschen Besatzung (ich besitze ein gewaltiges Dossier für diese Phase) oder danach und noch heute gegen die Partei gerichtet wurden, und zwar von Menschen, die sich organisch und viszeral an die defätistischen Positionen der französischen Bourgeoisie geklammert hatten (selbst wenn sie individuell Patrioten geblieben waren), verführt mich das zum Träumen. Eben da erhält ein Ausdruck von Mauriac seinen vollen Sinn, der von der »Arbeiterklasse« spricht, »die, als *Klasse*, als einzige dem geschändeten Vaterland treu geblieben war«. Denn die Geschichte wird nicht durch die Position dieses oder jenes Individuums entschieden, sondern durch die Auseinandersetzungen von Klassen und die Positionen von Klassen.

Die gesamte Nachkriegszeit von 1945 bis 1947 wurde von den Folgen dieser überaus schwerwiegenden Ereignisse geprägt. De Gaulle war an der Macht, mit kommunistischen Ministern in der Regierung. Das Land mußte wiederaufgebaut und notfalls auch einmal »ein Streik beendet« werden. Aber die kommunistischen Minister wurden unter direktem Druck der Amerikaner von dem Sozialisten Ramadier verabschiedet, und die Partei trat in eine Phase sehr harten Kampfes ein. Wie durch Zufall war das auch der Augenblick, in dem ich mich ihr beizutreten entschloß.

Das geschah ohne Umschweife, so heftig war damals die antikommunistische Drohung und der Krieg in unmittelbarer Reichweite. Die UdSSR hatte seinerzeit noch nicht die Atombombe, die Japan den Todesstoß versetzt hatte. Also mußten die großen Volksmassen mobilisiert werden, und zwar im Sinne des Textes des Aufrufs von Stockholm.

Dieser Kampf war von oberster Dringlichkeit. Die innerparteilichen Fragen wurden noch nicht einmal gestellt. Siegreich aus der Feuerprobe der Résistance hervorgegangen und in ihren Traditionen und Prinzipien gestärkt, die ihre Prüfung bestanden hatten, schien die Partei, aus welchem Grund auch immer, auch nicht einen Augenblick lang anders sein zu können, als sie war. Ganz im Gegenteil, ihre Führung war »royalistischer als der König«, das heißt als Stalin (der das Feuer später auf die Sprachwissenschaften lenken sollte), indem sie heftig und öffentlich die These der »beiden Wissenschaften«, der bürgerlichen und der proletarischen, unterstützte. Es bedurfte unzähliger internationaler Prüfungen (Berlin, Budapest, Prag usw.), damit innerhalb der Partei leichte Veränderungen, aber in welchem Ausmaß!, eintraten, und nach Verlauf welcher endlosen Frist! Damals verfiel noch niemand (außer einigen Individuen wie Boris Souvarine, aber bei welchem Publikum fanden sie denn Gehör?) auf die Idee, daß diese Partei, die nach den leninistischen Prinzipien von *Was tun?* organisiert war, das heißt nach den Prinzipien der *Untergrundarbeit*, jener Untergrundarbeit, die sie siegreich in der Résistance ausgeübt hatte, sich eine andere Organisationsform geben könnte oder sollte, als diese Phase der Untergrundarbeit vorbei war.

Deshalb existierte damals objektiv auch *keine andere Form möglichen politischen Eingreifens in der Partei als eine rein theoretische*, die sich überdies noch an die existierende oder anerkannte Theorie anlehnte, um sie gegen den Gebrauch zu wenden, den die Partei davon machte. Und da die anerkannte Theorie nichts mehr mit Marx zu tun hatte, sondern sich an den gefährlichen Albernheiten des dialektischen Materialismus auf sowjetische Art ausrichtete, das heißt *à la* Stalin, mußte man, und das war der einzig mögliche Weg, auf Marx zurückgreifen, auf jenes politisch unstreitig anerkannte, weil *geheiligte* Denken, und zeigen, daß der dialektische Materialismus *à la* Stalin mit allen seinen theoretischen, politischen, ideologischen und philosophischen Folgen völlig falsch war. Eben das versuchte ich in meinen Aufsätzen für *La Pensée*, die später in *Für Marx* zusammengefaßt wurden, und mit meinen Studenten der École in *Das Kapital lesen* zu tun, Büchern, die, wie gesagt, im Oktober 1965 erschienen. Seither habe ich nicht aufgehört, stets dieselbe zunächst theoretische, später direkt politische Kampflinie innerhalb der Partei zu verfolgen, bis hin zu der Analyse, die ich der unglaublichen Art und Weise ihres inneren Funktionierens gewidmet habe (*Ce qui ne peut plus durer dans le PCF*, 1978). Dann kam das Drama. Seither habe ich meine Karten nicht wieder aufgenommen. Ich bin ein »Kommunist ohne Partei« (Lenin).

Wie bekannt, habe ich immer verkündet, ich wolle nichts weiter als »in der Politik philosophisch und in der Philosophie politisch eingreifen«. Man könnte nämlich, in bezug auf die Politik, mein Handeln und meine Erfahrung, darin das genaue Zusammenspiel meiner persönlichen Phantasmen finden: Einsamkeit, Verantwortlichkeit, Herrschaft.

Und zweifellos war ich, wenn auch von meinen Freunden unterstützt, die sich anfangs an den Fingern einer Hand abzählen ließen, der einzige in der Partei, der sich in das Wagnis einer theoretischen Opposition stürzte, bevor ich offen zur Haltung politischer Opposition und Kritik überging. Zweifellos bewog mich die Phantasie, die Wahrheit über die Partei und die Praktiken ihrer Führer herauszubekommen, in mehreren Fällen dazu, die Rolle des »Vaters des Vaters« zu spielen. Beispielsweise indem ich den Studenten des Jahres 1964 von oben her in einem Artikel für *La Nouvelle Critique* eine Lektion erteilte. Das heißt, daß ich mich selbst von den Risiken meiner Haltung und den mir geltenden Angriffen seitens der Führer der PC einschüchtern ließ, die ihrerseits meine Strategie durchschaut hatten! Dieser Text jedoch, der den strategischen Vorteil präsentierte, die »Pflicht« jedes Kommunisten in bezug auf die marxistische Theorie über den Gehorsam vor der Partei zu stellen – ein Aspekt, der Rancière entgangen zu sein scheint, nicht dagegen zahlreichen Lesern, unter anderen beispielsweise den griechischen Studenten, die ihm einen großen politischen Wert zuschrieben, natürlich gerade in ihrer Situation –, jagte mir rasch einen Schrecken ein, und ich hütete mich, ihn 1965 in *Für Marx* aufzunehmen. (Als Rancière mich heftig in *La Leçon d'Althusser* [Die Lehre Althussers] kritisierte, verlegte er das Hauptgewicht seiner Attacke auf den Text dieses Artikels, so als ob ich ihn nicht in *Für Marx* weggelassen hätte, und das ist im Grunde der einzige ernsthafte Vorwurf, den ich ihm mache.) Beispielsweise indem ich in zwei langen Artikeln für *France-Nouvelle* den unglücklichen David Kaisergruber vernichtete (»Sur une erreur politique« [Über einen politischen Irrtum]), in denen ich die Verteidigung der Aushilfslehrkräfte gegen ihn unternahm, jener »Proletarier des Grundschulunterrichts«. Beispielsweise bei meinen Zusammentreffen mit Henri Krasucki, damals der »Verantwortliche für die Intellektuellen«, der immer nur sein ständiges Zögern wiederholte. (Ah! wenn wir zwei Männer wie Aragon und Garaudy unter uns hätten, die einander unterstützen und die Thorez unterstützt, was könnten wir da alles machen!) Ich war verblüfft, aus seinem Munde zu hören, daß zwei Aktivisten ausreichten, alle Initiativen der Partei auf intellektuellem Gebiet zu paralysieren, und machte ihm das zum Vorwurf. Aber er entgegnete nichts. Das enttäuschte mich um so mehr, als ich gewaltige Hoffnungen darauf gesetzt hatte, an der Spitze der Intellektuellen einem wirklichen Proletarier zu begegnen, der überdies Leiter der CGT war. Schon im voraus wußte ich damals, was ich dann von ihm erfahren sollte, daß nämlich der Verlag der Partei meine beiden Bücher (*Für Marx* und *Das Kapital lesen*) mit Sicherheit nicht publizieren würde und daß sogar das Vorwort zu *Für Marx*, das der beherzte und scharfsinnige Jacques Arnault mir förmlich zu veröffentlichen versprochen hatte, und zwar in *La Nouvelle Critique*, die er damals leitete, mit einem Publikationsverbot belegt worden war. Ich war mit meinen Enttäuschungen aber noch nicht zu Ende.

Später dann, als ich Waldeck Rochet von Angesicht zu Angesicht in seinem kleinen Büro traf und ihm gegenüber voller Wohlwollen war, einem Mann, der, als Fünfzehnjähriger und damaliger Landarbeiter, noch Zeit und Neigung gehabt hatte, Spinoza zu lesen, spielte ich noch immer, wenn auch ganz verstohlen, dieselbe Rolle des »Vaters des Vaters«. Wir sprachen über den Humanismus (ich hatte bei mehreren Gelegenheiten die These des theoretischen Anti-Humanismus von Marx verteidigt), und ich stellte ihm die Frage: »Die Arbeiter, was halten sie vom Humanismus? – Einen Dreck! Und die Bauern? – Einen Dreck! Warum dann also diese Auseinandersetzungen über den marxistischen Humanismus in der Partei? Siehst Du, man muß mit allen in ihrer Sprache sprechen, mit all den Intellektuellen, mit all den Sozialisten . . .« Ich fiel fast vom Stuhl. Und womöglich noch tiefer, als ich Waldeck mit seiner ruhigen Stimme murmeln hörte: »Man muß schon irgendwas für sie tun, sonst laufen sie alle davon.« Ich war darüber so verblüfft, daß ich ihm nicht einmal die Frage zu stellen wagte: aber wer sind denn eigentlich »sie«?

Als ich sehr viel später drei ganze Stunden lang Marchais im Colonel-Fabien sah, nahm ich kein Blatt mehr vor den Mund und schüttete alles aus, was ich der Partei an Praktiken vorzuwerfen hatte, mit einer Fülle von unterstützenden Details. Geschlagene drei Stunden hörte mir Marchais an der Seite von Jacques Chambaz zu, beinahe wortlos und ohne mir je zu widersprechen. Er wirkte sehr aufmerksam, und ich bewunderte zumindest den Wunsch zu lernen, den er an den Tag legte: man hatte mir gesagt, das sei eine Charaktereigenschaft von ihm. Und ich spreche nicht einmal von meinen Begegnungen mit Roland Leroy, der den Verführer, den Liberalen spielte, während er im Grunde seines Herzens doch etwas ganz anderes war: ein Doktrinär, noch auch von jenem Streich, den ich in seiner Begleitung einmal bei einem Fest der »Huma« ausheckte, wo ich dem merklich gealterten Benoît Frachon und Aragon begegnete, dem ich eine höllische Szene voller Aggressionen und Beleidigungen machte (man wird sehen warum), und ich konnte auch nicht umhin, die Hauptrolle im Laufe einer politischen Diskussion zu spielen, in der ich mich, was ich bis an mein Lebensende bedauern werde, dazu hinreißen ließ, den unglücklichen Pierre Daix politisch in Frage zu stellen, der mir diese stalinistische Intervention denn auch nie verzeihen sollte, die einzige meiner politischen Geschichte. Muß man hinzufügen, daß nicht ich es war, der diese »Gipfel«-Treffen inszeniert hatte, sondern daß ich persönlich von den Führern der Partei dazu eingeladen worden war, die darauf brannten zu erfahren, wer ich sein und was ich im Kopf haben mochte? Denn meine Äußerungen in *La Nouvelle Critique* und *La Pensée* (wo mich Marcel Cornu offen protegierte) hatten politische Auswirkungen gehabt, insbesondere bei den *normaliens*, die neue Schulungs- und Aktionsmethoden in der Union des jeunesses communistes eingeführt hatten, deren Leiter (Jean Cathala) sie absetzten, bevor sie sie verließen, um die Union des Jeunesses communistes marxistes-léninistes (UJCML) zu gründen, die, vor 68, eine sehr große Aktivität unter der Leitung von Robert Linhart entfaltete, einem der *normaliens*, die Hélène in ihr Herz geschlossen hatte.

Nur allzu deutlich ist, daß ich in der Partei mein Verlangen nach Eigeninitiative, mein Bedürfnis nach wilder Opposition gegen die Leitung und den Apparat verwirklichte, aber innerhalb der Partei selbst, das heißt in ihrem Schutz. Ich habe mich nämlich nie in die Lage gebracht, es sei denn um 1978 und auch da nicht richtig!, das Risiko eines wirklichen Parteiausschlusses auf mich zu nehmen. Selbst Roger Garaudy, der mir, nach Argenteuil, wo er nicht gewesen war, im Zusammenhang mit kulturellen Fragen, bei denen es um ihn oder mich ging, am folgenden Tag ein Telegramm schickte: »Du hast verloren, such mich auf«, konnte mich nicht kleinkriegen. Nie war ich mit ihm zusammengetroffen, nie begegnete ich ihm. Zweifellos fühlte ich mich, über unsere Divergenzen hinaus, sicher genug im Schutze meiner Argumente und der Partei, um ihn, den »Sieger von Argenteuil«, zu brüskieren.

Aber im Falle dieser lebhaften Streitigkeiten und im Banne der Garantien eines Schutzes, dessen Toleranzgrenzen ich nie verletzte, waren das, was ich ganz sicher und vor allem verwirklichte, meine eigenen, lange verdrängten oder von den Meinen verpönten Bedürfnisse, die ich während meines Aufenthaltes in der Schule von Larochemillay auszuleben begonnen hatte und denen ich später beim Militärdienst und schließlich in der Gefangenschaft wiederbegegnet war. Das Bedürfnis, mit der wirklichen Welt zu tun zu bekommen, mit der Welt der Menschen in all ihrer Verschiedenheit, und vor allem das Bedürfnis nach Brüderlichkeit mit denjenigen, die am meisten depossediert und am freimütigsten waren, mit den schlichtesten und den ehrlichsten aller Menschen. Kurz, das Bedürfnis nach einer eigenen Welt, die die wahre Welt war, die des Kampfes (ich erhielt schließlich sogar, mit großem Aufwand an Entschlußkraft, wirkliche Gummiknüppelhiebe bei den Demonstrationen wie bei der schrecklichen Kundgebung gegen Ridgway, wo wir uns voller Begeisterung mit den Arbeitern von Renault zusammenschlossen, die zum Spott mit kleinen, zugespitzten Blechschilden bewaffnet waren, die bei den Zusammenstößen Wunder wirkten...) Diese Kampf- und Aktionsgemeinschaft, und ich in ungeheuren Massen verloren (Aufmärschen, Meetings), endlich war ich bei mir. Meine Herrschaftsphantasien waren mir weit ferngerückt.

Gleichwohl mußte ich mich in mehreren Fällen, davon einer dramatisch, die anderen eher komisch, direkt mit dem *repressiven Apparat der Partei* auseinandersetzen. Es ist nicht nur der Staat, der über einen repressiven Apparat verfügt: jeder ideologische Apparat verfügt darüber, gleichgültig welcher. Wenn ich diese Episoden berichte, dann aus immer demselben Grund: um für mich selbst klarer zu sehen.[*]

Ich war also 1948 in die Partei eingetreten. Das war die Zeit des Aufrufs von Stockholm. Ich stieg Hunderte von Treppen in den armseligen Gebäuden des Viertels an der gare d'Austerlitz auf und ab. Das berühmte Von-Haus-zu-Haus. Ziemlich häufig wurde mir geöffnet, aber beinahe immer weigerte man sich, die Petition zu unterschreiben,

---

[*] Wir haben hier einen Satz gestrichen, der als Bindeglied in einer ersten Fassung dieses Kapitels diente, den der Autor aber nach der Umstellung der Abschnitte wegzulassen vergessen hatte. (A. d. Hrsg.)

die ich bereithielt. Eines Tages, als eine schöne junge Frau im Negligé (ihre Brüste ...) mir lächelnd die Tür geöffnet und mit abweisendem Gesicht abgelehnt hatte, hörte ich ihre Stimme, als ich die Treppen wieder hinunterstieg. Sie rief mich zurück, um mir zu sagen: »Aber Sie sind doch jung und gutaussehend, ich sehe nicht, warum ich Ihnen Kummer machen soll.« Und sie unterschrieb. Ich verließ sie mit gemischten Gefühlen.

Es war die Zeit, da ich Hélène aus ihrer Verzweiflung retten wollte, aus ihrer Vernachlässigung durch die Partei und ihrer Einsamkeit (einmal mehr, aber ich habe nie aufgehört, es zu wollen und alles dafür zu tun – was habe ich nicht alles getan bis zu ihrem Tod!). Ich konnte mir in meiner Naivität nicht vorstellen, daß die Partei oder ihre Organisationen auf die Dienste einer so intelligenten, so politischen Frau und einer so außergewöhnlichen Aktivistin verzichten konnte. Da ich wußte, daß sie Paul Eluard kannte, gelang es mir, ohne daß ich ihr irgend etwas davon sagte und durch wer weiß welche komplizierte Kombination, von ihm empfangen zu werden.

Eine junge, vollständig nackte Frau schlief auf einer Couch im Zimmer. Ich begann damit, Eluard zu duzen (unter Parteigenossen ...), der dieses Verfahren aber nicht zu schätzen schien. Ich trug ihm Hélènes Fall in allen Einzelheiten und mit Leidenschaft vor. Konnte er nicht eingreifen, um ihr die Mitarbeit in den Reihen der Femmes françaises zu ermöglichen? Er begnügte sich damit, mir zu antworten: »Hélène ist eine ganz bemerkenswerte Frau, ich kenne sie gut, aber sie braucht immer Hilfe.« Damit war die Unterhaltung zu Ende. Die Kommunisten waren bestimmt nicht alle Courrèges.

Hélène arbeitete schließlich mit mir im Gemeinderat des Mouvement de la paix im V. Arrondissement. Alles schien problemlos zu gehen, sie schloß dort Freundschaften, ich war glücklich um ihretwillen. Eines Tages aber, als sie gerade im Büro des Mouvement in der rue des Pyramides war, um dort Plakate abzuholen, wurde sie von einem kleinen Parteikader erkannt, der sie in Lyon gesehen hatte. Er berichtete das der Leitung des Gemeinderates des V. Arrondissements und zweifellos auch Farge, und es entspann sich der abscheulichste Prozeß, den man sich vorstellen kann.

Dieser kleine Funktionär erzählte, in Lyon habe »jedermann gewußt«, daß Hélène, Rytmann mit Namen, aber damals Sabine und heute Legotien genannt (Hélène hatte, aus Haß auf ihr Patronym, auf

Wunsch von Pater Larue den Namen eines der ersten Jesuiten angenommen, die China besucht hatten), sowohl eine Agentin des Intelligence Service als auch der Gestapo *(sic)* gewesen sei. Tatsächlich waren Gerüchte dieser Art in Lyon aufgetaucht, deren Ursprung hier
dargelegt werden muß. Hélène war damals sehr eng mit den Aragons
verbunden und brachte ihnen in der Résistance-Phase häufig Dinge
aus der Schweiz mit, die in Frankreich nicht zu bekommen waren,
insbesondere Seidenstrümpfe für Elsa. Eines Tages aber passierte es,
daß die für Elsa mitgebrachten Strümpfe nicht genau die Farbe oder
die Feinheit hatten, die sich diese anspruchsvolle Person wünschte.
Aragon geriet in gewaltigen Zorn und brach mit Hélène. Und er begann von ihr als einer Agentin des Intelligence Service herumzuerzäh-
len! Überdies hatte Hélène, als Lyon zum Schauplatz der Kämpfe um
seine Befreiung wurde, ein Freikorps unter ihrem Befehl, junge Burschen, die nicht viel Federlesens machten. Sie bemächtigten sich eines
hochrangigen Gestapo-Offiziers, den sie im Keller ihres Hauses ein-
sperrten, folterten und dann kurzerhand erschossen. Hélène aber
hatte strikte Befehle ausgegeben: ihn nämlich zunächst gut zu behandeln wie alle Gefangenen und ihn dann sorgfältig zu bewachen und am
Leben zu erhalten, um ihn verhören und ihm das Maximum an Informationen entlocken zu können, die für die Résistance und die jungen
Freischärler der FFI [Forces Françaises de l'Intérieur] von Nutzen
sein konnten. Die Freikorps-Kämpfer hatten ihre förmlichen Befehle jedoch übergangen. Das Gerücht von dieser Exekution verbreitete sich in Lyon und kam auch der Umgebung von Kardinal Gerlier
zu Ohren, dessen Einstellung während der Besatzung eher zweifelhaft
gewesen war. Einer der ihm Nahestehenden, den der kommunistische
Aktivist als ein schnödes »Pfäfflein« beschrieb, verlangte Rechenschaft von Hélène und verbreitete sich in Kommentaren über die Fol-
termethoden, die sie den Gefangenen der Freikorps »aufzwang«. Offensichtlich alles Unwahrheiten, die aber als Alibi für das schlechte
Gewissen der Gerlier Nahestehenden »dienten«. Ich weiß nicht mehr,
wer mit den Übertreibungen anfing, aber Hélène wurde für die allgemeine Gerüchteküche zu einer Agentin der Gestapo. Und das alles
während der Zeit, in der ich selbst in Lyon war!

Die »Enthüllungen« des Parteifunktionärs schlugen wie eine
Bombe ein; jedenfalls boten sie die Gelegenheit zur Begleichung alter
Rechnungen. Bekanntlich hatte Hélène, Parteimitglied seit 1930,

während des Krieges keinen Kontakt zur Partei wiederherstellen können, und die Partei hatte sich geweigert, sie nach dem Krieg wieder aufzunehmen. Also brachte man die folgende erstaunliche Geschichte in Umlauf: Hélène war wahrscheinlich 1939 aus der Partei ausgeschlossen worden, also zum Zeitpunkt des deutsch-sowjetischen Nichtangriffspakts, aber da der einzige, der davon Zeugnis ablegen konnte, ein gewisser Vital Gaymann war, der seither Renegat geworden war, konnte die Partei sich nicht damit kompromittieren, ihn über dieses Stück Vergangenheit zu befragen. Inzwischen wurde Hélène von der Partei als höchst verdächtig betrachtet: nämlich als 1939 Ausgeschlossene.

Die »Enthüllungen« des Funktionärs lösten im Verein mit den Verdächtigungen der Partei einen regelrechten Prozeß aus, den die Leitung des Gemeinderates führte. Zweifellos auf Geheiß der Partei. Dieser Prozeß, in dem die schwerwiegendsten Beschuldigungen gegen Hélène erhoben wurden, dauerte eine ganze Woche. Es mochte ihr ruhig gelingen (und um welchen Preis), daß zwei ihrer Kameraden aus der Résistance für sie aussagten, das änderte nichts. Der Rat verfaßte eine Resolution, die, nach allen nur wünschbaren Urteilsbegründungen, auf ihren Ausschluß aus dem Gemeinderat erkannte (nichts dieser Art war in seinen Statuten vorgesehen, ebensowenig seine Aufwertung zum Tribunal). Ich erinnere mich noch der hohen Silhouette von Jean Dresch, der zuhörte, ohne ein Wort zu sagen. Ich hatte wie ein Löwe gekämpft, als bei den Urteilsbegründungen von besagtem »Pfäfflein« die Rede gewesen war. Die Leiter des Gemeinderats wollten um jeden Preis von einem einfachen »Priester« sprechen (»um die Gefühle der Katholiken nicht zu verletzen«). Es war der einzige Punkt, in dem ich im Prozeß einen Verhandlungsvorteil erzielte. Als der Zeitpunkt des Votums kam, hoben sich alle Hände (Dresch war nicht anwesend), und ich sah zu meiner Scham und Verblüffung, wie auch meine eigene Hand sich hob: ich wußte es seit langem, ich war eben doch ein Feigling.

Die Partei lud mich vor, und der Sekretär der »Organisation«, Marcel Auguet, teilte mir die Weisung mit, mit Hélène zu brechen. Auf Betreiben des Zellensekretärs der École, Emmanuel Le Roy Ladurie (der immerhin so ehrlich gewesen ist, diesen Punkt in seinem Buch *De Montpellier à Paris* darzustellen, und vor allem die Aufrichtigkeit hatte, sich dafür bei Hélène selbst zu entschuldigen, als er ihr zum ersten Mal begegnete, und ich präzisiere, daß er der eine und *einzige* aus dieser ganzen sinistren Schar war, der sich entschuldigte oder auch nur die geringste Geste machte), versuchte die Zelle, über die Ausführung dieser Weisung zu wachen. Das Wichtigste dieser »Überwachung« war, daß sich in unserem Umkreis *absolute* Leere ausbreitete. Das einzige Problem, das in der Zelle auf der Tagesordnung stand, war: »Althusser retten«.

Natürlich gehorchte ich nicht. Hélène und ich brachen bald darauf auf, um uns in eine andere Einsamkeit zurückzuziehen, die von Cassis, wo uns, wenn wir dort auch keine Freunde hatten, doch zumindest niemand aus dem Wege ging: und dann gab es den Trost und den Frieden von Wind und Meer. Hélène verfügte über einen bewundernswerten Mut. Wiederholt sagte sie zu mir: »Die Geschichte wird mir recht geben.« Dennoch hatten wir einen regelrechten Moskauer Prozeß mitten in Paris erlebt, und später habe ich oft gedacht, daß wir, wenn wir damals in der UdSSR gewesen wären, schließlich mit einer Kugel im Genick geendet hätten.

Das alles eröffnete mir natürlich einen besonders realistischen Einblick in die Partei, ihre Direktiven und die Methoden ihres Handelns. Er traf mit einer anderen Erfahrung zusammen, die ich kurz nach meinem Eintritt gemacht hatte. Ich hatte damals die Zelle davon überzeugt, einen Cercle Politzer an der École zu gründen, in den wir große gewerkschaftliche und politische Führer einladen wollten, die Vorträge über die Geschichte der Arbeiterbewegung halten sollten: auf diese Weise hörten wir Benoît Frachon, Henri Monmousseau, André Marty und andere. Aber vorsichtig und diszipliniert, wie wir waren, kamen wir überein, die Meinung von Casanova einzuholen, der damals die »Intellektuellen« beaufsichtigte. Ich machte mich also in Begleitung von Desanti auf, der, ebenfalls Korse, bei Laurent ein und aus ging und ihm, man möge mir verzeihen, in der Politik wie ein Hündchen folgte. Wir warteten eine gute Stunde in seinem Vorzimmer, das von seinem Büro durch einen kleinen Bretterverschlag getrennt war. Eine Stunde voller Schreie, Schimpfworte und beispielloser Beleidigungen; man hörte nur die Stimme von Casanova, der sich an einen praktisch stummen Gesprächspartner wandte. Es handelte sich um die proletarische Wissenschaft, das Stichwort der Zeit. Wir hörten verblüffende Behauptungen, darunter auch solche über $2 + 2 = 4$. Anscheinend war das »bürgerlich«. Schließlich kam ein Mann heraus, völlig vernichtet: Desanti benannte ihn mir, Marcel Prenant. Wir traten in das Büro von Casanova ein, der vor und für uns die wütende Demonstration wiederaufnahm, die er gerade an Prenant vollzogen hatte, und, sich beruhigend, meinen Zettel las und uns seine Billigung erteilte. Was für eine Lektion!

Das Überraschende ist, daß diese Art Vorfall und vor allem der erste, schrecklichste mich nicht in eine Depression stürzte. Ich war vernichtet, aber empört, und diese Empörung hielt mich zweifellos am Leben, zusammen mit dem außerordentlichen Beispiel des Mutes von Hélène. Ich wurde ein Mann.

Bei eben diesen ersten Prüfungen habe ich zweifellos den Mut gefunden, sogar in der Partei meine eigenen Wünsche zu verwirklichen, Widerstand zu leisten und zu kämpfen, so wie ich es später fortgesetzt tat. Endlich hatte ich mein auserwähltes Terrain gefunden, aber da ich in der Partei blieb, vollzog sich mein Kampf, wie gesagt, sogar im Schutz dieser Partei. Dort wurde ich heftig und fortgesetzt angegriffen, aber man tolerierte mich, zweifellos aus Berechnung und dank des Auditoriums, das meine theoretischen Interventionen mir eingebracht hatten. Sicherlich fand ich meinen Vorteil in dieser Situation, die ein bis dahin unausrottbares Schutzbedürfnis mit meinem Verlangen kombinierte, endlich in einem Kampf zu bestehen, den ich bis dahin nur mit Kunstgriffen geführt hatte. Diesmal war es ernst. Es war es und wurde immer ernster, bis 1980, dem Jahr des Dramas.

XVII

Jetzt, da ich gesagt habe, auf welch entlegenen Zugangswegen ich zu Marx gefunden oder mich in seinem Denken »bestärkt« hatte, da ich mich über die ganze Geschichte meiner Beziehung zu Marx in *Für Marx* (vor allem im Vorwort) und in der »Soutenance d'Amiens« [Dissertation von Amiens] erklärt habe, kann ich bündiger werden.

Ich kann es ruhig sagen, größtenteils *bin ich durch die katholischen Organisationen der Action catholique in Kontakt mit dem Klassenkampf und damit zum Marxismus gekommen.* Aber habe ich nicht bereits auf die erstaunliche List der Geschichte verwiesen, die, auf dem Umweg über den Überblick über die »soziale Frage« und die »soziale Politik der Kirche«, sogar unzählige Söhne von Bürgern und Kleinbürgern (darunter auch Bauern in der Jeunesse agricole chrétienne) in den Sozialismus einführte, aus panischer Angst, sie zum »Sozialismus« übergehen zu sehen? Tatsächlich haben die Kirche, ihre Enzykliken und ihre Geistlichen ihre eigenen Aktivisten an die Existenz einer bestimmten »sozialen Frage« herangeführt, die die Mehrzahl von uns *vollständig* ignorierte. Nachdem die Existenz dieser »sozialen Frage« und das Angebot ihrer eigenen lächerlichen Heilmittel aber einmal anerkannt waren, bedurfte es nur eines geringen Anstoßes, in meinem Falle beispielsweise der tiefen politischen Vision von »Vater Hours«, um gewahr zu werden, was »hinter« den berühmten Formeln der katholischen Kirche vor sich ging, und sich rasch dem Marxismus in die Arme zu werfen, bevor man in die kommunistische Partei eintrat! Dieser Weg war der von Zehntausenden junger Aktivisten der Jeunesses étudiantes, ouvrières et agricoles chrétiennes (JEC, JOC, JAC), die die Kader der CGT oder der KPF entdeckten – zumeist auf dem Wege über die Résistance. Heute sind wichtigere Resultate von der Massenbewegung zu erwarten, die die Theologie der Befreiung unterstützt.

Ich aber bewahrte mir lange Zeit meinen »Glauben«, bis etwa 1947. Zwar war er in der Gefangenschaft schwer erschüttert worden durch den Anblick, der mich bei einer »Lieferwagenfahrt« mit Daël zu den Außenkommandos auf dem Lande verwirrt hatte, durch den blitzhaften Anblick eines ganz jungen Mädchens, das *mit aneinandergepreßten Knien* auf den Stufen einer Treppe saß und das mir in seinem stillen Dasitzen unglaublich schön vorgekommen war. Aber mir wurde auf der Stelle klar, daß diese »aneinandergepreßten Knie« mich an eine erstaunliche Unterrichtsstunde von Henri Guillemin erinnerten, der vierzehn Tage lang im Jahre 1936 unser Französisch-Lehrer in Lyon gewesen war. Er ließ uns *Atala* lesen, und da wir seiner Meinung nach allzu rasch über den Leichnam des schönen jungen Mädchens und vor allem über die Beschreibung der »Schlichtheit ihrer zusammengepreßten Knie« hinweggingen, geriet er in Wut, behandelte uns als »Jünglinge« und schrie uns schließlich, als niemand mit seiner Erklärung weitermachen wollte, buchstäblich an: »Aber wenn sie die Knie zusammengepreßt hat, dann deshalb, weil niemand ihr die Schenkel gespreizt hat, um sie zu ficken! Weil sie Jungfrau ist, oder? Nach der ersten Begattung spreizen sich die Knie!« Dieser angeblich aufklärerische »Ausfall« versetzte mich, wie ich gestehe, in tiefe Träumereien. Jedenfalls war es möglich, daß zwischen jenen Knien der angeblichen Jungfräulichkeit *à la* Guillemin und den zusammengepreßten Knien der flüchtig gesehenen, schönen jungen Deutschen irgendeine Affektbeziehung bestand. Überdies hatte mich in der *khâgne* in Lyon sehr lange eine Illustration aus einem Handbuch der lateinischen Literaturgeschichte beunruhigt, die nackte und laszive Tänzerinnen auf einem bronzenen alexandrinischen Basrelief zeigte. Ich wurde von ihrem Anblick körperlich so »erregt«, daß ich mich deswegen Pater Varillon anvertraute. Er hielt mir eine kurze »Ansprache« über Kunst und Sublimierung. OK.

Wie dem auch sei, ich hatte das sehr deutliche *Gefühl*, daß ich aufhörte, gläubig zu sein, und zwar wegen einer erstaunlichen Unvereinbarkeit zwischen meinem Glauben und meinen sexuellen Regungen (ich erinnere noch einmal daran: meinen folgenlosen sexuellen Regungen).

Dennoch blieb ich bis etwa 1947 gläubig, das heißt bis zu dem Zeitpunkt, als wir, zusammen mit Maurice Caveing, François Ricci und anderen, unsere illegale Gewerkschaftsangelegenheit betrieben und auf ihre legale Anerkennung hinarbeiteten (eine Situation, die nicht ohne Beziehung zu meinem früheren Ausbruchsproblem war: wie aus dem Lager entkommen und gleichzeitig drinbleiben – diesmal aber *umgekehrt* und ernsthaft). Ich besuchte mit Hélène, ich weiß nicht wie, den »kleinen Pater Montuclard« und die Jeunesse de l'Église in Petit-Clamart. Ich sagte jedem, der es hören wollte: »Der Atheismus ist die moderne Form der christlichen Religion.« Diese Formel hatte großen Erfolg in unserer Gruppe. Ich schrieb in der Zeitschrift der Gruppe einen langen Artikel über den Zustand der Kirche, den zu zitieren die Befreiungstheologen mir heute die Ehre erweisen. Das ganze Christentum ließ sich für mich in Christus zusammenfassen, in seiner evangelischen »Botschaft« und in seiner revolutionären Rolle. Gegen Sartre, der für »Vermittlungen« schwärmte, hielt ich daran fest, daß jede Vermittlung entweder nichtig oder die Sache selbst ist, und zwar durch den Effekt einer einfachen, ein wenig gefährlichen Reflexion. Wenn Christus der Mittler oder die Vermittlung war, war er nur die Vermittlung des Nichts, also *existierte Gott nicht.* Usw. Pater Breton hat mir gesagt, daß solche Formulierungen eine explizite Vergangenheit in der negativen Theologie und bei den Mystikern haben.

Ich bin also durch Courrèges und meine früheren Lyoneser Widerstandskämpfer (Lesèvre usw.) und natürlich durch die ganze dramatische Erfahrung Hélènes zum Kommunismus gekommen, die meiner eigenen früheren Erfahrung in nichts widersprochen, sie aber auch keineswegs beschleunigt hat.

Da ich sehr gläubig gewesen war, interessierte ich mich rasch für Feuerbach und sein *Wesen des Christentums.* Jahrelang gab ich mich mit seiner Übersetzung ab: eine sehr langwierige Arbeit, von der ich nur etwa ein Zehntel veröffentlicht habe, denn Feuerbach ist ein Autor, der sich unaufhörlich wiederholt. Er öffnete mir die Augen für die Texte des jungen Marx, aus denen ich später eine umfangreiche Geschichte machen sollte.

Dieser erstaunliche Feuerbach, ein großer Unbekannter, der gleichwohl am wirklichen Ursprung der Phänomenologie steht (seine Theorie der Intentionalität der Subjekt/Objekt-Beziehung), ebenso am Ursprung bestimmter Einsichten von Nietzsche und Jacob von Uexküll, jenes außerordentlichen, von Canguilhem geschätzten Biologen und Philosophen, der bei Feuerbach den Begriff der *Welt* als *Lebenswelt* entlehnt hat usw. Seiner aufmerksamen Lektüre verdanke ich unendlich viel. Natürlich las ich die Jugendwerke von Marx, aber ich hatte bald begriffen: sie waren, diese Wunderwerke, die man dann zum ursprünglichen, also definitiven Denken von Marx gestempelt hat, *durch und durch feuerbachisch*, bis hin zur »Abrechnung mit unserm ehemaligen philosophischen Gewissen«, die die *Deutsche Ideologie* etwas vorschnell verkündet, die aber dennoch daraus eine Vielzahl von revolutionären Konsequenzen in bezug auf die Produktionsweise und die Elemente ihrer »Kombination« zieht. Das alles findet man weder bei Feuerbach noch gar bei Hegel. Danach ging ich mühsam zu Marx über. Ich hatte den »jungen Marx« und die *Manuskripte von 44* öffentlich in *La Pensée* erledigt, ich nahm das Thema des theoretischen Anti-Humanismus von Marx in Angriff. Ich machte mich an das erstaunliche Manuskript von 1858 (*Grundrisse der Kritik der politischen Ökonomie*), wo sich die folgende erstaunliche Formulierung findet: »In der Anatomie des Menschen ist ein Schlüssel zur Anatomie des Affen. Die Andeutungen auf Höheres in den untergeordneteren Tierarten können dagegen nur verstanden werden, wenn das Höhere selbst schon bekannt ist.«[*] Erstaunlich aus zwei Gründen: weil es einer evolutionistischen Konzeption der Geschichte jeden teleologischen Sinn vor dessen In-Erscheinung-Treten verweigert und weil es, natürlich in anderer Gestalt, die Antizipation der Freudschen Theorie der *Nachträglichkeit* ist: der Sinn eines früheren Affekts ergibt sich erst durch und aus einem späteren Affekt, der darauf verweist als etwas, das im Rückblick existiert hat, und ihn gleichzeitig in seinem eigenen späteren Sinn besetzt. Dasselbe Denken sollte ich später bei Canguilhem wiederfinden, und zwar im Zusammenhang mit seiner sehr nachdrücklichen Kritik des *précurseur* [Vorläufers].[**]

Wie gesagt, las ich das *Kapital* erst 1964–1965, dem Jahr des Seminars, das dann auf *Das Kapital lesen* hinauslief. Es waren Pierre Ma-

---

[*] Karl Marx, *Grundrisse der Kritik der politischen Ökonomie*, Frankfurt/M. o.J., S. 26. (*A.d.Ü.*)

[**] Nach handschriftlichen Einschüben, die nicht allesamt von Althusser selbst zu stammen scheinen, sind die beiden folgenden Absätze Gegenstand einer Auslassung gewesen, die nicht immer sehr deutlich ist und die Lesbarkeit des Textes beeinträchtigt. Immer dann, wenn das Verständnis des Textes es erfordert, ist also an der ursprünglichen Version des Manuskripts festgehalten worden. (*A.d.Hrsg.*)

cherey, Étienne Balibar und François Regnault, wenn ich niemanden vergesse, die mich im Januar 1963 in meinem Büro aufsuchten, um mich um Hilfe bei der Lektüre der Jugendwerke von Marx zu bitten. Die Initiative zur Verbreitung von Marx an der École ging also nicht von mir aus, sondern ich wurde dazu durch die Aufforderung einiger *normaliens* bewogen. Diese erste Zusammenarbeit verhalf dann dem Seminar von 1964–1965 zur Entstehung. Im Juni 1964 stellten wir das Seminar auf die Beine: Balibar, Macherey, Regnault, Ducroux, Miller, Rancière usw. waren anwesend. Derjenige, der die fortgeschrittensten Ideen zu diesem Thema hatte, war Miller. Er verschwand aber im Laufe des Studienjahres völlig, weil er in einer Art Jagdhütte in Rambouillet mit einem Mädchen zusammenlebte, das, wie er sagte, »jede Woche mindestens ein theoretisches Konzept ausbrütete«. Jedenfalls hatte sie gerade eines erfunden, als ich, da ich gerade mit Hélène vorbeikam, Miller einen kurzen Besuch abstattete.

Wir arbeiteten den ganzen Sommer 1965 am Text des *Kapitals*. Und beim Wiederbeginn des Studienjahres war es Rancière, der zu unser aller großen Erleichterung die Aufgabe übernahm, das Ganze »ins Reine« zu denken. Er sprach dreimal zwei Stunden mit äußerster Präzision und Strenge. Noch heute muß ich mir sagen, daß das Ganze ohne ihn nicht möglich gewesen wäre. Man weiß ja, wie die Dinge in solchen Fällen sonst laufen. Wenn der erste Redner lange und genau spricht, machen sich die anderen das für ihre eigene Arbeit zunutze. Eben das tat ich auf eigene Rechnung, und ich erkenne dankbar an, was ich im vorliegenden Falle Rancière alles zu verdanken habe. Nach Rancière war alles leicht, der Weg lag offen und weit offen da, und zwar offen in Richtung der Kategorien, in denen wir damals dachten, nach einer Vorlesung, die ich über Lacan gehalten hatte und in die Miller eingegriffen hatte, um eine »begriffliche Entdeckung« anzukündigen: die der »metonymischen Kausalität« (oder der abwesenden Ursache), die ein Drama auslösen sollte. Das Jahr verstrich: der Stärkste von uns allen, Ducroux, öffnete nicht einmal den Mund. Aber als Miller im Juni 1965 aus Rambouillet zurückkehrte und die vervielfältigten Beiträge las, entdeckte er, daß Rancière ihm seinen persönlichen Begriff der metonymischen Kausalität »gestohlen« hatte. Rancière litt schrecklich unter dieser Beschuldigung. Gehören die Begriffe denn nicht jedermann? Eben das war meine Meinung, aber Miller war damals auf diesem Ohr taub. Ich erzähle diesen lächerlichen Vorfall nicht, um Miller mit Vorwürfen zu überhäufen, die Jugend muß sich eben austoben. Überdies hat er dieses Jahr sein Oberseminar über Lacan anscheinend mit der feierlichen Ankündigung eröffnet: *» Wir werden nicht Lacan studieren, sondern von ihm studiert werden.«* Ein Beweis dafür, daß auch er fähig ist, die Erfindung und das Eigentum an einem Begriff einem anderen zuzuerkennen... Das Jahr aber ging sehr betrüblich zu Ende: Ich weiß nicht aufgrund welcher Dialektik, aber schließlich wurde ich selbst anstelle Rancières von Miller angeklagt, ihm den Begriff der »metonymischen Kausalität« gestohlen zu haben. So war Rancière, Gott sei Dank für ihn, aus der Schußlinie dieser ganzen scheußlichen Affäre. Deren Spuren finden sich dagegen in *Das Kapital lesen*. Wenn ich da jenen Ausdruck (»metonymische Kausalität«) gebrauche, sage ich in einer Fußnote dazu, daß ich ihn bei Miller entlehnt habe... aber nur, um ihn alsbald in »strukturale Kausalität« zu verwandeln, ein Ausdruck, den niemand verwendet hatte und der damit mir gehörte! Was für eine Geschichte! Aber sie verdeutlicht den Maßstab dieser kleinen Welt, die Debray bei seiner Rückkehr aus Bolivien derart verblüffte und die auf heutige Leser geradezu bestürzend wirken muß.

Diese Urheberfrage ist, wie ich erst kürzlich aus dem Munde von Pater Breton vernommen habe, eine sehr alte Geschichte. Bekanntlich war im Mittelalter, ganz im Gegensatz zu dem, was sich in unseren Tagen abspielt, die *Wissenschaft* mit einem *Autorennamen* verknüpft: Aristoteles. Umgekehrt kam die literarische Produktion ohne Autorennamen aus. Heute ist die Situation völlig ins Gegenteil verkehrt: Die Wissenschaften arbeiten in der Anonymität einer kollektiven Anstrengung, und man spricht höchstens noch von einem »Newtonschen Gesetz«, begnügt sich jedoch zumeist damit, vom »Gesetz der Schwerkraft« zu sprechen oder, bei Einstein, von der einfachen oder allgemeinen Relativität. Jedes literarische Werk, selbst das bescheidenste, trägt dagegen für immer den Namen seines Autors. Nun hatte sich der heilige Thomas aber, wie Breton von einem seiner Kollegen erfuhr, dem sehr gelehrten Mediävisten Pater Chatillon, einst in einer lebhaften Kontroverse mit den Averroisten gegen den Status der Unpersönlichkeit (das heißt der Anonymität) jedes einzelnen Denkers ausgesprochen, wobei er etwa folgendermaßen argumentierte: Jedes Denken ist unpersönlich, weil es ja das Ergebnis eines wirkenden Intellekts ist. Da aber jedes Denken von einem »Erkennenden« gedacht

241

werden muß, muß es deshalb die Wiederholung eines unpersönlichen Denkens durch einen einzelnen »Erkennenden« sein. Und es kann damit rechtens den Namen dieses Einzelnen tragen ... Ich hatte keine Ahnung davon, daß sich im tiefsten Mittelalter, wo, wie uns Foucault in Soisy erklärte, das Gesetz der literarischen Unpersönlichkeit herrschte, ein heiliger Thomas gefunden hatte, um, zweifellos der Kontroverse mit den Averroisten zuliebe, die Notwendigkeit der Signatur des Autors als philosophisches Recht zu begründen ...

Gleichwohl rührte diese lächerliche Frage des »Begriffsdiebstahls« an einen prinzipiellen und angstbesetzten Punkt, der mir sehr am Herzen lag: an das Problem der *Anonymität*. Da ich nicht für mich existierte, läßt sich leicht vorstellen, daß ich diese Nicht-Existenz in meiner eigenen Anonymität zu verankern wünschte. Ich träumte also von der Formulierung Heines, der von einem berühmten Kritiker sagt: »[Er war] allgemein bekannt durch seinen Ruhm.« Ich begrüßte es, daß Foucault die Kritik des »Autor«-Begriffes unternahm, einer ganz modernen Prägung, und dann in der militanten Aktion zugunsten der Gefangenen verschwand, so wie ich in den Reihen meiner obskuren Zelle. Ich begrüßte die tiefe Bescheidenheit von Foucault und weiß, daß Étienne Balibar an mir »über alles« die wildentschlossene Abwehr alles dessen schätzt, was auf die Publizität meines Namens hinarbeitet. Ich stand in dem Ruf eines Wilden, in das Kloster meiner alten Wohnung in der École eingesperrt, die ich so gut wie nie verließ, und wenn ich allen äußeren Schein dieser verschlossenen Wildheit aufrechterhielt, dann deshalb, um in die Anonymität einzutreten, in der ich mein Schicksal zu finden glaubte und überdies den Frieden. Und jetzt, wo ich dem Publikum, das darauf brennt, dieses sehr persönliche Buch anvertraue, geschieht das immer noch, wenn auch auf diesem paradoxen Umweg, *um endgültig in die Anonymität einzutreten*, nicht mehr die des Grabsteins der Haftverschonung, sondern in die Veröffentlichung alles dessen, was man von mir wissen kann, von mir, der ich so für immer Frieden mit den Forderungen der Indiskretion schließen werde. Denn diesmal werden alle die Journalisten und Medienleute abgespeist werden, aber man wird sehen, daß sie damit nicht zwangsläufig auch zufrieden sind. Zunächst deshalb, weil sie nichts damit zu tun haben, und dann: was können sie denn dem, was ich schreibe, noch hinzufügen? Einen Kommentar? Aber das tue ich doch schon selbst.

Je tiefer ich so in Marx eindrang und je mehr Philosophie ich las, desto mehr wurde ich gewahr, daß Marx, wissentlich oder nicht, in Gedanken von großer Bedeutung gedacht hatte, deren Autoren seine Vorgänger gewesen waren: Epikur, Spinoza, Hobbes, Machiavelli (wenigstens teilweise), Rousseau und Hegel. Und ich überzeugte mich mehr und mehr, daß die Philosophie von Feuerbach und Hegel zugleich als »Stützpunkt« und epistemologisches Hindernis für die Entwicklung seiner eigenen Konzepte bis zu ihrer Formulierung gedient hatte (Jacques Bidet hat jüngst in seiner These *Que faire du »Capital«?* bei Méridiens-Klinksieck den strengen Nachweis dafür geführt). Worüber sich natürlich Fragen an Marx und im Zusammenhang mit Marx stellen lassen, die er selbst sich weder stellen konnte noch wollte. Und dazu mußte man sich sagen, daß wir, wenn wir »selbst denken« wollten angesichts der unglaublichen »Phantasie der zeitgenössischen Geschichte«, unsererseits neue Denkformen, neue Konzepte erfinden mußten – aber immer unter dem materialistischen Einfluß von Marx, um uns »nie mehr etwas vorzumachen« und um aufgeschlossen zu bleiben für die Neuheit und Phantasie der Geschichte. Genau wie für die Entwicklungen von Gedanken höchster Bedeutung, wenn sie sich auch nicht auf Marx berufen oder in dem Ruf (?) stehen, politisch anti-kommunistisch zu sein – ich denke hier gerade an das sehr bemerkenswerte Buch von François Furet über die Französische Revolution, das, und zwar sehr zu Recht, das Gegenstück zu einer aus der Revolutionszeit selbst geborenen rein ideologischen Tradition bildet, und zwar mit dem, was Marx in seinem Zusammenhang die »politische Illusion« zu Zeiten der Herrschaft der revolutionären Pariser Komitees nannte.

Das alles hat meine Beziehungen zu Marx und zum Marxismus beherrscht. Seither habe ich entdeckt, wie das jeder tun kann (und Marx hat das im wesentlichen anerkannt), daß das philosophisch und nicht »wissenschaftlich« Wesentliche des Marxismus seit langem und weit vor Marx ausgesprochen worden ist (Ibn Chaldûn, Montesquieu usw.) – abgesehen von jener »verschwommenen« und buchstäblich undenkbaren Arbeitswert-Theorie, die Marx als seine einzige echt persönliche Entdeckung für sich reklamiert. Von den politischen Aspekten dieses scheinbar rein theoretischen Unterfangens (ach! was hat man nicht alles über unseren »Theoretizismus«, über unsere »Verachtung der Praxis« geschrieben!!) spreche ich andernorts.

XVIII

Was meine Beziehung zum Marxismus betrifft, so sehe ich diesbezüglich erst heute klar. Noch einmal, es handelt sich nicht um die Objektivität dessen, was ich geschrieben habe, also um meine Beziehung zu einem objektiven Gegenstand oder zu objektiven Gegenständen, sondern um meine Beziehung zu einem »objektalen«, das heißt inneren und unbewußten Gegenstand. Einzig von diesem objektalen Gegenstand möchte ich jetzt sprechen.

Hier also die Art und Weise, wie sich die Dinge heute, das heißt seit ich diesen Essay schreibe, für mich ausnehmen.

Wodurch hatte ich Zugang zu dieser so engen und sich stetig wiederholenden Welt gefunden, die mich seit meiner Kindheit umgab? Wodurch konnte ich mich, mich dem Wunsch meiner Mutter einfügend und ihn verinnerlichend, damit verknüpfen? Wie sie, das heißt nicht durch die Berührung mit Körper und Händen, durch ihre Arbeit an einer prä-existenten Materie, sondern durch den ausschließlichen Gebrauch des Auges. Das Auge ist passiv, von seinem Gegenstand entfernt, es empfängt ein Bild davon, ohne arbeiten zu müssen, ohne den Körper in irgendeinen Prozeß der Annäherung, des Kontaktes, der Manipulation einzubinden (die schmutzigen Hände, die Schmutzigkeit war eine Phobie meiner Mutter – und deshalb hatte ich eine Art Gefallen am Schmutz). Das Auge ist auch das spekulative Organ *par excellence,* von Plato und Aristoteles bis zu Thomas von Aquin und darüber hinaus. Als Kind hätte ich nie irgendeinem kleinen Mädchen »auf den Hintern geklatscht«, sondern ich war im großen und ganzen Voyeur und bin es sehr lange geblieben. Distanz: die doppelte Distanz, die mir von meiner Mutter nahe- und auferlegt worden war, diejenige, die vor den bösen Absichten des anderen schützt, bevor er einen berühren kann (Raub oder Vergewaltigung), und die Distanz, in der ich mich auch zu jenem anderen Louis zu halten hatte, den meine

Mutter durch mich unaufhörlich betrachtete. So war ich das Kind des Auges, ohne Kontakt, ohne Körper, denn jeder Kontakt vollzieht sich eben auf dem Wege über den Körper. Man sagt mir, ich hätte um 1975 folgenden schrecklichen Satz ausgesprochen: »Und dann gibt es ja Körper, und die haben Geschlechter!« Da ich keinerlei Körper verspürte, brauchte ich mich nicht einmal vor einem einfachen Kontakt mit der Materie der Dinge oder dem Körper der Leute zu hüten, und eben deswegen hatte ich wahrscheinlich eine panische Angst davor, mich zu schlagen, Angst, daß mein Körper (oder was ich davon hatte) bei diesen kurzen und heftigen Kämpfen unter Jungen verletzt, in seiner trügerischen Integrität versehrt werden könnte – Angst, mich zu schlagen oder, eine Idee, die mir erst mit siebenundzwanzig Jahren kam, zu masturbieren.

Nun glaube ich, daß mein Körper sich zutiefst eine eigene Existenz wünschte. Daher mein Bedürfnis, Fußball zu trainieren, daher mein äußerstes Geschick, alle Muskeln spielen zu lassen, die des Mundes und der Kehle ebenso wie die der Arme und Beine (Sprachen, Fußball usw.). Dieses Bedürfnis blieb latent vorhanden bis zu der Zeit bei meinem Großvater, zuerst im Forsthaus von Bois de Boulogne, vor allem aber in seinem Garten und auf seinen Feldern im Morvan. Heute sehe ich deutlich, daß diese erregende Phase diejenige war, als ich endlich die Existenz eines Körpers anerkannte oder mir endlich ein Körper zuerkannt wurde und als ich mich aller tatsächlichen Möglichkeiten meines Körpers bemächtigte. Man erinnere sich: Die Düfte, vor allem die der Blumen, Pflanzen und Früchte, aber auch ihre Fäulnis- und Verwesungsgerüche, der göttliche Geruch von Pferdemist, der Geruch von Erde und Scheiße auf dem kleinen Holzklo im Garten unter einem intensiv duftenden Holunder, der Duft frischer Erdbeeren, die ich an den Böschungen sammelte, der Geruch der Pilze und vor allem der Steinpilze, der Geruch der Hühner und der Geruch von Blut, der Geruch von Katzen und Hunden, der Geruch der Strohballen, von Öl, kochendem Wasser, des Schweißes von Tieren und Menschen, des Tabaks meines Großvaters, der Geruch des Geschlechts, der starke Geruch von Wein oder Stoffen, der Geruch von Sägespänen, der Schweißgeruch meines eigenen Körpers in Aktion, die Freude, meine Muskeln dem eigenen Willen gehorchen zu sehen, meine Kraft, die Garben auf die hohen Wagen zu werfen, Holzscheite und -stümpfe zu heben, so wie sie – meine Muskeln – früher so gut auf mein Bedürfnis reagiert hatten, selbst schwimmen zu lernen, selbst Tennisspielen zu lernen, auf dem Rennrad zu sitzen wie ein großer Champion. Alles das wurde mir im Morvan zuteil, das heißt durch die aktive und wohltuende Gegenwart meines Großvaters (während die Heftigkeit meines Vaters in Algier und Marseille mir nie Vorbild wurde, sondern nur Angst und Schrecken einjagte.)

Eben da machte ich mich daran, mit meinem Körper zu »denken«: das ist mir für immer geblieben. Denken nicht in der zurückhaltenden und passiven Dimension des Blickes, des Auges, sondern in der Aktion der Hand, des endlosen Spiels der Muskeln und aller Körperempfindungen. Wenn ich im Garten oder auf den Feldern meines Großvaters oder in den Wäldern herumspazierte, hatte ich nichts anderes im Kopf, als die Erde zu bearbeiten und umzuwenden (ich konnte perfekt graben), die Kartoffeln herauszubuddeln, den Weizen und die Gerste zu mähen, die Zweige junger Bäume zu mir herabzubiegen, um sie mir mit dem Messer abzuschneiden, ah!, dieses Messer, ein Geschenk meines Großvaters und ebenso groß und scharf wie seines, was für ein Vergnügen, die jungen Kastanienzweige für die Korbgriffe zurechtzuschneiden, die Weidengerten, um sie um diese Streben herumzuflechten, welche Freude, diese Körbe selbst zu flechten, welche Freude, das Kleinholz der trockenen Bündel mit dem Rebmesser und die großen Scheite mit der Axt zu spalten, im Wein- und Modergeruch des Kellers!

Der Körper, seine erregende Ertüchtigung, der Ausflug in die Wälder, der lange Fußmarsch, die weiten Fahrradtouren mit anstrengenden Steigungen – dieses ganze endlich gefundene und mein gewordene Leben war für immer an die Stelle der einfachen und spekulativen Distanz des leeren Blicks getreten. Ich habe gesagt, daß ich dieselbe persönliche Begeisterung bei den körperlichen Arbeiten in der Gefangenschaft erlebt habe. Ein tiefer und beständiger Zug, der mein Schicksal für immer fixiert hat, weil ich darin mein eigenes Bedürfnis erkannte (und nicht das meiner Mutter, die einen heiligen Schrecken vor jedem körperlichen Kontakt hatte, so sehr war sie von der »Reinheit« ihres Körpers besessen, den sie auf tausenderlei Arten, vor allem durch ihre zahllosen Phobien, vor jedem gefährlichen Übergriff schützte). Endlich war ich glücklich geworden in meinem Verlangen, ein Körper zu sein, vor allem in meinem Körper zu existieren, in dem unanfechtbaren materiellen Beweis, endlich und wirklich zu existieren, den er mir lieferte. Ich hatte nichts mit dem heiligen Thomas der Theologie zu schaffen, der noch immer in Gestalt des spekulativen Auges denkt, sondern sehr viel mehr mit dem heiligen Thomas der Evangelien, der berühren will, um glauben zu können. Mehr noch, ich gab mich nicht mit dem einfachen Kontakt der Hand zufrieden, um an die Realität glauben zu können, ich mußte sie bearbeiten, sie umgestalten, um, weit über die eine und einfache Realität hinaus, an meine eigene, endlich gefundene Existenz glauben zu können.

Als ich dem Marxismus »begegnete«, war es mein Körper, der mich zur Parteinahme bewog. Nicht nur, weil der Marxismus die radikale Kritik jeder »spekulativen« Illusion darstellte, sondern auch deshalb, weil er mir, durch diese Kritik jeder spekulativen Illusion, nicht nur eine wahre Beziehung zur nackten Realität zu erleben und diese körperliche Beziehung (des Kontaktes, aber auch der Arbeit an der sozialen Materie und anderen) fortan *im Denken selbst* ausleben zu können erlaubte. Im Marxismus, in der marxistischen Theorie fand ich ein Denken vor, das den Primat des aktiven und arbeitenden Körpers vor dem passiven und spekulativen Bewußtsein in Rechnung stellte und diese Beziehung als den eigentlichen Materialismus dachte. Davon war ich fasziniert, und ich machte mich ohne jede Mühe zum Parteigänger einer Auffassung, die für mich keine Offenbarung, sondern ein Glück war. Im Bereich des reinen Denkens (wo für mich noch immer das Bild und der Wunsch meiner Mutter herrschten) entdeckte ich schließlich diesen Primat des Körpers, der Hand und ihrer jede Materie verwandelnden Arbeit, der es mir erlaubte, meiner inneren Zerrissenheit zwischen meinem theoretischen Ideal, das aus dem Wunsch meiner Mutter hervorgegangen war, und meinem eigenen Wunsch ein Ende zu setzen, der in meinem Körper mein Verlangen, für mich zu existieren, erkannt und zurückgewonnen hatte, meine eigene Existenzweise. Es war also kein Zufall, wenn ich im Marxismus jede Kategorie unter dem Primat der Praxis dachte und jene Formel der »theoretischen Praxis« vorschlug, eine Formel, die mein Verlangen nach einem Kompromiß zwischen dem (spekulativen, theoretischen, aus dem Wunsch meiner Mutter hervorgegangenen) Wunsch und meinem eigenen Wunsch erfüllte, wie ihn nicht so sehr der Begriff der Praxis als vielmehr meine eigene Erfahrung und mein Verlangen nach realer Praxis beflügelten, den Wunsch nach Kontakt mit der (physischen oder sozialen) Materie und ihrer Umgestaltung in der (handwerklichen) Arbeit und der (politischen) Aktion. Nun gibt es diese Formel – »Arbeiten heißt Produzieren« – aber bereits bei Labriola. Niemandem war das eingefallen, aber wer hatte in Frankreich denn auch schon Labriola gelesen?

Sicherlich war das ein Kompromiß. In meinen ersten Schriften brachte ich diesen Kompromiß noch auf meine Weise zum Ausdruck, nämlich im für mich noch dominierenden Element des reinen Denkens von... So legte ich mir, mich nach Kräften innerhalb dieses Kompromisses abmühend, in der Philosophie die allzu berühmt gewordene Definition der Philosophie als »THEORIE der theoretischen Praxis« zurecht (diese heiklen Großbuchstaben, die Cesare Luporini so in Harnisch brachten...), um aber sehr rasch unter den kritischen Einwänden von Régis Debray und vor allem von Robert Linhart darauf zu verzichten, die ihrerseits sehr wohl wußten, was politisches Handeln und sein Primat waren. Wenn meine Freunde mich derart leicht zur Ordnung riefen, lag das allerdings daran, daß das der Hintergrund dessen war, was ich wollte, meines eigenen Wunsches, und zwar seit langem.

Bevor ich aber auf Marx selbst stieß, muß ich über den Umweg sprechen, den ich über Spinoza, Machiavelli und Rousseau nahm: sie waren mein »Königsweg« zu Marx. Ich habe bereits darauf hingewiesen, ohne jedoch die tieferen Gründe dafür anzuführen.

Ich hatte bei Spinoza (über den berühmten Appendix zu Buch I hinaus) eine wunderbare Theorie der religiösen Ideologie gefunden, jenes »Denkapparates«, der die Welt auf den Kopf stellt, indem er die Ursachen für Ziele nimmt, eine Theorie, die ganz in ihrer Beziehung zur gesellschaftlichen Subjektivität gedacht ist. Welche »Beize«!

Ich hatte in der Erkenntnis der »ersten Art« keine Erkenntnis, *a fortiori* keine Theorie der Erkenntnis – also Theorie der absoluten »Gewähr« jedes Wissens, also »idealistische« Theorie – gefunden, sondern eine Theorie der unmittelbar erlebten Welt (für mich war die Theorie der ersten Art ganz einfach die Welt, das heißt die Unmittelbarkeit der spontanen Ideologie des gesunden Menschenverstandes). Und vor allem hatte ich im *Tractatus theologico-politicus,* den ich zumindest so interpretierte, das augenscheinlichste, aber auch verkannteste Beispiel der Erkenntnis der »dritten Art« gefunden, der höchsten, die die Einsicht in einen zugleich einzelnen und allgemeinen Gegenstand liefert (es war, wie ich zugeben muß, eine recht hegelianische Deutung Spinozas – und es ist kein Zufall, wenn Hegel Spinoza für den »größten« hält –, aber ich halte sie nicht für falsch): die Einsicht in die einzelne historische Individualität eines Volkes (ich glaube, daß Spinoza in der »dritten Art« damit die Erkenntnis jeder einzelnen Individualität und jeder Individualität in ihrer allgemeinen Art sah), die des jüdischen Volkes. Und ich war völlig fasziniert von der Theorie der jüdischen Propheten, die sich darin findet und die mich in der Auffassung bestärkte, daß Spinoza ein wunderbares Bewußtsein vom Wesen der Ideologie erreicht hatte. Bekanntlich steigen die Propheten ja auf den Berg, um dort Gottes Stimme zu vernehmen. Im Grunde genommen ist, was sie dort hören, nur das Grollen des Donners, das Zucken der Blitze und einige Worte, die sie dem ihrer Rückkehr harrenden Volk der Ebene mitteilen, *ohne sie verstanden zu haben.* Und das Außergewöhnliche ist dann dieses Volk selbst, das, im Bewußtsein seiner selbst und in seiner Erkenntnis, den blinden und tauben Propheten den Sinn der Botschaft beibringt, die Gott ihnen verkündet hat! Alle, außer jenem Einfaltspinsel von Daniel, der nicht nur nicht versteht, was Gott ihm anvertraut hat (das ist das Los aller Propheten), sondern nicht einmal das, was das Volk ihm erklärt, um ihm begreiflich zu machen, was er da gehört hat!! Ein Beweis dafür, daß die Ideologie in manchen Fällen – und warum nicht von Natur aus – für diejenigen, die ihr untertan sind, völlig undurchsichtig sein kann. Das rief meine Bewunderung ebenso auf den Plan wie Spinozas Konzeption der Beziehungen zwischen der religiösen Ideologie des jüdischen Volkes und ihrer materiellen Existenz im Tempel, der Priester, der Opfer, der Satzungen, der Rituale usw. Ich sollte später, ihm in diesem Punkte folgend wie übrigens auch Pascal, den ich sehr bewunderte, nachdrücklich auf der materiellen Existenz der Ideologie bestehen, nicht nur auf den materiellen *Bedingungen* ihrer Existenz (derartiges findet sich bei Marx und vor ihm schon bei zahlreichen anderen Autoren), sondern auf der *Materialität* ihrer Existenz selbst.

Gleichwohl war ich mit Spinoza noch nicht fertig. Er war ein Denker, der jede Theorie der Erkenntnis (cartesianischen oder später kantischen Typs) abgelehnt hatte, ein Autor, der die Gründerrolle der cartesianischen Subjektivität des *cogito* zurückgewiesen hatte, um sich damit zu begnügen, gleichsam als Faktum »Der Mensch denkt« niederzuschreiben, ohne daraus irgendeine transzendentale Konsequenz zu ziehen. Er war überdies Nominalist, und Marx sollte mich lehren, daß der Nominalismus der Königsweg zum Materialismus ist, das heißt: eigentlich ist er ein Weg, der nur in sich selbst mündet, und ich kenne kaum eine tiefere *Form* des Materialismus als den Nominalismus. Er war schließlich ein Mensch, der, ohne irgendeine Genese des ursprünglichen Sinnes zu skizzieren, folgendes Faktum aussprach: »Wir haben eine wahre Idee«, einen »Maßstab der Wahrheit«, den uns die Mathematiker an die Hand geben – auch da ein Faktum ohne transzendentalen Ursprung, ein Mensch, der folglich in der *Faktizität* des Faktums dachte: erstaunlich bei diesem angeblichen Dogmatiker, der die Welt aus Gott und seinen Attributen deduzierte! Nichts Materialistischeres als dieses Denken ohne Ursprung noch Ziel. Später sollte ich daraus meine Formel von der Geschichte und der Wahrheit als *Prozeß ohne Subjekt* (ursprüngliches Subjekt, Stifter allen Sinnes) und ohne Ziele (ohne präetablierte eschatologische Bestimmung) ableiten, denn ein Denken im Sinne von Ziel und Zweck als ursprüngliche Ursache (im spiegelbildlichen Rückwurf von Ursprung und Ziel) ablehnen hieß gut und gern materialistisch denken. Ich benutzte damals eine Metapher: Ein Idealist ist ein Mensch, der weiß, wann und von welchem Bahnhof ein Zug abfährt und welches sein Bestimmungsort ist: er weiß es im voraus, und wenn er einen Zug besteigt, weiß er, wohin er fährt, weil der Zug ihn ja hinbringt. Ich liebte ebenso, Dietzgen zitierend, der Heidegger, der ihn nicht kannte, darin vorausgegangen war [den Ausspruch], daß die Philosophie »der Holzweg der Holzwege« sei, der nirgendwohin führt – wohl wissend, daß Hegel zuvor das wunderbare Bild des von »ganz allein wandernden Weges« geprägt hatte, der sich im Vordringen seine eigene Spur durch Wälder und Felder bahnt. Das alles war für mich im Denken Spinozas zwischen den Zeilen zu lesen oder sollte doch darin lesbar werden. Und ich spreche nicht einmal von seiner berühmten Formel »Der Begriff des Hundes bellt nicht«, der noch, diesmal aber im innersten Zentrum der Konzeption eines begrifflichen, wissenschaftlichen Denkens, den Begriff von seinem sinnlichen Referenten unterschied, und das hieß für mich damals: von seiner ideologischen Hülle, der des »Erlebten«, so sehr erfüllte mich die Husserlsche Phänomenologie – und vor allem der Husserlsche Marxismus von Desanti – mit theoretischem Schrecken.

Was mich zweifellos am meisten beeindruckte, war die Theorie des *Körpers* bei Spinoza. Diesen Körper, von dem viele Kräfte uns allerdings unbekannt sind, diesen Körper, dessen *mens* (mit *l'âme* oder *l'esprit* nur unzureichend übersetzt) die Idee ist, wobei die Idee ihrerseits mit diesem Ausdruck unzureichend übersetzt ist, dachte Spinoza als *potentia*, und zwar zugleich als Schwung (*fortitudo*) und als Öffnung zur Welt (*generositas*), als unverdiente Gabe. Ich sollte darin später die erstaunliche Antizipation der Freudschen Libido wiederfinden, ebenso wie die Theorie der Ambivalenz – erstaunlich, wenn man bedenkt, daß für Spinoza, um hier nur ein einziges Beispiel zu geben, *die Furcht dasselbe ist wie ihr Gegenteil, die Hoffnung*, und daß beides »traurige Leidenschaften« sind, dem vitalen *conatus* des Körpers und der Seele an Expansion und Freude entgegengesetzt, geeint wie die Zähne und die Lippen.

Es läßt sich denken, wie großartig sich für mich diese Idee des Körpers ausnahm. Ich fand darin nämlich meine eigene Erfahrung eines zunächst zerstückelten und verlorenen Körpers wieder, eines abwesenden Körpers voll maßloser Furcht und Hoffnung, der sich in mir wieder zusammengefügt und gleichsam entdeckt hatte, in der Gesellschaft meines Großvaters bei den körperlichen Arbeiten auf den Feldern und im [Kriegsgefangenen-]Lager! Daß man so wieder über seinen eigenen Körper verfügen und aus dieser Aneignung etwas an freiem und starkem Denken ziehen, also im eigentlichen Sinne mit seinem Körper denken konnte, in seinem Körper, aus seinem Körper, kurzum, daß *der Körper denken konnte*, durch die und in der Entfaltung seiner Kräfte, verblüffte mich buchstäblich, als Realität und Wahrheit, die ich erlebt hatte und die mein waren. Soviel ist richtig, daß, wie Hegel treffend gesagt hat, man nur erkennt, was man wiedererkennt.

Gleichwohl brauchte ich noch andere Philosophen, um mich wirklich mit Marx vertraut zu machen. Das waren zunächst, wie ich das in meiner »Soutenance d'Amiens« dargelegt habe, die politischen Philosophen des 17. und 18. Jahrhunderts, über die ich damals eine *thèse* zu schreiben vorhatte. Von Hobbes bis Rousseau entdeckte ich ein und dieselbe in der Tiefe wirkende Inspirationsquelle, die einer konfliktuösen Welt, deren Sicherheit von Gütern und Personen einzig und allein die unangefochtene, absolute Autorität des Staates (Hobbes) gewährleisten kann, der dem »Krieg aller gegen alle« ein Ende macht: eine Antizipation des Kampfes der Klassen und der Rolle des Staates, von denen Marx bekanntlich selbst erklärt, daß er sie nicht entdeckt, sondern bei seinen Vorgängern entlehnt habe, insbesondere bei den französischen Historikern der Restauration, die doch wohl schwerlich »Progressisten« waren, und bei den englischen Wirtschaftswissenschaftlern, vor allem Ricardo. Er hätte sogar noch weiter ausgreifen können, bis zur berühmten Auseinandersetzung der »Germanisten« mit den »Romanisten«, ganz zu schweigen von den Autoren, die ich soeben zitiert habe. Der famose Kardinal Ratzinger, den der Klassenkampf am Schlaf hindert, täte gut daran, sich etwas fortzubilden. Rousseau, der im Zustand der »entwickelten« Natur dieselbe gesellschaftliche Konfliktträchtigkeit dachte, brachte dafür eine andere Lösung bei: nämlich gerade das Ende des Staates in der direkten Demokratie des »Vertrages«, der einen »unzerstörbaren« Gemeinwillen zum Ausdruck bringt. Stoff zum Träumen von einem künftigen Kommunismus! Was mich bei Rousseau aber auch faszinierte, war der Zweite Diskurs und die Theorie des illegitimen Vertrages, eine Ausflucht und List im Bannkreis der perversen Einbildungskraft der Reichen, um sich die Elenden geistig zu unterwerfen: noch eine Theorie der Ideologie, die diesmal aber auf ihre Ursachen und ihre soziale Rolle zurückgeführt wird, das heißt auf ihre *hegemoniale* Funktion im Klassenkampf. Ich halte Rousseau für den ersten Theoretiker der Hegemonie – nach Machiavelli. Und es waren auch die Reformpläne für Korsika und Polen, mit denen Rousseau als das genaue Gegenteil eines Utopisten auftritt, nämlich als Realist, der die komplexen Gegebenheiten einer Situation und einer Tradition in Rechnung zu stellen und die Rhythmen der Zeit zu respektieren weiß. Ging er nicht ebenso in seiner erstaunlichen Theorie der Erziehung von Émile vor, die darauf hinausläuft, daß alle natürlichen Etappen der individuellen Entwicklung respektiert werden müssen, ohne je vorzugreifen, daß also das Wirken der Zeit beim Aufwachsen des Kindes respektiert werden muß (sich darauf zu verstehen, Zeit zu verlieren, um welche zu gewinnen)? Schließlich fand ich in den *Bekenntnissen* das einzigartige Beispiel einer Art »Selbst-Analyse« ohne die kleinste Spur von Selbstgefälligkeit, in der sich Rousseau manifest enthüllte, indem er über die prägenden Begebenheiten seiner Kindheit und seines Lebens schrieb und nachdachte und vor allem, zum ersten Mal in der Literaturgeschichte, *über die Sexualität* und jene bewundernswerte Theorie des sexuellen *Supplements*, das Derrida so bemerkenswert als Gestalt der Kastration kommentiert hat. Was ich schließlich an ihm liebte, war seine radikale Opposition gegen die eschatologische, rationalistische Ideologie der Aufklärung, die der »Philosophen«, die ihn so sehr verabscheuten (zumindest glaubte er selbst das, jener ewige Verfolgte), die die Überzeugung vertraten, daß die Urteilskraft der Völker durch die intellektuelle Reform reformiert werden könne ... welcher Irrtum hinsichtlich der Realität jeder Ideologie!, eine Opposition, der ich in der kompromißlosen Luzidität von Marx und Freud wiederbegegnen sollte, ebenso in der radikalen Unabhängigkeit des Individuums Rousseau angesichts aller Versuchungen von Reichtum und Macht, und die Begeisterung einer autodidaktischen Bildung, die mich sehr stark ansprach ...

Später sollte ich Machiavelli entdecken, der meiner Meinung nach in vielen Punkten weiter gegangen ist als Marx: nämlich indem er versuchte, die Bedingungen und Formen des politischen Handelns in seiner Reinheit zu denken, das heißt in seinem Begriff. Was mich überdies beeindruckte, war die radikale Berücksichtigung der zufallsbestimmten Faktualität jeder Konjunktur und die Notwendigkeit, daß ein Mann aus dem Nichts, um die nationale Einheit Italiens aufzubauen, mit nichts und irgendwo außerhalb jedes konstituierten Staates anfing, um den zerstückelten Körper eines in sich zersplitterten Landes wieder zusammenzusetzen, mit nichts und ohne die Präfiguration irgendeiner Einheit in den existierenden (allesamt schlechten) politischen Formeln. Ich glaube, daß wir dieses noch nie dagewesene und bedauerlicherweise folgenlose Denken durchaus noch nicht erschöpft haben.

Kurz, ich begann mir, von dieser persönlichen Vergangenheit, von diesen Lektüren und Assoziationen ausgehend, den Marxismus als mein eigenes Gut anzueignen, ich machte mich daran, über ihn nachzudenken, allerdings auf meine Weise, von der ich heute deutlich sehe, daß sie durchaus nicht die von Marx war. Mir ist klar, daß ich nichts anderes versucht habe, als die theoretischen Texte von Marx, die häufig dunkel und widersprüchlich, wenn nicht in bestimmten wichtigen Punkten sogar lückenhaft sind, in sich selbst und für uns intelligibel zu machen. Mir ist klar, daß ich bei diesem Unterfangen von einer doppelten, unwiderruflichen Ambivalenz angetrieben wurde: zunächst und vor allem mir nichts vorzumachen, weder über das Reale noch über das Reale des Denkens von Marx, also darin das, was ich die Ideologie (der Jugend) nannte, von dem späteren Denken zu unterscheiden, dem, das ich für das Denken der »ganz rohen Realität« (Engels) ohne äußere Zutat hielt. »Sich nichts vormachen«, diese Formel bleibt für mich die einzige Definition des Materialismus; und versuchen, durch »Selbstverständigung« (ein Ausdruck von Kant, den Marx wiederaufgegriffen hat) allen gutwilligen und theoretisch anspruchsvollen Lesern das Denken von Marx klar und kohärent zu machen. Natürlich verlieh das meiner Darstellung der marxistischen Theorie eine besondere Form; daher rührte bei vielen Spezialisten und Aktivisten das Gefühl, ich hätte mir einen ganz persönlichen Marx zurechtgeschustert, der mit dem wirklichen Marx nichts zu tun hatte, einen imaginären Marxismus (Raymond Aron). Das erkenne ich bereitwillig an, denn ich unterdrückte an Marx tatsächlich alles, was mir nicht nur mit seinen materialistischen Prinzipien, sondern auch mit dem unvereinbar erschien, was bei ihm an Ideologie fortbestand, vor allem die apologetischen Kategorien der »Dialektik«, ja sogar die Dialektik selbst, die mir in ihren berühmten »Gesetzen« nur als nachträgliche Apologie (Rechtfertigung) des *fait accompli* des zufälligen Geschichtsverlaufs für die Entscheidungen der Parteispitze zu dienen schien. In bezug auf diesen Aspekt habe ich mich nie gewandelt, und deshalb trug mir die Gestalt der marxistischen Theorie, die ich vorgeschlagen hatte und die das buchstäbliche Denken von Marx in zahlreichen Punkten berichtigte, unzählige Angriffe von Leuten ein, die den Formulierungen von Marx aufs Wort glaubten. Ja, ich bin mir sehr wohl darüber im klaren, daß ich eine vom Vulgärmaterialismus abweichende Philosophie für Marx gleichsam fabriziert habe, aber da sie dem Leser eine nicht mehr widersprüchliche, sondern kohärente und intelligible Darstellung bot, dachte ich, daß das Ziel erreicht sei und ich mir Marx überdies »angeeignet« hätte, indem ich seine Ansprüche auf Kohärenz und Intelligibilität erfüllte. Das war übrigens die einzig mögliche Art und Weise, die Orthodoxie der verhängnisvollen II. Internationale zu »sprengen«, die Stalin hundertprozentig übernommen hatte.

Zweifellos war es das, was zahllosen Jungen damals die folgende neue Perspektive »eröffnete«: man konnte in dieser neuen Präsentation von Marx denken, ohne etwas von den Forderungen nach Kohärenz und Intelligibilität abzulassen, man konnte ihm und uns so den Dienst erweisen, sein eigenes Denken besser zu beherrschen als er selbst, das ganz natürlich in den theoretischen Zwängen seiner Zeit (und in ihren unausweichlichen Widersprüchen) befangen blieb. Man konnte es für uns also zu einem wahrhaft zeitgenössischen Denken machen. Das war eine kleine »intellektuelle« Revolution in der Konzeption der marxistischen Theorie. Ich glaube jedoch, daß unsere Gegner sich nicht so sehr mit unseren abgeschmackten Neuerungen anlegten, sondern vielmehr mit dem Projekt selbst, uns von der buchstäblichen Marx-Gefolgschaft zu lösen, um ihn für sein eigenes Denken intelligibel zu machen. Für sie blieb Marx im Grunde sogar in seinen Irrtümern ein heiliges Wesen, der alte unangreifbare Gründervater. Ich liebte die heiligen Väter aber nicht und hatte mir – und zweifellos seit langem – die Gewißheit erworben, daß ein Vater nur ein Vater ist, eine in sich selbst zweifelhafte Person und unmöglich in seiner Rolle, und ich hatte die Rolle des »Vaters des Vaters« so sehr lieben und spielen gelernt, daß jene Bemühung, an seiner Stelle das zu denken, was er hätte denken müssen, um er selbst zu sein, mir wie angegossen paßte.

Hinzu kam, daß meine Berufung auf die Autorität von Marx, den Gründervater, an dem die kommunistische Partei sich offiziell ausrichtete, mir gegen die offizielle Marx-Interpretation, die als Apologie für ihre politischen Entscheidungen diente, also gegen ihre effektive Politik eine einzigartige Kraft verlieh, die mich innerhalb der Partei nur schwer angreifbar machte. Was tat ich nämlich anderes, als mich auf das Denken von Marx zu berufen, gegen die Irrtümer seiner Deutungen, vor allem derer der Sowjettheoretiker, die die Partei beeinflußten und sogar die Reflexionen eines doch so energischen Geistes wie Lucien Sève beeinflußten, der, unmögliche und überholte, weil unhaltbare Formeln über die Ontologie, die Erkenntnistheorie, die Gesetze der Dialektik als Form der Bewegung und einziges »Attribut« der Materie wiederkäuend, mir mit seinen geharnischten Einwänden dicht auf den Leib rückte und, als ich mir nie die Mühe machte, darauf zu antworten, aus meinem Schweigen schloß, daß ich ihm nichts zu entgegnen wüßte? Aber Lucien Sève ging noch weiter, indem er sich zum Verteidiger der berühmten und nebelhaften Dialektik und ihrer Gesetze aufwarf, die er nach eigenem Ermessen manipulierte, um *a priori* alle Kurswendungen der Partei zu rechtfertigen, insbesondere die Aufgabe des Postulats der Diktatur des Proletariats, und indem er, ohne es zu merken, in der unveränderten Atmosphäre des Diamat zu denken fortfuhr (Primat des »dialektischen Materialismus – jener scheußliche Ausdruck – vor jeglicher Wissenschaft), wie das André Tosel in einem neueren Aufsatz über das Denken Gramscis und der Italiener deutlich gezeigt hat.

In einer Zeit, in der der erste »Haarspalter«-, der erste »Hirnbewegungs«-Philosoph – wie Marx im Zusammenhang mit der »Auflösung« der Hegelschen Philosophie geschrieben hat – glaubt, daß der Marxismus tot, tot und für immer begraben sei, in der die dicksten »Brechstangen«-Ideen auf der Grundlage eines unwahrscheinlichen Eklektizismus und einer theoretischen Armut herrschen, unter dem Vorwand einer sogenannten »Postmoderne«, in der, erneut, »die Materie verschwunden« sei, um den »Immaterialien« der Kommunikation zu weichen (diese neue theoretische Sahnetorte, die sich natürlich auf eindrucksvolle Indizien beruft, die der neuen Technologie), bleibe ich zwar nicht dem Buchstaben – an den ich mich nie gehalten habe –, wohl aber dem materialistischen Geist von Marx zutiefst verbunden.

Ich bin Optimist: ich glaube, daß dieser Geist alle Wüsten durchmessen und, selbst wenn er andere Formen annehmen muß – wie das unausweichlich ist in einer in voller Veränderung begriffenen Welt –, wiederauferstehen wird. Und auch aus folgendem starken Grund: Das gegenwärtige Denken ist theoretisch so schwach, daß einzig die Berufung auf die elementaren Forderungen eines authentischen Denkens – Strenge, Kohärenz, Klarheit – zu gegebener Zeit so tief ins Klima der Zeit einschneiden kann, daß seine bloße Äußerung die vom Weltlauf verwirrten Geister beeindrucken wird. Eben deshalb schätze ich beispielsweise die Anstrengung eines Régis Debray, allen Leuten, die urteilen zu können behaupten, so elementare Realitäten wie die folgenden in Erinnerung zu rufen: daß die Zeit des Gulags in seinen drückenden und dramatischen Formen in der UdSSR wohl doch vorbei ist; daß die UdSSR Wichtigeres zu tun hat, als einen Angriff auf den Westen zu planen. Zwar geht Debray nicht sehr weit, aber die einfache Erinnerung an derart offenkundige Fakten und ihre Wendung gegen die gewaltige herrschende Ideologie hat, wie Foucault so gern sagte, doch die Funktion einer »Beize«. Und was ist eine Beize? Die kritische Reduktion der ideologischen Schicht von ein für allemal festgelegten Ideen, die endlich den Kontakt zum Realen »ohne fremde Zutat« ermöglicht. Eine einfache Lektion, begrenzt zwar, aber wirklich materialistisch. Wenn ich fest glaube, daß wir aus der gegenwärtigen »Wüste« herausfinden werden, dann deshalb, weil in der Gedankenleere, die die besten Geister erstickt, diese einfache Erinnerung in ihrem Mut und ihrer Vereinzelung verzehnfachte Wirkungen haben kann. Wenn man den Mut hat, mit lauter Stimme im Schweigen der Leere zu sprechen, wird man auch gehört.

Ich glaube zu verstehen gegeben zu haben, daß ich kein Sektierer war. Jedes Denken, mag es sich für rechtens halten und aussprechen, das ist mir gleichgültig, interessiert mich, wenn es sich nicht mit Worten abspeisen läßt, wenn es die ideologische Schicht durchstößt, die uns niederdrückt, um gleichsam durch physisch-materiellen Kontakt (noch eine andere Existenzweise des Körpers) die völlig nackte Realität zu erreichen. Deshalb glaube ich, daß die Marxisten in ihrem Versuch, das Wahre des Wirklichen aufzuspüren und auszusprechen, Gott sei Dank weit davon entfernt sind, die einzigen unserer Zeit zu sein, daß aber, ohne sich ihnen nahe zu fühlen, eine beträchtliche Anzahl ehrlicher Menschen, die eine reale Erfahrung ihrer Praxis und des Primats der Praxis vor jeglichem Bewußtsein haben, von jetzt an im Begriff sind, ihnen in der Erkenntnis des Wahren Gefolgschaft zu leisten. Wenn man sich dessen bewußt wird, und zwar über alle Gegensätze von Stil, Stimmung und Politik hinaus, läßt sich daraus eine angemessene Hoffnung schöpfen.

Ich weiß nicht, ob die Menschheit jemals den Kommunismus kennenlernen wird, jene eschatologische Vision von Marx. Was ich jedenfalls weiß, ist, daß der Sozialismus, dieses zwangsläufige Übergangsstadium, von dem Marx sprach, »Scheiße« ist, wie ich das 1978 in Italien und Spanien vor Zuhörerkreisen verkündet habe, die von der Heftigkeit meiner Äußerungen verwirrt waren. Auch da tischte ich eine »Geschichte« auf. Der Sozialismus ist ein sehr breiter, sehr schwer zu überquerender Fluß. Wir werden bald eine gewaltige Fähre haben: die der politischen und gewerkschaftlichen Organisationen, die das gesamte Volk besteigen kann. Aber um die Strudel zu durchfahren, bedarf es eines »Steuermannes«, der Macht des Staates in den Händen der Revolutionäre, und in dem großen Staatsschiff muß die Klassenherrschaft der Proletarier über alle gedungenen Ruderer gesichert sein (der Lohn existiert noch und das Privatinteresse), sonst kentert es! – die Herrschaft des Proletariats. Man bringt das gewaltige Schiff zu Wasser, und auf der ganzen Fahrt müssen die Ruderer überwacht werden, indem man ihnen strikten Gehorsam abverlangt, müssen sie von ihrem Posten entfernt werden, wenn sie Verstöße begehen, müssen sie rechtzeitig abgelöst, ja sogar bestraft werden. Aber wenn dieser gewaltige Scheißfluß endlich bezwungen ist, dann tauchen im Unendlichen der Strand, die Sonne und der Wind eines jungen Frühlings auf. Jedermann verläßt das Schiff, es gibt keinerlei Kampf mehr zwischen den Menschen und den Interessengruppen, weil es ja keine Warenbeziehungen mehr gibt, sondern Blumen und Früchte im Überfluß, die jeder zu seinem Vergnügen sammeln kann. Dann erheben sich die »freudigen Leidenschaften« Spinozas und sogar Beethovens »Hymnus an die Freude«. Ich verfocht also die Idee, daß schon heute »Inseln von Kommunismus« existieren, in den »Intermundien« unserer Gesellschaft (Intermundien, ein Wort, das Marx – nach dem Bild der Götter Epikurs in der Welt – für die ersten Kerne von Handelsvölkern in der antiken Welt benutzte), *da, wo noch keine Warenbeziehungen herrschen.* Ich glaube nämlich – und glaube diesbezüglich in der Hauptlinie des Denkens von Marx zu stehen –, daß die einzig mögliche Definition des Kommunismus, wenn er denn eines Tages auf Erden existieren soll, in der *Absenz von Warenbeziehungen* besteht, also von Ausbeutungsbeziehungen von Klassen und Staatsherrschaft. Ich glaube, daß in unserer gegenwärtigen Welt sehr zahlreiche Kreise von menschlichen Beziehungen bestehen, in denen sehr wohl jede Warenbeziehung fehlt. Auf welchen Wegen können diese Intermundien von Kommunismus sich die ganze Welt erschließen? Niemand kann das voraussehen – jedenfalls nicht nach dem Beispiel des sowjetischen Weges. Wird es durch die Machtergreifung des Staates geschehen? Zweifellos, aber dieser Akt führt in den Sozialismus (des Staates – zwangsläufig des Staates), der eben »Scheiße« ist. Wird es durch das Absterben des Staates geschehen? Sicher, aber in einer kapitalistisch-imperialistischen Welt, die immer sicherer auf ihren Grundlagen ruht und die Machtergreifung des Staates ungewiß, wenn nicht sogar illusorisch macht – wie läßt sich da ein Absterben des Staates ins Auge fassen? Es sind ganz sicher nicht die Dezentralisierung von Gaston Deferre oder die stupiden Losungen unserer Neo-Liberalen *à la* Reagan oder *à la* Chirac, die uns von einem Staat befreien, der für die Herrschaft der bürgerlichen, kapitalistisch-internationalistischen Hegemonie unerläßlich ist. Wenn es eine Hoffnung gibt, liegt sie bei den Massenbewegungen, von denen ich (unter anderem dank Hélène) immer geglaubt habe, daß sie den Primat vor ihren politischen Organisationen behielten. Zwar sieht man, wie sich weltweit Massenbewegungen entwickeln, die Marx unbekannt waren und von ihm nicht einmal gedacht wurden (beispielsweise in Lateinamerika und sogar im Bannkreis einer traditionell reaktionären Kirche, in Gestalt der Bewegung um die Befreiungstheologie, oder sogar in Deutschland mit den Grünen oder in Holland, das sich weigerte, den Papst so zu empfangen, wie er sich das gewünscht hatte). Aber laufen diese Bewegungen nicht Gefahr, unter das Gesetz von Organisationen zu fallen, ohne die sie zwar nicht auskommen können, die aber – in der marxistisch-sozialistischen Tradition und ihren existierenden Modellen befangen, wie sie es nun einmal sind – noch keine angemessene Koordinationsform ohne hierarchische Herrschaft entdeckt haben? In dieser Hinsicht bin ich kein Optimist, aber ich halte mich an jenes Wort von Marx: Jedenfalls hat »die Geschichte mehr Einbildungskraft als wir«, jedenfalls sind wir darauf beschränkt, »uns selbst zu verständigen«. Nein, ich schließe mich nicht dem Wort von Sorel an, das Gramsci wiederaufgegriffen hat: Der Skeptizismus der Intelligenz plus dem Optimismus des Willens. Ich glaube nicht an den Voluntarismus in der Geschichte. Umgekehrt glaube ich an die Klarheit der Intelligenz und an den Primat der Volksbewegungen vor der Intelligenz. Um diesen Preis kann die Intelligenz, weil sie nicht die oberste Instanz ist, sich den Volksbewegungen anschließen, unter anderem und vor allem auch, um sie davon abzuhalten, in alte Irrtümer zurückzufallen, und um ihnen zu helfen, wirklich demokratische und effiziente Organisationsformen zu finden. Wenn wir trotz alledem etwas Hoffnung schöpfen können, dazu beizutragen, den Lauf der Geschichte umzulenken, liegt sie hier und nur hier. Jedenfalls nicht in den eschatologischen Träumen einer religiösen Ideologie, an denen zu verrecken wir alle im Begriff sind.

Aber damit sind wir schon mitten in der Politik.

XIX

Und damit ist der Zeitpunkt gekommen, den jeder, wie ich hoffe, ebensosehr erwartet wie ich, mich nicht nur zu meinen ursprünglichen Affekten zu erklären, zu ihren Schneisen repetitiver Vorlieben und zu der so starken Herrschaft, die das Phantasma, nicht zu existieren, über alle meine sekundären Phantasmen ausgeübt hat, sondern mich auch zur Beziehung meiner Affekte zur Realität der Außenwelt zu äußern. Wenn nämlich das »Subjekt« in den Träumen und Erregungsschüben, sogar in den dramatischsten, immer nur mit sich selbst zu tun hat, das heißt mit unbewußten inneren Objekten, die die Analytiker objektal nennen (im Unterschied zu objektiven und realen äußeren Objekten), ist die *legitime* Frage, die sich jedermann stellt, die folgende: Wie konnten die Projektionen und Besetzungen dieser Phantasmen in ein vollkommen objektives Handeln und Werk einmünden (philosophische Bücher, philosophische und politische Interventionen), das einen gewissen Widerhall in der äußeren, also objektiven Realität gefunden hat?

Oder anders, aber sehr viel genauer ausgedrückt: Wie konnte das *Zusammentreffen* der ambivalenten Besetzung des phantasmatischen inneren (objektalen) Objekts mit der objektiven Realität ihr etwas anhaben, besser: wie konnte es in dieser Begegnung »Zugriff«, »Bindung« geben, so wie man von der Mayonnaise oder dem Eis sagt, daß sie »binden«, oder von einer chemischen Reaktion, daß sie unter der Einwirkung bestimmter Katalysatoren »greift«?[*] Dazu schulde ich zunächst mir selbst, dann aber auch allen meinen Lesern und Freunden wenn nicht eine Erklärung, so doch zumindest den Versuch einer Erhellung.

---

[*] Spiel mit den idiomatischen Wendungen von *avoir prise sur quelqu'un* (jemandem etwas anhaben können) und der Verfestigung und dem Einsetzen von Aggregatzuständen bzw. Reaktionen. (*A. d. Ü.*)

Ich mache also darauf aufmerksam, daß wir hier Neuland betreten: das des Zusammentreffens meiner unbewußten Phantasmen, die mein Begehren unter der Vorherrschaft der Verwirklichung des Wunsches meiner Mutter einerseits und in Gestalt der Realität effektiver und objektiver Gegebenheiten andererseits besetzten.

Ich möchte mich zunächst zu einem Punkt erklären, dem mein Freund Jacques Rancière ein sehr spitzzüngiges kleines Buch gewidmet hat (*La Leçon d'Althusser*). Was er mir darin vorwirft, ist, grob gesagt, trotz meiner explizit geäußerten Meinungsverschiedenheiten in der kommunistischen Partei geblieben zu sein und damit zahllose junge Intellektuelle in Frankreich und im Ausland dazu bewogen, ja sie sogar ermutigt zu haben, nicht mit der Partei zu brechen, sondern ihre Mitgliedschaft aufrechtzuerhalten.

Daß dieser Vorwurf und diese Einstellung sich durchaus auf die eigenen inneren »Objekte« Rancières beziehen können, der mir zu Beginn unserer Beziehung sehr eng verbunden war, ist wahrscheinlich, aber ich kann nicht und – selbst wenn ich es könnte – will nicht in diese Prüfung eingreifen, die ihm selbst vorbehalten bleibt und seine Intimsphäre betrifft. Richtig ist, daß er selbst sehr schnell den Schluß auf meinen »objektiven Widerspruch« gezogen hatte, indem er die Partei verließ, und zwar nicht um die Sache der Arbeiterklasse zu verraten, sondern um sich auf die Suche nach seinen anfänglichen Träumen, Reaktionen und Projekten zu machen, indem er zwei bemerkenswerte Bücher den volkstümlichen Ausdrucksweisen der Frühformen der Arbeiterbewegung widmete. Praktisch, und das bestreite ich nicht, nahmen wir einander sehr nahestehende, aber unterschiedliche Positionen ein, und die seine hatte alle Vorteile vor der scheinbaren Logik, die meine Schriften und Interventionen lenkte. Warum blieb ich also in der Partei, mit allen späteren Konsequenzen sowohl für mich als auch für die jungen Intellektuellen, die ich beeinflussen konnte, wenn ich denn überhaupt einigen öffentlichen Einfluß gehabt habe (und das ist letzten Endes durchaus möglich)?

Es wäre allzu einfach (sowohl für Rancière als auch für alle diejenigen, die seine Gefühle teilten, zumal ich ja alle meine »subjektiven« Karten öffentlich aufdecke, anhand deren es leicht ist, mich zu erklären, das heißt mich für immer festzulegen), sich bei dieser Frage mit einem Rückzug auf das zu begnügen, was ich gerade ausführlich in bezug auf die eindrucksvollen »Wurzeln« und »Strukturen« meiner unbewußten »Subjektivität« dargelegt habe. Ich werde sagen warum.

Zunächst hatte ich den konkreten Beweis dafür – und mit welchem Nachdruck! –, daß meine nächsten »Schüler«, meine Zöglinge an der École, unter der in Erstaunen versetzenden Leitung von Robert Linhart (und ich rede hier nicht von Régis Debray, der sich sehr bald, aber allein einen Weg außerhalb der Partei bahnte, um sich an der Seite von Che in der bolivianischen Guerilla zu engagieren), daß diese Schüler-Zöglinge, nachdem sie die Organisation der Jeunesses communistes von innen her aufgerollt hatten, sie sehr bald (und ohne meine Zustimmung) wieder verließen, um außerhalb der Partei eine neue Organisation zu gründen, die Union des Jeunesses Communistes marxistes-léninistes (UJCm-l), die sehr weite Verbreitung fand und sich in theoretischen und politischen Schulen und Gruppen organisierte, und dann zur Massenaktion übergingen und insbesondere die Mehrzahl der Vietnam-Basiskomitees gründeten, die vor dem Mai 68 sehr verbreitet waren. Die Partei war bei den Studenten buchstäblich überholt, und zwar in einem Maße, daß es, wie bekannt, im Mai 68 nur noch eine Handvoll – ich sage: wirklich nur eine Handvoll – kommunistischer Studenten (Cathala blieb natürlich in seinem Büro) im gewaltigen Tumult an der Sorbonne gab.

Die jungen Leute der UJCm-l gehörten auch nicht mehr dazu. Warum? Sie hatten sich eine »Linie« strengen Anstrichs zurechtgelegt, die dann ihre Auflösung mit sich brachte: an die Fabriktore zu gehen und zu versuchen, die Einheit der Studenten, Kopfarbeiter und der Handarbeiter herzustellen. Nun stand es aber nicht den linken Studenten, sondern den Aktivisten der Partei zu, die Fabrikarbeiter aufzufordern, sich dem Studentenaufstand im Quartier latin anzuschließen. Eben da lag der grundlegende Irrtum von Linhart und seinen Kameraden. Die Arbeiter kamen, von wenigen Ausnahmen abgesehen, nicht in die Sorbonne, weil die Partei, die dazu als einzige die Machtvollkommenheit hatte, sie nicht dazu aufgefordert hatte. Die Losung hätte tatsächlich richtig sein können, wenn die Partei der »gauchisierenden« Revolte der studentischen Massen nicht wie der Pest mißtraut und die Gelegenheit – den »Glücksfall« nach dem Wort von Machiavelli – ergriffen hätte, eine mächtige Massenbewegung in Gang zu setzen und mit aller Wucht ihrer Macht und ihrer Organisationen zu unterstützen (vor allem der CGT, die ihr seit der Spaltung von

1948 immer die Treue gehalten hat), eine Massenbewegung, die in der Lage war, nicht nur die Arbeiterklasse, sondern auch breite Schichten des Kleinbürgertums mitzureißen, deren Stärke und Entschlossenheit objektiv den Weg zu einer revolutionären Machtergreifung und Politik eröffnen konnten. Ist eigentlich bekannt, daß Lenin zur Zeit der Dreyfus-Affäre, die ja niemals Anlaß zu offenen Volksaufständen oder Barrikadenbauten gegeben hat, geschrieben hat, die Agitation hätte in Frankreich einer wirklichen Revolution den Weg ebnen können, wenn die Arbeiterpartei sich nicht bereits abseits gehalten hätte, weil nämlich Guesde in seiner Verblendung des »Klasse gegen Klasse«-Denkens glaubte, daß die Dreyfus-Affäre eine rein »bürgerliche« Angelegenheit sei, die den Kampf der Arbeiterklasse in gar keiner Weise angehe? Richtig ist, daß im Jahre 1968 einzig und allein Paris am Zug war: die Provinz war nicht auf derselben Höhe. Kann man eine Revolution bloß in der Hauptstadt (sieben Millionen Einwohner) eines Landes von sechzig Millionen Einwohnern machen?

Im Mai/Juni 1968 hielten nun aber zahllose Arbeiter in zahllosen Fabriken die Revolution für möglich, erwarteten sie und warteten nur auf eine Losung der Partei, um sie durchzusetzen. Man weiß, was daraus geworden ist. Die Partei, wie immer um mehrere Züge verspätet und von den Massenbewegungen in Schrecken versetzt, die, wie sie folgerte, in den Händen der Linksextremen waren (aber wer war daran schuld?), tat alles Erdenkliche, um bei den sehr heftigen Auseinandersetzungen die Begegnung der Studentengruppen und der Leidenschaft der Arbeitermassen zu verhindern, die damals den längsten Massenstreik der Weltgeschichte führten, und ging sogar so weit, getrennte Demonstrationszüge zu organisieren. Tatsächlich *organisierte* die Partei die Niederlage der Bewegung der Massen, indem sie die CGT zwang (der sie genaugenommen keinerlei Gewalt anzutun brauchte, wenn man ihre organischen Verbindungen in Rechnung stellt), sich an den friedlichen runden Tisch von Wirtschaftsverhandlungen zu setzen, und, als die Renault-Arbeiter sie nicht billigten, sie etwas später wieder abbrach und auch jeden Kontakt zu Mendès in Charléty ablehnte, als die gaullistische Macht praktisch vakant war, als die Minister ihre Ministerien verlassen hatten und die Bourgeoisie aus den Großstädten ins Ausland floh und ihre Guthaben mitnahm. Ein einfaches Beispiel: In Italien konnten die Franzosen ihre Francs nicht mehr in Lire umtauschen, der Franc wurde nicht mehr akzeptiert, er *war nichts mehr wert*. Wenn der Gegner überzeugt ist, daß die Partie für ihn endgültig verloren ist, wie Lenin das zehnmal wiederholt hat, wenn oben nichts mehr geht und unten die Massen zum Ansturm ansetzen, dann ist nicht nur die Revolution »an der Tagesordnung«, sondern auch eine wirklich *revolutionäre* Situation gegeben.

Aus Angst vor den Massen, aus Angst davor, die Kontrolle zu verlieren (jenes Schreckgespenst des Primats der Organisation vor den Volksbewegungen, das noch immer gang und gäbe ist), und zweifellos auch, um sich (dazu bedurfte es keiner ausdrücklichen Weisungen!) mit den Ängsten der UdSSR abzustimmen, die in ihrer globalen Strategie die konservative Sicherheit eines de Gaulle der Unberechenbarkeit einer revolutionären Massenbewegung vorzog, die (und das war keineswegs utopisch) einer politischen, ja sogar militärischen Intervention der USA als Vorwand dienen konnte, eine Drohung, der zu begegnen die UdSSR sich nicht imstande fühlte, tat die Partei alles, was sie konnte – und die Erfahrung bewies, daß ihre politische und ideologische Organisations- und Kaderbildungsstärke damals kein leeres Wort war –, um die Volksbewegung zu sprengen und sie in simple Wirtschaftsverhandlungen zu kanalisieren. »Der gegenwärtige Moment, die Gelegenheit« (Lenin), die man »beim Schopf ergreifen muß« (Machiavelli, Lenin, Trotzki, Mao) und die manchmal nur einige Stunden zu dauern braucht, war verstrichen und mit ihr die Möglichkeit, den Lauf der Geschichte in Revolution umzumünzen, als de Gaulle wiederauftauchte, der selbst, und wie!, wußte, was Politik nach der Inszenierung seines Verschwindens bedeutete, einige ernste und feierliche Worte im Fernsehen sagte, die Auflösung des Abgeordnetenhauses verkündete und zu Neuwahlen aufrief. Alles, was Frankreich, und Gott weiß für wie lange!, an Bourgeoisie und Kleinbürgertum und konservativer oder reaktionärer Landbevölkerung aufzubieten hatte, erholte sich wieder nach dem phantastischen Defilé auf den Champs-Élysées. Die Angelegenheit war ausgestanden, und der sehr lange und heftige Kampf der Studenten und der Arbeiterstreik, der sich noch monatelang fortsetzte, zwangen sie lediglich dazu, ihre eigene Niederlage nach und nach als langen und schmerzlichen Rückzug hinzunehmen. Die Bourgeoisie nahm grausame Rache. Es blieben die Vereinbarungen von Grenelle (ein beispielloser Sprung im »ökonomischen« Bereich), die jedoch mit einer revolutionären Niederlage bezahlt werden mußten, wie sie seit den Tagen der Commune noch nie dagewesen war. Ganz sicher – und vor allem aufgrund des konservativen Instinkts des Parteiapparats angesichts der Spontaneität der Massen – schloß die Volksbewegung mit einer Kahlschlag-Niederlage, diesmal (zum ersten Mal in der Geschichte der Volksbewegungen in Frankreich) nahezu ohne jedes Blutvergießen, mit zahllosen blessierten, aber nicht getöteten Studenten (ein Student in Flins ertrunken, zwei Arbeiter in Belfort durch Kugeln getötet und einige anderswo), also durch den bloßen »pazifistischen« Effekt der bürgerlichen, kapitalistisch-imperialistischen Hegemonie, ihres wunderbaren Staatsapparates, ihres vermittelnden ISA [ideologischer Staatsapparat] und der »Gestalt« des Vaters des Vaterlandes, der in der Lage war, jede Möglichkeit zu meistern: das feierliche Gesicht und die feierliche Stimme von de Gaulle übten ihre Wirkung eines politischen Theaters aus, die das Bürgertum beruhigte. Wenn aber eine Revolte mit einer Niederlage ohne Arbeiter-Massaker zu Ende geht, kann man sagen, daß das nicht zwangsläufig ein gutes Zeichen für die Arbeiterklasse ist, die keine Märtyrer zu beklagen noch zu feiern hat. Die Linksextremen, die sich darauf verstanden, glaubten oder verstanden ihre wenigen Toten »auszuschlachten«, so den unglückseligen Overney. Ich erinnere mich des Satzes, den zu verbreiten ich nicht müde wurde, jenes Satzes, der am Tage der bewegenden und wunderbaren Trauerfeierlichkeiten für diesen beklagenswerten Aktivisten von La Cause du peuple fiel (zwei Millionen Menschen in seinem Geleit, mit Fahnen und in tiefer Stille, bei Abwesenheit der Partei und der CGT): *Was heute begraben wird, ist nicht Overney, sondern der Linksextremismus.* Der weitere Verlauf bewies sehr rasch, daß ich recht gehabt hatte.

Dieses einfache Faktum erlaubt mir jedoch, ein weiteres Argument vorzubringen. Abgesehen davon, daß es eine sehr eigenartige Konzeption von Determination, von (persönlicher) Ideologie und Geschichte ist, ein Individuum, sein Werk und seinen eventuellen Einfluß für fähig zu halten – wie das auf so maßlose Weise ein Glucksmann tun sollte –, bei zahlreichen jungen Studenten und Intellektuellen (die als einzige betroffen waren) entscheidende politische Wahlakte und, im Grenzfall dieser Logik, Massenmassaker auszulösen, muß man das sehen, was für junge Bürger oder Kleinbürger die Erfahrung der Existenz, der Organisation und der Praktiken der ökonomischen, politischen und ideologischen Linie der Partei darstellte oder darstellen konnte. Ich habe mich später zu ihrer Funktionsweise erklärt. Außerhalb der Partei, ohne eine beträchtlich lange Erfahrung mit den Praktiken der Partei kann man sich keine wirkliche Vorstellung von der Partei machen, und es sind nicht antikommunistische Bücher wie die eines Philippe Robrieux, der zu Zeiten des Gemeinderates der stalinistischste Leiter von allen und derjenige war, der die Verdammungsurteile des Gemeinderates und ihre Schrecknisse auf die fürchterlichste Weise bis in meine Zelle weiterleitete, die wen auch immer aufklären können, abgesehen davon, daß sie denen, die da hindurchgegangen sind, eine Reihe von Tatsachen, die sie kannten oder geahnt haben, *in Erinnerung rufen*. Nichts wiegt die direkte Erfahrung auf, und diejenigen, die diesen Weg nicht beschritten haben, ziehen, wenn sie die gehässigen Studien oder eher Quasi-Pamphlete eines sensationslüsternen Journalisten wie Robrieux lesen, daraus höchstens eine vage Bücherweisheit, die sie nicht prägt, wenn sie nicht bereits aus anderen Gründen geprägt sind. Denn was kann diese Art von Arbeiten im Grunde anderes bieten als das, was die einen bereits als *insider* erfahren oder die anderen bereits seit langem in freilich weniger genauen Formen aus der gewaltigen antikommunistischen Kampagne – früher mit Hilfe von Solschenizyn und heute von Montand – aufgeschnappt haben, die von jeher die bürgerliche Ideologie unseres Landes beherrscht und sich überall verbreitet? Überdies gab es in den fünfziger Jahren dieses Jahrhunderts auf der Linken nur die Partei und die CGT, die die einzigen wirklichen und überdies beeindruckenden Kräfte waren; mit ihnen mußte man »auskommen«, und *es gab nichts, das sie in ihrem Bereich hätte ersetzen können*.

Wenn ich nun aber einigen »Einfluß« gehabt habe, wie Rancière in jenem kleinen Pamphlet schreibt, das ich mit großem Vergnügen gelesen habe, denn es war im Grunde ehrlich, zutiefst aufrichtig und von einer gewissen theoretischen und politischen Haltung durchdrungen (aber nur einer gewissen), worin mochte dieser Einfluß bestehen, wenn nicht darin, einige (viele, aber wie soll man das wissen?) aufzufordern, die Partei nicht sofort zu verlassen, sondern ihre Mitgliedschaft aufrechtzuerhalten? Nun glaube ich aber, daß keine andere Organisation in Frankreich – ich sage mit Bedacht: keine andere Organisation in Frankreich – damals aufrichtigen Aktivisten eine praktische Schulung und politische Erfahrung vergleichbar der bieten konnte, die man sich in einer einigermaßen langen Mitgliedschaft in der Partei zu erwerben vermochte. Ich behaupte nicht, daß ich das bewußt erkannt habe, daß ich keine anderen persönlichen Motive hatte, in der Partei zu bleiben (ich habe hinreichend ausführlich darüber gesprochen, aber ich möchte jetzt von vollkommen objektiven Auswirkungen und Fakten reden). Ich behaupte nicht, ebenso luzide gewesen zu sein wie Rancière oder andere (deren Gründe sehr selten ebenso rein waren). Aber es ist nun einmal so: Ich habe mir diese Einstellung zu eigen gemacht. Nie habe ich geschrieben oder sonstige private oder öffentliche Kampagnen geführt, um wen auch immer dazu zu überreden, in der Partei zu bleiben, und nie habe ich diejenigen, die sie verließen oder verlassen wollten, öffentlich oder privat mißbilligt oder verurteilt. Möge jeder nach bestem Wissen und Gewissen selbst entscheiden: das war die Richtschnur meines Handelns. Ich hatte möglicherweise schlechte persönliche Gründe, zu bleiben, oder nicht genug gute, auszutreten: es ist an dem, ich bin Mitglied geblieben, aber alle meine Schriften zeigten hinreichend deutlich, daß ich in bezug auf die philosophischen wie politischen und ideologischen Grundsatzfragen, sowohl in bezug auf Fragen der Linie (vgl. *Sur le XXIIe Congrès* [dt. »Die historische Bedeutung des 22. Parteitags der KPF«]) als auch auf die praktischen Organisationsprinzipien und die unsinnigen Praktiken der Partei nicht mit ihr im Einklang war. Und ich war der einzige, ich sage mit Bedacht: *der einzige, der das innerhalb der Partei mit aller Offenheit sagte* und einen Kurs der inneren Opposition steuerte: man mußte das tun! Ich habe es getan. Und durchaus nicht zu Unrecht verdächtigte mich die Parteispitze, den Kurs der Partei von innen her in einem maoistischen Sinne umlenken zu wollen. Davor haben sie genug Angst gehabt! Zweifellos war ich ein »Mythos«, aber dieser Mythos erschreckte sie so hinlänglich, daß sie im nationalen Büro der UEC [Union des étudiants communistes] eigens einen *normalien* und eine *sévrienne* auf mich »ansetzten«, die sie direkt – glaubten sie – über meine Absichten und Aktivitäten unterrichten konnten! Natürlich stellt sich die Frage: warum?

Die entscheidende Frage aber liegt nicht da. Man darf nicht nur Frankreich allein ins Auge fassen. Zu meinem Glück oder Unglück wurde ich auch im Ausland gelesen, und doch, in welch unterschiedlichem Kontext! Wie viele Philosophen und Politiker oder Ideologen beriefen sich nicht – mit Verlaub! – auf mich und versuchten, sich auf den halb-maoistischen Spuren, die meine kritischen Schriften damals bahnten, zu engagieren! Ein einziges Beispiel: Eine meiner Studentinnen, die Chilenin Marta Harnecker, die zwischen 1960 und 1965 in Paris lebte, wenn mein Gedächtnis mich nicht täuscht, kehrte nach Lateinamerika (Kuba) zurück, um dort ein kleines Handbuch des historischen Materialismus zu schreiben. Ist eigentlich bekannt, daß es eine Auflage von zehn Millionen Exemplaren erlebte? Es war nicht sehr gut, bildete aber dennoch – in Ermangelung von Besserem – die einzige theoretische und politische Schulungsgrundlage von zehntausend, ja zehn Millionen lateinamerikanischer Aktivisten, denn es war damals das einzige Werk dieser Art auf dem Kontinent. Es wiederholte nun aber, häufig ohne sie richtig zu verstehen, buchstäblich genau die Ideen, die Balibar und ich in *Das Kapital lesen* vorgetragen hatten! Wenn man den Einfluß eines Individuums und seines Werkes auf die und in der Partei zu analysieren beansprucht, darf man nicht nur das eine und politisch erbärmliche Hexagon in Betracht ziehen, sondern muß auch das sehen, was in der übrigen Welt vor sich geht. Die lateinamerikanischen Aktivisten wußten zwar, daß ich in der Partei war, aber sie wußten auch, daß ich eine sehr starke Neigung zum Maoismus hatte (Mao hatte mir sogar eine Unterredung zugesagt, aber aus »französisch-politischen« Gründen beging ich die Dummheit – die größte meines Lebens –, nicht hinzufahren, aus Angst vor der politischen Reaktion der Partei mir gegenüber; aber was hätte die Partei denn wirklich tun können, sogar unter der Voraussetzung, daß die Neuigkeit einer Begegnung mit Mao Gegenstand eines öffentlichen und offiziellen Kommuniqués geworden wäre? Ich war doch keine derart gewichtige »Persönlichkeit«!).

Hatte die Unterscheidung von Draußen und Drinnen unter diesen Umständen also die geringste Bedeutung? Zumindest und immer noch die, sich allein auf Frankreich zu beschränken, wie das die alte Tradition unseres tiefverwurzelten Provinzialismus ist, das heißt jenes unglaublichen französischen Führungsanspruches, der, in einer allzu langen Geschichte kultureller Vorherrschaft verankert, im Begriff ist, überall leckzuschlagen ...

Nun hatte ich zumindest ein äußerst geschärftes Bewußtsein alles dessen. Als ich in der Partei blieb, glaubte ich (und das war freilich eine größtenteils megalomanische Sicht der Dinge, wie ich erkenne), daß ich mit diesem Ausharren in der Partei, einem Ausharren in einer derart offen oppositionellen Position (der einzigen etwas kohärenten und ernsthaften, die existierte und die die überwältigende Mehrheit der Oppositionellen, die keine Oppositionellen aus Prinzip waren, sondern *Stimmungs*protestler, mir nie, nie und nimmer verziehen haben und auch nicht verzeihen werden, selbst nachdem sie dieses kleine Buch gelesen haben), glaubte ich also, ich könnte den zumindest formalen Beweis dafür antreten, daß oppositionelles Handeln innerhalb der Partei auf ernsthaften theoretischen und politischen Grundlagen möglich und daß eine Umgestaltung der Partei, wahrscheinlich auf lange Sicht, also ebenfalls denkbar war. Und da ich sehr engen Kontakt zu allen früheren Kommunisten wahrte, die ich kannte (die nach der sowjetischen Intervention in Ungarn Ausgeschlossenen oder Ausgetretenen, die von 1968 nach dem Einmarsch in die Tschechoslowakei – als ich direkte Bekanntschaft mit den verzweifelten und dramatischen Bemühungen von Waldeck Rochet machte, der am Eingangsportal der sowjetischen Botschaft in Paris mit Fußtritten in den Hintern niedergestreckt wurde, eine schreckliche Prüfung, von der der Unglückliche sich nicht mehr erholt hat – und so viele andere ausgeschlossene Spitzenfunktionäre, die, wie Tillon, zu meinen sehr guten Freunden geworden waren), da ich auch enge Kontakte zu allen linksextremen, mit meinen früheren Studenten durchsetzten Gruppen und sogar zu manchen Trotzkisten wahrte, die mir gleichwohl nie etwas geschenkt haben, während ich Trotzki, den ich zutiefst respektierte, doch bei keiner Gelegenheit angegriffen hatte (trotz seiner militärisch-obsidionalen Obsession und seines merkwürdigen Zuges, an den entscheidenden Orten und Zeitpunkten der sowjetischen Geschichte stets abwesend zu sein), da alle diese Leute kannten *sowohl* was ich dachte *als auch* was ich sagte *und* schrieb (denn ich verhehlte niemandem meine Einstellung – nur Hélène fragte mich, was ich eigentlich in einer Partei zu suchen habe, die 68 die Arbeiterklasse »verraten« habe, und hatte damit vollkommen recht), täuschte sich niemand über mich noch über meine Gefühle und Positionen oder gar über die »Strategie« meiner Taten und Verhaltensweisen. Darf ich als einfaches Beispiel anführen, daß ich nach dem Drama im Gemeinderat andere Gründe als Rancière gehabt hätte, die Partei zu verlassen, daß ich, als ich an der Bastille die Aufgabe der Diktatur des Proletariats brandmarkte, sogar die Überraschung erlebte, den Journalisten von *L'Humanité*, der meinem mitreißenden »Ausfall« beigewohnt hatte (»man gibt einen Begriff nicht weg wie einen Hund«), an Ort und Stelle und in Begleitung von Lucien Sève seinen Bericht schreiben zu sehen, den er mir zu lesen gab (ich fand nichts daran zurückzunehmen), und daß *L'Humanité* ihn am folgenden Tag veröffentlichte, ohne ein Wort daran zu ändern?

Wahrscheinlich nur die, die mir nicht sehr nahestanden, und die, die keinen Umgang mit Linksextremen, Ausgeschlossenen und anderen hatten und mich nur durch deren Vermittlung kannten, konnten sich in dieser Hinsicht täuschen. Und tatsächlich hat mir *niemals irgendeiner* der alten Kameraden, die aus der Partei ausgeschlossen worden waren oder sie in kritischen Zeiten verlassen hatten, den Vorwurf gemacht, Parteimitglied geblieben zu sein. Rancière war der einzige, der mich dessen öffentlich beschuldigte, und zahlreiche meiner ex-kommunistischen oder linksextremen Freunde bedauerten seine Parteinahme mir gegenüber in aller Offenheit.

Was ich nämlich für wesentlich halte und was ich damals, ich wiederhole es, nicht klar, sondern – und sehr häufig bin ich so verfahren – mit einer Art dumpfem Instinkt wahrnahm, ist, daß die Mitgliedschaft in der Partei, wofern man nicht eine vollständig von der Außenwelt abgeschnittene Kaderfunktion wahrnahm, außergewöhnlich geeignet war, den Aktivisten eine unvergleichliche Erfahrung und, mehr noch, politische Schulung zu vermitteln. Zunächst konnte man die Partei von innen kennenlernen und sie nach ihren Taten beurteilen, indem man ihre Formen von Organisation, Führung und häufig schamlosen Pressionen mit anderen verglich, kurz, ihre Handlungen an ihren Prinzipien messen. Ist eigentlich bekannt, daß es in der Partei häufig vorkam, daß bei Wahlkämpfen, beispielsweise jüngst in Antony, aber das Beispiel ist bei weitem nicht das einzige, die Kandidatur eines bei der lokalen Bevölkerung wenig bekannten Aktivisten der CGT oder sogar der Partei anberaumt und diese Kandidatur dann unter dem Decknamen der *extremen Rechten* lanciert wurde, um der extremen Rechten selbst Widerstand zu leisten und sie später zum Zeitpunkt der Stimmabgabe zu spalten? Ist eigentlich bekannt, daß der »Schwindel« mit den Wahlurnen in den von der Partei gehaltenen Stadtverwaltungen an der Tagesordnung war? Die anderen verfuhren in ihren Stadtverwaltungen genauso. (Jean-Baptiste Doumeng, den ich zweimal sah – er wollte von mir Gramsci erklärt haben –, er, dieser alte Stalinist und bedingungslose Anhänger der UdSSR, war ein Geschäftsmann, zweifellos Milliardär, aber vollkommen gesetzestreu, notfalls sogar so weitgehend, daß er sie, wie jeder seriöse Geschäfts-

mann, umging und den Fiskus begaunerte! Der unglückliche Doumeng, Zielscheibe von *Libération* und *Canard* [*enchaîné*]: er wußte,
was er tat, und kümmerte sich einen Dreck um »gewundene« Einwände: »Ich habe, sagte er, mein eigenes Gewissen«, und es war
wahrhaftig hundertmal mehr wert als das seiner elenden kleinigkeits-
krämerischen Kritiker!) Und ich spreche nicht von den Praktiken der
Stadtverwaltungen, der Stadtplanungs- und Architektenbüros für Bi-
donvilles und der Export/Import-Gesellschaften, von deren Umsätzen
ein gewaltiger Prozentsatz in den Kassen der Partei verschwand, und
wenn die anderen Parteien Stillschweigen über alle diese mehr oder
weniger verdächtigen Affären gebreitet haben, dann deshalb, weil sie
selbst, wahrscheinlich in kleinerem Maßstab und mit geringeren Risiken (sie hatten ja den Staat in der Hand), dieselben Intrigen betrieben.

Wenn man aktiv in der Partei arbeitete, konnte man sich also eine
äußerst realistische Vorstellung von den Praktiken der Partei und dem
mit Händen zu greifenden Widerspruch zwischen ihren Praktiken und
ihren theoretischen und ideologischen Prinzipien bilden. Alles das
brachte ich 1978 Marchais gegenüber vor, der natürlich keinen Ton
dazu sagte. Was konnte er denn auch sagen? Er war ja stets der erste,
der »Wind davon bekam«.

Aber über die Kenntnis der Partei, ihrer Kräfte und ihrer Funktionsweise hinaus (ihr Klassenwahlrecht mit vier Wahlgängen zum Kongreß, das ich 1978 öffentlich in *Le Monde* und in einer heute vergriffe-
nen kleinen Broschüre brandmarkte) konnte man sich auch eine
konkrete Kenntnis der Komplexität der in der Partei und der CGT
organisierten Arbeiterklasse erwerben. Ich sage: vor allem in der Partei »organisiert«, und man konnte auch, nicht ohne Verblüffung, gewahr werden, daß der harte Kern dieser avantgardistischen Aktivisten
und bedingungslosen Anhänger der Partei auch nach dem XX. sowjetischen Parteitag und nach dem XXII. französischen bedingungslose
Anhänger der UdSSR und ihrer Interventionen in Ungarn, der Tschechoslowakei und später in Afghanistan geblieben waren! Man konnte
gewahr werden, daß diese Aktivisten und die Partei selbst vollkommen abgeschnitten von den Arbeiterschichten lebten, die Mitglieder
der FO [Force ouvrière] und CFDT [Confédération française démo-
cratique du travail] waren, abgeschnitten auch von den nicht gewerk-
schaftlich organisierten Arbeitern, von der Masse der Einwanderer
(*cf.* die Bulldozer von Vitry), der Angestellten, Kader, Intellektuellen

und Kleinbürger aller Schattierungen, die die Partei sich *ad hoc* in ihren Organisationen zu sammeln bemühte, und zwar im Sinne der offiziellen Prinzipien der Einheitslinie der Linken. Dasselbe mit den Katholiken, mit denen man sich die größte Mühe gab, etwa mit jenen Theologen, Priestern oder Mönchen, die einwilligten, alle Petitionen und Aufrufe zur Stimmabgabe für die Kommunisten zu unterschreiben (ich habe mich immer streng geweigert, irgend etwas im Rahmen von Wahlempfehlungen zu unterschreiben und auch so gut wie keine Petition anderer Art). Dasselbe mit den Katholiken, denen die Verantwortlichen (*cf.* Garaudy, später Mury und dann Casanova) in bezug auf ihre tieferen Gründe mißtrauten und von ihren Reaktionen nichts begriffen, selbst wenn diese Reaktionen öffentlich zugunsten der Partei ausfielen, und so fort. Welche Erfahrung nicht nur mit der Praxis der Partei in ihrem Bündnis mit den »alliierten« Schichten, sondern gleichzeitig auch mit diesen Schichten selbst, und immer mit dem Vorteil eines kritischen Vergleichs, der mit himmelschreiender Deutlichkeit das offizielle Bild, das die Partei, im Sitz ihrer fabianischen Festung und der aus nächster Nähe von Mitgliedern des Zentralkomitees oder des Politbüros überwachten Verbände, von sich vermitteln wollte, und die Realität der Ideologie, der Einstellungen und der Verhaltensweisen dieser Schichten einander gegenüberstellte! Und ich spreche nicht von den Bauern, von denen die Partei trotz eines ihr ergebenen Modef nichts verstand (in dieser Hinsicht verfügte Hélène über eine unnachgiebige konkrete Erfahrung, sie hatte, für die Trassierung von Autobahnen und bei anderen Projekten, Umfragen an Ort und Stelle durchgeführt, die sie in ihrem Institut, der Sedes, berühmt gemacht hatten und bei der Agrarkommission der KPF sehr ungern gesehen wurden).

Kennen Sie eine Erfahrung, die, wo immer – und sogar im PSU [Parti socialiste unifié] oder der Ligue communiste oder in linksextremen Grüppchen –, den Aktivisten ein Äquivalent der politischen und ideologischen gesellschaftlichen Erfahrung des Klassenkampfes vermittelt hatte, wie es der Eintritt und die Mitgliedschaft in der Partei vermitteln konnte? Das kann sicherlich niemand bestreiten. Offensichtlich setzten die Analyse und Übernahme der gesellschaftlichen Beziehungen voraus, daß die Partei mit jeder Bewegung brach, die sich vor allem mit Problemen der Arbeitnehmerschaft, der bloßen Lohnerhöhungen usw. beschäftigte, um sich an den *Produktionsprozeß* selbst heranzuwagen; das aber ist nur außerhalb der Partei geschehen und in den unangemessenen Formen der Autosuggestion! Und selbst wenn vereinzelte Individuen – wie Souvarine oder Castoriadis, die zu vielen Aspekten richtige Informationen und Ideen lieferten, sich aber auf sich selbst zurückgeworfen sahen und jedes *organischen* Kontaktes (dieser Ausdruck von Gramsci ist in diesem Zusammenhang entscheidend) zu der aktiven, organisierten oder außerhalb jeder Kampforganisation stehenden Bevölkerung beraubt fanden – Einwände und manchmal sogar (aber unendlich viel seltener) Entwürfe von Perspektiven, Organisation, Praktiken und Kampf in bezug zu den »Volksbewegungen« zum Ausdruck bringen konnten (wie sie meinem Freund Alain Touraine so lieb sind, der in dieser Hinsicht großes theoretisches und politisches Verdienst hatte): welche Durchschlagskraft konnten diese vereinzelten Individuen denn bei den Arbeitern und den Massen haben? Und man muß einen beträchtlichen Unterschied machen zwischen den Enttäuschten und Verbitterten, die aus der Partei *ausgeschieden* sind, weil ihre Erfahrungen mit der Partei sie abgestoßen haben, und jenen anderen, die, unter einem diffusen ideologischen Einfluß, seit jeher Enttäuschte, Verbitterte und Protestierende sind, ohne je den Weg über die Partei genommen zu haben. Ein Verbitterter, der direkte und konkrete Erfahrungen mit den Praktiken der Partei und dem unerträglichen Widerspruch zwischen ihren offiziellen Prinzipien und ihren effektiven Praktiken gemacht hat, ist ein Verbitterter, der genug weiß, um, wenn er will, *über die Gründe seiner Enttäuschung nachdenken* zu können, denn er weiß ziemlich genau, wovon er spricht. Ich glaube zu diesen letzteren zu gehören, wie alle diejenigen, die von der Partei verstoßen worden sind oder sie nach häufig empörenden, wenn nicht sogar persönlich entsetzlichen Erfahrungen verlassen haben (in Frankreich glücklicherweise seltene Fälle, man denke jedoch an Marty und Tillon!): nachdenken und sich damit in genauer, vergleichender Kenntnis der Sachlage eine persönliche Einstellung und »Linie« zurechtlegen können. Ein Verbitterter, der, vor jeder Erfahrung mit der Partei und ohne je Erfahrungen mit der Partei gemacht zu haben, verbittert ist, ist lediglich ein Enttäuschter und Verbitterter nicht aus Erfahrung, sondern im Banne einer *Stimmung*, der nichts anderes tut, als, in der Behaglichkeit des bloßen Bewußtseins, verziert mit den Schrecknissen des Gulag, wie sie von den Glucksmann, B.-H. Lévy usw. unglaublich intensiviert worden sind, über was nachzudenken? Über die vage Ideologie, deren Träger er ist, eine Ideologie, die ihn von draußen und aus dem Munde weniger, vollkommen von ihrem Volk abgeschnittener sowjetischer Dissidenten erreicht, eine Ideologie, die er ohne die mindeste Kritik als Gegebenheit akzeptiert und die ihn zu wirklicher Reflexion sowohl der Partei als auch jeder Organisation oder jeder anderen spontanen Massenbewegung unfähig macht, selbst wenn sie richtig und begründet ist.

Ich kann nicht umhin, eben da den tieferen Grund des aufsehenerregenden Scheiterns der aus dem Mai 68 hervorgegangenen Linksextremen in Frankreich und Italien zu sehen, vor allem in Deutschland und Italien, wo dieser Linksextremismus in den Schrecken einer Politik der Attentate umkippte, die vielleicht irgend etwas mit Blanqui – auch das noch! – zu tun hatte, aber sehr viel mehr mit den unmerklichen und damals unverdächtigen Manipulationen (man beginnt erst jetzt, etwas davon wahrzunehmen) der internationalen Geheimdienste, bei denen sich die amerikanischen, sowjetischen, palästinensischen und israelischen Agenten auf ein und demselben Terrain und mit ein und denselben Praktiken begegneten: denen einer scheinbar verrückten Subversion, deren politische Resultate (vor allem »Destabilisierung« und Demobilisierung der organisierten unterdrückten Klassen im hellen Licht von Gesetz und Recht) keineswegs belanglos sind. Aber durchaus nicht da, wo man sie zu finden hoffte, ohne sie je ernsthaft gesucht zu haben: die Destabilisierung eines Teils der Welt, um den Weg für Revolutionen sei es marxistisch-leninistischen oder sogar maoistischen Stils ohne Zukunft (Kambodscha, der »Leuchtende Pfad« in Peru), sei es für offene Folterknecht-Diktaturen im Auftrag des USA-Imperialismus zu ebnen. Nein, die »Gauchisten« haben sich, als sie sich von der Partei lösten, die sie verabscheute – ich möchte die Partei in keiner Weise entschuldigen –, des einzigen *damals* existierenden Mittels beraubt, *politisch* zu handeln, das heißt wirklich auf den Lauf der Geschichte einzuwirken, der *damals* durch den Kampf in der Partei verlief. Heute haben sich die Dinge natürlich verändert.

Das also war es in großen Zügen, was ich über die »Dauer« meines Verbleibs in der Partei und ihre offensichtlichen Paradoxien zu sagen habe. Wenn ich das alles genau prüfe, scheinen mir die auf den ersten Blick achtbaren Argumente Rancières und seiner Freunde durchaus leichtgewichtig. Ich glaube, unter äußerst schwierigen Bedingungen wohl oder übel nicht dem Parteiapparat, den ich, genau wie Hélène, nicht ausstehen konnte, sondern dem Kommunismus gedient und gut gedient zu haben, der Idee eines Kommunismus, die sich nicht am verabscheuungswürdigen Beispiel des »real existierenden Sozialismus« und seiner sowjetischen Entartung ausrichtete, also der Idee und der Hoffnung derer, die in Frankreich und sogar weltweit (das ist ein Faktum, keineswegs eine hypomanische Illusion) an die dereinstige Heraufkunft, aber wann?, einer von Warenbeziehungen befreiten Gesellschaft glauben wollten und noch glauben, denn das ist die Definition, die ich unverrückbar wiederhole: die eines unentstellten Kommunismus, einer von allen Warenbeziehungen befreiten menschlichen Gemeinschaft.

Heute haben sich die Dinge deutlich geändert. Hélène hatte langfristig recht gehabt: Die Partei hat wo nicht direkt, so doch indirekt »die Arbeiterklasse verraten«, auf die sie sich berief. Seit dem Mord an Hélène im Jahre 1980 habe ich meinen Parteiausweis nicht erneuert. Es hat meine ganze schmerzliche Geschichte gegeben, in deren Verlauf die Partei und *L'Humanité* sich mir gegenüber sehr korrekt verhalten haben. Juristisch war ich jeder Initiative beraubt, und ich wollte der Partei nicht die Last eines gefährlichen »Mörders« aufbürden, dessen Vergehen ihr anzulasten man sich zweifellos nicht hätte entgehen lassen.

Ich könnte mich überdies zu den subjektiven Gründen meiner (für mich) außergewöhnlichen »Begegnung« mit Machiavelli, Hobbes, Spinoza und Rousseau erklären. Ich ziehe es jedoch vor, diese Ausführungen einem anderen kleinen Buch zu überlassen.[*]

Ich möchte hier lediglich sagen, daß das Wertvollste, was ich von Spinoza gelernt habe, das Wesen der »Erkenntnis der dritten Art« ist, der eines einzelnen und zugleich allgemeinen Falles, für den Spinoza uns ein glänzendes und häufig verkanntes Beispiel in der einzigartigen Geschichte eines einzelnen Volkes bietet, des jüdischen (im *Tractatus theologico-politicus*). Wenn mein »Fall« ein »Fall« dieser Art gewesen ist wie jeder »medizinische«, »historische« oder »analytische Fall«, zwingt er dazu, ihn in seiner Einzigartigkeit anzuerkennen und

---

[*] Der Autor verweist hier auf sein unvollendetes Projekt eines Werkes über *La véritable tradition matérialiste*, auf das in dem »Editorischen Vorbericht« zum vorliegenden Band eingegangen wird. (*A.d.Hrsg.*)

zu behandeln; daß aber dieser Einzelfall ein allgemeiner ist, geht aus wiederholten Konstanten (und nicht aus verifizierbaren-falsifizierbaren Gesetzen *à la* Popper) hervor, die in jedem Fall zutage treten und es erlauben, daraus die theoretische und praktische Behandlung anderer Einzelfälle zu erschließen. Machiavelli und Marx gehen nicht anders vor, mit einer Logik, die nahezu unbemerkt geblieben ist und weiterentwickelt werden müßte.

Was ich Spinoza überdies direkt und persönlich verdanke, ist seine verblüffende Konzeption des Körpers, der über »uns unbekannte Kräfte« verfügt, und der *mens* (Geist), die um so freier ist, je mehr Regungen seines *conatus* der Körper entwickelt, seine *virtus* oder *fortitudo*. Spinoza bot mir so eine Idee des Denkens, das Denken des Körpers ist, besser: Denken mit dem Körper, noch besser: Denken des Körpers selbst. Dieser Einfall traf mit meiner Erfahrung der Aneignung und »Wiederherstellung« meines Körpers in direkter Verbindung mit der Entwicklung meines Denkens und meiner intellektuellen Interessen zusammen.

Was ich Machiavelli an gänzlich Erstaunlichem verdanke, ist die Grenz-Idee, daß das Glück seinem Wesen nach die Leere und insbesondere die innere Leere des Fürsten ist, die im Spiel und im Zusammenklang seiner Leidenschaften die Rolle des Fuchses an die oberste Stelle setzt, die es gerade erlaubt, zwischen dem Fürst-Subjekt und seinen Leidenschaften eine Distanz aufzurichten, in der das Sein als Nicht-Sein und das Nicht-Sein als Sein in Erscheinung treten kann. Diese erstaunliche Konzeption trifft, wenn man sie ein wenig erläutert, tatsächlich mit der tiefsten analytischen Erfahrung zusammen, der der Distanzierung von seinen eigenen Leidenschaften, sagen wir genauer: von seiner Gegenübertragung. Was ich bei Machiavelli und Spinoza gelesen habe, hatte ich konkret erlebt, und eben deshalb hatte ich zweifellos ein solches Interesse daran, ihm bei ihnen »wiederzubegegnen«. Denn was hob Machiavelli im Grunde weit vor Tschernischewski und Lenin anderes hervor als die Frage und das Problem: Was tun? Und worauf verwies uns bereits Machiavelli, wenn nicht auf das entscheidende Faktum, daß, gerade in der Gestalt des Fürsten, die politischen Parteien, darunter die KPF, integrierende Bestandteile des ideologischen Staatsapparates sind, des politisch-ideologisch-konstitutionell-parlamentarischen Apparates mit all dem, was das in der ideologischen Formung der Volksmassen voraussetzt, die, mit Hilfe der Partei, an das allgemeine Wahlrecht »glauben« und dafür stimmen? Zwar gibt es für Machiavelli kein allgemeines Wahlrecht, aber es gibt den ideologischen Staatsapparat der Zeit, wie er vom öffentlich-volkstümlichen Bild der Persönlichkeit des Fürsten konstituiert wird. Lediglich ein kleiner Unterschied, dessen aufmerksame Untersuchung jedoch sogar für unsere Parteien durchaus aufschlußreich ist und vor allem für die kommunistischen Parteien, die, wie Gramsci genau verstanden hat, auf die ideologische Hegemonie abzielen, den Zugang zur Übernahme des Staatsapparates schlechthin – nicht durch seine Einkreisung durch die sogenannte »bürgerliche Gesellschaft«, sondern durch einen direkten politischen Kampf der politischen Arbeiter-Organisationen gegen den Staatsapparat selbst.

XX

Wir schrieben 1979–1980. Dieses Jahr schien eher unter günstigen Auspizien zu stehen. In den Monaten Oktober bis Dezember widerstand ich mit Erfolg einer beginnenden Depression, die ich selbst überwand, ohne Krankenhauseinweisung. Trotz unserer immerwährenden Auseinandersetzungen, die aber stets durch lange Perioden von Frieden und tiefem Einverständnis unterbrochen wurden, verliefen die Dinge merklich besser. Für Hélène ohne jeden Zweifel: Ihre Gespräche mit meinem Analytiker hatten bei ihr zu für alle spürbaren Resultaten geführt. Sie war unendlich viel geduldiger und weniger schroff, sie kontrollierte ihre Reaktionen bei der Arbeit besser und hatte sich aus eigenem Antrieb Freunde erworben, die sie wirklich schätzten und liebten und mir von ihr als einer Ausnahmepersönlichkeit erzählten, die durch ihre Erfahrung und Intelligenz soziale, politische und ideologische Mechanismen und sogar die Methoden der soziologischen Untersuchungen umgestaltet hatte, die eine der Spezialitäten ihres Hauses waren, der Sedes. Sie hatte ein neues und originelles Feldforschungsverfahren entwickelt, das ihr unter ihren Arbeitskollegen viele Adepten zugetragen hatte. Nicht mehr nur ich war es, der ihr meine Freunde »zeigte«, auch sie lud mich zu ihren eigenen ein. Als sie aus dem Amt schied (um ihren Platz jüngeren zu räumen), organisierte sie mit sehr großem Mut eine persönliche, unbezahlte Feldforschungsaufgabe in Fos-sur-Mer, wohin sie einmal vierzehntäglich fuhr. Das war ein erstaunliches Ergebnis. Schließlich war es ihr sogar gelungen, meine eigenen Freundinnen wie Franca zu lieben, die sie allein und aus eigener Initiative in Italien besuchte, als Franca schwer erkrankte; als ihre Schwägerin Giovanna an einer schweren Depression litt, organisierte sie für sie eine Reise nach Venedig, das sie gut kannte: Giovanna erzählt mir noch heute mit Wärme von dieser großzügigen Initiative. Sie mochte Hélène sehr, genau wie alle, die sich etwas Mühe gegeben hatten, sie genauer kennenzulernen, aber sie hätte sich eine ähnliche und derart zartfühlende Aufmerksamkeit von seiten Hélènes nie vorgestellt. Ich könnte die Beispiele beliebig vermehren.

Auch für mich besserten sich die Dinge allmählich. Sicherlich – und ohne wirklich zu wissen warum –, ich hatte mehr und mehr Schwierigkeiten, Vorlesungen zu halten, ich mühte mich lange hartnäckig ab, aber ohne großen Erfolg. Ich beschränkte mich auf die Korrektur von Seminararbeiten und Referaten der Schüler, die ich ihnen privat kommentierte, und auf einige punktuelle Interventionen zu dem oder jenem Aspekt der Philosophiegeschichte. Aber die Beziehungen zu meinen Freundinnen hatten sich nachdrücklich verändert.

Ich denke an eine von ihnen, die ich seit 1969 kannte. Zu Anfang hatte ich, aus Argwohn, daß sie eine starke Leidenschaft für mich entwickelt haben könnte, im Sinne meiner Schutzreaktion und -technik damit begonnen, gleichzeitig die ersten Schritte zu tun und mich anschließend wildentschlossen zu verteidigen. Da sie stark, aber von äußerster Sensibilität, sehr unruhig und lebhafter Reaktionen fähig war, hatten wir lange tumultartige Beziehungen, vor allem durch mein Verschulden, wie ich gerne einräume. Später dann, sei es, daß ich mich unterm Einfluß meiner Analyse hinreichend entwickelt, sei es, daß ich verstanden hatte, daß sie wirklich nicht »Hand an mich legen« wollte und auch keine »Vorstellungen von mir« hatte, sah ich in ihr bald eine wirkliche Freundin, und unsere Beziehungen, bisher gewittrig und stockend, besserten sich und verliefen zwar nicht reibungslos, aber sehr viel weniger lebhaft. Sie hat mir unendliche Dienste geleistet, die alle meine Freunde nicht völlig übereinstimmend beurteilt haben (ihnen zufolge und auch nach Meinung mehrerer Krankenschwestern hätte sie sehr viel energischer mit mir umgehen müssen), vor allem während meines langen Klinikaufenthaltes (1980 bis 1983), und nachdrücklich dazu beigetragen, mir zum Überleben zu verhelfen. Unsere Freundschaft ist unser gemeinsamer Besitz geworden.

Darüber hinaus aber war ich äußerst aufmerksam auf meine Art und Weise geworden, mich Frauen zu nähern, und ich wollte und vor allem konnte mir selbst den Beweis dafür liefern, als ich, um 1975, gegen Ende einer Buchmesse, als die Stände nahezu alle verlassen und die gewaltige Halle beinahe leer war, eine kleine, dunkelhaarige junge

Frau mit der berühmten Figur sah. Schlank, schüchtern und verschämt näherte sie sich in der Leere der gewaltigen Halle dem Stand, an dem ich geblieben war. Sie kaufte mir ein Buch ab, wir kamen ins Gespräch, ich versicherte ihr, daß ich, wenn ich ihr beim Studium oder ihren Seminararbeiten helfen könnte, das gern tun würde. Keine weitere Geste, kein Wort mehr: ich wäre sonst schrecklich böse auf mich gewesen, so tief war in mir die Überzeugung verwurzelt, daß ich nicht erneut in meine alten Fehler verfallen durfte, sondern sie mit äußerstem Respekt und mit Achtung vor ihrem eigenen Rhythmus behandeln mußte. In Wirklichkeit aber war wichtig, daß ich in dieser Hinsicht meine Einstellung ändern *konnte* – ein Zeichen dafür, daß sich etwas Wichtiges, ja Entscheidendes in mir »gerührt« hatte. Sie rief mich an, ich sah sie wieder, nichts passierte auf der Stelle, das war eine völlig neue Einstellung meinerseits, und eine lange Geschichte, in der zwei Wesen einander zögernd und tastend suchen, begann sich zwischen uns zu entwickeln, langsam, aber sicher, und ohne daß ich sie erzwungen hätte. Ich hatte den Eindruck, daß ich endlich zu wissen begann, was lieben bedeutet.

Wir waren sogar wirklich glücklich, Hélène und ich, als einer ihrer Arbeitskollegen (ein Sohn von René Diatkine, seinerseits Wirtschaftswissenschaftler), uns nach Grasse einlud, in das Haus eines seiner Freunde, Jean-Pierre Gayman (der Sohn des berühmten Zellensekretärs von 1939!), und zwar Weihnachten; und dann Ostern, als wir unsere zweite und letzte Reise nach Griechenland unternahmen. In Athen, wo sich der Vorfall abspielte, von dem ich bereits berichtet habe, mietete ich einen Wagen, und wir fuhren, wie wir das liebten, aufs Geratewohl los, um schließlich an der Nordost-Küste einen wunderbaren Strand mit vielfarbigen Kieseln zu entdecken, unter hohen Eukalyptusbäumen und von Sonne und Wind gezeichneten Pinien. Welches Glück!

Wir kehrten nach Paris zurück, und damals begannen sich dann die Schwierigkeiten zu häufen, manche davon vollkommen unvorhergesehen und unvorhersehbar.

Sie manifestierten sich nicht auf seiten meiner intellektuellen Initiativen. Ich war, wie ich anerkennen muß, in einer Phase großer Leichtigkeit: alles ging mir glatt von der Hand. Beim Nachdenken über die engen Grenzen, in denen wir uns bei der Arbeit über Marx und den Marxismus bewegt hatten, und um die praktischen Konsequenzen aus meiner anti-theorizistischen Selbstkritik zu ziehen, schlug ich vor, eine Studiengruppe zu bilden, um nicht mehr eine gegebene gesellschaftliche oder politische Theorie zu untersuchen, sondern um breitgestreute vergleichende Elemente zum Thema der aleatorischen materiellen Beziehung zwischen den »Volksbewegungen« einerseits und den Ideologien andererseits zu sammeln, die sie sich gegeben oder die sie in Kraft gesetzt hatten, und schließlich die theoretischen Doktrinen zu sichten, die sie verführt hatten. Man sieht also, daß ich eine Forschungsarbeit über die konkrete Beziehung zwischen dem *praktischen* Aspekt der Volksbewegungen und ihrer (direkten, indirekten, perversen?) Beziehung zu den Ideologien und theoretischen Doktrinen beabsichtigte, die im Laufe der Geschichte mit ihnen verbunden waren oder bleiben. Zwangsläufig mußte sich natürlich, im Zusammenhang mit der Konstitution oder Transformation von Ideologien und theoretischen Doktrinen, die Frage der Entwicklung dieser Bewegungen zu *Organisationen* stellen: sie war darin enthalten. Es trat also ein Projekt von sehr großer Tragweite auf den Plan, dem ich beträchtliche Aktualität für die Forschung und sogar für das politische und theoretische Leben beimaß, und zwar unter der Sigle CEMPIT (Centre d'études des mouvements populaires, de leurs idéologies et doctrines théoriques [Forschungszentrum für Volksbewegungen, ihre Ideologien und theoretischen Doktrinen]). Ich gewann die Leitung der École für mich, die mir einige Gelder bewilligte, das Ministerium, das weitere in Aussicht stellte, ich sicherte mir die Zustimmung eines guten Hunderts von Historikern, Soziologen, Politologen, Wirtschaftswissenschaftlern, Erkenntnistheoretikern und Philosophen aller Fachbereiche und Tendenzen, ich hielt im März 1980 eine Gründungsversammlung ab, und mehrere Gruppen machten sich an die Arbeit. Der Intention nach wollten wir über so verschiedene Fälle arbeiten wie die westliche Arbeiterbewegung, den Islam, das Christentum, die Bauernstände usw., um, wenn möglich, zu vergleichenden Resultaten zu kommen. Wir hielten verschiedene Versammlungen unter Mitwirkung von Spezialisten ab, die ich aus der Provinz und sogar aus dem Ausland zusammengetrommelt hatte. Ich hatte persönliche Kontakte zu drei sowjetischen Historikern, Soziologen und Philosophen, die sehr bemerkenswert waren: der eine arbeitete über die Volksbewegungen im vorrevolutionären Rußland, der andere über die Religionen Afrikas und der dritte über die offizielle Ideologie in der UdSSR und andere Ideologien. Das Projekt war gut durchdacht – zur großen Angst eines oder zweier meiner besten Freunde, die, weil sie mich in einer hypomanischen Phase glaubten, das Schlimmste fürchteten –, und die gebildeten Arbeitsgruppen waren in voller Aktivität, als ich eine vollkommen unvorhergesehene kleine persönliche Schwierigkeit zu bewältigen hatte, die jedoch schwerwiegende Folgen haben sollte.

Gegen Ende des Jahres 1979 begann ich nämlich an heftigen Schmerzen in der Speiseröhre zu leiden und mußte häufig alles, was ich zu mir genommen hatte, wieder von mir geben. Dr. Étienne, der zwar Arzt für Allgemeinmedizin, aber seiner Ausbildung nach Gastro-Enterologe war, verordnete mir eine Endoskopie und ließ mich angesichts der alarmierenden Resultate röntgen: Hiatushernie. Ich mußte operiert werden, sonst hatte ich zu gegebener Zeit mit dem Auftreten von Speiseröhrengeschwüren zu rechnen, deren Prognose sehr ernst ist. Zweimal setzte man das Operationsdatum fest – vor Ostern 1980 –, und zweimal ließ ich, gleichsam von einer bösen Vorahnung ergriffen (ich sagte jedem, der es hören wollte, daß »die Anästhesie alles auf den Kopf stellen« würde), die Operation verschieben. Angesichts der Hartnäckigkeit der Ärzte gab ich schließlich nach. Im Anschluß an unsere glückliche Reise nach Griechenland fand die Operation statt, in der Maison des gardiens de la paix am boulevard Saint-Marcel. Bis zum letzten Augenblick arbeitete ich in meinem kleinen Krankenhausbett intensiv an den Dossiers der CEMPIT.

Technisch verlief die Operation glatt. Man verabreichte mir die Mittel für eine tiefe Anästhesie, und ich erwachte mit dem Gefühl einer nicht zu unterdrückenden Angst (während ich einige Jahre zuvor bei einem Leistenbruch und einer Blinddarmentzündung zwei Anästhesien ohne jede Folge überstanden hatte). Diese Anästhesie und jene Angst stürzten mich allmählich in eine erneute »Depression«, die zum ersten Mal nicht mehr neurotischen und »zweifelhaften«, unechten Zuschnitt hatte, sondern eine ganz und gar klassische, akute *Melancholie* war, deren Schwere meinen Analytiker in ernsthafte Unruhe versetzte: »Zum ersten Mal«, sagte er mir später, »boten Sie meiner Kenntnis nach alle Zeichen einer klassischen akuten Melancholie, die überdies schwer und beunruhigend war.«

Ich schleppte mich dahin, so gut ich konnte, indem ich wie immer versuchte, mit allen Kräften, die endlose »Zeit beschleunigend«, mit

Hilfe Hélènes, meines Analytikers usw. gegen meine Angst und mein Bedürfnis, in einer Klinik Zuflucht zu finden, anzukämpfen. Diesmal aber spürte ich genau, daß es nicht mehr so war wie sonst immer in der Vergangenheit.

Dennoch verschlimmerte sich mein Zustand stetig. Und am 1. Juni 1980 wurde ich erneut ins Krankenhaus eingewiesen, diesmal in die Klinik von Parc-Montsouris (rue Daviel) und nicht mehr wie früher in Le Vésinet. Die Leiter von Le Vésinet, M. und Mme. Leullier, beides Psychiater und alte Freunde meines Analytikers, waren in den Ruhestand getreten, und mein Analytiker kannte ihren Nachfolger nicht. Aber das war nicht sein Hauptgrund: er wollte Hélène die endlosen Hin- und Herfahrten in der Métro (gute anderthalb Stunden, wenigstens drei Stunden hin und zurück) zwischen der École und Le Vésinet ersparen.

Man muß sich vor Augen führen, in welchem Zustand sich Hélène befand. Jahrelang hatte sie die Last und die Angst vor meinen Depressionen und hypomanischen Zuständen auf sich nehmen müssen, und nicht nur die Angst vor meinen Depressionen, sondern auch, was unendlich viel härter war, die endlosen Monate (oder Wochen), in denen ich in wachsender Angst lebte, ständig kämpfend und mich an sie klammernd, bevor ich mich zur Klinikeinweisung entschloß. Wenn ich hospitalisiert war, lebte sie in völliger Einsamkeit, mit dem einzigen Ziel, mich zu besuchen, und das praktisch täglich, und allein in ein leeres Heim zurückzukehren, allein mit ihrer Angst. Aber was für sie eine im Laufe der Zeit unerträglich gewordene Prüfung war, waren die Telephonanrufe meiner zahlreichen Freunde und unzähligen Bekannten, die nicht aufhörten, sich nach mir zu erkundigen und um detailliert geschilderte Neuigkeiten über meinen Zustand zu bitten. Hélène mußte ohne Unterlaß dieselben Sätze wiederholen, und vor allem litt sie darunter, daß niemand sich nach ihr erkundigte, nach ihrem Zustand und ihrem eigenen psychischen Elend: mit überaus seltenen Ausnahmen existierte sie für alle diese Freunde nicht, existierte sie nicht mehr. Bei diesen Anrufen war immer nur von mir die Rede, nie von ihr. Ich weiß nicht, wer auf die Dauer – und das ging ja nun schon, mit Zwischenphasen zwar, aber immer über dasselbe Thema, seit beinahe dreißig Jahren so – eine solche Lebensweise ertragen hätte, sie jedenfalls erlebte sie als Folter und überdies als unerträgliche Verständnislosigkeit und Ungerechtigkeit ihr gegenüber. Und da sie wußte, daß ich Rückfällen unterworfen war, erlebte sie die Intervalle höchstens in wiederholter Erwartung des Rückfalls, vor allem wenn ich mich im hypomanischen Zustand befand, in dem ich für sie wirklich unerträglich war, so sehr verletzten sie meine Provokationen und ununterbrochenen Aggressionen, die ja gleichsam tödlich waren. Das alles hatte sie ganz allein auszuhalten, und keiner meiner Freunde stellte es, von einigen wenigen Ausnahmen abgesehen, scheinbar oder wirklich in Rechnung, ob aus Gleichgültigkeit, Ungeschicklichkeit oder irgendeinem anderen Grund. René Diatkine hatte ihr wenigstens die lange tägliche Strapaze dreier Stunden in der Métro zu ersparen gehofft.

Ich blieb von Juni bis September unter Umständen in der Klinik Montsouris, die einen auf Herz und Nieren prüften: ein sehr beschränktes Pflegepersonal, ein unbekannter und wenig zugänglicher Arzt, der mir als Fremder erschien, wenn ich ihn sah, ein kleiner, schäbiger Garten von sechs Metern im Quadrat zu Füßen des Gebäudes, ohne irgendeine Aussicht, kurz: eine brutale und traumatisierende Veränderung im Vergleich zum »Luxus« und Komfort von Le Vésinet, wo ich einen großen Park und, wenn ich so sagen darf, meine »Gewohnheiten« und Krankenschwestern und Ärzte hatte, die mich sichtlich mochten oder die ich von dem Augenblick an, da ich sie kennenlernte, zu verführen verstanden hatte.

Man beeilte sich, mir Niamid zu verschreiben (ein Imao)*. Dieses Mittel, das wegen der Gefahr, die es darstellte (insbesondere der berühmte *cheese effect*), und wegen der spektakulären sekundären Krankheitswiederholungen selten verordnet wurde, hatte mir zuvor immer ausgezeichnet geholfen, und zwar – ein ganz außergewöhnlicher Fall – sehr schnell und ohne jeden Nebeneffekt. Diesmal aber kam es zur völligen Überraschung meiner Ärzte ganz anders. Nicht nur die schnelle Wirkung war nicht zu spüren, ich verfiel auch rasch in einen Zustand von schwerer geistiger Verwirrung, von Onirismus und »selbstmörderischem« Verfolgungswahn.

Ich möchte hier nicht in die Erörterung der technischen Details eintreten, die die Interessierten aus dem erstbesten Handbuch der Psych-

---

* Niamid, *i. e.* Nialamid, ein (nach der gebräuchlicheren engl. Abkürzung) MAOI (*Monoamine Oxidase Inhibitor*, Monoaminooxydasehemmer), ein Anti-Depressivum. (*A.d.Ü.*)

iatrie und Pharmakologie entnehmen können. Die Anti-Depressiva können nämlich Auswirkungen jener Art hervorbringen, wie man sie sehr häufig bei Fällen akuter Melancholie beobachten kann. Denn diesmal »machte« ich mir keine atypische oder zweifelhafte Depression, keine »falsche«, sogenannte »neurotische« Depression, und die Klinikeinweisung hatte bei mir nicht die sofortige Beruhigung bewirkt, die ich zuvor *in allen Fällen* stets erlebt hatte. Darüber sind sich alle Ärzte, die mich in Montsouris beobachten konnten, einig, nicht nur die diensthabenden Psychiater, sondern auch Dr. Angelergues, den ich kennenlernte und der mich sehr häufig besuchen kam, und mein Analytiker, der, als allererster, meine üblichen Reaktionen schon lange kannte.

Nach dem Tod von Hélène vertraute mir mein Analytiker eine Hypothese an, die er nicht selbst formuliert, sondern aus dem Mund von Dr. Bertrand Weil vernommen hatte, den ich früher um scheinbar organischer Beschwerden willen konsultiert hatte und der über ein sehr breites medizinisches und auch biologisches Fachwissen verfügte. Dieser Arzt war der Meinung, meine Operation, das heißt vor allem meine tiefe Anästhesie, habe bei mir einen »biologischen Schock« auslösen können, dessen Mechanismus, den ich dem Leser ersparen will, mir später detailliert erklärt wurde (er brachte vor allem den Metabolismus der verabreichten Mittel durch die Leber ins Spiel): es habe sich um eine schwere Störung meines »biologischen Gleichgewichts« gehandelt, die durch den Operationsschock und vor allem durch den Anästhesie-Schock hervorgerufen worden sei, die umgekehrte und paradoxe Wirkungen mit sich gebracht hätten.

Wie dem auch sei, ich verfiel in einen Zustand von Bewußtseinstrübung, manchmal sogar totaler Unbewußtheit und geistiger Verwirrung. Ich hatte meine Körperbewegungen nicht mehr unter Kontrolle, fiel unaufhörlich hin, erbrach mich pausenlos, sah nicht mehr deutlich und urinierte auf chaotische Weise; ich hatte die Sprache nicht mehr im Griff, verwechselte ein Wort mit dem anderen und konnte meine Wahrnehmungen nicht mehr ordnen, die ich weder verfolgen noch angemessen zu verknüpfen vermochte, und *a fortiori* auch nicht meine Schrift, und ich äußerte bestimmte Formen delirierender Rede. Überdies wurde ich nachts unaufhörlich von scheußlichen Alpträumen verfolgt, die sich auch im Wachzustand sehr lange fortsetzten, und ich »lebte« meine Träume im Wachzustand, das heißt agierte im Sinne der Themen und der Logik meiner Träume, wobei ich die Illusion dieser Träume für Realität nahm und mich häufig unfähig sah, meine oniristischen Halluzinationen im Wachzustand von der einfachen und schlichten Realität zu unterscheiden. Unter diesen Umständen bereitete ich vor jedem, der mich besuchen kam, Motive eines selbstmörderischen Verfolgungswahns aus. Intensiv glaubte ich, daß bestimmte Menschen meinen Tod wollten und sich anschickten, mich zu töten: insbesondere ein Bärtiger, den ich irgendwo in der Abteilung zwangsläufig gesehen hatte; mehr noch, ein Tribunal, das im Zimmer gegenüber tagte, um mich zum Tode zu verurteilen! mehr noch: mit Zielfernrohrgewehren ausgerüstete Scharfschützen, die mich niederstrecken sollten, indem sie mich aus den Fenstern des gegenüberliegenden Gebäudes anvisierten; schließlich rote Brigaden, die mich zum Tode verurteilt hatten und tagsüber oder nachts in mein Zimmer eindringen konnten. Ich habe nicht alle diese halluzinatorischen Details im Gedächtnis behalten, sie sind für mich, es sei denn wetterleuchtend, durch eine schwere Amnesie verdeckt, aber ich verdanke sie vielen Freunden, die mich besuchen kamen, Ärzten, die mich betreuten, und der genauen und übereinstimmenden Nachprüfung ihrer Beobachtungen und Zeugnisse, die ich daraufhin gesammelt habe.

Dieses ganze »pathologische« System vermehrte sich um ein Selbstmorddelirium. Zum Tode verurteilt und mit Hinrichtung bedroht, hatte ich nur ein Hilfsmittel in der Hinterhand: dem mir auferlegten Tod zuvorzukommen, indem ich mich vorbeugend selbst tötete. Ich stellte mir alle möglichen Todesarten vor, und darüber hinaus wollte ich mich nicht nur körperlich zerstören, sondern auch jede Spur meines Wandels auf Erden: insbesondere meine Bücher bis auf die letzten Exemplare und alle meine Notizen vernichten, die École in Brand stecken und, »wenn möglich«, Hélène selbst beseitigen, so weit war ich. Zumindest vertraute ich das eines Tages einem Freund an, der mir das in diesen Wendungen berichtete. (Zu diesem Aspekt habe ich jenes einzigartige Zeugnis gesammelt.)

Ich weiß, daß die Ärzte um mein Geschick äußerst besorgt waren. Sie fürchteten nicht, daß ich mich töten könnte – davor war ich anscheinend durch die Zustände und Überwachungsmaßnahmen in der Klinik geschützt – obwohl man in solchen Fällen nie genau weiß –, sondern vor allem, daß diese Störungen bei mir einen irreversiblen Zustand herbeiführen könnten, der mich zu lebenslangem Krankenhausaufenthalt verurteilte.

Nach einer längeren Dauer dieser Therapie entschloß man sich, die Imaos abzusetzen, die man für diese beunruhigenden Nebenwirkungen verantwortlich machte, und nach der vorschriftsmäßigen Wartezeit (zwei Wochen) verschrieb man mir eine Lösung von Anafranil. Diese neue Therapie schien bei mir anzuschlagen, und nach Verstreichen einer gewissen Zeit hielt man mich für fähig, die Klinik zu verlassen. Ich vertauschte also die Klinik mit der École. Alle meine Freunde aber sind übereingekommen, daß ich die Klinik in sehr schlechtem Zustand verlassen habe.

Ich fand Hélène vor, und wie so oft brachen wir in den Süden auf, um dort Frieden zu finden, den Wind und das Meer. Wir blieben acht, zehn Tage dort und kehrten dann zurück: Mein Zustand hatte sich noch verschlimmert.

Damals machten Hélène und ich die schlimmsten Prüfungen unseres Lebens durch. Die Dinge hatten im vorhergehenden Frühjahr angefangen, wenn auch nur episodisch, mit wirklichen Atempausen, die etwas Hoffnung ließen. Diesmal nahmen sie eine erbarmungslose Wendung und dauerten ohne Unterlaß bis zum Ende. Ich weiß nicht, welche Lebensweise ich Hélène aufzwang (und ich weiß, daß ich tatsächlich des Schlimmsten fähig war), aber sie erklärte mir mit einer Entschlossenheit, die mich entsetzte, daß sie nicht mehr mit mir zusammenleben könne, daß ich ein »Ungeheuer« sei und daß sie mich für immer verlassen wolle. Sie machte sich ostentativ daran, eine neue Wohnung zu suchen, fand aber auf der Stelle keine. Also ergriff sie praktische Maßnahmen, die für mich unerträglich waren: sie verließ mich in meiner eigenen Gegenwart, in unserer eigenen Wohnung. Sie stand vor mir auf und blieb den ganzen Tag lang verschwunden. Wenn es vorkam, daß sie zu Hause blieb, weigerte sie sich, sowohl mit mir zu sprechen als mir auch nur in die Quere zu kommen: sie zog sich sei es in ihr Zimmer, sei es in die Küche zurück, knallte die Türen zu und verbot mir sogar einzutreten. Sie lehnte es ab, in meiner Gegenwart zu essen. Es begann die Hölle zu zweit in der Abgeschlossenheit einer willentlich organisierten Einsamkeit, halluzinatorisch.

Ich war vor Angst zerrissen: wie erinnerlich, hatte ich immer eine heftige Angst verspürt, verlassen zu werden und vor allem von ihr, aber dieses Verlassenwerden in meiner Gegenwart und in meinem eigenen Zuhause erschien mir unerträglicher als alles andere.

Insgeheim wußte ich, daß sie mich in Wirklichkeit nicht verlassen konnte, und versuchte vergeblich, meine Angst durch diesen Gedanken zu dämpfen, dessen ich genaugenommen nicht völlig sicher war.

Damals begann Hélène ein anderes Motiv zu entwickeln, das seit Monaten latent bei ihr vorhanden war, diesmal aber eine erschreckende Form annahm. Sie erklärte mir, daß sie keinen anderen Ausweg wisse angesichts des »Ungeheuers«, das ich sei, und des unmenschlichen Leidens, das ich ihr auferlege, als sich selbst den Tod zu geben. Ostentativ sammelte sie alle für ihren Selbstmord erforderlichen Tabletten und stellte sie zur Schau, sprach aber auch noch von anderen, unkontrollierbaren Mitteln: Hatte unser Freund Nikos Poulantzas sich nicht kürzlich umgebracht, indem er in einer akuten Krise von Verfolgungswahn vom einundzwanzigsten Stockwerk der tour Montparnasse sprang? Ein anderer, indem er sich vor einen Lastwagen, ein dritter, der sich vor einen Zug warf. Sie zitierte mir diese Todesarten, so als ob sie mir die Wahl ließe. Und sie versicherte mir mit der Kraft einer Überzeugung und vor allem in einem Tonfall, den ich an ihr zu gut kannte, um ernsthaft daran zu zweifeln, daß es sich nicht um in die Luft gesprochene Worte handele, sondern um einen unwiderruflichen Entschluß. Sie werde schlicht und einfach Mittel und Stunde wählen, ohne mich vorher davon in Kenntnis zu setzen.

Insgeheim wußte ich auch da, daß sie unfähig sein würde, sich zu töten. Ich sagte mir, daß wir allzu viele Beispiele hinter uns hatten und sie im Grunde viel zu sehr an mir hing und mich mit derart viszeraler Liebe liebte, daß sie unfähig gewesen wäre, zur Tat zu schreiten. Aber da war ich nicht vollkommen sicher. Der Gipfel war eines Tages erreicht, als sie mich ganz einfach bat, sie selbst zu töten, und dieses Wort, in seinem undenkbaren und unerträglichen Schrecken, ließ mich lange aus ganzer Seele erzittern. Es läßt mich noch heute erbeben. Sollte mir das auf eine bestimmte Art und Weise zu verstehen geben, daß sie durchaus in der Lage war, mich nicht nur zu verlassen, sondern sich auch mit eigener Hand zu töten? Kurz, ich hatte noch einen Rückhalt, ich hatte aber keinen anderen: Zeit verstreichen lassen, damit sie, nach so vielen akuten Krisen in der Vergangenheit, sich schließlich beruhigte, wieder zur Vernunft kam und in das einwilligte, was sie im tiefsten Grunde auch selbst wollte: mich nicht verlassen, sich nicht töten, sondern weiter mit mir leben, um mich zu lieben wie immer.

Diese ganze Zeit in der Hölle war, wie ich gerade beschrieben habe, eine Zeit der Abgeschlossenheit. Außer meinem Analytiker, den ich aufsuchte und den sie aufsuchte, sahen wir praktisch niemanden (die École war eigentlich noch gar nicht wieder zum Leben erwacht). Wir beide lebten eingeschlossen in die Einfriedung unserer Hölle. Wir reagierten nicht mehr aufs Telephon noch auf die Türklingel. Ich glaube sogar, daß ich an der Außenwand meines Büros eine Art gut sichtbaren Zettel angeheftet hatte, auf den ich mit der Hand geschrieben hatte: »Augenblicklich verreist; Klopfen sinnlos.« Freunde, die versucht hatten, uns anzurufen, und den Zettel an meiner Wand hatten lesen können, sagten mir lange nachher, daß sie sich den Vorwurf gemacht hatten, nicht versucht zu haben, »meine Tür gewaltsam zu öffnen«. Wenn sie es aber versucht hätten, wie hätten sie es zustande gebracht, ohne sie zumindest einzuschlagen, weil ich ja nicht mehr öffnete?

In dieser schrecklichen Einsperrung und Einsamkeit an Ort und Stelle mußte die Zeit zu dem schrumpfen, was Freunde später eine »Sackgasse«, eine »Hölle zu zweit« oder gar, um das Maß voll zu machen, eine »Hölle zu dritt« genannt haben, um uns beiden noch die Person meines Analytikers hinzuzufügen, den sie buchstäblich verantwortlich machten, nicht eingegriffen zu haben.

Doch mein Analytiker hatte eingegriffen. Zum letzten Mal mußte ich ihn am 15. November aufsuchen, und er sagte mir, daß diese Situation nicht von Dauer sein könne, daß ich einwilligen müsse, wieder in eine Klinik eingewiesen zu werden. Er hatte Erkundigungen über den neuen Leiter von Le Vésinet eingeholt, den er nicht persönlich kannte. Die Auskünfte, die er erhalten hatte, waren hervorragend. Sich über all die Unannehmlichkeiten hinwegsetzend, die Le Vésinet für Hélène bot, war er der Meinung gewesen, ich sei dort wirklich gut aufgehoben (ich kannte Le Vésinet, wie gesagt, sehr gut, ich hatte dort alle Bequemlichkeiten, und die Behandlung mit Imaos hatte bei mir rasch und bemerkenswert angeschlagen) und würde dort gut betreut (er hatte keine gute Erinnerung an meinen Aufenthalt in Montsouris, weil er meinte, daß die Bedingungen dort nicht günstig für mich seien). Er hatte mit Le Vésinet telephoniert, man konnte mich dort in zwei oder drei Tagen aufnehmen. Ich durfte nicht nein sagen, jedenfalls erinnere ich mich meiner genauen Antwort nicht mehr.

Die zwei oder drei Tage vergingen, nichts passierte. Später habe ich erfahren, daß Hélène am Donnerstag, dem 13., und Freitag, dem

14. November, meinen Analytiker aufsuchte und ihn anflehte, ihr vor jeder Krankenhauseinweisung meinerseits eine Frist von drei Tagen zu lassen. Mein Analytiker gab ihrer Bitte zweifellos nach, und es wurde vereinbart, daß ich, wenn nichts dazwischenkäme, am Montag, dem 17. November, in Le Vésinet aufgenommen werden sollte. Später sollte ich in meiner Post der École einen auf den 14. November datierten und gestempelten Eilbrief von Diatkine finden, der von Hélène eine telephonische Antwort »mit äußerster Dringlichkeit« verlangte. Der Brief kam am 17. in der École an, ich weiß nicht aus welchen Gründen (Postverspätung? Oder hatte der Pförtner mich nicht erreichen können, weil ich weder auf Türklingeln noch Telephon reagierte?): jedenfalls nach dem Drama. Ich erinnere daran, daß mein Analytiker weder mich noch Hélène am Telephon erreichen konnte: *Wir antworteten nicht mehr.*

Am Sonntag, dem 16. November, um neun Uhr, fand ich mich, aus einer undurchdringlichen Nacht aufgetaucht, die ich auch seither nie habe durchdringen können, am Fußende meines Bettes wieder, Hélène im Morgenrock vor mir ausgestreckt, und mich fortgesetzt ihren Nacken massierend, mit dem intensiven Gefühl, daß meine Unterarme mich beinahe schmerzten: offensichtlich von dieser Massage. Dann begriff ich, ich weiß nicht wie, es sei denn aufgrund der Unbeweglichkeit ihrer Augen und jenes kleinen Stückchens Zunge zwischen Zähnen und Lippen, daß sie tot war. Ich stürzte daraufhin aus unserer Wohnung in Richtung der Krankenstation, wo ich, laut schreiend, Dr. Étienne zu finden sicher war. Die Würfel waren gefallen.

XXI

Dr. Étienne brachte mich, nachdem er mir eine Spritze gegeben und einige Male telephoniert hatte, in aller Eile in seinem Wagen nach Sainte-Anne, wo ich in der Notfallabteilung aufgenommen wurde. Ich versank also in einer neuen Nacht, und alles, was ich erzählen werde, habe ich erst sehr viel später erfahren, von ihm, von meinem Analytiker und von meinen Freunden.

Es ist »Vorschrift«, daß ein von »psychischen Störungen« befallener Kranker zunächst dem polizeilichen Erkennungsdienst (ein Anbau von Sainte-Anne) für die übliche Tatbestandsaufnahme anvertraut wird. Dort bleibt der Angeklagte im allgemeinen vierundzwanzig Stunden ganz nackt in einer Einzelzelle, die mit einer einzigen Matratze am Boden ausgestattet ist, vor einem ersten Verhör und der Begutachtung durch den Psychiater des Polizeidienstes, der über die Einweisung ins ganz nahe gelegene Sainte-Anne entscheidet. Dieses Verfahren, das Vorschrift ist, kann in Fällen äußerster Dringlichkeit und Schwere Ausnahmen zulassen. Später erfuhr ich, daß, als der Justizminister, Alain Peyrefitte, ein früherer *normalien,* davon Kenntnis erhielt, daß man mich direkt nach Sainte-Anne gebracht hatte, ohne mich zuvor dem polizeilichen Erkennungsdienst vorzustellen, er in einen gewaltigen Wutausbruch verfiel und mit dem Direktor der École, Jean Bousquet, telephonierte, um ihn wie einen Hund anzubrüllen. Bousquet, dem in dieser ganzen Affäre keinerlei Vorwurf zu machen war, antwortete, daß ich unter seiner Obhut stünde, daß ich sehr krank sei und daß er die Initiative von Dr. Étienne völlig decke, an dem Peyrefitte ebenfalls seinen Zorn ausließ, wenn auch durch eine Mittelsperson.

Meine Freunde erfuhren vom Tode Hélènes zweifellos durch einen Redakteur von AFP und verbreiteten die Nachricht untereinander, wobei sie sie sehr rasch auch meinem Analytiker mitteilten. Alle waren völlig bestürzt, und bis zum Resultat der Autopsie (die auf Tod durch »Strangulierung« schloß) konnten und wollten sie nicht glauben, allen voran mein Analytiker, daß ich Hélène getötet hatte, sondern stellten sich vor, daß ich mich halluzinatorisch eines zufälligen Todesfalles anklagte, bei dem ich aber nicht der Täter war.

Die Neuigkeit, ein saftiger »Knüller«, prangte als Aufmacher auf den Titelseiten der französischen und ausländischen Zeitungen und gab in bestimmten Kreisen bald zu »Analysen« und Kommentaren Anlaß, wie man sie sich vorstellen kann.

Ich war damals sehr bekannt, als *normalien*, Philosoph, Marxist und Kommunist, und mit einer kaum bekannten Frau verheiratet, die anscheinend aber bemerkenswert war. Insgesamt verfuhr die französische (und internationale) Presse sehr korrekt. Manche Zeitungen aber schwelgten geradezu: ich werde weder ihre Namen noch die Siglen manchmal berühmter Mitarbeiter nennen, die gleichermaßen böswillige wie delirierende Artikel schmückten. Fünf Aspekte wurden von den Autoren mit offensichtlich zufriedener Selbstgefälligkeit entwickelt: die selbstgefällige Häme einer politischen Revanche, der dieses »Verbrechen« endlich die Gelegenheit bot, eine alte Rechnung zu begleichen, nicht nur mit meiner Person, sondern auch mit dem Marxismus, dem Kommunismus und ... der Philosophie, ganz zu schweigen von der École normale. Ich werde nicht so grausam sein, diese außergewöhnlichen Texte und ihre manchmal berühmten Autoren zu zitieren: ihre Hirngespinste und Entladungen sollen lediglich mit Schweigen übergangen werden. Übrigens werden sie sich, wenn sie auch nur ein klein wenig ehrlich sind, im folgenden wiedererkennen. Bei ihnen liegt es, sich, wenn möglich, mit ihrem Gewissen auszusöhnen. In dem, was in Frankreich und im Ausland erschien, konnte man tatsächlich Artikel über die folgenden Aspekte lesen: 1.) Marxismus = Verbrechen; 2.) Kommunismus = Verbrechen; 3.) Philosophie = Wahnsinn; 4.) der Skandal, daß ein Wahnsinniger, ein seit langem Wahnsinniger, seit mehr als dreißig Jahren an der École normale Generationen von Philosophen hat ausbilden können, denen man jetzt überall im Lande begegnet, an den Gymnasien, als Wegweiser »unserer Kinder«; und 5.) der Skandal, daß ein kriminelles Individuum von der offenen Protektion des »Establishments« profitieren konnte: Man stelle sich vor, wagte sogar eine »Zentrums«-Zeitung zu schreiben, was ein einfacher Algerier, der an seine Stelle getreten wäre, zu erleiden gehabt hätte? Althusser ist diesem Schicksal entronnen dank des Schutzes »hochgestellter Gönner«, den er genoß: Das Establishment der Universität und der Intellektuellen aller Schattierungen hat automatisch einen Schulterschluß vollzogen, um ihn in aller Stille abzuschirmen und einen der Ihren vor den Härten der »Vorschrift« zu schützen, ja wahrscheinlich sogar vor dem Gesetz. Kurz, ich wurde vom Bildungs-ISA geschützt, dessen Mitglied ich war. Wenn man weiß, daß diese Kommentare lange fortgesetzt wurden, denn es brauchte Zeit, bis zunächst die Ergebnisse der Autopsie und dann die Entscheidung der Verfahrenseinstellung eintrafen – man stelle sich vor, in welcher Atmosphäre von »Menschenjagd«, die um so fürchterlicher war, als sie diffus blieb wie das öffentliche Gemunkel, das die Schläge einer bestimmten Presse begleitete, meine verzweifelten Freunde leben mußten. Ich sage: meine Freunde, denn ich hatte keine Familie mehr. Mein Vater war 1975 gestorben, und meine sehr gealterte, wenn auch immer noch sehr klare Mutter blieb völlig gleichgültig. Der sehr ehrenwerte Bousquet mußte persönlich eingreifen, um vollkommen ungenaue und diffamierende Informationen in der Presse zu berichtigen. Er war so mutig und nahm das öffentliche Risiko auf sich. Er versicherte, ich habe meine Dienst- und Lehrverpflichtungen stets auf völlig ehrliche und untadelige Weise erfüllt, ich sei bei ihm an der École ein perfekter Mitarbeiter gewesen, der seine Schüler besser gekannt habe als irgend jemand sonst, und ein Kranker habe überdies ein Recht auf die Verteidigung durch seinen Direktor. Dieser sanfte Archäologe, der nur für seine Ausgrabungen in Delphi lebte und lebt, zeigte sich als ein Mann von Mut, Tatkraft und Großzügigkeit. Wohlgemerkt wurde ich darüber hinaus nicht nur von allen *caïmans* der École, sondern auch von allen Philosophen »verteidigt«, die, so ein Journalist, »sich geschlossen vor Althusser stellten«.

Von alledem wußte ich natürlich damals und noch sehr lange nichts. Der Arzt, der mich in Sainte-Anne mit einer Aufmerksamkeit und Großzügigkeit betreute, die mich sehr bewegt haben, wachte darüber, daß keinerlei Neuigkeit zu mir durchdrang: er fürchtete zu Recht, daß ich davon traumatisiert werden würde und mein Zustand sich verschlechterte. Das war der Grund, weshalb er die ungeheure Korrespondenz »blockierte«, die damals an mich gerichtet wurde, zumeist von Unbekannten, die mich mit häufig sehr grobgetönten Schmähungen (krimineller Kommunist!), ja sogar mit sexuellen Drohungen überhäuften. Es war auch der Grund, aus dem er mir jeden Besuch untersagte, weil er ja nicht wußte, wer kommen würde, um mir was zu erzählen. Vor allem fürchtete er (und diese Furcht sollte alle meine Ärzte erfassen, nicht nur in Sainte-Anne, sondern auch sehr viel später in Soisy, wohin ich im Juni 1981 verlegt wurde), daß irgendein Journalist sich ins Krankenhaus einschleichen, Photos machen, vage Informationen sammeln und dann einen Skandalartikel in der Presse erscheinen lassen könnte. Diese Furcht war durchaus nicht imaginär. Ich habe seitdem erfahren, daß es einem Journalisten eines großen französischen Wochenblattes gelang, sich ein Photo von mir zu besorgen (zweifellos durch Bestechung eines Stationspflegers), auf dem man mich auf meinem Bett sitzen sieht und vor mir meine drei Zimmergenossen. Die Wochenzeitung hatte die Absicht, dieses Dokument unter folgendem Titel zu veröffentlichen: »Der wahnsinnige Philosoph Louis Althusser setzt in Sainte-Anne vor seinen Mitinsassen seine Vorlesungen in Marxismus-Leninismus fort.« Glücklicherweise griff der Rechtsanwalt, den meine Freunde konsultiert hatten (um sich über die Formen des juristischen Verfahrens zu informieren), sofort ein, zweifellos von einem anderen Journalisten informiert, der dieses Vorgehen taktlos fand, und das kommentierte Photo erschien nicht. Aber die Angst vor Skandaljournalisten sollte alle meine Ärzte bis zum Schluß umtreiben, sogar nach dem Ende meines Klinikaufenthaltes: und sie hatten durchaus nicht unrecht, denn lange nach dem Ende dieses Klinikaufenthaltes erschienen in der Presse erdichtete Details über meine Existenz, die nur selten wohlwollend waren. Da ich keinen Wert darauf lege, nachträglich irgendeine persönliche Rechnung zu begleichen, wozu mir sowohl die Neigung als auch das Bedürfnis fehlt, erlaube man mir, fortan nicht mehr von diesem Aspekt der Dinge zu sprechen, der gleichwohl sehr schwer auf meiner Situation im Krankenhaus und auf meiner eigenen Angst und vor allem auf meinen Freunden und Ärzten lastete.

Ich hatte also keine Besuchserlaubnis, weil Besuche aus allen erdenklichen Gründen für zu gefährlich gehalten wurden. Dagegen erinnere ich mich, daß ich nahezu täglich gegen Mittag mit einer sehr engen Freundin von Hélène und mir habe sprechen können, die in Sainte-Anne arbeitete und, weil sie überall freien Zutritt hatte, mich besuchte. Die Erleichterung, endlich mit jemandem sprechen zu können, der Hélène sehr gut gekannt hatte und auch mich kannte! Später erzählte sie mir, sie habe mich anfangs beinahe völlig erschöpft gefunden, unfähig, der Unterhaltung zu folgen, aber glücklich, sie zu sehen. Dagegen habe ich mir eine genaue Erinnerung an meine ersten Unterhaltungen mit den Gutachtern bewahrt, die zu meiner Untersuchung bestellt worden waren. Drei alte Männer in dunkler Kleidung kamen nacheinander, um mich aus meinem Zimmer zu holen und in eine Art Büro unter dem Dach zu führen (ein winziges Zimmer; wenn man sich unvorsichtig erhob, stieß man sich den Kopf an den Sparren des Dachgebälks an). Sie nahmen auf rituelle Weise vor mir Platz, zogen aus ihrer Aktentasche eine Mappe mit Papier und einen Kugelschreiber, stellten mir Fragen und machten sich dann an eine endlose Niederschrift. Ich habe keinerlei Erinnerung an ihre Fragen und meine Antworten. Auch mein Analytiker kam sehr häufig zu mir zu Besuch, und immer in demselben Büro unter dem Dach. Ich erinnere mich meiner endlosen Fragen: Aber wie kann es denn sein, daß ich Hélène getötet habe?

Später erfuhr ich, daß zwei Tage nach meiner Internierung der mit der Affäre betraute Untersuchungsrichter der Vorschrift entsprechend nach Sainte-Anne gekommen war, um mich zu verhören, aber es hat den Anschein, daß ich damals in einem so schlechten Zustand war, daß er mir keinerlei Erklärung entlocken konnte.

Ich weiß nicht, ob man mir in Sainte-Anne Anti-Depressiva (und zwar andere als die Imaos) verabreicht hat. Ich habe lediglich die Erinnerung, jeden Abend enorme Dosen von Chloralhydrat verschlungen zu haben, jenes alten, noch immer wirksamen Medikaments, das mir zu meiner großen Befriedigung einen derart guten Schlaf schenkte (trotz der sehr hohen vorhanglosen Fenster der Klinik), daß ich morgens stets größte Mühe hatte aufzuwachen. Aber diese Verlängerung der Schlafdauer war für mich günstig: alles, was die brutale Wiederkehr der Angst hinauszögerte oder verhinderte, war angebracht. Dagegen weiß ich, daß man mir ein Dutzend Schocks verabreichte: ich mußte also sehr tief in der Depression versunken sein. Wohlgemerkt, Schocks unter Narkose und Curare, wie ich sie in La Vallée-aux-Loups und in Le Vésinet bekommen hatte, vor der Erfindung der Imaos. Ich sehe noch den jungen, rotgesichtigen Arzt vor mir, wie er die elektrische »Maschine« in mein Zimmer brachte und, bevor er zur Tat schritt, mir lange und, wenn ich so sagen darf, »fröhliche« Reden über die Schocks und ihre Vorteile hielt. Auf diese Weise erlitt ich den

»kleinen Tod« ohne allzuviel Angst, aber ich hatte dennoch einen alten Abscheu davor.

Die materiellen Existenzbedingungen in Sainte-Anne waren wirklich unvorstellbar, vor allem der große Speisesaal, wo man sich selbst Teller und Besteck holen mußte (man hatte sein Besteck nach der Mahlzeit in einem Bottich mit ekelhaft schmutzigem Wasser abzuwaschen, nicht dagegen die Teller, warum, habe ich nie begriffen), man setzte sich, gleichgültig wo und neben wen, und die Bediensteten trugen in blindem Durcheinander gewaltige Platten mit einer grobschlächtigen Kost herein. Dennoch gewann ich mir gerade da einen wirklichen Freund: einen früheren Volksschullehrer, der nicht mehr in der Lage war, weiter zu unterrichten, ein »Chronischer« nach dem schrecklichen Gelegenheitswort, der Ausgangserlaubnis hatte und mir später Zeitungen mitbrachte. Dominique war krank, Lehrer wie ich, er ließ mich reden und verstand mich: ein wirklicher Freund, dem ich, seiner Diskretion sicher, alles anvertrauen konnte. Ich habe seine Aufmerksamkeit und Großzügigkeit nicht vergessen, ich habe versucht ihn wiederzufinden, es ist mir jedoch nicht gelungen. Sollte er eines Tages dieses kleine Buch lesen, möchte ich, daß er mir einen Wink gibt. Ich sollte ihn später bei einer ganz unschuldigen Initiative bloßstellen, die aber im Krankenhaus Aufsehen erregte.

Ich habe seither erfahren, daß meine engsten Freunde während dieser ganzen Zeit, ohne genau zu wissen, was mir drohen konnte, zunächst gespannt auf die Resultate des Gutachtens, dann auf die Entscheidung der Verfahrenseinstellung wartend (die erst Anfang Februar fiel, glaube ich), in der tiefsten Verwirrung lebten und alles ihnen Mögliche taten, um mir von draußen zu helfen, so weit sie nur konnten. Damals entpuppten sich diejenigen, die sich als die treuesten und ergebensten erweisen sollten. Eine merkwürdige Sache, es waren im allgemeinen die Nächststehenden, aber nicht immer, und unter diesen Nächststehenden wendeten sich manche ganz offensichtlich von mir ab. Diese Scheidung sollte mir später zu denken geben. Der Wahnsinn, die psychiatrische Klinik und die Internierung können bestimmte Männer und Frauen erschrecken, die diese Vorstellung nicht ohne große innere Angst zulassen oder aushalten können, die so weit gehen kann, daß sie sie davon abhält, sei es ihren Freund zu besuchen, sei es sich in welcher Angelegenheit auch immer einzumischen. In dieser Hinsicht kann ich nicht umhin, den Heroismus unseres lieben

Freundes Nikos Poulantzas zu vergegenwärtigen, der eine schreckliche, panische Angst vor jeder psychiatrischen Klinik hatte und mich doch regelmäßig bei meinen Internierungen besuchen kam und mich stets freudig begrüßte, während er doch von Angst geradezu gequält sein mußte, aber das sollte ich erst sehr spät erfahren. Und ich erinnere mich sogar, daß er beinahe der einzige war, den ich im Hélènes Tod vorangegangenen Jahr zu sehen einwilligte. Ich wußte damals nicht, daß er bereits einmal versucht hatte, sich das Leben zu nehmen, er erzählte die Geschichte als einen reinen Zufall: nachts habe ihn auf einer breiten Avenue ein schwerer Lastwagen von der Seite angefahren... in Wirklichkeit hatte er sich vor die Räder geworfen, seine Gefährtin sollte es mir später berichten. Nun empfing ich Nikos nicht bei mir in der École, sondern in der Straße dicht daneben, ich habe später erfahren, daß er damals bereits an der schrecklichen Krise von Verfolgungswahn litt, der er durch einen spektakulären Selbstmord ein Ende machte. Mir gegenüber aber war Nikos fröhlich, er verlor kein einziges Wort über sein Leiden noch über seinen ersten Selbstmordversuch, den er mit dem Deckmantel eines Unfalles verhüllte, er sprach von seinen Arbeiten und Forschungsprojekten, fragte mich über meine eigenen aus und verließ mich mit einer warmherzigen Umarmung, so als sollte er mich am nächsten Tag wiedersehen. Als ich später erfuhr, was er beabsichtigt hatte, konnte ich nicht umhin, ihm meine Bewunderung zu zollen für das, was bei ihm nicht nur eine außergewöhnliche Freundschaftsgeste, sondern wirklicher Heroismus gewesen war. Nicht alle aber reagierten so. Ich erfuhr seither beispielsweise, daß eine Freundin von mir nach der Aussage eines Journalisten vollständig von der Bildfläche verschwand, der von meinen Beziehungen zu einer »Ideologin« gesprochen hatte: da sie Spezialistin in Geistes- und Ideengeschichte war (aber durchaus keine Ideologin!), bekamen es ihre Freunde, die mich nur dem Namen nach kannten, mit der Angst zu tun (sie nicht) und führten ihr die Gefahr vor Augen, der sie ausgesetzt war: endlose Verhöre, ein öffentlicher Prozeß, in dem sie zweifellos auszusagen hätte usw. Auch sie wollten sie schützen. Sie verschwand aus der kleinen Gruppe meiner aktiven Freunde. Andere verschwanden, ohne daß ich wüßte warum. Wieder andere – ich denke an einen davon, den treuesten und mir nächststehenden während der ganzen Jahre an der École, er besuchte mich jeden zweiten Tag – verschwanden, nachdem sie mir große materielle

Dienste erwiesen hatten, von heute auf morgen, ohne Vorwarnung, jäh, und meine Briefe und Anfragen sind bis heute ohne Antwort geblieben. Wenn er dieses Buch liest, soll er wissen, daß meine Tür ihm immer offensteht und daß ich, wenn er nicht kommt, eines Tages an seine klopfen werde. Nach all dem, was ich erlebt habe, fühle ich mich in der Lage, alles zu verstehen, selbst bei denen, die sich zu einem bestimmten Zeitpunkt ohne Angabe von Gründen zu entfernen schienen. Aber über dieses bewegende Treffen mit Nikos hinaus habe ich den Besuch, der mich von allen dieser Art am meisten verblüffte, eines Tages in Soisy erhalten: einer meiner »früheren Schüler«, der mir ein sehr lieber Freund geworden war, ein außergewöhnlicher Mensch, kam zu mir zu Besuch. Zwei Stunden lang sprach er von nichts anderem als von sich, von seiner schrecklichen Kindheit, von seinem Vater, der mit psychiatrischen Kliniken zu tun gehabt hatte, und schließlich sagte er mir: Ich bin gekommen, um Dir zu erklären, warum – und das ist stärker als ich – ich Dich nicht besuchen kann. Ein Jahr später, er war in Analyse, bereitete er lang und breit einen Selbstmord vor, dessen Projekt er nie jemandem anvertraut hatte, nicht einmal der tapferen jungen Frau, mit der er zusammenlebte und -arbeitete, und stürzte sich in die Fluten der Marne, mit geöffneten Pulsadern und mit dicken Pflastersteinen beschwert.

Wenn ich alle diese Fakten berichte, dann nicht einfach deshalb, weil sie mich nachträglich zutiefst verwirrt, sondern mir auch ganz erstaunliche Einsichten in das Verhalten mir sehr nahestehender Freunde angesichts des Dramas eröffnet haben, das ich erlebt hatte: nicht nur angesichts des Dramas, sondern auch angesichts ihrer eigenen Angst und wahrscheinlich auch angesichts des perversen und hartnäckigen öffentlichen »Gemunkels«, das von bestimmten Medienleuten im Zusammenhang mit mir genährt wurde, die verantwortungslos und geringschätzig mit dem Leiden und dem Drama von Menschen umgingen und, wenn sie diese Gerüchte und ihre perversen Zweideutigkeiten aufrechterhielten, dabei auf ihre persönliche Rechnung kamen (ich will nicht wissen welche).

Ebenso muß man diese Umstände für das Verständnis bestimmter Aspekte des Verhaltens meiner Ärzte in Rechnung stellen.

Schließlich, nach den Schocks und der Besserung, die sie bei mir bewirkten, willigte mein Arzt ein, daß ich Besuch empfangen durfte, wenn auch mit unendlicher Vorsicht und Schritt für Schritt. Zwei zunächst, dann drei, später fünf, aber nicht mehr, und zwar Freunde, bei denen er sich vergewissert hatte, daß sie absolut zuverlässig waren. So sah ich liebe Freunde und auch zwei Freundinnen wieder, deren eine eine ganz verrückte Mühe gehabt hatte, sich Zugang zu verschaffen, und der das nur mit viel Energie und Einsatz gelungen war. Diese Besuche waren für mich nicht immer reine Erholung: mit ihnen kehrte auch die Vergangenheit in mir wieder, die Außenwelt und die schreckliche Angst, die sie mir einflößte (ich fühlte mich für immer verloren, und die Außenwelt, die ich nie mehr wiederzusehen hoffte, jagte mir förmliches Entsetzen ein). Auf bestimmte Weise hatte mein Analytiker recht: Besuche konnten Ängste reaktivieren oder verstärken. Aber ich konnte es nicht ertragen, allein zu sein, eine alte Unruhe, die später großen Schaden bei mir anrichten sollte, ich flehte, man möge doch meine Freunde kommen lassen: mein Arzt verstand es, einen Kompromiß zu finden, mit dem ich bis zum Ende meines Aufenthalts in Sainte-Anne lebte.

Einmal aber hoffte ich, meinem Arzt einen üblen Streich zu spielen. Ich gab meinem Freund Dominique, der ja ausgehen durfte, eine Liste von Telephonnummern mit dem Auftrag, auf diese Weise andere Freunde zu benachrichtigen und mit ihnen die Tage oder Stunden zu verabreden, an denen ich sie zu sehen wünschte. Dieser Aufgabe entledigte er sich. Ich weiß nicht, wie mein Arzt davon Wind bekam, aber ich sah ihn (zum ersten und einzigen Mal) wütend in meinem Zimmer auftauchen, er sagte mir, ich hätte ohne seine Erlaubnis kein Recht, auf diese Weise Freunde einzuladen, verlangte ihre Telephonnummern und ließ ihnen ausrichten, sie sollten nicht kommen. Das war die einzige, übrigens rasch verklingende »Abkühlung«, die ich in meinen Beziehungen zu ihm erlebte.

Die Zeit verging, ich fühlte mich besser. Dennoch war ich bestürzt, als ich erfuhr, daß die Leitung der École, von den Fachbereichen bedrängt, meine große Wohnung in der rue d'Ulm, ohne mich zu fragen oder mich gar davon in Kenntnis zu setzen, völlig ausräumen lassen hatte, diese Wohnung, die so sehr Teil meines ganzen Lebens war! (Und während ich aus administrativer Sicht ein einfacher Fall von »Krankheitsbeurlaubung« war, konnte ich doch dort wiedereinziehen, wenn ich wieder gesund wurde ...) Diese Maßnahme verblüffte mich als Verurteilung zur lebenslangen Internierung, weil »man« mich ja, von außen und trotz meiner Rechte, in Gestalt meiner Wohnung, und das heißt meines Körpers, buchstäblich und schlicht und einfach meiner Existenz beraubt hatte! Diese Affäre der ausgeräumten Wohnung sollte mich noch sehr lange verfolgen, jahrelang – erst heute habe ich mich damit abgefunden.

Auch eine andere Neuigkeit bestürzte mich. Vom Polizeipräsidenten von Amts wegen interniert und aller meine Rechte beraubt, mit denen ein gerichtlicher Vormund betraut wurde, blieb ich im Gewahrsam des Präsidenten, der, wie immer in solchen Fällen von dauernder Klinikverwahrung, mich versetzen, mich also in eine andere Anstalt verlegen lassen konnte. Das war anscheinend Vorschrift. Lange war die Rede von einer Verlegung nach Carcassonne! Man stelle sich meine Verwirrung und die meiner Freunde vor: wie hätte man da noch mit ihren Besuchen und ihrer nahen Präsenz rechnen können? Es wäre ein Unglück gewesen.

Die wirkliche Wahrheit aber war noch unendlich viel schrecklicher, ich habe sie erst in diesen allerletzten Monaten erfahren, und zwar zunächst aus dem Munde meines Arztes in Soisy, der mir anvertraute, sie von meinem Arzt in Sainte-Anne erhalten zu haben, der sie mir wiederum ohne Umschweife bestätigt hat. Die Ärzte von Sainte-Anne waren damals Gegenstand »sehr hartnäckiger« Pressionen seitens »*administrativer Autoritäten der höchsten Ebene*« gewesen, die darauf hinarbeiteten, daß ich in eine »geschlossene Anstalt« in der Provinz eingewiesen werden sollte, »um die Affäre Althusser endgültig zu regeln«. Nun kommt man aber aus diesen geschlossenen Anstalten bekanntlich selten wieder heraus, die noch schlimmer sind als Haftanstalten: im allgemeinen verkommt man dort auf Lebenszeit. Gott sei Dank hatten meine Ärzte in Sainte-Anne den Mut (das ist genau das Wort, sie hatten zwar das medizinische Recht auf ihrer Seite, aber man muß auch den einfachen Mut haben, es in Anspruch zu nehmen), mich mit dem Hinweis zu verteidigen, ich sei weder gefährlich noch gewalttätig (was ja geradezu auf der Hand lag), und so vermochte ich, ohne es zu wissen, dem extremsten Schicksal zu entrinnen, das ich zweifellos nicht überlebt hätte, zumindest wäre ich ihm nicht entkommen, und zweifellos für immer. Allerdings hätten meine Freunde sicherlich die öffentliche Meinung wachgerüttelt, und die Dinge wären gewiß nicht so verlaufen, wie es »die höchste Ebene« wollte. Darüber fanden die Wahlen von 1981 statt, und der Justizminister, mein »Kamerad« von der École normale, wurde durch Robert Badinter ersetzt.

Meine Freunde atmeten auf, und ich konnte nach Soisy-sur-Seine verlegt werden.

Für meine Ärzte aber waren die Sorgen noch nicht zu Ende: Ich wollte Sainte-Anne einfach nicht verlassen! Ich verweigerte mich wie wild den Argumenten meines Analytikers, der weiß Gott wie oft wieder darauf zurückkommen mußte. Ich fühlte mich in Sainte-Anne wohler, wo ich mir, wie so oft in meiner Vergangenheit, meine »Nische« eingerichtet hatte, wo ich einen Freund hatte, den ich nicht verlassen wollte, und Leben fand in diesem gewaltigen abgetakelten Gebäude, in dem die Gesichter unaufhörlich wechselten, wo ich mir unter den Pflegern einen takt- und verständnisvollen Freund gewonnen hatte, einen untersetzten, immer offenen und gutgelaunten Mann von den Antillen. Ich hatte große Angst vor Veränderungen und quoll natürlich geradezu über von Argumenten: ich kannte Soisy zwar, aber das lag ja vierzig Kilometer von Paris entfernt, wie konnte ich da je Besuch bekommen? Mein Analytiker mochte mir ruhig einreden – und ich wußte es ja aus Erfahrung –, daß ich dort besser behandelt und komfortabler untergebracht sein würde, daß ich fern von Paris und seinen Gefahren, und sei es im großen Park, mich großer Bewegungsfreiheit erfreuen würde, daß es leichter sein würde, mir dorthin zu folgen, und daß er mich überdies regelmäßig besuchen würde – nichts half. Ich hielt eisern an meinem Entschluß fest: ich wollte Sainte-Anne nicht verlassen. Schließlich aber gab ich nach, ob es sich nun um Carcassonne oder Soisy handelte oder was ich dafür hielt, wenn auch mit dem Tod im Herzen.

Im Juni 1981 verließ ich also Sainte-Anne im Krankenwagen. Als Vorsichtsmaßnahme hatte mein Arzt meinen Aufbruch für fünf Uhr nachmittags angekündigt, aber der Krankenwagen brach bereits um zwei Uhr auf. Eventuelle Journalisten und Photographen waren geleimt.

XXII

Ich kam also im Juni 1981 in Soisy an, im Frühsommer, der gewaltige grüne Rasen war kurzgeschoren und mit weißen Pavillons zwischen hohen Bäumen durchsetzt. Ich wurde in Pavillon 7 eingewiesen, der bis zum Juli 1983 meine Bleibe sein sollte.

Ich war nicht hochmütig. Eine Ortsveränderung, neue Ärzte und Pfleger und vor allem keine hiesigen Freunde. Der Schock war heftig. Ich brauchte Zeit, bis es mir gelang, meine »Versetzung« zu akzeptieren und zu ertragen, Zeit, um mir darüber klar zu werden, daß meine Ärzte recht gehabt hatten, wirklich viel Zeit. Denn die Patientenwelt bestand im wesentlichen aus »Chronischen«, aus Unglückseligen, die häufig lebenslang in immer dasselbe Zimmer und immer dieselben Grübeleien eingesperrt blieben, ohne jeden Besuch. Es gab die Schizophrenen und die Delirierenden, insbesondere zwei elende junge Frauen, die eine auf der Suche nach der Jungfrau Maria, die andere immer dieselben unverständlichen Äußerungen wiederkäuend, und frühere Alkoholiker, aber wenig akute Fälle, während sie in Sainte-Anne zahlreicher gewesen waren, und da die Mehrzahl der Akuten sich rasch wieder erholte und entlassen wurde, herrschte ein immerwährendes Kommen und Gehen. Und vor allem jener Pavillon mit alten männlichen und weiblichen Idioten, die man an die Sonne schleppte und die herumsaßen, in ihre Stummheit eingesperrt.

Ich machte die Bekanntschaft meines jungen und großen behandelnden Arztes, der mich bis zum Ende betreuen sollte und seither die Nachsorge übernommen hat. Er hatte eine Analyse hinter sich: sein »Zuhören« ließ das erahnen. Aber ich brauchte Zeit, um mich auch mit ihm und mit den Pflegern vertraut zu machen, die nach den Prinzipien des »Betreuungsteams« geschlossen zusammenarbeiteten, mit dem Arzt auf der Grundlage ihrer Beobachtungen diskutierten und,

302

wie ich weiß, nicht immer mit den Methoden meines Arztes übereinstimmten. Manche machten ihm den Vorwurf, er kümmere sich zu sehr um mich und räume mir Privilegien ein, die er den anderen Patienten nicht gewährte. Psychiatrische Kollegen erhoben eines Tages denselben Vorwurf gegen ihn. Er erkannte das an: »Richtig, ich behandele ihn nicht wie die anderen. Denn ich behandele ihn nach Maßgabe desselben Prinzips, das ich bei allen meinen Patienten anwende, ich behandele sie und gebe ihnen je nachdem, was sie sind, nach ihrem Zustand, ihren Ansprüchen und ihrer Angst. Wenn ich davon abstrahierte, daß Althusser ein bekannter Mann und bestimmten Befürchtungen ausgesetzt ist, die mit diesem Zustand verbunden sind, so denen vor Feinden, handelte ich, glaube ich, vollkommen realitätsfremd.« Nicht etwa, daß er mir je alles zugebilligt hätte, was ich von ihm verlangte, weit gefehlt, noch daß er allen manchmal anspruchsvollen Forderungen meiner Freunde nachgab, weit gefehlt. Er verstand es, immer den »Kurs« zu halten, den er sich gesetzt hatte, und bis zum Schluß bei mir (wie bei allen anderen – ich sehe ihn noch bei der Arbeit) gewissenhaft jenes Prinzip zu befolgen, das mir so gerecht wie unangreifbar erscheint.

Man mußte mich zunächst mit Anafranil behandeln, aber ohne Erfolg. Dann ging man zu Niamid über (Imaos). Derselbe Mißerfolg stellte sich ein. Ich verfiel in tiefe geistige Verwirrung, Onirismus und selbstmörderischen Verfolgungswahn, genau wie in Montsouris. Ich will auf diese Symptome nicht wieder zurückkommen. Sie verschlimmerten sich aber erstaunlich, als man sich entschloß, mir in Ermangelung von Besserem die doppelte Dosis von Imaos zu verabreichen. Das Resultat fiel daraufhin katastrophal aus. Ich konnte weder essen noch trinken, ohne mich zu erbrechen, fiel fortgesetzt hin, brach mir sogar einen Arm, agierte meine Alpträume im Wachzustand einen Großteil des Tages weiter aus und suchte im benachbarten Wald verzweifelt nach einem Ast, an dem ich mich aufhängen konnte. Aber der Strick? Man hatte mir aus Vorsicht den Gürtel meines Morgenrockes und die Schnürbänder meiner Schuhe genommen. Die Nächte, von denen ich mir, wie immer in solchen Fällen, etwas Ruhe und Vergessen erwartete, waren schrecklich, ich hatte das Gefühl, nicht schlafen zu können, und überdies hatte ich größte Schwierigkeiten mit den Pflegern des Nachtdienstes, die mir um acht Uhr abends meine Mittel (noch immer Chloralhydrat und Schlimmeres) zu verabfolgen hatten, aber wie die Mehrzahl der Patienten vor dem Fernseher saßen, von dem sie erst um Mitternacht aufstanden, also mit einer Verspätung von zwei schrecklichen Stunden auf den gleichwohl vorgeschriebenen Zeitplan. Bei eben dieser Gelegenheit begriff ich, daß der Arzt nicht alle Macht über seine Pfleger hat, daß er einen Ausgleich mit ihnen finden, ja sogar die Augen schließen und über manches hinwegsehen muß (ich erreichte es nie, daß man mir mein Schlafmittel rechtzeitig verabfolgte, ausgenommen einmal, als ein junger, sehr liebenswürdiger Medizinstudent Nachtwache hatte, aber das dauerte nicht lange). Ich verstieg mich sogar zu dem Gedanken, aber das war sicher übertrieben, daß in diesem doch sehr liberalen und gutorganisierten Pflegedienst – und *a fortiori* auch in anderen Abteilungen, die weniger »fortgeschritten« und mit weniger erfahrenen Pflegern besetzt waren – der Arzt der »Diktatur des Verbandes der Pfleger« unterworfen war. Selbst wenn dieser Eindruck noch differenziert werden muß, glaube ich doch, daß er für das Verständnis der Beziehungen und der Atmosphäre wesentlich ist, die bei jeder psychiatrischen Sicherheitsverwahrung herrschen. Und mit welchen Schäden!

Wenn mein Arzt morgens in meinem Zimmer erschien, erwartete ich seit langem niemand anderen als ihn und versank geradezu in seiner aufmerksamen Präsenz. Ich leistete dann gewaltige Arbeit bei dem Versuch, mich aus meinen nächtlichen Alpträumen zu lösen, die auch im Wachzustand andauerten, ich erzählte ihm im Traum meine schrecklichen Träume, er hörte mir zu, sagte einige Worte, aber dieses »Zuhören« war das Wesentliche dessen, was ich von ihm erwartete. Manchmal wagte er eine Art Deutung, die aber immer sehr vorsichtig ausfiel. Ich war seinen Worten anscheinend völlig ausgeliefert. Häufig aber kam es vor, daß ich daraufhin eine Krankenschwester ausfindig machte, um ihr die Frage zu stellen: »Aber weiß der Doktor denn, was er tut? Weiß er, was er sagt?« Erneut überschwemmten mich Zweifel und Angst: nämlich die Angst, allein zu sein, erneut und wie immer verlassen.

Mein Analytiker besuchte mich einmal wöchentlich, jeden Sonntagmorgen, im nahezu von allen Bewohnern verlassenen Pavillon (ausgenommen ein Bereitschaftsdienst für Notfälle). Mit ihm umkreise ich unaufhörlich, aber ohne mich je schuldig zu fühlen, den tieferen Grund meines Mordes. Ich erinnere mich, ihm eine Hypothese vorgetragen zu haben (die ich ihm gegenüber bereits in Sainte-Anne formuliert hatte): der Mord an Hélène sei ein »Selbstmord durch eine Mittelsperson« gewesen. Er hörte mir zu, ohne mich zu billigen noch zu mißbilligen. Später habe ich von meinem Arzt erfahren, daß mein Analytiker ihn periodisch aufsuchte und ihn stützte. Einmal schon, als ich zur Reanimation nach Sainte-Anne eingeliefert worden war, hatte mein Analytiker, dem es um den Preis unglaublich langwieriger Verhandlungen gelungen war, mich auf der Intensivstation zu besuchen und mit dem mich betreuenden Spezialisten zu sprechen, ernsthaft geglaubt, daß das das Ende sei und ich die Prüfung physisch nicht überleben werde. Das war der einzige Augenblick, wo er an meinem Überleben zweifelte. Wenn ich aber zu überleben imstande war, habe er, wie er mir sagte, nie an meiner psychischen »Heilung« gezweifelt. Als mein Arzt über mein Schicksal sehr beunruhigt war (und er war es manchmal), unterstützte mein Analytiker ihn in der Überzeugung, ich werde schon durchkommen – und hörte damit nie auf. Ohne ihn hätte mein Arzt wahrscheinlich (?) für immer resigniert, und ich hätte zu einem dieser »Chronischen« werden können, deren lebenslanges Elend ich in meiner nahen Umgebung beobachten konnte.

Die Imaos stürzten mich in einen so bedrohlichen Zustand (ich habe von dieser Periode offensichtlich alles vergessen), daß man mich erneut zur Reanimation nach Évry überweisen mußte. Aber einmal mehr kam ich davon. Man setzte die verhängnisvollen Imaos ab, und ich erholte mich langsam. Ich erlebte in Soisy sogar eine Phase von Erregung, verschwand zwei Monate in meiner Wohnung und tippte, beinahe ohne zu schlafen wie in allen diesen manischen Zuständen, die ich erlebt hatte, ein philosophisches Manuskript von zweihundert Seiten (zwischen November 1982 und Februar 1983), das ich aufbewahrt habe. Genaugenommen brachte ich darin zum ersten Mal in schriftlicher Form eine bestimmte Reihe von Ideen zum Ausdruck, die ich seit mehr als zwanzig Jahren sorgsam im Kopf bewahrt hatte, ohne sie jemandem anzuvertrauen, so wichtig (!) erschienen sie mir, und die ich für eine künftige Veröffentlichung aufbewahrt hatte, für den Tag, an dem sie reif wären. Seien Sie unbesorgt: Sie sind es noch immer nicht.

Im Gegensatz zu dem, was ich befürchtet hatte, erhielt ich zahllose Besuche meiner Freunde: einen pro Tag. Meine Freunde hatten sich untereinander verständigt, mich keinen Tag allein zu lassen. Was ich ihnen nicht alles verdanke! In Wirklichkeit, muß man sagen, *forderte* ich diese Besuche gebieterisch, ja tyrannisch sowohl vom Arzt als auch von ihnen. Mein Arzt begriff ihre Bedeutung für mich, und da die Lebensbedingungen in Soisy nicht dieselben waren wie in Sainte-Anne, erlaubte er sie weitgehend. So verbrachte ich lange Nachmittage in der Gesellschaft von Freunden und Freundinnen. Das Wichtige war ihre Gegenwart. So strickte eine Freundin schweigend mir zu Häupten, eine andere kam mit einem Buch. Ich ertrug ihr Schweigen sehr gut, weil ich ja nicht mehr allein war. Aber warum war ich in Hinsicht auf Besuche so anspruchsvoll, so tyrannisch (ja, buchstäblich)? Zweifellos aufgrund der »Allmacht der Depression«, und auch deshalb, weil ich diese »Allmacht« ausüben konnte, um der Angst vor der Einsamkeit und dem Verlassenwerden, die mich so stark bedrückte, vorübergehend ein Ende zu setzen. Wenn mir Menschen fehlten, wenn es vorkam, daß ein Freund oder eine Freundin mir das Gefühl von Verlassenheit vermittelte, verfiel ich wieder in eine schwerere Form von Depression.

Das passierte mir zu Beginn des Jahres 1983, als es mir gelang, mehrere Wochen in meiner Wohnung zu verbringen. Zwar nicht allein: auf gebieterische Anweisung meines Arztes, der an dieser Vorsichtsmaßnahme festhielt (denn ich bedeutete ihm, ich werde mich vom sechsten Stock herabstürzen), standen mir meine Freunde Tag und Nacht bei. Aber der Eindruck, allein und verlassen zu sein, stürzte mich in eine äußerst tiefe Depression, die meinen Arzt nötigte, mich wieder in die Klinik einzuweisen. Er überwies mich also nach Le Vialan, wo sich langsam eine halbe Besserung einstellte, die dann im Juli 1983 auf meine durchaus widerrufliche Entlassung für eine kurze Ferienzeit auf dem Lande im Osten hinauslief.

Wie viele Dinge aber waren nicht in der Zwischenzeit passiert! Das Gefühl meines Arztes (das er mir später anvertraute) war das, ich sei so lange und ernsthaft krank und so preisgegeben, daß kein Ende abzusehen wäre, daß ich die Sicherheit und den Schutz des Krankenhauses nie würde verlassen können. Und das verursachte seine größte Angst. Aber er verstand Kurs zu »halten«, das war das einzige Grundprinzip, das er sich sehr rasch auferlegt hatte, Kurs zu »halten«, indem er allen Auf- und Abschwüngen meiner Krankheit folgte, aber stets die Richtung beibehielt. Dennoch waren die Dinge für ihn nicht einfach, ganz im Gegenteil, denn ich tat alles, damit sie für ihn noch komplizierter wurden.

Ich hatte eine schreckliche Angst vor der Außenwelt. Nicht so sehr vor böswilligen Deutungen und Übergriffen, die der Alptraum meiner Ärzte und Pfleger waren (während sich diese Frage in Soisy nicht stellte) und die mein Arzt auch weiterhin für mich befürchtete, sogar als ich selbst dafür nicht mehr so empfindlich war, sondern vor der Realität der Außenwelt selbst, die ich für immer meinem Zugriff entzogen glaubte. Diese Angst nahm sehr lange eine genau definierte Form an. Man hatte nämlich (meine Freunde verbrachten ganze Tage damit) alle meine Sachen aus der École in eine Wohnung im XX. Arrondissement gebracht, die ich mit Hélène im Hinblick auf die Emeritierung gekauft hatte. Meine Freunde hatten mir den Zustand der Räumlichkeiten beschrieben: ein solches Gewirr von Bücherkisten, daß es praktisch unmöglich war, die Wohnung überhaupt zu betreten. Wie also vorgehen? Ich glaubte nicht nur, daß ich das Krankenhaus nie mehr verlassen und wieder in die Außenwelt eintreten können würde, sondern daß es, wenn es mir denn gelingen würde, mir unmöglich wäre, meine Wohnung zu betreten. Man kam zu dem Entschluß, ich solle doch wenigstens einmal einen Blick hineinwerfen. Ein Pfleger, den ich sehr mochte, begleitete mich eines Tages im Krankenwagen der Klinik hin. Ich war niedergeschmettert, als ich die bis zur Decke reichenden Stapel von Bücherkartons sah, und weigerte mich einzutreten. Ich nahm dieses Schreckbild mit, das mich dann unaufhörlich umtrieb, und zwar nicht in einer durchaus möglichen leeren Gestalt, sondern in schrecklich konkreter Form. Ich war ganz und gar erledigt.

Eben damals malte sich mein Arzt aus, was er später »phantastische Lösungen« nennen sollte, und insbesondere die folgende, ein wahres absurdes, »bürokratisch-medizinisches« Planspiel: der Krankenwagen der Klinik sollte meine Bücherkisten holen, man würde sie in einem leeren Raum des Krankenhauses auspacken, ich sollte meine Bücher aussortieren, die man dann wieder in meine Wohnung zurückbringen und auf Regalen aufstellen würde. Aber woher Regale nehmen? Drei meiner Freunde boten mir also an, die ersten besten, im Bazar de l'Hôtel-de-Ville* gekauften Bücherregal-Systeme zu mir hin-

---

* Ein Pariser Warenhaus (A. d. Ü.)

aufzutragen und aufzustellen, deren Bretter sie in der Métro transportierten! Ich war davon nicht erbaut. Wer hätte denn meine Bücher aussortieren sollen, wenn nicht ich, der ich mich dazu jedoch völlig unfähig fühlte? Das ganze Projekt ging mir ständig im Kopf herum. Ohne mir etwas davon zu sagen, trugen meine Freunde die Bücherregale in meine Wohnung hinauf, stellten dort so viele von meinen Büchern wie möglich auf und verkündeten mir eines Tages die Neuigkeit: endlich könnte ich, wenn ich es wollte, meine Wohnung betreten. Wirklich sollte ich sie denn auch, wie bereits gesagt, im Laufe meines ersten »Ausgangs« im November/Dezember 1982 beziehen, jenes Ausgangs, der so unglücklich enden sollte. Aber ich konnte überhaupt keines meiner Bücher mehr finden: ich mußte mich also selbst an ihre Ordnung und Aufstellung machen, aber wie diese endlose Aufgabe zustande bringen? Ich besaß Tausende von Büchern, von denen ich jedoch höchstens einige hundert gelesen hatte, wobei ich die (imaginäre) Lektüre der anderen auf bessere Zeiten verschob. Erneut wurde ich in Schrecken versetzt. Aber der Beweis, daß man in der Gesellschaft von ungeordneten Büchern leben kann, liegt gerade darin, daß es mir bisher noch immer nicht gelungen ist, sie zu ordnen, um sie wiederzufinden, ausgenommen einige wenige, und alles in allem lebe ich recht gut in dieser Unordnung. Ein weiterer Beweis, daß »alles sich im Kopf abspielt«.

Aber das war noch nicht das Schlimmste. Und damit rühre ich an etwas, das gleichermaßen schrecklich determiniert wie ganz einzigartig ist. Sicher, ich erlebte meine Klinikeinweisung, wie ich alle meine früheren Klinikeinweisungen erlebt hatte: als nahezu absolute Zuflucht vor den Schrecknissen der Außenwelt. Ich war dort gleichsam in einer Festung, von unzugänglichen Mauern in ihre Einsamkeit eingeschlossen: in die meiner Angst, aber wie je daraus entweichen? Mein Arzt spürte das sehr genau, und weil er es verstand, beteiligte er sich an meinem Spiel: am Spiel meiner Angst, und aus Gefühlsansteckung wurde er selbst von dieser Angst befallen, genau wie die Pfleger, auf die ich meine Angst unaufhörlich übertrug. Ich erinnere mich sogar eines Tages, an dem ich meinem Arzt die schreckliche Frage stellte, wobei ich eine ganz bestimmte Freundin im Auge hatte, deren Halsansatz ich eines Tages mit Entsetzen betrachtet hatte, während ich mich ängstlich fragte: und wenn ich nun rückfällig würde (und erneut eine Frau erwürgte)? Mein Arzt hatte mich beruhigt: aber nein!, ohne mir irgendeinen anderen Grund anzuführen. Seither aber habe ich erfahren, daß die Krankenschwestern abends Angst hatten, allein in mein Zimmer zu kommen, weil sie fürchteten, ich könne ihnen zu Leibe rücken und sie erwürgen … so als ob sie meinen grauenhaften, angstbesetzten Wunsch »aufgefangen« hätten. Wenn ich von dieser Gefühlsansteckung spreche, dann deshalb, weil der psychiatrische Gewahrsam sie unausweichlich auslöst. Die Angst des Patienten, des Arztes, der Pfleger und der Freunde auf Besuch teilt sich mit, und sie hat sich, ihre Effekte breit streuend, so gut mitgeteilt, daß mein Arzt mehrere Male in kritische Situationen geraten ist, wo nicht hinsichtlich seiner Pfleger (davon hat er mir nie etwas gesagt), so zumindest doch in bezug auf meine Freunde, die das sehr wohl bemerkt haben. Wie kann der Arzt also diesem Wechselspiel vielfacher Ängste entrinnen, in dem er tatsächlich miteins Geber und Nehmer ist? Eine außerordentlich schwierige Lage, die nur durch Kompromisse gerettet werden kann. Mein Arzt verstand sie zu finden, aber nicht ohne Nebenwirkungen.

Ich glaube, den Ort der wichtigsten dieser Nebenwirkungen genau festlegen zu können: er hängt mit dem zugleich objektiven und phantasmatischen »Wesen« der »Festung« zusammen, die ich als Zuflucht und Schutz gegen die Angst vor möglichem Kontakt mit der Außenwelt erlebte. Diese Außenwelt aber existierte nicht nur in meiner Phantasie: sie wurde mir nämlich täglich von meinen Freunden hereingetragen, die aus dieser Außenwelt kamen und jeden Tag wieder dorthin zurückkehrten. Ich führe ein einziges Beispiel an: Foucault kam mich zweimal besuchen, und ich erinnere mich, daß wir mehrfach über alles das sprachen, was sich in der intellektuellen Welt abspielte, so wie ich das praktisch mit *allen* meinen Freunden tat, über die Personen, die sie bevölkerten, ihre Arbeiten, Projekte und Konflikte und die politische Situation. Ich war also ganz und gar »normal«, mit allem völlig auf dem laufenden, meine Ideen kamen mir wieder, ich warf die Bälle manchmal arglistig Foucault zu, der in der Überzeugung wiederkam, daß es mir sehr gut ging. Ein andermal, als er mich besuchen kam, war ich gerade in Gesellschaft von Pater Breton. Daraufhin entspann sich zwischen den beiden, unter meiner Ägide und Schiedsgerichtsbarkeit, ein außerordentlicher Ideen- und Erfahrungsaustausch, den ich mein Leben lang nicht vergessen werde. Foucault sprach über seine Untersuchungen zu den »Werten« des Christentums des 4. Jahrhunderts und machte folgende interessante Bemerkung, daß, wenn die Kirche die Liebe auch immer sehr hoch gestellt habe, sie der Freundschaft doch stets mit lebhaftem Mißtrauen begegnet sei, die die klassischen Philosophen und vor allem Epikur gleichwohl ins Zentrum ihrer konkreten Ethik gestellt hätten. Natürlich konnte er, der Homosexuelle, nicht umhin, den Abscheu der Kirche vor der Freundschaft mit dem Abscheu, das heißt der (noch ambivalenten) Vorliebe jeder Institution der Kirche und des Klosterlebens für die Homosexualität in Verbindung zu bringen. An eben dieser Stelle griff auf verblüffende Weise Pater Breton ein, nicht um ihm theologische Bezüge anzuführen, sondern um ihn an seiner persönlichen Erfahrung teilnehmen zu lassen. Ohne Kenntnis seiner Eltern aufgewachsen, von einem Geistlichen aufgenommen, der, als er die Lebhaftigkeit seines Geistes erkannte, ihm Aufnahme ins Seminar von Agen verschaffte, absolvierte er dort einen Teil seiner Gymnasialzeit. Mit fünfzehn Jahren wurde er zum Noviziat zugelassen und führte das sehr strenge Leben eines kleinen Mönchs – Unpersönlichkeit ohne Ich (Christus war keine Person, sondern ein unter das Wort subsumiertes Unpersönliches), ein von strengen Regeln geleitetes Leben. Im Gehorsam ließ er sein Ich [in] seinem Oberen aufgehen: »Die Ordensregel dachte für einen; weil bereits für einen gedacht worden ist, wird jedes persönliche Denken zur Sünde der Hoffart.« Erst später hat man in Anbetracht der Entwicklung der Sitten versucht, zugunsten dessen, was man den christlichen Personalismus nannte, die Originalität eines jeden etwas mehr zu achten, aber noch in welch geringem Maße! In diesem Sinne sagte Breton, einen Ausdruck von Foucault aufgreifend, daß der »Mensch eine sehr junge Entdeckung« in den Klöstern sei. Breton hatte keinen einzigen Freund in seinem Leben, denn die Freundschaft war immer suspekt, weil sie leicht in besondere Freundschaft entartete, eine maskierte Form von Homosexualität: in der Kirche übte die Homosexualität sehr wohl eine verdrängte Anziehungskraft aus, die sich durch den Ausschluß der Frauen erklärte. Man hätte nie so eindringlich auf der Gefahr von Einzelfreundschaften beharrt, wenn die Homosexualität nicht eine konstante Gefahr und Versuchung gewesen wäre. Die Einzelfreundschaften waren die Obsession der Oberen, der Schrecken eines überall verbreiteten Übels. Und dann gab es ja so viele Fälle von Priestern, von geweihten Priestern gar, die Abscheu vor Frauen hatten, daher ihr Reinheitstrieb, denn die

Frau ist ein schmutziges Wesen, viele Priester glaubten, die Unreinheit zurückzuweisen, wenn sie die Frau zurückwiesen und sich »einen Jungen mieteten«. Etwa jener heilige Mann von Priester, der alle Regeln getreulich einhielt und die Messe las, der einen wonnigen kleinen Meßdiener hatte und ihn eines Tages in die Sakristei kommen ließ, ihm den Hosenlatz öffnete und ihm einige Schamhaare abschnitt, um sie in einer Art Reliquiar zu verschließen (eine Kapsel, in die man die Hostie legte). Die Freundschaft in diesen Fällen ist immer suspekt, und man versteht, was Foucault sagen wollte. Die Liebe war eine Art und Weise, sich von der Freundschaft zu befreien, vor allem im weitesten Sinne des Wortes, wenn sie der Ferne und der Nähe gilt.

Und da war ich, zwischen diesen beiden, sowohl Foucault als auch Pater Breton lauschend und an einer Konversation teilnehmend, die nichts mehr mit dem Krankenhaus und seiner Festung zu tun hatte, weit entfernt von meiner Angst um Verwahrung und Schutz. So ging es *mit allen meinen Freunden*, die es mir ermöglichten, im Geist und in Unterhaltungen außerhalb der berühmten Kerker-»Sicherheit« zu leben, nämlich in der Außenwelt.

Offensichtlich hatte mein Arzt keine wirkliche Kenntnis von diesem Aspekt meines Lebens: ich vertraute ihn ihm nicht an. Ich vertraute ihm nur meine Angst an. Und auf dieser Angst erbaute er seine Konzeption meiner Haft in der Festung. Darf ich äußerstenfalls sogar sagen, daß er durch diese Obsession von der Einsperrung und von meiner Angst vor der Außenwelt viel mehr fixiert und geängstigt war als ich? Kürzlich habe ich ausführlich mit ihm über diese Dinge der Vergangenheit gesprochen und bemerkt, daß er seine eigene Angst auf mich hatte projizieren müssen, ausgehend von Indizien der meinen, und mir so die radikalen Formen seiner eigenen Angst geliehen hatte. Zwar fühlte ich mich für immer verloren, aber nicht so sehr aufgrund meines Entsetzens vor der Außenwelt als vielmehr aus anderen, tieferen Gründen, die ich benennen will.

Vor allem möchte ich beharrlich auf die Beschädigungen verweisen, die die psychiatrische Institution aufgrund ihrer bloßen Existenz bewirkt. Es ist sattsam bekannt, daß viele von einer akuten, also vorübergehenden Krise befallene Kranke, die von Amts wegen und gleichsam mechanisch in psychiatrische Verwahrung genommen worden sind, deshalb und aufgrund der Mittel und der Einsperrung zu

»Chronischen«, zu wirklichen Geisteskranken werden können, die unfähig sind, je wieder den Bannkreis der Klinik zu verlassen. Dieser Effekt ist genau bekannt bei allen, die den Mechanismus der Klinikeinweisung zu bremsen versuchen und ihr ambulante Behandlungsweisen vorziehen, sei es Tages-, sei es Poliklinik usw. Eben da liegt der tiefere Sinn der in Italien von Basaglia geleisteten (oder eher gepredigten) Reform. Basaglia wollte sowohl die akuten als auch die »chronisch gewordenen« Fälle vor den mechanischen Schäden der Internierung bewahren, indem er die psychiatrischen Kliniken schloß und die Kranken sei es Krankenhäusern, sei es wohlmeinenden Familien anvertraute. Natürlich konnte diese Reform nur in einer Periode großer Volksbewegungen und mit Hilfe der Gewerkschaften und der Arbeiterparteien konzipiert werden. In Frankreich ist sie schwer vorstellbar angesichts der Konstanten einer repressiven Mentalität. Sogar in Italien ist die Reform Basaglias, wie bekannt, strenggenommen gescheitert. Was ist also künftig zu tun, um die Kranken aus der Hölle der gemeinsamen Bestimmungen aller beteiligten ISA herauszuholen?

Was man aber weniger durchschaut, was man weniger genau kennt, sind die Auswirkungen der psychiatrischen Internierung auf die Ärzte selbst, auf ihre Vorstellungen von den Kranken und von den Ängsten ihrer Kranken. Es ist eindrucksvoll zu sehen, daß in meinem Fall der Arzt mit den besten Absichten der Welt, der auch am besten fürs »Zuhören« bei seinem Patienten gerüstet war, seine eigene Angst vor der totalen »Festung« auf ihn (mich) projizierte und sich teilweise, dank dieser Projektion und Konfusion, hinsichtlich dessen getäuscht hat, was tatsächlich in mir vorging. Es war nicht so sehr die Außenwelt, die meine Angst fixierte und auslöste, als vielmehr das intensive Entsetzen, dort ganz *allein* und verlassen zu sein, unfähig, welche Schwierigkeit auch immer zu lösen, meine Unfähigkeit, ganz einfach zu sein, zu existieren. Während die Aufmerksamkeit meines Arztes sich so auf eine bestimmte Angst fixierte, die er mir eher verlieh, als daß er sie an mir beobachtete, indem er sie damit von ihrem »Objekt« oder eher von der Absenz jedes Objektes, vom Verlust jedes »Objektes« auf die Gestaltung und die Darstellung seiner eigenen, auf mich projizierten Angst verschob, entwickelte sich in mir eine ganz andere »Dialektik«: die der »Trauer«.

Mehrere Freunde haben mir dieselben Fakten berichtet, die einen ebenso verwirrend wie die anderen. Eine ganze endlose Zeitlang »verlor« ich alles: meinen Morgenrock, meine Schuhe, meine Socken, meine Brille, meinen Stift, meine Pullover, den Schlüssel zu meinem Schrank, mein Adressenheft, was weiß ich noch: alles. Ich sehe die unbewußte Bedeutung dieses merkwürdigen Verhaltens heute sehr deutlich, das sich auf *objektive* Objekte bezog. Es war die »Münze« eines ganz anderen, unbewußten Verlustes, des Verlustes des objektalen Objekts, das heißt des inneren, des Verlustes des geliebten Wesens, Hélènes, der einen anderen, früheren reaktivierte, den meiner Mutter. Der mütterlich geprägte Verlust des inneren, objektalen Objekts wurde so unbewußt in den endlosen Mechanismus der Wiederholung von diskreten objektiven Objekten umgemünzt. So als ob ich, wenn ich das objektale Objekt einbüßte, das alle meine Besetzungen lenkte, wenn ich die unbewußte Matrix aller meiner Besetzungen einbüßte, gleichzeitig jede Fähigkeit zur Besetzung der diskreten objektiven Objekte verlor, und zwar bis ins Unendliche. Ich büßte alles ein, weil ich das Ganze meines Lebens eingebüßt hatte und darum trauerte. Dieser Fortgang des Verlustes bis ins Unendliche war die psychische Trauerarbeit, die Arbeit des Verlustes und am Verlust des ursprünglichen objektalen Objekts.

Und zur gleichen Zeit war ich an allen Körperteilen krank: an Augen, Ohren, Herz, Speiseröhre, Darm, Beinen, Füßen und was weiß ich? Ich verlor meinen Körper buchstäblich in den Anfällen eines allgemeinen Leidens, das mir seinen Gebrauch beschnitt: ich fiel also wieder in meinen »zerstückelten Körper« zurück.

Gleichwohl legte ich auch ein anderes, so merkwürdiges wie bezeichnendes Verhalten an den Tag. Alle meine Freunde, die mich damals sahen, haben mir das auf eindrucksvolle Weise bestätigt. Ich hielt ihnen weitschweifige selbstmörderische Reden. Mit einem von ihnen untersuchte ich einen ganzen Nachmittag die verschiedenen Mittel, mich zu töten, und zwar von den ältesten klassischen Beispielen der Antike an, und bat ihn zum Abschluß, mir auf der Stelle einen Revolver zu bringen. Mit derselben Hartnäckigkeit fragte ich ihn: *»Aber Du, existierst denn Du?«* Gleichzeitig und vor allem aber *zerstörte* ich – das Wort ist bedeutsam – jede Perspektive, aus dem elenden Zustand herauszufinden, auf den ich mich beschränkt fühlte. Nie ging mir der Vorrat an Argumenten aus, im Gegenteil, es hatte den Anschein, als sei ich unerbittlich in meinen Gedankengängen, und ich

313

brachte meine Zeit damit zu, meinen Gesprächspartnern die absolute Nichtigkeit jedes Rückhalts zu *beweisen*, mochte er nun physiologischer, neurologischer, chemischer, psychiatrischer oder psychoanalytischer Art sein, vor allem psychoanalytischer. Mit Argumenten philosophischer Art bewies ich die absoluten Begrenztheiten jeder Form von Intervention, ihren willkürlichen und letztlich völlig vergeblichen Charakter, zumindest in meinem »Fall«. Meine Gesprächspartner konnten mir nichts mehr erwidern und schwiegen schließlich, selbst diejenigen, die in der »Dialektik« der philosophischen Diskussion sehr bewandert waren (und mir saßen häufig Philosophen von großer Begabung gegenüber), und dann gingen sie völlig verzweifelt und verwirrt weg. Später telephonierten sie daraufhin miteinander, aber nur um sich darauf zu einigen, daß nichts mehr zu machen sei, es sei nun einmal so, ich sei verloren. Worauf mochte ich »abzielen« mit diesen Beweisen, die allesamt Kraftproben waren, aus denen ich als Sieger hervorging? Was ich in der Zerstörung der Existenz des anderen, in der unerbittlichen Ablehnung aller Formen von Hilfe, Unterstützung und Erklärung, die man mir zu bieten sich bemühte, eigentlich suchte, war ganz offensichtlich der *Beweis*, der Gegenbeweis *meiner eigenen objektiven Zerstörung*, der *Beweis meiner Nicht-Existenz*, der Beweis, daß ich für das Leben, für jede Hoffnung auf Leben und Rettung schon so gut wie tot war. In dieser Prüfung und in diesem Beweis versuchte ich nämlich mir selbst meine eigene und radikale Rettungslosigkeit zu beweisen, *also meinen eigenen Tod*, indem ich so auf anderen Wegen wieder auf meinen Selbsttötungs-, auf meinen Selbstzerstörungswillen stieß. Aber meine Selbstzerstörung verlief symbolisch auf dem Wege über die Zerstörung der anderen und vor allem meiner liebsten und mir nächststehenden Freunde, darunter die Frau, die ich am meisten liebte.

Denn es war unzweifelhaft die »Trauerarbeit«, die Arbeit der Zerstörung seiner selbst, die Arbeit an der Zerstörung seiner selbst aus Anlaß der Zerstörung von Hélène, die mein Fall war. Und nicht nur die Zerstörung von Hélène. Eines Tages erhielt ich Besuch von einem Freund und Analytiker, den ich seit langem kannte; ich ließ ihn an meinen Ängsten und an meiner ewigen Frage teilnehmen: aber was ist denn beim Mord an Hélène eigentlich passiert? Zu meiner großen Überraschung sagte er mir mit einer zweifellos etwas »wilden«, wenigstens der Form nach etwas wilden Deutung, ich habe durch und mit dem Mord an Hélène unbewußt meinen eigenen Analytiker töten wollen. Darauf war ich nicht gefaßt gewesen und reagierte sehr erstaunt, ungläubig. Die Zerstörung aber, die ich an jeder Realität der Psychoanalyse – und damals ganz radikal – vornahm, ging genau in dieselbe Richtung. Und ich hätte sie, wenn ich damals auch nur die geringste derartige Vermutung gehabt hätte, verifizieren können, und zwar an dem sehr weitgehenden Plan, mich buchstäblich meines Analytikers zu entledigen, indem ich ihn verließ, um mir einen anderen zu suchen, nämlich eine Analytikerin polnisch-russischer Herkunft (wie Hélène), von der man mir erzählt hatte. Das alles spielte sich telephonisch und mit Freunden als Mittelsmännern ab, die meine Komplizen waren. Einmal erzählte ich sogar meinem Analytiker davon, der mir sagte, ich habe das uneingeschränkte Recht, das in aller Freiheit selbst zu entscheiden, und keinerlei Einwände gegen mein Vorhaben erhob. Dennoch dachte ich daran! Aber die Dinge zogen sich hin, ich konnte die Klinik praktisch nicht verlassen zu jenem Treffen in der Ferne, und letztlich verzichtete ich darauf, dieses gleichwohl radikal durchdachte Projekt weiterzuverfolgen.

Ich habe jetzt allen Grund zu der Annahme, daß alles eng zusammenhing: der Verlust des objektalen Objekts, der in den Verlust unzähliger realer objektiver Objekte umgemünzt wurde, enthüllte sich wie meine allgemeine Hypochondrie als der Wille, gleichzeitig alles zu verlieren und alles zu zerstören, Hélène, meine Bücher, meine Lebensberechtigung, die École, meinen Analytiker und mich selbst. Was mich kürzlich in bezug auf diesen Aspekt alarmiert und mich praktisch dazu bewogen hat, dieses kleine Buch zu schreiben, war der Satz jener Freundin, die ich so sehr liebte. Erst neulich erklärte sie, die mir nie den kleinsten Vorwurf gemacht noch gar eingestanden hat, was sie im Grunde von mir dachte, mir gleichsam instinktiv: »Was ich an Dir nicht mag, ist Dein Wille, *Dich selbst zu zerstören.*« Dieser Satz öffnete mir die Augen und frischte die Erinnerung an jene schwierigen Zeiten wieder auf. Tatsächlich wollte ich alles zerstören, meine Bücher, Hélène, die ich getötet hatte, meinen Analytiker, aber nur um sicher zu sein, daß ich mich selbst zerstörte, so wie ich das in meinen Selbstmordprojekten phantasierte. Und warum dieser hartnäckige Selbstzerstörungswille? Wenn nicht deshalb, weil ich im Grunde, unbewußt (und dieses Unbewußte münzte sich in endlose Beweisführungen um), um jeden Preis *mich* zerstören wollte, weil ich, von jeher, nicht existierte. Welcher bessere *Beweis, nicht zu existieren,* als daraus den Schluß zu ziehen, *sich selbst zu zerstören,* nachdem ich alle meine Nächsten, alle meine Stützen, alle meine Rückhalte zerstört hatte?

Eben damals kam mir, weil ich ja inzwischen sogar das Mittel gefunden hatte, zu existieren – als Lehrer, Philosoph und Politiker –, der Gedanke, daß in mir dank der schrecklichen Urangst der Depression und in der wunderbaren Regression, die ich dabei erlebte, die ursprüngliche alte, so oft und in so vielen Formen wiederholte Zwangsvorstellung (*cf.* die Episode mit dem Karabiner) wiederkehrte, daß ich nichts anderes war als eine Existenz aus Kunstgriffen und Schwindeleien, das heißt buchstäblich nichts Authentisches, also nichts Wahres und Wirkliches. Und daß der Tod mir von Anfang an einbeschrieben war: der Tod jenes Louis, des Toten hinter mir, den der Blick meiner Mutter durch mich hindurch fixierte und mich damit zu jenem Tod verurteilte, den er in den Lüften über Verdun gefunden hatte, und den sie unaufhörlich und zwanghaft in ihrer Seele und in der Ablehnung dieses Begehrens wiederholte, das ich zu verwirklichen nicht müde wurde.

Eben damals begriff ich (und habe es gerade anhand jenes so klarsichtigen Satzes dieser Freundin begriffen), daß ich die Trauer, die ich um Hélène trug, nicht erst seit dem Tod (der Zerstörung Hélènes) um sie trug und an ihr abarbeitete, sondern *seit jeher.* Tatsächlich hatte ich immer Trauer um mich selbst getragen, um meinen eigenen Tod durch meine Mutter und zwischengeschaltete Frauen. Als greifbaren Beweis meiner Nicht-Existenz hatte ich verzweifelt alle Beweise meiner Existenz zerstören wollen, nicht nur Hélène, den sichersten Beweis, sondern auch die sekundären Beweise, mein Werk, meinen Analytiker und schließlich mich selbst. Gleichwohl hatte ich nicht bemerkt, daß ich in diesem allgemeinen Massaker eine Ausnahme machte: die jener Freundin, die mir die Augen öffnen sollte, als sie mir kürzlich sagte, daß, was sie an mir nicht möge, mein Selbstzerstörungswille sei. Das ist zweifellos kein Zufall: so sehr hatte ich versucht, sie ganz anders zu lieben als die Frauen in meiner Vergangenheit, sie, die einzige Ausnahme meines Lebens.

Ja, ich war seither unaufhörlich in Trauer um mich selbst, und eben diese Trauer habe ich zweifellos in jenen merkwürdigen regressiven Depressionen erlebt, die keine wirklichen Krisen von Melancholie, sondern eine widersprüchliche Art und Weise waren, für die Welt in der Ausübung der Allmacht zu sterben, die, jene selbe Allmacht, mich in meinen Phasen von Hypomanie erfaßte. Die totale Unfähigkeit, in allem und jedem gleich allmächtig zu sein. Immer die schreckliche Ambivalenz, deren Äquivalent man übrigens in der christlichen Mystik des Mittelalters findet: *totum = nihil.*

Soll ich auf die folgende Phase eingehen? Sie interessiert niemanden. Aber ich verstehe jetzt den Sinn der Veränderungen, die sich in mir vollzogen: sie wiesen allesamt in die Richtung der (Wieder-)Aufnahme meiner eigenen Existenz. Das begann zunächst mit der Initiative, die ich ergriff, meinen »Anwalt« kommen zu lassen, um einen Gewerkschaftler von dem zu befreien, was ich für eine politische Inhaftierung hielt (die KPF). Von diesem Vorstoß erfuhr mein Arzt *nichts.* Weiter dann, als ich von meinem Arzt verlangte, mir ein neues Mittel zu verschreiben, das Upsène [*i.e.* Upstene, ein Anti-Depressivum], das bei mir wirklich gut anschlug. Ich verließ Soisy im Juli 1983 und verbrachte schwierige Ferien in einem Landhaus von mir sehr nahestehenden Freunden im Osten, aber ich war nicht sehr tapfer. Ich hatte aber Erfolg, und mein Arzt übernahm die (beträchtliche) Verantwortung, mich bei meiner Rückkehr im September 1983 nicht wieder in die Klinik einzuweisen. Meine Freunde organisierten eine Art Tag- und Nachtwache für mich in meiner Wohnung. Dank ihnen gewöhnte ich mich schließlich an meine neue Bleibe, die aufhörte, mir Angst einzuflößen. Seither habe ich meinen Analytiker willentlich auf seine Rolle als Analytiker beschränkt, ohne ihm noch die Betreuung eines Psychiaters oder Arztes abzuverlangen. Seither habe ich allmählich alle meine Angelegenheiten, meine Freundschaften und meine Zuneigungen, wieder selbst in die Hand genommen. Seither glaube ich begriffen zu haben, was lieben ist: in der Lage sein, nicht jene Initiativen von Selbstüberbietung und »Übertreibung« zu ergreifen, sondern aufmerksam auf den anderen zu sein, sein Begehren und seine Rhythmen zu respektieren, nichts zu verlangen, sondern empfangen zu lernen und jede Gabe als Überraschung des Lebens zu empfangen, und zu derselben Gabe und derselben Überraschung für den anderen fähig zu sein, ohne irgendeine Anmaßung und ohne ihm die mindeste Gewalt anzutun. Kurz, die einfache Freiheit. Warum hat Cézanne die montagne Sainte-Victoire zu allen möglichen Tageszeiten gemalt? Weil das Licht jedes Augenblicks eine Gabe ist.

Das Leben kann also, trotz seiner Dramen, sehr schön sein. Ich bin siebenundsechzig Jahre alt, aber ich fühle mich endlich, ich, der ich keine Jugend hatte, weil ich nicht um meiner selbst willen geliebt wurde, ich fühle mich endlich jung wie nie zuvor, selbst wenn die Sache bald zu Ende sein wird.

Ja, die Zukunft hat Zeit.

XXIII[*]

Ein alter Freund und Arzt, der Hélène und mich seit sehr langer Zeit kannte. Ich zeige ihm diesen Text. Und ich stelle ihm ganz selbstverständlich die Frage:

»Was ist denn an jenem Sonntag, dem 16. November, zwischen Hélène und mir passiert, das zu diesem schrecklichen Mord führte?«

Hier seine Antwort, Wort für Wort:

»Ich würde sagen, daß sich ein unglaubliches Zusammentreffen von Ereignissen vollzogen hat, von beiläufigen für die einen, von nicht-zufälligen für die anderen, deren Konjunktion völlig unvorhersehbar war und sehr leicht mit wenig Aufwand hätte vermieden werden können, wenn nur ...

Meiner Meinung nach beherrschen drei Fakten die Situation:

1.) *Einerseits* befandest Du Dich, wie das die drei ärztlichen Gutachter festgestellt haben, in einem ›Zustand von Demenz‹, also Schuldunfähigkeit: geistige Verwirrung, Onirismus, Du bist vor und während der Tat völlig unbewußt verfahren, auf der Grundlage einer Krise akuter Melancholie, also nichtverantwortlich für Deine Taten. Daher die Verfahrenseinstellung, die in solchen Fällen vorgeschrieben ist.

2.) *Andererseits* aber hat ein Befund die Untersuchungsbeamten an Ort und Stelle beeindruckt: es fand sich keinerlei Spur von Unordnung, weder in Euren beiden Zimmern noch auf Deinem eigenen Bett, noch an den Kleidern von Hélène.

Die Geschichte von der ›Decke‹, die Hélènes Hals vor den sichtbaren Spuren der Strangulation geschützt haben soll, war eine Journalistenhypothese beim Versuch, gerade das Fehlen äußerer Spuren der

---

[*] Dieses Kapitel, in der Reihenfolge der anderen numeriert, trug überdies den vom Autor gewählten Titel *Non-lieu* [Verfahrenseinstellung]. (*A. d. Hrsg.*)

Strangulation zu erklären. Diese Hypothese aber, der man übrigens nur in einem einzigen, von mehreren anderen abgelehnten Artikel begegnet, ist von der Untersuchung förmlich widerlegt worden. Es gab keinerlei äußere Spur von Strangulation auf der Haut von Hélènes Hals.

3.) Und *letztens* wart ihr beide allein in der Wohnung, nicht nur seit etwa zehn Tagen, sondern auch an jenem Morgen.

Natürlich gab es niemanden, der hätte eingreifen können. Und mehr noch: Aus dem oder jenem Grunde hat Hélène nicht die mindeste Verteidigungsregung unternommen. Irgend jemand hat nicht ohne Grund auf folgendes aufmerksam gemacht: In dem Zustand von Verwirrung und Bewußtseinstrübung, in dem Du Dich befandest (und vielleicht auch unter der verhängnisvollen Wirkung der Imaos, im Gefolge des biologischen Schocks, der bei Dir ›umgekehrte‹ Effekte hervorgebracht hat), hätte es genügt, wenn Hélène Dir eine ordentliche Ohrfeige verpaßt oder eine ernsthafte Geste gemacht hätte, um Dich aus Deiner Bewußtseinstrübung herauszureißen, jedenfalls um Deine Dir unbewußten Bewegungen aufzuhalten. Der gesamte Ablauf des Dramas hätte dadurch verändert werden können. Aber sie hat nichts dergleichen getan.

Soll das heißen, daß sie den Tod nahen fühlte, den sie von Dir zu empfangen wünschte, und sich passiv töten lassen hat? Das ist nicht auszuschließen.

Soll das im Gegenteil heißen, daß sie von Deiner wohltuenden Massage nichts zu befürchten hatte, mit der sie seit langem vertraut war? – Wenn man Dir Glauben schenkt, muß man ja sagen, daß Du ihr nie den Hals, sondern den Nacken massiert hattest –, das ist ebenfalls nicht auszuschließen. Du weißt (alle Anatomen wissen das ebenso genau wie die Kriegskünste und die gedungenen Killer), daß der Hals von *äußerster Zartheit* ist: es bedarf nur eines leichten Schlages, um Knorpel und Knöchelchen zu brechen, und dann tritt der Tod ein.

Hatte Hélène im tiefsten Grunde einen Wunsch, mit dem Leben abzuschließen (sie hatte seit einem Monat unaufhörlich davon gesprochen, sich zu töten, aber Du wußtest, daß sie dazu nicht in der Lage war), so daß sie den Tod, den zu geben sie Dich angefleht hatte, aus Deinen Händen passiv hinnahm? Auch das ist nicht auszuschließen.

Oder hattest Du, wie während Deines ganzen Lebens, einen solchen Wunsch, ihr beizustehen, ihrem intensivsten, wehrlosesten Wunsch zu

Hilfe zu kommen, daß Du unbewußt ihren Wunsch verwirklicht hast, mit dem Leben abzuschließen? Ein Fall, den man ›Selbstmord durch Mittelsperson‹ oder ›altruistischen Selbstmord‹ nennt, wie man ihn in Fällen akuter Melancholie wie Deinem häufig beobachtet? Auch das ist nicht auszuschließen.

Aber wie nun zwischen diesen Hypothesen wählen?

In diesem Bereich ist alles oder doch beinahe alles vorstellbar. Aber auf diesem Boden wird man nie *absolute Gewißheit* haben, so vielfältig, subjektiv komplex und unentscheidbar und objektiv größtenteils zufällig sind die Elemente, die sich da zur Auslösung des Dramas zusammenballen.

Was wäre wohl wirklich passiert, wenn Hélène beispielsweise – und das ist vollkommen objektiv! – Deinen Analytiker nicht angefleht hätte, der Dich auf der Stelle ins Krankenhaus einweisen wollte, ihr eine ›Bedenkzeit‹ von drei Tagen einzuräumen? Warum hat sie Deinen Analytiker aus sich selbst heraus angefleht, ihr diese Frist zu gewähren? Und vor allem, vor allem!, was wäre passiert, wenn der *Eilbrief* Deines Analytikers, der am Freitag, dem 14., um sechzehn Uhr aufgegeben wurde und Hélène aufforderte, ihn *dringlichst* anzurufen, um Deine *unverzügliche* Einweisung trotz ihrer Bitte um Aufschub zu veranlassen, nicht am Montag, dem 17., also nach dem Drama, sondern entweder am Freitag, dem 14., abends, oder am Samstag, dem 15., morgens in der École angekommen wäre? Der Post ist wahrscheinlich kein Vorwurf zu machen. Aber der Pförtner der École, der die Sendungen in Empfang nahm, Briefe und Rohrpost, hat Dich offensichtlich weder am Haustelephon erreichen noch sich durch Klingeln Eintritt verschaffen können, weil Du ja seit wenigstens zehn Tagen – alle Deine Freunde haben das bezeugt (eingeschlossen diejenigen, die am liebsten ›Deine Tür mit Gewalt geöffnet‹ hätten) – weder aufs Telephon noch aufs Türklingeln mehr reagiertest? Wenn Du wie durch ein Wunder oder ausnahmsweise ans Telephon gegangen wärest oder Deine Tür geöffnet hättest, hätte Hélène den Eilbrief Deines Analytikers erhalten und, wenn sie gewollt hätte, Deinen Analytiker anrufen können: offensichtlich – und ohne jede mögliche Widerrede – wäre dann alles ganz anders verlaufen.

In eurem Drama ist das objektive und nicht phantasierte Unwägbare von Anfang an und bis zum letzten Augenblick präsent.

Alles, was sich sagen läßt, ist, daß, wenn man diese zahlreichen

Imponderabilien außer acht läßt – aber wie denn davon abstrahieren? –, Hélène den Tod ohne die geringste Geste akzeptiert hat, ihn zu verhindern oder sich davor zu schützen, so als hätte sie sich den Tod gewünscht, ja sogar ihn aus Deinen Händen empfangen mögen.

Was sich ebenfalls sagen läßt, ist, daß Du, der Du ihr zweifellos den Tod gegeben hast, wahrscheinlich dadurch, daß Du sie nur sorgfältig massieren wolltest, weil man ja keine Spur eines äußeren Würgemals entdeckt hat, Deinen Todeswunsch verwirklichen wolltest und, wenn Du ihr auch den gewaltigen Dienst erwiesen hast, sie stellvertretend für sie selbst zu töten (denn sie war durchaus unfähig, sich selbst zu töten), Du gleichzeitig unbewußt Deinen eigenen Selbstzerstörungswunsch durch den Tod der Person verwirklichen wolltest, die am stärksten an Dich glaubte, um ganz sicher zu sein, daß Du nur jene Persönlichkeit aus Kniffen und Schwindeleien warst, die Dich immer beunruhigt und umgetrieben hat. Der beste Beweis, daß man sich tatsächlich an die Nicht-Existenz verlieren kann, ist der, daß man sich selbst zerstört, indem man diejenige zerstört, die einen liebt und vor allem an die eigene *Existenz* glaubt.

Ich weiß, daß sich immer Leute und sogar Freunde finden werden, die sagen: Hélène war seine Krankheit, er hat seine Krankheit getötet. Er hat sie getötet, weil sie ihm das Leben unmöglich machte. Er hat sie getötet, weil er sie haßte usw. Oder, genauer: Er hat sie getötet, weil er in der Phantasie seiner eigenen Selbstzerstörung lebte und diese Selbstzerstörung ›logischerweise‹ auf dem Weg über die Zerstörung seines Werkes verlief, seiner Berühmtheit, seines Analytikers und schließlich Hélènes, in der sich sein ganzes Leben zusammenfaßte.

Was aber bei diesem Typus von Beweisgang sehr störend wirkt (der sehr verbreitet, weil sehr beruhigend ist – man findet darin wirklich einen unzweifelhaften ›Fall‹), ist das ›weil‹, das in den ganzen Fall eine unwiderrufliche Zwangsläufigkeit einführt, ohne auch nur im geringsten die Häufung von Zufallselementen in Rechnung zu stellen.

Nun haben wir aber alle, alle, unbewußte aggressive Phantasien, ja sogar Phantasien von Mord und Totschlag. Wenn alle diejenigen, die solche Phantasien in sich bergen, zur Tat übergingen, müßten wir alle, hörst Du, zwangsläufig zu Mördern werden. Die gewaltige Mehrzahl der Menschen aber kann durchaus mit ihren Phantasien, ja sogar mörderischen Phantasien leben, ohne je zur Tat zu schreiten, um sie zu verwirklichen.

Diejenigen, die sagen: er hat sie getötet, *weil* er sie nicht mehr ertragen konnte, *weil* er, und sei es unbewußt, wünschte, sich ihrer zu entledigen, verstehen von alledem nichts oder legen sich nicht Rechenschaft von dem ab, was sie sagen. Wenn sie diese Logik auf sich selbst anwendeten, sie, die diese Logik der Phantasien von Aggression und Mord ebenfalls in sich tragen (und wer trüge sie nicht in sich?), wären sie allesamt nicht in der psychiatrischen Klinik, sondern seit langem im Gefängnis.

Du weißt, in der Geschichte eines Individuums wie in der eines Volkes – Sophokles hat das treffend gesagt – gibt es definitive Wahrheit nur in der Nachträglichkeit des Todes, das heißt in der eines unwiderruflichen Endes, an dem niemand, schon gar nicht der Tote, etwas mehr ändern kann. Und es ist dieses Fallbeil des Todes, das diese Nachträglichkeit schafft, von der aus sich entscheiden läßt (der Fall des Sophokles), ob die tote Persönlichkeit glücklich gewesen ist oder nicht und wer, im Falle von Hélène, ihren Tod ›verursacht‹ hat.

Im Leben aber spielen sich die Dinge nicht so ab. Man kann an einem simplen Unfall sterben, ohne daß ›irgendein Wunsch sich darin verwirklicht‹. Wenn aber ›Wunsch‹ im Spiel ist oder man ihn argwöhnt, findet man Mengen von Leuten, die *nachträglich* – und das ist unerläßlich für sie, denn sie haben das Bedürfnis, die Vorstellung, die sie sich davon machen, nicht nur zu verstehen, sondern auch zu verteidigen, um sich vor sich selbst zu schützen, um einen Freund zu schützen oder einen Dritten anzuklagen, im vorliegenden Fall jenen Arzt, der nicht alles getan hat, was sich von außen aufdrängte, von einem ›vermeintlich objektiven‹ Draußen, was ›auf der Hand lag‹ – Mengen von Leuten, die ›nachträglich‹, in der Nachträglichkeit des unwiderstehlichen *fait accompli*, sich ein ›nachträglich‹ der mörderischen Phantasie fabrizieren, das sie zur ›Ursache‹ des Mordes machen, ja sogar zu seinem unbewußten *Vorsatz*: Vorsatz, das Wort ist bedeutungsschwer, denn es bezeichnet kurzerhand *Voraussicht und Ausführung des Mordplanes* in der unbewußten Sicht des Übergangs zur mörderischen Tat.

Nun vermengen sie aber, diese in bezug auf ihren Freund und – oder – sich selbst allzu wohlmeinenden Freunde, die irreversible und *faktische Nachträglichkeit* des Lebens schlechthin und die *Nachträglichkeit des psychischen Geschehens*, die des *Sinns*. Im ersten Fall müssen sich allerdings alle Leute und alle Freunde ihre persönliche

Nachträglichkeit verschaffen, die sie zufriedenstellt (ich benutze dieses Wort durchaus nicht im pejorativen Sinne) und es ihnen ermöglicht, den Schock des Dramas sowohl zu ertragen als auch sich seiner öffentlich zu erwehren. Aber jeder oder doch beinahe jeder hat seine Deutung, und das wiederum verfehlt nicht, ihre Beziehungen zu ihrem Mörder-Freund oder sogar ihre Beziehungen untereinander zu verschlechtern. Und sie halten eisenhart an ihrer *persönlichen Nachträglichkeit* fest, in deren Umkreis sie sich die Gestalt einer Mörder-Figur aufbauen und mehr oder weniger dumpf fürchten, daß die besagte Figur eines Tages ihre eigene Deutung durch die seine widerlegt oder berichtigt. In diesem Sinne hatte Dein Arzt recht, Dir zu sagen, daß Deine Erklärungen selbst, genau wie Deine fehlenden Erklärungen, Deine besten Freunde von Dir zu entfernen Gefahr zu laufen drohten. Von ganzem Herzen hoffe ich, daß das nicht der Fall sein wird, aber auch da läßt sich nichts mit Sicherheit voraussagen.

In der Nachträglichkeit der inneren Deutung geht das durchaus nicht so vor sich. Zunächst deshalb, weil sie sich im Leben des Patienten selbst vollzieht. Aber auch und vor allem deshalb, weil es keinerlei ›eindeutiges‹ Phantasma gibt, sondern immer nur *ambivalente* Phantasmen. Beispielsweise tritt der Wunsch, zu töten oder sich selbst oder alles in seinem Umkreis zu zerstören, immer nur gekoppelt mit einem gewaltigen Wunsch, zu lieben und trotz allem geliebt zu werden, auf, gekoppelt mit einem ungeheuren Wunsch nach Verschmelzung mit dem anderen und damit nach Rettung des anderen. Mir scheint das, wenn ich Dich lese, in Deinem Falle äußerst deutlich zu sein. Wie sollte man sonst behaupten, nur von der ›*kausalen*‹ Determination eines Phantasmas sprechen zu können, ohne gleichzeitig die andere ›kausale‹ Determination zu vergegenwärtigen, die der Ambivalenz, diejenige, die sich im Phantasma selbst als das dem mörderischen Begehren des Phantasmas radikal entgegengesetzte Begehren zu erkennen gibt, das Begehren nach Leben, Liebe und Rettung? In Wirklichkeit handelt es sich dabei nicht um *kausale* Determination, sondern um das Auftauchen eines *ambivalenten Sinnes* in der zerrissenen Einheit des Wunsches, der sich dann, in der totalen Ambivalenz seiner Mehrdeutigkeit, nur in der äußeren ›Gelegenheit‹ verwirklicht, die ihm ›zuzugreifen‹ erlaubt, wie Du von Machiavelli sagst. Aber dieser Zugriff selbst, der schrecklicherweise von zufälligen Umständen abhängt (der Brief Deines Analytikers, der Hélène nicht hat erreichen können, das totale Fehlen von Abwehr bei Hélène, ebenso eure Einsamkeit zu zweit – hättest Du jemand anderen zur Hand gehabt, was wäre dann geschehen? Wer weiß?), kann in der objektiven Realität nur unter höchst zufälligen Bedingungen stattfinden. Diejenigen, die an der *kausalen* Erklärung festhalten, verstehen nichts von der Ambivalenz der Phantasmen und von der inneren *Bedeutung, im Leben und nicht in der endgültigen Nachträglichkeit des Todes*, sie verstehen auch nichts von der Rolle der zufälligen, objektiven äußeren Umstände, die entweder den verhängnisvollen ›Zugriff‹ ermöglichen oder (und das ist die überwältigende statistische Mehrheit der Fälle) die Chance, ihm zu entkommen.

Zum Verständnis des Unverständlichen muß man also gleichzeitig die zufälligen Imponderabilien (die in Deinem Fall sehr zahlreich sind) und die Ambivalenz der Phantasmen berücksichtigen, die allen möglichen Gegensätzen den Weg bahnt.

Ich glaube, daß damit alle Karten auf dem Tisch liegen. Einige davon, die für jeden Zuschauer am meisten verdeckten, würden hinreichen, Dich von Deiner Tat freizusprechen, in dem Augenblick, da Du sie begangen hast.

Das gesagt, kannst Du niemanden hindern, anders darüber zu denken. Das Entscheidende aber ist, daß Du Dich öffentlich und klar auf eigene Rechnung ausgedrückt hast. Es bleibt jedem überlassen, der womöglich besser informiert ist, sich daraus, wenn er noch will, eine Religion zu machen.

Jedenfalls interpretiere ich Deine öffentliche Erklärung als Wiedergewinnung Deiner selbst in Deiner Trauer und Deinem Leben. Wie die Alten sagten, ist das ein *actus essendi*: ein Seinsakt.«

Noch ein einziges Wort: Diejenigen, die glauben, mehr darüber zu wissen und zu sagen zu haben, sollten nicht fürchten, es zu sagen. Sie können mir nur noch leben helfen.

L. A.

Die Tatsachen
1976

Da ich es bin, der das alles angezettelt hat, will ich mich deshalb auch unverzüglich vorstellen.

Ich heiße Pierre Berger. Das ist unrichtig. Es ist der Name meines Großvaters mütterlicherseits, der 1938 an Auszehrung gestorben ist, nachdem er sein Leben in den Bergen Algeriens, mitten im Busch und allein mit seiner Frau und seinen beiden Töchtern, als Forstaufseher im Sold der Verwaltung der damaligen Eaux et Forêts vertrödelt hatte.

Geboren bin ich im Alter von vier Jahren im Forsthaus von Bois de Boulogne auf den Höhen über Algier. Außer Pferden und Hunden gab es einen großen Fischteich, Pinien, gewaltige Eukalyptusbäume, deren herabgefallene Rindenstücke ich zur Winterszeit sammelte, Zitronen-, Mandel-, Orangen- und Mandarinenbäume und vor allem Mispelsträucher, an deren Früchten ich mich gütlich tat. Meine Tante, damals noch ein junges Mädchen, kletterte wie eine Gemse auf die Bäume und reichte mir die besten Früchte herab. Ich war etwas verliebt in sie. Eines Tages gab es einen schrecklichen Vorfall. Denn wir hatten auch Bienenvölker, die von einem alten Mann betreut wurden, der sich ihnen ohne Schleier näherte und mit ihnen sprach. Aus unerfindlichen Gründen aber, vielleicht weil er murrte und schimpfte, stürzten sie sich eines Tages auf meinen Großvater, der sich durch einen Sprung in den Fischteich rettete, zum großen Schrecken der Fische. Aber das Leben war friedlich auf den Höhen. Man sah das Meer in weiter Ferne, und ich schaute mir die aus Frankreich ankommenden Schiffe an. Eines davon hieß *Charles-Roux*. Lange wunderte ich mich darüber, daß man seine Räder nicht sehen konnte.

Mein Großvater war der Sohn armer Kleinbauern im Morvan. Sonntags sang er mit einer wegen ihrer Stimmen geschätzten Gruppe von Jungen bei der Messe im Chorgestühl der Kirche, von wo aus er das ganze Volk Gottes überblicken konnte und auch meine Großmutter, die inmitten der Gemeinde betete, ein zartes junges Mädchen, das in der Schwesternschule erzogen wurde. Als es an der Zeit war, sie zu verheiraten, kamen die Schwestern überein, daß Pierre Berger genug sittlichen Ernst habe und hinreichend arm sei, um ihn ihr zum Manne zu geben. Die Geschichte wurde zwischen den beiden Familien ausgehandelt, trotz des Grollens meiner Urgroßmutter, die nicht vom Hüten ihrer Kuh loszureißen war und ebenso wenig sprach wie sie. Vor der Hochzeit aber gab es eine Art Drama. Denn mein Großvater, der weder einen Pfennig Geld noch ein Stückchen Grund und Boden besaß, hatte es sich in den Kopf gesetzt, in dieser Zeit des französischen Imperialismus *à la* Jules Ferry als Förster in die Kolonien zu gehen, und er hatte sich, Gott weiß, warum diese Eroberung gemacht werden mußte – Ranavalo oder die katholische Presse –, für Madagaskar entschieden. Meine Großmutter machte diesen Plänen ein Ende und stellte ihre Bedingungen: keine Rede von Madagaskar, höchstens Algerien, andernfalls würde sie Pierre Berger nicht heiraten. Er mußte einwilligen, Madeleine war zu schön.

So begann in den entlegensten Wäldern Algeriens, in Landstrichen, deren Namen mir später in den Kommuniqués des Befreiungskrieges wiederbegegnet sind, eine kräfteraubende Laufbahn. Mein Großvater war völlig allein, in von allem abgeschnittenen Häusern fern der Dörfer mitten im Wald damit befaßt, wahnsinnig große Flächen vor Waldbränden und kleinen Übergriffen der Araber und Berber zu schützen. Er baute auch Straßen und feuerabweisende Gräben und Schneisen, die überdies als Verkehrswege genutzt wurden. Und für diese ganze Arbeit, die vielfältige Fähigkeiten voraussetzte und gewaltige Verantwortung aufbürdete, bezog er nicht einmal das Gehalt eines Volksschullehrers. Er büßte dort seine Gesundheit ein, und bei der ständigen Anspannung wußte er nicht mit seinen Kräften hauszuhalten, Tag und Nacht im Einsatz, sein Pferd unter sich zuschanden reitend, beim geringsten Anzeichen in Alarmbereitschaft, stets nur auf wenige Stunden Schlaf angewiesen und von einem Husten geschüttelt, den er sich durch zu vieles Rauchen von Zigaretten zugezogen hatte, die er sich selbst zwischen den Fingern drehte. Von Zeit zu Zeit »begaben« sich Direktoren und Inspektoren an Ort und Stelle. Er hatte im Forsthaus ein Zimmer für sie und Pferde zum Wechseln. Mein Großvater behandelte sie distanziert, respektierte es jedoch, wenn sie sich vor

Ort umsahen, während seine Geringschätzung denen galt, die stets in ihren Büros hockten. Er hatte Achtung vor einem gewissen de Peyrimoff, der in die Berge heraufkam und ernsthafte Angelegenheiten mit ihm diskutierte. Davon sprach er noch später im Morvan, als er in Pension gegangen war: das war ein Mann, der seinen Beruf verstand.

Mein Großvater und meine Großmutter hatten beide dieselbe Augenfarbe: blau, und Dickköpfigkeit. Aber alles übrige... Mein Großvater war klein und gedrungen, er verbrachte seine Zeit damit, auf alles und jedes zu schimpfen und zu husten. Niemand maß dem Bedeutung zu. Meine Großmutter war groß und schlank (aus der Ferne habe ich sie immer für ein junges Mädchen gehalten), sie war schweigsam, dachte nach und war voller Mitgefühl (ich erinnere mich ihres Ausrufs, als ich ihr eines Tages L'Espoir von Malraux vorlas, in dem von den Prüfungen spanischer Republikaner berichtet wird: »die armen Kinder!«), und wenn es sein mußte, war sie von großer Entschlossenheit. Zu Beginn des Jahrhunderts, als in Algerien der bewaffnete sogenannte Margueritte-Aufstand losbrach, passierte das in Berggegenden, die gar nicht so weit vom Forsthaus entfernt lagen. Mein Großvater war nicht zu Hause in dieser Nacht: wie immer auf Dienstreise. Meine Großmutter war allein mit ihren beiden Töchtern, die eine drei, die andere fünf Jahre alt. Bei den Arabern der Umgebung war sie sehr beliebt. Aber sie machte sich keine Illusionen, sie wußte, daß ein Aufstand ein Aufstand war und dabei das Schlimmste passieren konnte. Sie hielt also nachts Wache, mit einem Gewehr und drei Patronen: die waren nicht für die Araber bestimmt. Die Nacht verging, und endlich graute der Morgen. Kurz danach kehrte mein Großvater zurück und wetterte gegen die Aufständischen, denen er begegnet war: die Unglückseligen, sie werden sich umbringen lassen.

Dort also bin ich geboren, auf den Höhen über Algier, im Forsthaus seines Laufbahnendes: wenigstens etwas Frieden. Es war eine Oktobernacht des Jahres 1918, mein Großvater ritt in die Stadt hinab und holte eine russische Ärztin, deren Namen ich vergessen habe, die anscheinend aber »an der Größe des Kopfes« gesehen haben will, daß ich die Chance hatte, darin eines Tages große Dinge zu haben, ihr werdet schon sehen, jedenfalls aber Dummheiten. Mein Vater war damals an der Front in Verdun, als Oberleutnant bei der schweren Artillerie. Er war nach einem Heimaturlaub an die Front zurückgekehrt, bei dem er meine Mutter aufgesucht hatte, die damals mit seinem eigenen Bruder, Louis, verlobt war, der gerade in den Lüften über Verdun als Beobachter in einem Flugzeug den Tod gefunden hatte. Mein Vater hatte es für seine Pflicht gehalten, die Stelle seines Bruders bei meiner Mutter einzunehmen, die denn auch das Ja sprach, das sich aufdrängte. Das alles muß man verstehen. Die Ehen wurden auf alle Fälle zwischen den Familien geschlossen, die Meinung der Kinder hatte wenig Gewicht. Alles war von der Mutter meines Vaters arrangiert worden, die, selbst mit einem Mann von Eaux et Forêts verheiratet war, einem Niemand, aber im Bürodienst, in meiner Mutter das bescheidene, reine und arbeitsame Mädchen erkannt hatte, das ihrem ersten Sohn zustand, der, gehätschelt und vorgezogen, bereits in die École normale supérieure von Saint-Cloud aufgenommen worden war. Louis war aus einem ganz einfachen Grund vorgezogen worden, weil nämlich nicht genug Geld vorhanden war, um das Studium für zwei Söhne zu bezahlen; also hatte man wählen müssen, und die Wahl war auf ihn gefallen, und zwar aus Gründen, die mit der Vorstellung zusammenhingen, die meine Großmutter väterlicherseits sich von den Écoles gemacht hatte. Als Folge davon aber hatte mein Vater bereits seit seinem dreizehnten Lebensjahr arbeiten müssen: zunächst als Laufbursche in einer Bank, dann war er die Stufen hinaufgeklettert, weil er intelligent war, wenn auch ohne höhere Schulbildung. Er erinnerte mich oft, als Beispiel für die spröde Strenge seiner Mutter, die weder einen Pfennig noch die Zukunft aus dem Auge verlor, an die Fachoda-Episode: kaum war die Nachricht vom drohenden Krieg bekannt geworden, als sie ihn auch schon in höchster Eile losschickte, um kiloweise getrocknete Bohnen zu kaufen, die letzten Ressourcen bei Nahrungsmittelknappheit, eine Maßnahme, mit der sie, wahrscheinlich ohne es zu wissen, auf die älteste Tradition der Elendsvölker Lateinamerikas, Spaniens und Siziliens zurückgriff. Die Bohnen halten sich, wenn man sie vor Insekten schützt, unendlich lange, sogar in Kriegszeiten. Dieselbe Großmutter, ich habe es nicht vergessen, spendierte mir eines Tages einen Tennisschläger, während wir von einem Balkon aus am 14. Juli dem Vorbeimarsch der Truppen an den Kais von Algier zuschauten.

Mein Vater nahm mich häufig ins Fußballstadion mit, wo damals französische Mannschaften oder Franzosen und Araber gegeneinander spielten. Und dabei ging es ordentlich zur Sache. Dort hörte ich auch den ersten Schuß meines Lebens. Es gab eine Panik, aber das

Spiel ging weiter, weil der Schiedsrichter nicht verletzt worden war. Mein Vater nahm mich auch zusammen mit meiner Mutter zu Pferderennen mit, bei denen er freien Eintritt hatte, weil er von der Bank her einen Kontrolleur kannte, der dort arbeitete und ihn, ohne eine Miene zu verziehen, passieren ließ. Er wettete. Natürlich um beinahe nichts, und er verlor immer, aber er war zufrieden, wir auch, und man sah schöne Damen, die mein Vater etwas zu gefällig betrachtete, wenn ich dem Schweigen meiner Mutter glauben durfte, denn ihr standen auch andere Ausdrucksweisen zu Gebote. Einmal, ein einziges Mal nahm mich mein Vater zu einem Übungsschießen auf einem großen militärischen Schießstand mit, der von unzähligen Schüssen auf weit entfernte Scheiben widerhallte. Das war schon etwas anderes als die Schießbuden auf den Jahrmärkten, mit denen ich vertraut war, seitdem ich den Trick herausgefunden hatte, ein in einem Wasserbecken schwimmendes Plastikei oder eine Gummiente herauszufischen und die Tafel Schokolade einzustecken. Hier war alles viel komplizierter und aufregender. Als ich das Militärgewehr geschultert hatte und den Abzug betätigte, erhielt ich einen heftigen Schlag, so als ob ich nach rückwärts gezielt hätte, und doch war die Kugel nach vorn losgegangen, jedenfalls den Signalflaggen nach zu urteilen, die sich über einem Schützengraben erhoben, um anzuzeigen, daß ich die Zielscheibe verfehlt hatte. Guter Anfang, sagte mein Vater, der sich anschickte, mir eine regelrechte Vorlesung in Artillerie zu halten: Feineinstellung nach Rauchzeichen oder wie man ein Ziel trifft, ohne es zu sehen, was mir eine erste Vorstellung von den Prinzipien Machiavellis vermittelte, den ich erst viel später kennenlernen sollte. Mit der ganzen Familie gingen wir auch zum Tennisspielen und an den Strand. Mein Vater hatte einen ausgezeichneten Aufschlag im Tilden-Stil, und meine Mutter lieferte schrecklich gelöffelte Returns. Ich mühte mich nach besten Kräften ab. Im Schwimmen – das mein Vater natürlich in der Rückenlage praktizierte, wobei er sich bemühte, sich nicht die Zehen naß zu machen, die er immer aus dem Wasser hielt, um sie zu überwachen – wurde ich von meiner Mutter unterrichtet, deren Schwimmstil weniger persönlich war: nämlich im Brustschwimmen. Erst später machte ich mich ans Kraulschwimmen, und zwar nach einer eigenen Methode und allein. Das sieht man immer noch.

In der Schule war ich natürlich ein guter Schüler, Sohn einer guten Schülerin, die eine gute Lehrerin und Freundin guter Lehrer geworden war, die mich vor Unterrichtsbeginn fragten, wie denn die Frucht der Buche hieße, und wenn ich antwortete: die Buchecker, war ich ein gutes Kind. Ich besuchte eine gemischte Volksschule (wohlgemerkt: keine Mädchen, sondern kleine Franzosen zusammen mit gleichaltrigen kleinen Arabern), zu der mich eine Putzfrau in aller Förmlichkeit hinbrachte, was mir Scham einflößte, denn ich hatte, über die Begleitung hinaus, das Recht auf vorzeitigen Zutritt zum Innenhof, vor allen anderen, und eben da traf ich gewöhnlich den guten Lehrer, der mich nach dem Namen der Frucht der Buche fragte.

Zwei dramatische Episoden haben diese erste Phase meiner Schulzeit geprägt. Als ich eines Tages im Klassenzimmer saß, kam ein Kind hinter mir plötzlich auf die Idee, einen Furz fahren zu lassen. Der Lehrer betrachtete mich mit einem langen tadelnden Blick: »Du, Louis...« Ich hatte nicht den Mut, ihm zu sagen: »Das war ich nicht«: er hätte mir nicht geglaubt. Beim anderen Mal war es auf dem Schulhof, wo wir mit Murmeln warfen, ein Spiel, das ich ausgezeichnet beherrschte. Wir tauschten auch unsere Murmeln und Achate aus. Und ich weiß nicht, warum ich Streit mit einem Kind bekam, das ich plötzlich ohrfeigte. Diese Ohrfeige versetzte mich in panischen Schrecken, ich lief dem Jungen hinterher und bot ihm, zum Tausch gegen sein Schweigen, alles an, was ich bei mir hatte. Er schwieg still. Ich versichere, daß mich noch heute bei der Erinnerung ein Zittern überläuft.

Im Vergleich zu diesem Vorfall war die Geschichte im Bois, die mich dennoch ebenso überkam wie die Ohrfeige, nichts Besonderes. Wir schöpften frische Luft im Gras, meine Mutter, meine Schwester und ich, dazu eine Freundin meiner Mutter in Begleitung ihrer beiden Kinder, eines Jungen und eines kleinen Mädchens. Auch da, ich weiß nicht aus welchem Grund, fühlte ich mich plötzlich bemüßigt, das kleine Mädchen als *Tortecuisse** zu bezeichnen, ein Ausdruck, den ich in einem Buch als gehässig beschrieben gefunden hatte und den ich ihr ohne ersichtlichen Grund anhängte. Die Geschichte wurde mit Entschuldigungen unter Müttern geregelt. Ich blieb sprachlos vor Erstaunen, daß man Ideen haben kann, die man gar nicht hat.

Was mich dagegen lebenslang beeindruckte, war ein späterer Zwischenfall in Marseille, als ich in Begleitung meiner Mutter eine breite,

* Cf. S. 71 des vorliegenden Bandes (A. d. Ü.).

aber unratübersäte Straße in der Nähe der place Garibaldi überquerte und da eine Frau am Boden liegen sah, die von einer anderen Frau an den Haaren geschleift und mit heftigen Flüchen überhäuft wurde. Auch ein Mann war da, der die Szene reglos genoß und dabei ständig wiederholte: Vorsicht, sie hat einen Revolver. Meine Mutter und ich taten so, als hätten wir nichts gesehen noch gehört. Aber es reichte bereits aus, damit jeder für sich dieses Bild mitnahm und damit zurechtzukommen versuchte. Ich bin nicht sehr gut damit zurechtgekommen.

Nach der Volksschule absolvierte ich meine Sexta im Gymnasium von Algier, eine Zeit, aus der mir nur eine einzige Erinnerung geblieben ist: die an ein wunderbares Voisin-Kabriolett, das, der Chauffeur mit Schirmmütze am Steuer, auf einen meiner Mitschüler wartete, der nicht mit mir sprach. Ich erinnere mich auch eines Besuches bei einem arabischen Großgrundbesitzer, den mein Vater kannte und der uns, vor dem Tee, Kürbis-Süßigkeiten servieren ließ, die ich nie mehr wiedergefunden habe. Mein Vater ließ uns auch in den alten Citroën eines Freundes steigen, der mit uns in die Berge fuhr, dorthin, wo mein Großvater Jahre zuvor ein schwedisches Team vor dem Tode gerettet hatte, das, glaube ich, sich in einen Schneesturm gewagt und darin jede Orientierung verloren hatte. Mein Großvater, der (übrigens genau wie mein Vater) alle Auszeichnungen verabscheute, hatte für diese Tat das Eiserne Kreuz mit Wappen, dazu ehrenvolle Erwähnung und die Siegespalme erhalten. Ich habe nach dem Tod meiner Großmutter alle diese Materialien aufbewahrt.

Dieses Forsthaus von Bois de Boulogne ist mir wegen seiner außergewöhnlichen Lage in Erinnerung geblieben: es beherrschte ganz Algier, die Bucht und das Meer, das man bis ins Unendliche sehen konnte. Es gab eine Stelle unter den Johannisbrotbäumen, wo ich lange allein saß, um in die weite Ferne hinauszuschauen und dabei die würzigen Blätter der Bäume zwischen den Fingern zu zerreiben. Wenn wir zum Wochenende mit meinen Eltern zwei Tage in dieses Haus kamen, betrachteten wir die Anemonen in jenem Teil des Gartens, der an ein medizinisches Institut und ein anderes bürgerliches Haus grenzte, in dem ein früherer Soldat mit Frau und zwei Kindern wohnte. In dieser Familie spielten sich wahre Dramen ab. Das kleine, unter seiner Haarpracht so schweigsame Mädchen interessierte mich, aber ich wagte nicht, mit ihm zu reden. Der beinahe erwachsene Sohn revoltierte gegen seinen Vater, der heftige Wutanfälle bekam und ihn in einem Zimmer des ersten Stockwerks einschloß. Eines Tages hörten wir laute Schläge gegen die Tür, die nachgab, und der junge Mann entfloh in den Wald. Der Vater griff sich sein Gewehr und verfolgte ihn, während die Mutter weinte. Aber das alles war nur Theater, und bald kehrten wieder Ruhe und Ordnung ein.

Wenn wir heimgingen, schnitt sich mein Vater regelmäßig einen großen Strauß Gladiolen ab, den er einer bestimmten geheimnisvollen Dame mitbrachte, die in der Nähe des square de Galland wohnte. Meine Mutter tat so, als merkte sie nichts, aber eines Tages sah ich diese Dame, die eine Art Glyzinien-Parfüm aufgetragen hatte, zumindest glaubte ich das, und schmachtende Augen und darauf wartete, daß man sie ansprach. Mein Vater hatte wie immer einen Witz bereit, der aber niemanden täuschen konnte.

Mein Vater, der vor seiner Ehe ein Verhältnis mit einem armen jungen Mädchen namens Louise gehabt und mit ihr gebrochen hatte, sobald er meine Mutter geheiratet hatte (und er sah Louise nie wieder, weil er seine Prinzipien hatte, selbst als sie schwer erkrankte und starb), hatte nicht viele Freunde. Bis auf einen, der mit ihm in der Bank zusammenarbeitete, ein sanfter Mensch ohne großen Unternehmungsgeist, den er immer unterstützen mußte und der mit einer Frau namens Suzanne verheiratet war, die geradezu einen Überschuß an hervorstechenden Eigenschaften und Aktivität hatte. Mein Vater sah sie häufig und machte Suzanne auf seine Weise den Hof, immer scherzend und über ihre Formen spöttelnd, was sie mit intensiver Lust erfüllte. Ich erinnere mich, daß ich einmal, als meine Schwester an Scharlach erkrankt war und man uns trennen mußte, bei diesen Freunden untergebracht wurde und dort eine gute Woche blieb. Frühmorgens, als ich aufstand und in die Küche ging, wo ich Suzy vermutete (in diesem Alter hat man eben solche Eingebungen), öffnete ich die Tür einen Spalt breit und sah sie nackt, wie sie Kaffee kochte. Sie sagte: Oh, Louis ... und ich schloß die Tür und fragte mich, warum solche Umstände. Sie hatte eine Art, mich zu umarmen und mich an ihre Brüste zu drücken, die sie mir nicht vorenthielt, die mir den Gedanken eingab, sie nackt zu sehen sei weniger bedenklich, als mich so an sie zu pressen. In diesem Haus hatte ich, wie ich mich noch erinnere, einen seltsamen Traum. Ich träumte, daß vom Wandschrank hinten im Zimmer herab, der sich langsam öffnete, ein gewaltig großes, unförmiges Tier kam, eine Art gigantischer Wurm, der gar kein Ende hatte und mich ungeheuer erschreckte. Sehr viel später begriff ich, welche Bedeutung dieser wüste Traum gehabt haben mochte, bei dieser Frau, die ganz offensichtlich Lust gehabt hatte, mit mir zu schlafen, sich diese Lust aber aus konventionellen Gründen verweigerte, während ich sie mir wünschte und gleichzeitig Angst davor hatte. Der Gatte ahnte während dieser ganzen Zeit nichts, er schmauchte süßen Tabak in einer langen Pfeife und hatte einen kleinen Hund, den er samstagsnachmittags im parc de Galland ausführte, wo eines Tages ein Photo von mir gemacht wurde: ich war ein winziges Kind, von einem hohen, schweren und disproportionierten Kopf auf meinen zarten Schultern gekrönt und langaufgeschossen wie Stangenspargel in einem Keller. Am Boden warf ich einen Schatten, der winzig war wie ich selbst, aber kürzer, weil die Sonne hoch am Himmel stand. Ich war ganz allein mit dem Hund am Ende seiner Leine. Allein.

Zwischen meinem Vater und meiner Mutter verliefen die Dinge auf ganz eigenartige Weise. Mein Vater hatte ein für alle Male eine Trennung in seinem Leben vollzogen: einerseits die Arbeit, die ihn völlig ausfüllte, andererseits die Familie, die er meiner Mutter überließ. Ich kann mich nicht erinnern, daß er sich je in die Erziehung seiner Kinder eingemischt hätte, weil er in dieser Hinsicht meiner Mutter Vertrauen schenkte. Was uns, meine Schwester und mich, allen Phantasien meiner Mutter überantwortete – und ihren Ängsten. Sie verschaffte uns Musikunterricht, meiner Schwester Klavier-, mir Geigenstunden, damit wir eines Tages vierhändig spielen könnten, was in ihren Augen Bestandteil einer kulturell gebotenen Erziehung war. Eines Tages, als sie sich in einen Avantgarde-Arzt vernarrt hatte, faßte sie den Entschluß, die Familie auf vegetarische Diät zu setzen. Sechs oder sieben Jahre lang aßen wir so Naturprodukte, ohne irgendwelches Fleisch oder Fett tierischer Herkunft, ohne Butter oder Eier, einzig der Honig fand Gnade vor ihren Augen. Mein Vater weigerte sich, sich derart vereinnahmen zu lassen. Er ließ sich ostentativ sein eigenes Beefsteak braten, man servierte es ihm feierlich als eine Art Demonstrationsobjekt, während wir geraspelte Möhren, Mandeln und Maronen mit gekochtem Kohl verspeisten. Das war ein hübsches Schauspiel, mein Vater aß schweigend, sich seiner Kraft sicher, und wir stellten vergleichende Untersuchungen über das Ungleichgewicht von fleischlicher und vegetarischer Kost an, aufs Geratewohl und für die Ohren dessen, der es hören sollte. Mein Vater aber wollte nichts hören, und er schnitt sich sein blutiges Fleisch mit scharfem Messer.

Mein Vater hatte Anwandlungen von Heftigkeit, die mich erschreckten. Eines Abends, als die Flurnachbarn laut sangen, nahm er einen Kessel und eine Kelle, tauchte auf dem Balkon auf und machte einen schrecklichen Radau, der uns alle erschreckte, den Gesängen aber ein Ende machte. Nachts hatte mein Vater überdies schreckliche Alpträume, die gewöhnlich in langen, scheußlichen Schreien endeten. Er war sich darüber durchaus nicht im klaren, und wenn er erwachte, gab er vor, sich an nichts mehr zu erinnern. Meine Mutter bemühte sich darum, daß das ein Ende hatte. Miteinander sprachen sie nichts, nichts, das darauf hingedeutet hätte, daß sie sich liebten. Ich erinnere mich aber, daß ich eines Nachts meinen Vater, der meine Mutter zweifellos im Ehebett ihres Zimmers umarmte, ihr ins Ohr murmeln hörte: »Du meine ...«, was mir einen Stich ins Herz versetzte. Ich erinnere mich auch zweier anderer Episoden, die mich überraschten. Eines Tages, als wir in der Wohnung in Algier waren, nachdem wir das Schiff verlassen hatten, das uns aus Frankreich zurückgebracht hatte, erlitt mein Vater auf dem Balkon einen Schwächeanfall. Er saß auf einem Stuhl und sank in sich zusammen. Meine Mutter bekam Angst und redete auf ihn ein. Sie sprach sonst nie mit ihm. Ich erinnere mich auch einer Nacht im Zug, als wir auf dem Weg ins Morvan waren, diesmal wurde meine Mutter krank. Mein Vater ließ uns mitten in der Nacht auf dem Bahnhof von Châlons aussteigen, und wir versuchten, ein Hotel ausfindig zu machen, das uns aufzunehmen einwilligte. Meiner Mutter ging es sehr schlecht. Mein Vater redete auf sie ein, sehr beunruhigt. Er sprach sonst nie mit ihr. Über diesen beiden Erinnerungen liegt gleichsam ein Hauch von Tod. Sie liebten sich zweifellos, ohne je miteinander zu sprechen, so wie man an der Schwelle des Todes und am Ufer des Meeres schweigt. Dennoch mit einigen wenigen tastenden Worten, um herauszufinden, ob sie überhaupt noch da waren. Das war ihr Verhältnis zueinander. Meine Schwester und ich haben es schrecklich teuer bezahlt. Ich habe das erst sehr viel später begriffen.

Weil ich gerade von meiner Schwester spreche, erinnere ich mich auch eines Vorfalles auf den Höhen über Algier, wo man, wenn man aufmerksam danach suchte, kleine Alpenveilchen im Buschwerk fand.

Wir gingen damals auf einem behelfsmäßigen Weg und marschierten langsam, als uns ein junger Mann auf einem Fahrrad entgegenkam. Ich weiß nicht, wie es geschah, aber er brachte meine Schwester zu Fall. Mein Vater stürzte sich auf ihn, und ich glaubte, er würde ihn umbringen. Meine Mutter griff ein. Meine Schwester war verletzt, wir kehrten eilends nach Hause zurück, ich hielt zwar noch einige Alpenveilchen in den Händen, war aber nicht mehr mit dem Herzen dabei. Diese Heftigkeit meines Vaters, der gegenüber meine Mutter, wenigstens dem Anschein nach, vollkommen gleichgültig blieb, während sie im übrigen ihre Zeit damit verbrachte, sich über das Martyrium ihres Lebens und das Opfer zu beklagen, das sie meinem Vater, von ihm dazu gezwungen, hatte bringen müssen, nämlich einen Lehrerinnenberuf aufzugeben, der sie glücklich machte, erschien mir merkwürdig: er, der sich seines Verhaltens so sicher war, ließ sich plötzlich hinreißen, ohne seine Heftigkeit mehr kontrollieren zu können, aber ich muß sagen, daß es ganz so aussah, als ob er auch sie kontrollierte, denn er brachte es immer wieder fertig. Er hatte eben »Glück«,[*] alle Dinge schlugen ihm zum Vorteil aus. Er konnte sich der Parteinahme enthalten, wenn es sein mußte, er war der einzige Bankdirektor von Lyon, der zwischen 1940 und 1942 der Légion von Pétain nicht beitrat, solange der da war. Er machte sich nicht zum Anhänger von General Juin, als der sich anschickte, die Marokkaner »Stroh fressen zu lassen«, und obwohl zwischen seinen *pied-noir*-Gefühlen hin- und hergerissen, war er doch nicht gegen de Gaulle, als der die große Wende zur algerischen Unabhängigkeit einleitete, er schimpfte zwar, so laut er nur konnte, aber er blieb da.

Ich habe nach seinem Tod von seinen Angestellten erfahren, daß mein Vater eine ganz besondere Art und Weise hatte, seine Bank zu leiten, als er ihr Direktor wurde. Er hatte wenn auch kein Prinzip, so doch eine bestimmte Praxis: nämlich die, zu schweigen oder absolut unverständliche Sätze auszusprechen. Die ihm Untergeordneten wagten ihm nicht zu sagen, daß sie ihn nicht verstanden hätten, sie gingen und versuchten – im allgemeinen recht gut – von selbst zurechtzukommen, aber immer mit der bangen Frage, ob sie sich nicht vielleicht geirrt hätten, was sie in ständiger Wachsamkeit hielt. Ich habe nie in Erfahrung bringen können, ob mein Vater diese Methode mit Absicht

---

[*] Arab. *baraka, i. e.* »unfehlbare Segnung« (*A. d. Ü.*)

praktizierte oder nicht, denn er machte beinahe dasselbe mit uns, war aber, wenn er mit seinen Bankkunden oder Freunden zusammen war, ganz unerschöpflich und vollkommen verständlich. Er war immer zu Scherzen aufgelegt, und das brachte seine Gesprächspartner in eine Position der Unterlegenheit und Verzauberung und verwirrte sie. Wahrscheinlich hat sich etwas von dieser Vorliebe für die Provokation auf mich übertragen. Mein Vater hatte etwas eigenartige Methoden der Bankführung. Es kam häufig vor, namentlich in Marokko, daß er bedeutende Geldsummen auf Rechnung der Bank ohne Zinsen verlieh, was seine Konkurrenten verwirrte und sie in eine schwierige Lage brachte. Aber beinahe immer ergab es sich, daß seine Klienten von selbst die Zinsen überwiesen, die gar nicht verlangt worden waren, woraufhin mein Vater dann sagte, das sei der Beweis, daß die Marokkaner eben doch Ehrgefühl besäßen und man ihnen Vertrauen schenken könne. Aber nie akzeptierte mein Vater das kleinste Geschenk, es sei denn Blumen für meine Mutter oder eine Einladung zum Besuch eines Pachthofes, wobei es dann den traditionellen Pfefferminztee oder die lokalen Süßigkeiten gab. Er ging sehr hart mit seinen Vorgesetzten ins Gericht, die sich mehr oder weniger kaufen ließen, und verhehlte ihnen das nicht, wobei er ihnen ein geringschätziges Schweigen entgegenbrachte, das alle langen Reden aufwog. Ich erinnere mich an einen dieser Leute in Marseille, der ein schönes Besitztum in der Nähe von Allauch und einen Tennisplatz hatte, auf dem seine junge Frau, die ich sehr anziehend fand, vor dem Aufschlag verkündete: »Sie werden sehen, das sind die Folies-Bergère«, und tatsächlich, als sie sich auf dem rechten Bein drehte, flog der kleine Tennisrock im Wind, und man bekam ein reizendes Paar Pobacken zu sehen, überdies von einem rosa Höschen bedeckt, das mich zum Träumen brachte. Ich hätte mir gewünscht, daß sie weniger redete und mit mir in die ebenfalls rosa Lorbeersträucher käme. Mit diesem Direktor hat es ein böses Ende genommen, weil er so schwach gewesen war, allzu viele Dinge vor allzu vielen Zeugen anzunehmen, darunter mein Vater, der nie irgend etwas sagte. Dieses Schweigen hatte mein Vater später teuer zu bezahlen, als die Generaldirektion seiner Bank ihn von einem Tag auf den anderen in den Ruhestand versetzte, während ein Angestellter seines Ranges traditionellerweise in den Hauptsitz übernommen wurde. Nein, man ließ ihn fallen, um einen *polytechnicien** zu nehmen, der ihm nicht gleichwertig war, der aber, wie es sowohl bei den Polytechnikern als auch bei dieser Bank die Regel war, die Tochter einer protestantischen Familie geheiratet hatte, der die Bank gehörte. Mein Vater zog sich in den Ruhestand zurück und erklärte mir, das sei völlig normal, weil das eben eine Familienangelegenheit sei, und sein Fehler sei es gewesen, eine Frau zu heiraten, die nicht zur Familie gehörte. Das Herz hat man nicht in der Gewalt. Im Grunde aber tat ihm dieser Schluß nicht leid, der für ihn eine Art unfreiwillige Ehrung war. Es gibt Leute, die nun einmal nicht mit Orden geschmückt werden, sagte er grimmig. In der Tat hatte er alle Auszeichnungen abgelehnt.

Ich setzte meine Gymnasialzeit in Marseille fort, im vornehmen und schönen Gymnasium Saint-Charles, an dem ein Direktor herrschte, der Amateurmaler war, und ausgezeichnete Professoren freundschaftlich lehrten, darunter ein alter Mann, der vor uns auf Englisch weinte, weil seine Tochter gestorben war. Wir waren alle sehr traurig. Unsere Vergeltung nahmen wir mit dem Sportlehrer und dem Concierge. Ersterer ließ uns nur Fußball spielen, eine damals sehr geschätzte Methode. Letzterer stellte eine grimmige Wache am Ausgang auf und verfolgte die Mädchen, die in der Gegend herumstrichen. Eben da begann ein ausgezeichneter Literaturprofessor, gegen den Vorsatz meines Vaters, der an die polytechnische Hochschule dachte, mich für die Idee zu interessieren, mich am Aufnahmewettbewerb für die École normale zu beteiligen. Und zunächst einmal ließ er mich für alle Prüfungen des Concours général einschreiben. Ich nahm an allen teil und erhielt nicht die mindeste Auszeichnung. Allerdings hatte ich Zitate und Übersetzungen erfunden, und das war unangebracht.

Unangebracht und an der falschen Stelle, wurde mein Vater, obwohl er immer Tennis spielte und auch häufig die Oper besuchte, wo es sehr schöne Damen zu sehen gab, von seiner Bank nach Lyon versetzt. Ich folgte ihm und trat in die *hypokhâgne* im lycée du Parc ein. Dort lernte ich Jean Guitton kennen, der stets mit Beweisen für die Unsterblichkeit der Seele beschäftigt war, später dann Jean Lacroix (»Sie werden sehen«, hatte uns Guitton gesagt, »der Mann, der mir auf meinem Lehrstuhl nachfolgen wird, aber noch wenig bekannt ist, heißt M. Labannière«). Im Unterschied zu Jean Guitton, der unter

* *Cf.* S. 107 des vorliegenden Bandes. (*A.d.Ü.*)

richtete, indem er uns den Rücken zukehrte und, vornübergebeugt, die Stirn in die rechte Hand stützte, während die andere sich einem Stück Kreide widmete, das er nachlässig zwischen den Fingern drehte, sprach Jean Lacroix uns direkt an, aber indem er seine Rede mit Schlägen der rechten Hand auf das unglückliche Ohr derselben Seite und mit phonetischen Explosionen begleitete, die wir mühsam als Äquivalente von *beuhl* identifizierten, ein Name, der ihm denn auch alsbald ohne seine Zustimmung verliehen wurde. Weiter gab es Henri Guillemin, der uns eine hysterische Szene im Zusammenhang mit Chateaubriand machte, bevor er wieder seine Stelle in Kairo übernahm und uns ein prächtiges Photo schickte, auf dem er mit einem roten Fez zu sehen war. Wir antworteten ihm mit einem Telegramm: »Die Arbeit wechselt, aber der Hut bleibt.« Vor allem aber gab es den »Vater Hours«, einen stämmigen Lyoneser, Doppelgänger von Pierre Laval, wilder Gallikaner und Jakobiner, der seine Zeit mit Verwünschungen des Papstes und Georges Bidaults verbrachte und die Laufbahnen der führenden französische Politiker auf Namenszetteln überwachte. Daraus zog er (für 1936–1937) überraschende politische Schlüsse, denen zufolge die französische Bourgeoisie Frankreich verraten würde, weil sie die Volksfront mehr fürchtete als Hitler, sich nach einem Scheinkrieg aber Hitler ergeben würde, wodurch Frankreich, wenn es denn noch eine Zukunft habe, sie lediglich seinem Volk zu verdanken haben würde, das von der Linken mit den Kommunisten an der Spitze zu politischem Widerstand erweckt worden sei. Die Beziehungen zwischen »Vater Hours« einerseits und Jean Guitton und Jean Lacroix andererseits waren besonders merkwürdig. Hours konnte Guitton nicht riechen, dem er den Vorwurf machte, er sei noch immer von der Mutterbrust abhängig, er war aber politisch mit Lacroix einverstanden, tolerierte jedoch sein philosophisches und religiöses »Pathos« nicht. Dennoch hatte Jean Lacroix das große Verdienst, seine Ideen neben Mounier in der Zeitschrift *Esprit* niederzulegen und zu verteidigen. Aus der bürgerlichen Mittelschicht Lyons stammend, hatte er eine junge Frau geheiratet, die der verschlossensten Kaste der Großbourgeoisie der Stadt entstammte. Lacroix war von ihr auf den Index gesetzt und als der leibhaftige Teufel gebrandmarkt worden. Und als er an einem jener Familientreffen teilnahm, die Hunderte von Personen vereinen, bedurfte es eines gewissen inneren Mutes, um sich den Verletzungen gewachsen zu zeigen, mit denen man ihn überhäufte. Jean Lacroix ist immer der von Mounier vorgezeichneten Linie treu geblieben, während seine Nachfolger die Zeitschrift *Esprit* in seichte und trübe Gewässer steuerten. Hours dagegen hat nach dem Krieg ein persönliches Schicksal durchgemacht, auf das nichts hindeutete. Von einem seiner Jesuitenzöglinge überzeugt, der viele Jahre in Algerien verbracht hatte, daß die islamischen Völker aufgrund ihrer Religion und ihrer Schrift (*sic*) für immer unfähig seien, sich auf intellektueller Ebene zu wissenschaftlicher Erkenntnis zu erheben (während die Araber doch die Erben von Archimedes waren und eine revolutionäre Medizin erfanden, wenn sie auch nur Aristoteles übersetzten und interpretierten), verfiel er auf die Idee, daß die Franzosen Algerien nicht verlassen sollten, und wurde überdies zum wilden Verteidiger eines französischen Algeriens, und zwar in eben dem Augenblick, da de Gaulle sich anschickte, den politischen Unabhängigkeitsforderungen unserer ehemaligen Kolonie nachzugeben. Hours verstarb ganz plötzlich in Zorn und Bestürzung, wenige Tage nach seiner eigenen Frau.

Die *khâgne* umfaßte außer den Schülern noch eine andere Persönlichkeit hohen Formats, die so tat, als unterrichte sie Englisch, während sie gleichzeitig den Kopf und ihre Erinnerungen an ihre Dolmetschertätigkeit bei den angelsächsischen Truppen im Ersten Weltkrieg hoch trug. Er sprach ein reines Oxford-Englisch und geriet in Wut, wenn ich den Mund aufmachte und behauptete, um ihn in Wallung zu bringen, ich habe eben einen amerikanischen Akzent an den Kais aufgeschnappt. Er liebte einen gewissen Krawall, und man verweigerte ihm dieses Vergnügen nicht. Das alles spielte sich, ganz britisch, im Rahmen der Regeln ab. Ein im voraus ausgewählter Schüler nahm jedesmal hinter dem Schreibtisch des Lehrers Platz, der sich einige Meter entfernt hinsetzte, und begann, auf Englisch einen beliebigen, gewöhnlich englischen Text zu kommentieren. Wir waren im voraus übereingekommen, in den Mittelpunkt der Kommentierung einen Vers von Béranger zu stellen: »*Dieu, mes enfants, vous donne un beau trépas*« oder »*Dans un grenier qu'on est bien à vingt ans*«. Der Effekt blieb nie aus. Jedesmal, wenn der Kommentator sich dem kritischen Augenblick näherte und sich anschickte zu sagen: »Diese Passage kann nicht umhin, uns unwiderstehlich an die Formulierung von Béranger zu erinnern …«, erhob sich unser Lehrer, wie von einer Feder emporgeschnellt, und verfiel in die schönste Theaterraserei, die ich je gesehen habe. Sie dauerte ungefähr zehn Minuten, er setzte den Schüler an die Luft und übernahm selbst die Texterklärung, wobei er es vermied, auf Béranger zu sprechen zu kommen. Er war äußerst glücklich, wie man an seinem dichten Haarschopf und an seinen Händen sah, die zitterten.

Eines Tages bereitete ihm jemand eine Überraschung. Es handelte sich darum, drei Verse von John Donne zu kommentieren. Der Schüler, ein glanzvoller blonder Junge, in seinem Alter bereits Dichter und ständig verliebt in ein Mädchen der Klasse, auf das ich noch zu sprechen kommen werde, begann mit einer Übersetzung nach seiner Art:

> *Je t'ai aimée trois jours durant*
> *Je t'aimerai trois jours encore*
> *S'il fait beau.*[*]

An eben diesem Tag regnete es im Park in Strömen. Was machte das schon. Er nahm den Text dieser wenigen Zeilen, um dazu zu »assoziieren«. Er sagte: »Ich liebte Dich ... das erinnert unwiderstehlich an den Song von Tino Rossi ...« und fing an, ich weiß nicht mehr welchen Unsinn anzuzetteln. Alle Schnulzen, die gerade in Mode waren, wurden einbezogen, jede davon mit einem Wort des Gedichts verknüpft. Der Lehrer sagte keinen Ton, bis Béranger am Horizont auftauchte. Dann folgte sein ordnungsgemäßer Wutausbruch.

Ein andermal übernahm es ein anderer Schüler, der inzwischen ein berühmter Redner geworden ist und den damals jeder Fanfouet[**] nannte, denn er war Savoyarde mit einem Vater, der Vorstand eines Bahnhofes war, den man stillgelegt hatte (man stelle sich die Scherze über die Lage des Bahnhofs vor!), einen anderen Text zu erklären, wiederum auf Englisch, aber mit einer völlig neuen Zergliederungsmethode. Er unterschied genau dreiundvierzig Gesichtspunkte, beginnend mit den klassischsten, dem historischen, dem geographischen, um schließlich bei wenig praktizierten Disziplinen anzulangen wie der Ornithologie (großer Erfolg beim Lehrer, der Liebhaber von Seevö-

---

[*] »Drei Tage hab' ich Dich geliebt,/ Drei Tage lieb' ich Dich noch,/ Wenn Schönwetter ist.« (*A. d. Ü.*)
[**] Spitzname, den Louis Althusser Pierre Golliet gegeben hat. Im Savoyardischen ohne präzise Bedeutung. (*A. d. Hrsg.*)

geln war!), der Küche, der »Fragologie«* (man wird in Kürze sehen warum) und anderen Ungereimtheiten. Béranger tauchte natürlich im Kapitel Poesie auf, womit er die klassische Raserei auslöste.

Ich dagegen wählte, als ich »ausgefragt« wurde, einen anderen Weg. Ich suchte mir aus Büchern und aus der Erinnerung eines Spanisch treibenden Freundes das Zitat eines Mönchs des 16. Jahrhunderts heraus, eines altgedienten Inquisitors, Dom Gueranger, und ich führte ihn ein, indem ich genau im richtigen Augenblick den Atem anhielt. Der Lehrer, der glaubte, es sei von Béranger die Rede, schickte sich schon zu seinem gewohnten Wutausbruch an, und ich hatte die allergrößte Mühe, ihn auf seinen Irrtum aufmerksam zu machen und ihm dafür zu bürgen, daß Dom Gueranger nichts mit Béranger zu schaffen hatte, weil er nämlich zwei oder drei Jahrhunderte früher geboren war und nichts in Poesie gemacht hatte. Gegen Ende des Schuljahres spendierte er uns eine Runde Wein, und zwar unter den Bäumen im Park, am Imbißstand, da gab es Boote auf dem Teich mit Mädchen drin, bei denen man sich fragte, was sie dort wohl tun mochten bei dieser Hitze.

Zu »Vater Hours« hatten wir ebenfalls sehr angespannte Beziehungen. Er hatte die Angewohnheit, wenn er ein englisches Wort auszusprechen hatte, beispielsweise Wellington, beim Sprechen innezuhalten und an die schwarze Wandtafel zu gehen, und während er sich entschuldigte, daß er »die englische Sprache nicht aussprechen« könne, schrieb er das fragliche Wort an die Tafel und unterstrich es, damit es auch jeder verstünde. Er redete aus dem Stegreif, sich dabei mit einer Hand auf sein Pult stützend und mit der anderen zum Schein einige Blätter zu Rate ziehend, auf denen wahrscheinlich keinerlei Notiz stand, und es war unmöglich, ihn zu unterbrechen... Er sagte: »Habe ich Ihnen bereits gesagt, daß England eine Insel ist?« und wartete auf eine Antwort, die natürlich nicht kam. Er zog alle möglichen Arten von Schlußfolgerungen. Nach dem Krieg sagte er mir eines Tages im Beisein von Hélène, die ja in der Résistance gekämpft hatte, in England sei sie genaugenommen unmöglich gewesen, nicht weil England eine Insel sei, sondern weil die Engländer alle in diesen *cottages* wohnten und deshalb jede Untergrundarbeit unmöglich gewesen sei,

---

* Aller Wahrscheinlichkeit nach ein von Louis Althusser selbst verfertigter Neologismus. (*A. d. Hrsg.*)

und zwar wegen des Fehlens von *traboules* [Querverbindungen zwischen Häusern und Straßenzügen] wie in Lyon. Dennoch spielte ich ihm auf meine Weise ebenfalls einen Streich, und zwar eines Tages, als ich ein Referat über den *Premier consul* [*i.e.* Napoleon Bonaparte] und seine Außenpolitik zu halten hatte. Ich richtete es so ein, daß als letztes Wort meines Referates der Name einer berühmten Schlacht fiel. In dem Augenblick, als ich es aussprach, erhob ich mich langsam, nahm ein Stück weiße Kreide in die rechte Hand und näherte mich der Tafel, wobei ich sagte: »Entschuldigen Sie bitte, aber ich spreche sehr schlecht Italienisch.« Und dann schrieb ich einfach: Rivoli. »Vater Hours« nahm die Angelegenheit, als Kenner, durchaus nicht übel. Er pflegte viel und geläufig zu reden, es gab in der Klasse aber einen Burschen von gigantischer Größe, aus dem ein Rugby- oder Tennisspieler von Weltklasse hätte werden können, der aber zu träge war, etwas dergleichen zu tun, und der, um aller Welt zu widersprechen, einer der berühmtesten Journalisten der französischen Presse geworden ist. Hours hatte kaum zu reden begonnen, als er auch schon auf seinem Pult zusammensackte und zu unserer großen Freude einschlief, denn er schnarchte laut. Die Frage war nur: wie lange?, denn »Vater Hours« kam schließlich doch immer dahinter. Dann näherte er sich dem Schläfer auf Zehenspitzen, schüttelte ihn wie einen Pflaumenbaum und rief: »Hallo! Charpy! Endstation, Charpy, alles aussteigen!« Charpy öffnete ein Auge, hielt das andere geschlossen, man kann ja nie wissen, und schlief weiter. »Vater Hours«, im Bewußtsein, er habe damit mehr als seine Pflicht getan, fuhr in seiner Erklärung fort, daß England eine Insel sei.

Zu dieser Zeit waren wir alle mehr oder weniger Royalisten (mit Ausnahme des Dichters und eines Jungen, der eines Tages, ohne jemandem davon ein Wort zu sagen, nach Spanien aufbrach und in die internationalen Brigaden eintrat, um dort zu fallen wie jedermann). Das war dem Einfluß von Chambrillon, einem brillanten Ästheten, und Parain zu verdanken, dessen Vater in Saint-Étienne Hutbänder herstellte, der bewundernswert Klavier spielte und in eine Frau verliebt war, die er zwar noch nicht getroffen hatte, aber man spürte es schon angesichts der Ideen, die er im Herzen und im Kopf hatte. Es war ein Gelegenheitsroyalismus, natürlich für den Grafen von Paris, und wahrscheinlich dem blitzartigen Durchzug von Boutang durch die *khâgne* vor einigen Jahren zuzuschreiben, ging aber nicht sehr weit. Man begnügte sich mit einigen kräftigen Sarkasmen auf Kosten irgendwelcher imaginären Feinde und der Volksfront, die Frankreich dem Pöbel und den Juden ausliefern würde.

Von der Volksfront bekam ich eines Tages etwas zu Gesicht, als in der rue de la République ein gewaltiger Demonstrationszug von Arbeitern vorbeimarschierte, den ich mit Wut im Herzen von einem kleinen Fenster der Wohnung aus beobachtete, die meine Eltern damals in der rue de l'Arbre-Sec bewohnten, ein Name, der ein ganzes Programm verkörperte. Dennoch stellte ich Vergleiche mit dem an, was uns »Vater Hours« über die französische Bourgeoisie und das Volk erzählte, und das genügte mir, um mich von meinen royalistischen Freunden zu lösen.

Der Dichter dagegen hatte seine Gedanken anderswo. Er verbrachte seine Zeit damit, einem der beiden Mädchen in unserer Klasse den Hof zu machen, Mlle. Molino. Das war eine kohlrabenschwarze junge Frau, und unter dem äußeren Schein von Ruhe und Ausgeglichenheit war sie Feuer und Flamme, die sie einem entgegenspie, wenn man sie auch nur berührte. Im Laufe der drei Jahre, die ich im Gymnasium verbrachte, gab es wahre Stürme und öffentliche Dramen. Der Dichter machte ihr vor uns allen Liebeserklärungen, sogar auf Englisch, aber sie wollte nichts davon hören. Eines Tages verschwanden die beiden, wir hielten sie schon für tot, aber einige Tage später tauchten sie wieder auf, offenbar bei bester Gesundheit. Auch ihre gegenseitigen Herausforderungen und Trennungen setzten sie in den nächsten Stunden unvermindert fort. Es war eben Sport und zählte mehr als die armselige Fußballmannschaft der Stadt, der es nicht gelang, Tore zu schießen, sondern die kistenweise welche bezog. Erwähnt sei noch, daß der Bürgermeister von Lyon Édouard Herriot war, der seine Zeit damit verbrachte, über die radikale Partei zu wachen, irgendwelche Phrasen über die Kultur zu schmieden (offenbar verwendete er darauf zehn Jahre) und sich darauf vorzubereiten, in Frieden mit der Kirche zu sterben.

Über diese seine posthumen Dispositionen wurde ich von einem großen und mageren Jesuiten auf dem laufenden gehalten, ein Mann mit dem schönsten Nasenvorbau, den ich je gesehen habe, der ihn allerdings nicht am Leben hinderte, ein Mann, den ich eines Tages, als ich ihn brauchte, um in der *khâgne* eine Sektion der Jeunesse étudiante chrétienne zu gründen, in seinem Priesterseminar auf den Höhen von Fourvière aufsuchte. Er nahm mich wohlwollend auf, etwas erstaunt darüber, daß ich mich direkt an ihn wandte, indem ich mich über die Köpfe der städtischen, universitären und geistlichen Obrigkeiten hinwegsetzte, willigte aber schließlich ein. Dank seiner Zustimmung gründete ich so meine erste politische Zelle: ich habe keine weitere mehr zu gründen gebraucht. Wir warben Mitglieder an. Wir hielten unregelmäßige Zusammenkünfte ab, ich erfuhr so, daß die Kirche sich auf ihre Weise mit der »sozialen Frage« befaßte, die, weil vom Vatikan gelenkt, unseren »Vater Hours« natürlich zum Nörgeln veranlaßte, und eines Tages fuhren wir, sogar unsere Royalisten, zu einer »Meditation« in einem Kloster der Grafschaft Dombes, wo es viele Teiche gibt. Wir fanden dort salbungsvolle, bleiche und zum Schweigen verpflichtete Mönche vor. Sie bearbeiteten tagsüber den Boden und standen nachts fünf Mal auf, um mit lauter Stimme zu beten. Das Haus war von einem unglaublichen Geruch nach Wachs, Seife, Öl und schmutzigen Sandalen erfüllt. Es war hervorragend geeignet, um die Abkehr von der Welt und die spirituelle Konzentration zu erlernen. Überdies gab es in jedem Stockwerk eine gewaltige Pendeluhr, die alle Viertelstunden schlug, ein Geräusch, das jedermann aufweckte, vor allem nachts. Ich versuchte, mir diese Umstände zunutze zu machen, und betete auf den Knien, daß Pascal mit seinen materialistischen Argumenten kommen und mit meinem spontanen Materialismus fertig werden möge. Ich verfertigte sogar eine Art Homelie über die »Andacht«, die mir die ungeteilte Wertschätzung Parains eintrug, dem ich jedoch sagte, ich hätte daran keinerlei Verdienst, weil mein Text bereits im voraus fertig gewesen sei. Aus eben dieser Zeit stammt meine Erinnerung an eine mögliche, aber versäumte religiöse Berufung und eine gewisse Disposition zur ekklesiastischen Beredsamkeit.

Das konnte aber an der ganzen Sache nichts ändern, und schließlich gab es in Les Dombes keine Mädchen, während man ihnen sonst überall begegnete. Nicht nur in Gestalt von Mlle. Molino, die Bernard (so der Name unseres Dichters) streitig zu machen nicht in Frage kam, sondern auch im Park, in den Gärten, auf den Straßen und auch in dem berühmten Café, wo ich, wie jeder »Rekrut«, meinen Anteil an Bier und Reden zu erbringen hatte. Die Rede, die ich hielt, ist einigen meiner Kameraden in Erinnerung geblieben. Sie versetzten uns in Angst, weil sie nur deswegen gekommen waren, und wir zitterten, ob wir ihnen das gewünschte Vergnügen verschaffen konnten. Endlich kam die Reihe an mich. Ich erinnere mich, folgendermaßen begonnen zu haben: »Hündchen Hündchen Hündchen Hündchen, sagte der kleine Junge. Und seine Mutter: Warum hast Du nicht vor dem Hereinkommen Pipi gemacht?« Nach dieser entscheidenden Einleitung war der Rest nicht mehr so wichtig, es war, glaube ich, eine Valéry-Nachahmung, in der ich unter anderem sagte: »Ich habe mein Schwert nicht für nichts und wieder nichts an den Nagel gehängt!«,* aber ohne zu sagen warum noch was dieses Schwert war oder dieser Nagel. Jedenfalls war der Sinn für jedermann klar, und man machte mir das deutlich, indem man mich ebenso knapp einer gedrängten Befragung über meine Liebesbeziehungen unterwarf, das war Bestandteil der Pflichten. Ich zog mich, so gut ich konnte, aus der Klemme, indem ich die Wahrheit sagte: daß ich, von fern, nur ein einziges kleines blondes Mädchen gekannt hätte, als ich im Morvan war, sie sei allein durch den Wald heimgekommen, und ich hätte sie gern begleitet und umarmt; und daß ich, allerdings sehr viel näher, ein anderes junges Mädchen an einem Strand im Süden gekannt hätte, als wir dort die Sommermonate im Haus eines Kollegen meines in Marseille weilenden Vaters verbrachten; die Dinge seien aber nicht sehr weit gediehen, wenn ich von einem wunderbaren Nachmittag in den Dünen absehen wollte, als ich ihr Sand zwischen den Brüsten herabrieseln ließ, um ihn in der Magengrube wieder aufzufangen: ich hätte sie nicht wiedergesehen, weil meine Mutter gegen diese Beziehung mit einem jungen Mädchen gewesen sei, das sie für zu jung für mich hielt, weil sie ein Jahr älter als ich und schwarzäugig war, so daß meine Mutter eines Tages, als ich sie mit dem Fahrrad am Strand treffen wollte, nein gesagt habe und ich weinend und so schnell wie möglich in die entgegengesetzte Richtung gefahren sei, bis nach La Ciotat, wo ich mir ein großes Glas mit irgendeinem alkoholischen Getränk genehmigte im Gedanken daran, daß ich sie im Meer hätte stützen können, wie ich das so gern tat, die eine Hand unter den Brüsten, die andere unter dem Geschlecht, was ihr durchaus nicht mißfallen habe und auch nicht die Gefahr heraufbeschwor, daß sie ein Kind bekam. Sie hörten sich all das ohne den geringsten Spott an, und als ich zu reden aufhörte, breitete sich tiefes Schweigen aus, das dann plötzlich in Bier ertränkt wurde.

* Frz. Wortspiel mit *chiot* und dessen Nähe zu *chier* (kacken) und *faire pipi*. Der spätere Satz lautet im Frz.: *»Je n'ai pas suspendu mon glaive pour des prunes« [i.e.* Pflaumen]. *(A. d. Ü.)*

So näherten wir uns, ohne es zu wissen und trotz der Schrecknisse in Spanien, allmählich dem Krieg. Mich überraschte er in Saint-Honoré, wo ich damals eine Badekur machte, die mir wenigstens das Vergnügen verschaffte, mich ins Schwimmbecken stürzen und im Schatten unter den hohen Bäumen des Parks spazierengehen zu können. Es war im September 1939, München, und ich erhielt noch immer nicht den erwarteten Einberufungsbescheid. Ich hatte ein sehr schmerzhaftes Rheuma in der linken Schulter, das dahinschwand, sobald ich meinen Mobilmachungsbefehl bekam. Bekanntlich heilen Kriege die Mehrzahl der Beschwerden von Männern. Mein Vater wurde an die Front in den Alpen befohlen und wartete darauf, daß die Italiener sich entschlossen, einige Kanonenschüsse abzufeuern, um sich zu beweisen, daß sie auch wirklich in den Krieg eingetreten seien; meine Mutter zog sich ins Morvan zurück, wo sie die glücklichste Zeit ihres Lebens verbrachte, ohne Mann, ohne Kinder, mit den Funktionen einer Sekretärin des lokalen Bürgermeisteramtes als einziger Aufgabe, wo dann aber, als erst einmal der Mai 1940 gekommen war, die Flüchtlinge des Debakels zusammenströmten. Was mich betrifft, so wurde ich zusammen mit anderen Studenten ins Centre de formation des élèves officiers de réserve (EOR) geschickt. In einer noch ganz provinziellen Stadt kam es da zu einer großen Konzentration von Männern und Frauen aller Altersstufen, von Pferden und betagten Kanonen, weil die Artillerie ja noch mit Pferdegespannen operierte. Wir wurden von einem Amateur-Feldwebel in die Kriegskunst eingeführt, Courbon de Castelbouillon, der kugelrund und, wie Napoléon III., kurzbeinig, aber ein sehr schöner Mann mit weißem Pferd war und wie ein Feuerwehrmann fluchte in dem Sand, in dem sich die gottergebenen Pferde drehten, die nicht einmal geführt zu werden brauchten, um vorwärtszugehen oder stehenzubleiben, und von Zeit zu Zeit eine schöne Portion Pferdeäpfel oder einen Urinstrahl von sich gaben, die jedermann überraschten. Die Kavalkaden auf dem Truppenübungsplatz, für die, wie der Feldwebel behauptete, seit den Zeiten Ludwigs XIV. alles Verständnis verlorengegangen sei, entzückten uns und vor allem ihre Unordnung, denn niemand war in der Lage, auch nur das geringste unserer Reittiere dazu zu veranlassen, vorwärts oder rückwärts zu gehen, zu springen oder sich niederzulegen. Aber wir hatten viel zu lachen, trotz der Wutausbrüche von Courbon, der nicht davon erbaut war, es mit so jämmerlichen Rekruten zu tun zu haben. Unter diesen Umständen, sagte er, würden wir den Krieg verlieren, und das sei dann gut für unsere Füße und für die Volksfront. Erholung fanden wir bei Spaziergängen auf den hohen, das Allier-Tal säumenden Bergkämmen mit ihren Schlehdornsträuchern, deren im Winter verdorrte Früchte uns großen Genuß bereiteten, vor allem wenn wir sie unter freiem Himmel oder in der Nähe einer verlassenen Kapelle sammelten. Zerstochen, aber zufrieden kamen wir zurück. Es gab da mehrere Freunde, die unter einer Decke steckten und genug Zitate im Munde führten, um die Konversation angenehm zu machen. Da war Poumarat, den ich später wiedergetroffen habe und der jetzt einen Bart, eine zu ihm passende Frau und mehrere Kinder hat, die sich gut vertragen, er betreibt jetzt die Segelfliegerei und schaut steifnackig zum Himmel empor, um herauszufinden, ob die Aufwinde gut sind. Er schreibt Romane, die gut sind, in denen aber von viel zu altmodischen Dingen die Rede ist, als daß ein Verleger sie annähme und druckte. Weiter war da Béchard, ein Kamerad aus der *khâgne* mit einem starken Morvan-Akzent und wallenden Haaren, ein langer Lulatsch, der immer einen Schatten warf, der noch länger war als er selbst, der Geige spielte und englisch sprach, wenn er zufrieden war. Er ist um 1942 gleichzeitig mit seiner Frau mitten in Marokko an einer ehelichen Tuberkulose gestorben; ich weiß nicht, was er da unten wollte, wahrscheinlich vor Pétain fliehen. Schließlich gab es da eine untersetzte Person, die auf Frauen schwor. Er hatte eine gefunden, die bei den Pferden schlief und im Stroh Liebe machte, und behauptete, das wiege alles Gold der Erde auf, denn sie machte keine Umstände und wollte es immer wieder besorgt haben, er ist sogar so weit gegangen, ihr ein Hotelzimmer zu mieten, das war teuer, aber praktischer, abgesehen davon, daß er, als er heimkehrte, nur kam, um uns zu sagen, daß sie eine Hure sei und ihm einen Tripper angehängt habe. Damals war so etwas noch nicht so leicht zu heilen. Diese Episode bestärkte mich in der Vorstellung, man müsse sich vor Frauen doch wohl in acht nehmen, vor allem wenn sie im Stroh bei Pferden schlafen.

Als die Zeit verging und der Krieg andauerte, ohne recht vom Fleck zu kommen, fragte man uns, ob wir Freiwillige bei der Luftwaffe werden wollten. Béchard und die anderen sagten zu. Ich bekam es mit der Angst und wurde krank, genau so lange, wie man brauchte, um der Musterung zu entgehen. Mein Fieber war dafür hoch genug, und ich glaube sogar, daß ich das Thermometer absichtlich und gewissenhaft gerieben habe, um das gewünschte Resultat zu erzielen. Der Knochenflicker kam, schaute sich meine Kurve an und bestand nicht auf meinem Einsatz. Inzwischen waren die anderen abgerückt. Ich blieb allein mit Courbon zurück, der die Reiterei der Luftwaffe vorzog. Aber das war nicht lustig.

Was von uns übrigblieb, wurde in die Bretagne verlegt, nach Vannes, um unsere Einheit zu vervollständigen. Dort fand ich eine neue Kompanie vor, weniger homogen und weniger unterhaltsam. Es war sogar ernsthafte Arbeit: Nachtmärsche auf der Suche nach Spionen (eines Tages fanden wir zerrissene Papiere, die geflohenen Spaniern gehörten), Übungsschießen auf speziell ausgeflaggte Ziele, Gewaltmärsche, schriftliche Prüfungen usw.

Während dieser Zeit strömten fortgesetzt Flüchtlinge in ihrer erbärmlichen Ausstaffierung zusammen. Und bald näherten sich die deutschen Truppen, während wir uns daran machten, die »bretonische Höhle« von Paul Reynaud zu verteidigen, der seinerseits mit der aufgelösten Regierung in Bordeaux die Fäden spann. Vannes wurde zur »offenen Stadt« erklärt, und wir erwarteten die Deutschen, ohne zu wanken, indem wir die Wachen im Umkreis unseres Quartiers verstärkten, um flüchtige Soldaten daran zu hindern, als Deserteure nach Hause zurückzukehren. Das war die Weisung von General Lebleu, der damit einen sehr durchdachten Plan anwendete, der dazu ausersehen war, uns der deutschen Armee kraft folgenden Prinzips auszuliefern: Es ist besser, es ist politisch sicherer, wenn die Männer in deutsche Kriegsgefangenschaft geraten als in Südfrankreich, wo sie Gott weiß was anstellen können, sogar sich de Gaulle anschließen. Ein unwiderleglicher und effizienter Gedankengang.

Die Deutschen kamen in [Motorrädern mit] Seitenwagen an, erwiesen uns die Ehrenbezeigungen zu unserer Niederlage, waren ritterlich, versprachen, uns binnen zwei Tagen zu befreien, und warnten uns wohlwollend, daß wir, wenn wir uns davonmachten, Repressalien an unseren Angehörigen zu gewärtigen hätten, denn sie hatten den längeren Arm. Manche stellten sich taub und suchten ohne Skrupel das Weite. Es genügten einfache Zivilkleider und ein paar Francs. So verfuhr übrigens auch mein Onkel, Gefangener im Ersten Weltkrieg, der wußte, was gespielt wurde, und sich keinen Bären aufbinden ließ. Er verschaffte sich, woher weiß ich nicht, Zivilkleidung, stahl ein Fahrrad und machte sich gemächlich auf den Weg, wobei er es sich sogar leistete, die Loire zu überqueren – unter dem Vorwand, am anderen Ufer pinkeln zu wollen (»ich bin Linkshänder, Herr Offizier«), und eines Tages tauchte er bei seiner vor Schreck erstarrten Frau auf: »Aber Du wirst uns in Schwierigkeiten bringen.« Mein Onkel war, wenn es um Frieden ging, ziemlich trotzig. Er ist später gestorben, nachdem er seine Familie großgezogen hatte und seiner Frau nicht wenig auf die Nerven gegangen war, aber das spielt hier keine Rolle.

Was uns betraf, so schafften uns die Deutschen an verschiedene, »Lager« getaufte, aber sehr zugige Orte der Bretagne, um sie uns vor der Abfahrt noch einmal sehen zu lassen. Ich erinnere mich an eines dieser Lager, wo es genügte, die Ambulanz in Anspruch zu nehmen, um draußen zu sein; und ein anderes, wo es genügte, vom Waggon zu springen und sich in der kleinen Stadt hinter dem Bahnhof zu verirren, um frei zu sein. Aber es gab die Fahnenflucht und andererseits das Versprechen, alles nach Vorschrift abzuwickeln. Die Deutschen hatten mir überdies eine kleine Kodak abgenommen, die mein Vater mir geschickt hatte; aber natürlich um sie in Sicherheit zu bringen, bevor ich sie zurückbekommen hätte. Wir durften schreiben. Alles ließ sich gut an. Man brauchte nur zu warten.

Während dieser Zeit hatten wir die vorgeschriebenen schriftlichen Prüfungen für die EOR abgelegt. Erster wurde Pater Dubarle. Wie beim allgemeinen Wettbewerb (aber im Gegensatz zum Wettbewerb für die École normale, wo ich sechster geworden war, ich glaube im Juli 1939, nachdem ich 19 Punkte in Latein, nicht weniger, und 3 in Griechisch erhalten hatte, ich bitte Flacelière dafür um Verzeihung, und nachdem ich ein philosophisches Referat über die wirksame Kausalität geschrieben hatte, die zu kennen ich nicht die Ehre hatte, das aber der Honigmelone Schuhl gefiel und Lachièze-Rey mißfiel, der mir geradeheraus sagte, er habe »nichts davon verstanden«) verpatzte ich alle meine Prüfungen, ich weiß nicht einmal mehr, ob ich überhaupt klassifiziert wurde, denn es war keine Zeit mehr, die Ergebnisse zu veröffentlichen – Schuld daran waren die Deutschen. Die Deutschen waren überdies der Ansicht, wir seien Soldaten zweiter Klasse, und schickten uns folglich in ein Kriegsgefangenenlager für Mannschaftsdienstgrade. Nicht ohne uns zuvor einen Aufenthalt in einem Sammellager zu verordnen, und zwar in der Nähe von Nantes, wo man sich um Trinkwasser prügelte und wo Dubarle, der einen guten

Durchblick hatte, die Überwachung der Militärkonvois organisierte, die ganz in der Nähe auf Schienen vorbeifuhren, bevor er wieder den Nachrichtendienst draußen ankurbelte. Ich erinnere mich, daß das im Juni 1940 war, vor dem Aufruf de Gaulles.

Ernsthaft begannen die Dinge zu werden, als wir im Zug saßen, mit einem Waggon am Zugende, der mit Soldaten mit Maschinengewehren besetzt war, sechzig Leute pro Waggon, man mußte in Flaschen pinkeln, und es gab nichts zu trinken als unseren eigenen Urin und nichts zu essen als unser Zaumzeug. Das dauerte vier endlose Tage und Nächte. Man hielt am hellichten Tage auf Bahnhöfen an, Leute streckten uns etwas zu essen hin. Oder man hielt mitten auf dem Lande an, und wir sahen aus zehn Metern Entfernung die Bauern ihr Heu rechen. Manche Kameraden rissen schließlich Latten aus dem Fußboden und ließen sich in die Drehgestelle gleiten, aber die anderen schimpften, »Du wirst es noch so weit bringen, daß man uns abknallt«, aber sie machten weiter und sprangen schließlich bei Nacht in die Büsche. Man hörte einige Feuerstöße und einen Hund, der bellte, aber ein bellender Hund war ein gutes Zeichen. Wir haben alle davon geträumt, uns auf diese Weise aus dem Staub zu machen, aber wir hatten Angst, und es war nicht genug Zeit, und wenn die Deutschen die Waggons leer gefunden hätten, na dann! Man gab denen, die absprangen, Adressen und Nachrichten mit allen möglichen Empfehlungen mit, und dann Gott befohlen!

Als wir die deutsche Grenze überfuhren, wurden wir daran durch den Regen erinnert. Deutschland ist ein Land, in dem es regnet. Wie Goethe seinem Herzog sagte: Schlechtes Wetter ist besser als gar kein Wetter. Er hatte damit nicht unrecht. Aber der Regen feuchtet einen durch. Die Deutschen, die wir bleich und fahl auf den Bahnhöfen sahen, waren vom Regen völlig aufgeweicht. Sie gaben uns nichts zu essen. Sie sahen so aus, als seien sie völlig benommen von ihrem Sieg, der sie beim Aufstehen, noch vor dem Kaffee überrascht hatte, und als hätten sie sich von dieser Überraschung noch gar nicht erholt. Offensichtlich wußten sie nichts von Konzentrationslagern, wir aber auch nicht, jedenfalls waren sie besser gerüstet als wir für den Fall, daß.

Schließlich kamen wir an einem namenlosen Bahnhof an, in ständig von Regen und Wind gepeitschtem Heideland. Man ließ uns aussteigen und setzte uns unter Drohungen mit Peitschen und Gewehren in Marsch, etwa vierzig Kilometer weit. Zahlreiche Kameraden blieben auf der Strecke, aber die Deutschen machten ihnen im allgemeinen nicht den Garaus. Sie schickten Pferde, um die Erschöpften abzutransportieren. Ich erinnere mich, durch Zufall und in Kenntnis jenes Goethe-Wortes eine Art britischen Regenmantel aus kautschukverstärktem Stoff geklaut zu haben, den ich mir unter dem Hemd angezogen hatte, damit die Deutschen ihn mir nicht konfiszierten. Ich riß meine vierzig Kilometer mit diesem Ding auf der Haut ab und brauche wohl niemandem zu sagen, daß ich etwas schwitzte und Angst bekam, ich würde mir, einmal im Zelt, wieder Rheuma zuziehen, aber nein, und überdies konfiszierten die Deutschen gleich am nächsten Tag mein falsches Hemd und behaupteten, das käme ihnen zupaß. Ich hatte nichts dagegen. Seither habe ich mich an den Regen gewöhnt und gelernt, daß man durchaus naß werden kann, ohne sich gleich Rheuma zuzuziehen.

Die Nacht in diesem Zelt war unbeschreiblich. Wir hatten Hunger und Durst, vor allem aber waren wir todmüde und schliefen wie die Steine, man mußte uns am nächsten Morgen an den Füßen packen, um uns wachzubekommen, damit wir alle Kontrollmaßnahmen der Lagerverwaltung durchlaufen konnten. Aber ich hatte gelernt, daß Männer ganz gut durchhalten, vor allem wenn sie unglücklich und erschöpft sind, und daß die Dinge alles in allem schließlich doch ins reine kommen.

Für alle kamen sie allerdings nicht ins reine. Unser Lager grenzte an ein anderes Lager, in dem man ausgehungerte Gestalten herumirren sah, die aus dem polnischen Osten kommen mußten, denn sie sprachen russisch und wagten nicht, sich den elektrisch geladenen Stacheldrahtzäunen zu nähern, wenn man ihnen ein Stück Brot, irgendwelche Kleider und einige Worte zuwarf, von denen man wußte, daß sie doch nicht verstanden werden würden, das machte nichts, es tat ihnen ein bißchen gut und uns auch, man fühlte sich weniger allein im Elend.

Später verteilte man uns auf getrennte Kommandos. Ich hatte, zusammen mit einigen Studenten und dreihundert Bauern und Kleinbürgern, das Recht auf ein Sonderlager, weil es sich darum handelte, unterirdische Tanks für die Luftwaffe zu bauen und auf der Baustelle zunächst alles zu zerstören und zu planieren, alte Häuser, Wälder, die Brache aufzufüllen und alles mit eisernem Maschendraht zu umzäunen. Meine mangelnde Eignung bestimmte mich für die letztgenannte

Spezialität: graben, Pfähle einschlagen und den Maschendraht befestigen: wir zäunten uns selbst ein. Im Rücken hatten wir einen Wachtposten, einen alten Kämpfer aus dem Ersten Weltkrieg, der von den Blutbädern genug hatte und uns das auch unaufhörlich sagte. Von Zeit zu Zeit gab er uns ein Stück von seinem Imbiß ab, denn unsere eigene Verpflegung reichte nicht weit. Ich erinnere mich, daß ich es mir eines Tages, mit *Lagergeld* ausgestattet (Geld, das nur im Lager im Umlauf war und womit man sich Zahnbürsten und Zigarren kaufen konnte), in den Kopf setzte, einer Bäckerei in einer Entfernung von dreihundert Metern einen Besuch abzustatten. Dort gab es schönes deutsches Weißbrot, auch Schwarzbrot und Pflaumenkuchen. Aber nichts zu machen: mein Geld war nichts wert, und die Bäckerin wollte richtiges Geld für ihr Brot. Wie unser Wächter sagte: »Es ist eben Krieg!«, und er spuckte auf den Boden, um sein Gefühl zu unterstreichen.

Dort habe ich unter meinen Landsleuten vor allem Bauern voller Erinnerungen kennengelernt: voller Erinnerungen an ihre Ländereien, ihre Tiere, ihre Arbeiten, ihre Frauen und ihre Kinder. Und vor allem voller Überlegenheitsgefühl: die *Chleuhs* (Deutschen) konnten nun einmal nicht arbeiten. Sie sahen nur, was sie sehen wollten. Und sie stürzten sich in die Arbeit um der bloßen Arbeit willen. Es gab aber auch zwei oder drei Studenten, die damit nicht einverstanden waren und das merken ließen: Man darf nur so wenig wie möglich arbeiten, selbst wenn man vor Hunger krepiert und sogar wenn man sie sabotieren kann! Eine Minderheit und lauter Aufsässige. Es gab auch einen normannischen Landarbeiter, der Colombin hieß, einen großen Schnauzbart, eine breite flache Baskenmütze und geheime Überzeugungen hatte. Ihm machte das nichts aus, und von Zeit zu Zeit spuckte er in die Hände, stützte sich auf seine Schaufel und sagte: Jetzt werde ich mir mal einen gottverdammten Colombin machen. Und dann ging er ostentativ ganz in der Nähe scheißen, in Sichtweite der verdutzten Deutschen. Er hat mir viele Geschichten erzählt.

Das gilt nicht in gleichem Maße von anderen Gefangenen. Ich denke insbesondere an einen jungen Normannen, dem es gelungen war, seine goldene Uhr, ein Geschenk seiner Frau, zu behalten, und der sie jedermann zeigte, wobei er schwor, für einen Bissen Brot werde er sie nicht verkaufen. Zu seiner großen Überraschung konnte er sie eines Tages nicht mehr unter seinem Strohsack finden. Er machte die Deutschen verantwortlich, die ihm entgegneten, sie brauchten seine Uhr nicht, sie hätten bereits alle anderen konfisziert – eine mehr oder weniger, darauf käme es nicht an! Sie war von ganz allein gen Himmel gefahren. Tatsache ist, daß der Bursche sie bei der Heimkehr in den Händen seiner Frau vorfand, die sie wiederum von einem amerikanischen Offizier erhalten hatte. Es gibt schon merkwürdige Dinge. Da war noch ein anderer Mann, gebildet, Journalist bei einer Tageszeitung im [französischen] Osten und russischer Herkunft, was seinen Auffassungen vom deutsch-sowjetischen Nichtangriffspakt und seinen Folgen Gewicht verlieh, genau wie seinen zahlreichen Frauengeschichten, die er mit großer Ungezwungenheit und, angesichts der hiesigen Knappheit, mit viel Erfolg erzählte. Insbesondere mit dem Tenor, es sei kinderleicht, sie zu kriegen, zum Beispiel diejenige, die er bei einem offiziellen Bankett unter der Tischdecke masturbiert habe, vor aller Augen, oder diejenige, die er abends nach Hause gebracht und, sie an ihre verschlossene Tür drückend, ihr die Beine gespreizt und sie an den strategischen Punkten berührt habe, mit Zustimmung des Gegners, der, worauf er zu präzisieren Wert legte, unter seinem Kleid völlig nackt gewesen sei. Das brachte uns zum Träumen, sogar Colombin, der daraufhin auf den Boden spuckte.

Derselbe Journalist übernahm auch die Sexualerziehung unserer Wachtposten. Genaugenommen eine kleine Mühe. Aber er brachte ihnen bei, daß die Negerinnen »den Schlitz quer« hätten, was bei unserem Aufsichtspersonal eine Art Revolution auslöste, sie ließen einen Sanitätsoffizier kommen, der sie aufmerksam anhörte, ein Lexikon kaufte, in dem er aber nichts Überzeugendes fand, und den Fall an die ranghöhere Obrigkeit verwies, die ihm bedeutete, das sei zutreffend bei allen Rassen, die Knoblauch essen, aber nicht bei den Schwarzen, die keinen essen, im Gegensatz zu den Juden und den Franzosen, das dürfte nicht ihr Fall sein. Dabei blieb es, aber unser Kamerad erhielt eine Extraration Brot, die er verteilte.

Eben damals wurde ich zum Straßenkehrer und Lagerreiniger ernannt, denn ich hatte mir beim Anheben der Baumstümpfe in der Brache einen Leistenbruch zugezogen. Ich blieb also den ganzen Tag im Lager, während meine Kameraden auf der Baustelle waren, und handhabte meinen Kehrbesen. Der Kehrbesen besteht aus einem Stiel und dem Übrigen. Das Wichtige ist der Stiel und die Handbewegung. Der Staub ist zweitrangig. Er ist wie die Intendantur: sie kommt nach.

Ich hatte die richtige Handbewegung bald heraus und entledigte mich in zwei Stunden einer Aufgabe, die auch zwölf hätte dauern können. Also blieb mir Zeit. Ich begann, eine Tragödie über jene junge griechische Person zu schreiben, die ihr General von Vater töten sollte,* damit sich der Wind regte. Ich wollte, daß sie am Leben blieb, und richtete es so ein, daß die Sache möglich wurde, wenn sie einverstanden war. Die beiden flohen bei Anbruch der Nacht in einem Boot, und man machte auf hoher See Liebe, unter der Bedingung, daß kein Wind, sondern nur eine kleine Brise zur Erfrischung und Lust wehen sollte. Ich hatte nicht die Zeit, dieses Meisterwerk zu vollenden, in dem der Giraudoux der Widerstandszellen seinen Part hatte, denn ich wurde ernsthaft krank: anscheinend ein Nierenleiden nach Aussage des französischen Lagerarztes, eines stolzen und kompetenten Mannes aus dem Norden, der den Deutschen bedeutete, hier sei kein Zögern am Platz, sondern äußerste Dringlichkeit geboten, mich in das Hauptkrankenhaus des Lagers einzuweisen. Also kam ein weißer Krankenwagen, und zum ersten Mal transportierte man mich langsam über ganze Kilometer öder Landschaft in das Lager von Schleswig. Ich kam ins Krankenhaus, wo ich von einem müden deutschen Arzt gut betreut wurde, der mich nach zwei Wochen für geheilt erklärte und wieder ins Lager zurückschickte. Aber ins Zentrallager. Eine ganz andere Welt. Die polnischen Kriegsgefangenen, die zuerst gekommen waren, hielten hier alle Schlüsselstellen besetzt, und es entspann sich ein regelrechter Kleinkrieg zwischen den Franzosen, den Belgiern, den Serben und den besagten Polen, die schließlich mehrere Pöstchen abgaben. Ich war gerade gut genug für Außenarbeiten, das Entladen von Kohlenwagen, das Ausheben von Gräben und Gartenarbeiten, bevor ich mich in den Innendienst im Lager einschleichen konnte: in die Krankenstation, wo der Arzt, der mich ins Krankenhaus überwiesen hatte, und ein geiler Zahnarzt herrschten, der seine Zeit damit verbrachte, den ukrainischen Frauen des gegenüberliegenden Lagers Schokoladetafeln zuzuwerfen, damit sie von weitem ihre Schenkel öffneten. So wurde ich »Sanitäter«, ohne es je zuvor gewesen zu sein, und betreute alle Arten von Kranken. So sah ich einen unglücklichen Pariser Chansonnier an einem Gasbrand sterben, der

---

* Eine Anspielung auf die Opferung Iphigenies durch ihren Vater Agamemnon in Euripides' *Iphigenie in Aulis*. (A.d.Ü.)

durch eine Operation auf freiem Feld ausgelöst worden war, verübt von einem jungen deutschen Arzt, der seine Fingerfertigkeit üben wollte. Die meisten waren Simulanten. Sie magerten durch Fasten ab, damit sie sich, angeblich von einem Magengeschwür befallen, für eine Durchleuchtung empfahlen, die gemacht wurde, nachdem sie eine kleine Kugel aus Aluminiumfolie am Ende eines Bindfadens verschlungen hatten, der die gewünschte Lage regelte. Das klappte nicht immer. Ich selbst habe es versucht, aber vergeblich. Ich habe auch versucht, mich als Sanitäter ausmustern zu lassen, indem ich mir Papiere schicken ließ, die ich durch Zufall unter den Augen eines Wachtpostens in einem Stück Frachtgut entdeckt haben wollte. Es hat nicht geklappt, weil ich vergessen hatte, aus meinem Wehrpaß Bescheinigungen herauszunehmen, die bewiesen, daß ich Reserveoffiziersanwärter gewesen war.

Diese erzwungene Erfahrung mit manueller Arbeit belehrte mich über viele Dinge. Zunächst darüber, daß es einer regelrechten Lehrzeit bedarf. Und daß man weiter mit der Zeit umgehen lernen und genau berechnete Beziehungen zu ihr unterhalten muß, in die der Rhythmus von Atem, Anstrengung und Ermüdung eingreift, und daß Langsamkeit erforderlich ist, damit die Anstrengung nicht sofort verpufft. Schließlich darüber, daß diese Arbeit, die lange dauert und ermüdet, letztlich weniger schwierig ist als die intellektuelle Arbeit, »Vater Hours« hatte uns das wieder und wieder des langen und breiten erklärt, jedenfalls weniger nervenaufreibend. Ich lernte auch, daß diese Menschen, die ihr Leben lang arbeiten (man beachte, daß ich in dieser Phase nur mit Bauern Umgang hatte, weil die Deutschen die kriegsgefangenen Facharbeiter in die Fabriken geschickt hatten, wo sie höherqualifizierte Arbeiten verrichten konnten), dabei eine wirkliche unauffällige, aber außerordentlich reiche Bildung erwerben, und zwar nicht nur technische, sondern auch kaufmännische, buchhalterische, moralische und politische. Ich lernte, daß ein Bauer ein wahrer Polytechniker ist, wenn er es auch nicht weiß, weil er eine unglaubliche Anzahl von Variablen zu beherrschen hat, vom Wetter und den Jahreszeiten bis zu den Wankelmütigkeiten und Schwankungen des Marktes, und zwar auf dem Wege über die Technik und die Technologie, die Chemie, die Agrobiologie, das Recht und den gewerkschaftlichen und politischen Kampf – daß er aktiv daran teilnimmt oder sie erleidet. Hélène sollte mir das später beibringen. Und ich rede gar

nicht einmal von den mittelfristigen Voranschlägen, den Schuldver-
schreibungen zum Kauf von Landmaschinen, von den Investitionen
mit je nach der Marktlage zufälligen Auswirkungen usw. Ich habe
auch erfahren, daß es sogar in Frankreich, das man von dieser Geißel
verschont halten dürfte, arme Bauern gab, die von einer Kuh auf einer
kleinen Weide lebten, von Kastanien und Roggen oder, wie im Morvan, von der Aufzucht einiger Schweine und eines Waisenkindes der
öffentlichen Wohlfahrt. Ganz allmählich machte ich mir so eine in
dieser Form kaum erwartete Vorstellung von der Existenz einer wirklich volkstümlichen, jedenfalls bäuerlichen Kultur, die nichts mit
Folklore zu schaffen hat, die man kaum zu Gesicht bekommt, die
jedoch ausschlaggebend ist für das Verständnis des Verhaltens und
der Reaktionen der Bauern, insbesondere jener *jacqueries*-Aktionen,
die aus dem Mittelalter stammen und sogar die kommunistische Partei in Verwirrung stürzen. Ich erinnere mich des Ausspruchs von
Marx im *18. Brumaire:* Napoléon III. ist von den französischen Bauern gestützt worden, die keine soziale Klasse sind, sondern ein Sack
Kartoffeln. Deshalb vermochte ich allmählich Einblick in ihre Einsamkeit zu gewinnen: jeder für sich auf seinem Grund und Boden, von
den anderen getrennt, aber von den Großen beherrscht, sogar in den
bäuerlichen Gewerkschaften und Kooperativen. Es ist nicht das, was
seit dem Krieg mit den von den katholischen Organisationen unter-
wanderten Jungbauern passiert ist und daran was auch immer geändert hat: es sind noch immer die Großen, die die Mittleren, die Kleinen und die Armen beherrschen und ihnen ihr Gesetz auferlegen. Die
Bauern sind nicht durch den Industriekapitalismus geschult worden,
wie das bei den Fabrikarbeitern der Fall war, die an ihrer Arbeitsstätte
konzentriert, der Disziplin von Arbeitsteilung und -organisation unterworfen, aufs schärfste ausgebeutet und gezwungen wurden, sich
am hellichten Tage zu organisieren, um sich zu verteidigen. Sie bleiben vereinzelt, jeder für sich, und es gelingt ihnen nicht, ihre gemeinsamen Interessen zu erkennen. Sie sind eine leichte Beute für den bürgerlichen Staat, der sie rücksichtsvoll behandelt (quasi nicht-existentes
Steuerwesen, Geldanleihen usw.), und sie nach Belieben unterstützt,
um daraus eine fügsame Wählerklientel zu machen. Sie sind eines
dieser »Puffer«-Elemente, wie das eines Tages um 1973 ein Verbands-
sekretär der Kommunistischen Partei erkannt hat, nach der Arbeit
an der Wahl-»Plattform« der Partei. Aber ich habe keine Arbeiter

kennengelernt. Wohl Kleinbürger, sei es Berufsunteroffiziere, sei es Funktionäre, sei es Angestellte, sei es Gewerbetreibende, sei es Universitätsangehörige. Eine andere Welt, geschwätzig, bedrängt, ängstlich, vor allem darauf bedacht, Frau, Kinder und Berufsmilieu wiederzusehen, bereit, auf alle Neuigkeiten hereinzufallen, vor allem auf die Frauen, mit Angst vor den Russen, mit mehr Angst vor den Russen als vor den Deutschen, mit allen Wassern gewaschen, zu allem bereit, um nur wieder repatriiert zu werden, gegen de Gaulle wetternd, ohne Gutes über Pétain zu sagen, denn de Gaulle verlängerte den Krieg, ließen sie sich prächtige Pakete aus Frankreich schicken, die sie übrigens, um ihre Eitelkeit besorgt, freiwillig mit allen teilten, und erzählten sich den ganzen Tag lang Frauengeschichten. Ich erinnere mich eines Korsen, den man zwang, sich auf seinem Bettgestell hinzulegen, und dann auszog und trotz seiner Gegenwehr masturbierte. Das war in einer Baracke, in der jeden Abend ein Professor aus Clermont namens Ferrier eine Radio-»Sendung« veranstaltete. Alle Baracken schickten ihre Vertreter hin, und Ferrier streute die militärischen und politischen Nachrichten des Tages aus, die er in dem Büro, wo er arbeitete, aus einem deutschen Sender aufgeschnappt hatte, und zwar mit Billigung des Wachtpostens, eines deutschen Kommunisten. Ferrier hielt die Moral des ganzen Lagers aufrecht. Manchmal genügt es, daß ein einfaches Individuum die Initiative übernimmt, um die ganze Atmosphäre zu verändern.

Ich fand mich also damit ab, im Lager zu bleiben, wo ich zahlreiche Freunde hatte: de Mailly, der noch keines Prix de Rome verdächtig war, Hameau, ein junger, völlig mitteloser Architekt, Clerc, der frühere Kapitän der Fußballmannschaft von Cannes, die die Coupe de France in einem historischen Spiel gewonnen hatte (dieser winzigkleine Mensch war ein wunderbarer Spieler, er hatte unter unglaublichen Bedingungen vier Fluchtversuche unternommen und sich an der Schweizer Grenze schnappen lassen, nachdem er, obwohl er sie bereits überschritten hatte, aus Versehen wieder auf deutsches Gebiet geraten war), der Abbé Poirier und vor allem Robert Daël.

Aufgrund der Genfer Konvention gab es in jedem Lager einen Vertrauensmann pro Nationalität. Der erste war bei uns ein junger Bursche namens Cerutti gewesen, seines Zeichens Autovertreter. Er hatte die Billigung der Deutschen und war ohne Wahlen mit diesem Posten betraut worden. Als die Deutschen ihn zur Belohnung repatriieren ließen, kam es im Lager zu heftigem Aufruhr. Die Deutschen hatten einen Kandidaten, den aber wir nicht wollten, denn er war Pétain-Anhänger. Man einigte sich schließlich auf die Wahl von Daël, der haushoch gewann, von jedermann unterstützt und sogar von den Zahnärzten, zum Erstaunen der Deutschen. Die erste Amtshandlung von Daël, die niemand begriff, bestand darin, den Kandidaten der Deutschen, den Pétain-Anhänger, in sein Büro zu holen. Die Deutschen waren damit zufrieden. Einen Monat später erreichte er es, daß die Deutschen seinen Stellvertreter repatriierten, und er ersetzte ihn durch mich. Ich habe diese einfache und erhellende politische Lektion nie vergessen. Daël war sehr stark, er machte mit dem deutschen Stab des Lagers, was er wollte, ließ zwei deutsche Offiziere, die ihn störten, versetzen, übernahm schließlich sogar die Kontrolle über alle Sendungen aus Frankreich, Nahrungsmittel, Pakete und Post, und organisierte die gesamten Beziehungen zwischen dem Zentrallager und den häufig sich selbst überlassenen versprengten Außenkommandos neu. Er sprach ein sehr privat gefärbtes Deutsch, bei dem seine Ausspracheschwierigkeiten ihm dazu dienten, den Gesprächspartner kommen zu lassen, er beging nie einen Fehler, und jedermann schätzte ihn, obwohl er etwas geschwätzig war. Ich erinnere mich eines Vorfalls im Theater des Lagers, in dem man sich immer um die besten Plätze prügelte, von denen viele für die Deutschen und die Notabeln des Lagers reserviert waren. Eines Tages brachte Daël folgenden Anschlag an: »Von heute ab sind alle Platzreservierungen im Theater aufgehoben, mit einer Ausnahme: meiner eigenen.« Es gab keine Einwände, und die Deutschen standen Schlange wie alle anderen auch, um Boulevardstücke mit als Frauen verkleideten Männern zu sehen.

Einmal aber kam doch eine Frau ins Lager: eine Französin, Sängerin und sehr schön, und jedermann geriet in helle Aufregung. Sie sang im Theater, dann lud Daël sie in sein Privatkasino zu einem *Tête-à-tête* ein, das aber schließlich doch enden mußte. Auch er liebte die Frauen und sprach gern darüber. Er erzählte von seinen Jugendaffären, vom »Auszieh-Poker« mit jungen Frauen, darunter die Tochter des chinesischen Botschafters, und wie er es zustande brachte, immer zu verlieren, was ihm erlaubte, das zu gewinnen, was er wollte. Da er sich im Lager die Sympathie des Offiziers erworben hatte, der mit der Aufgabe betraut war, ihn bei der Inspektion der Außenkommandos in einem Wagen zu begleiten, der von einem jungen Pariser mit krassem

Akzent, Toto genannt, gefahren wurde, gelang es Daël sogar eines Tages, sich von besagtem Offizier nach Hamburg fahren zu lassen, in ein Hotelzimmer, wo ihn eine sehr schöne Polin erwartete, die ihn aufmerksam zu bedienen verstand, was für alle Beteiligten dennoch nicht ohne Risiko blieb. Meines Wissens ging Daël nicht weiter. Nach der Rückkehr aus der Gefangenschaft überzeugte er eine ihm bis dahin unbekannte junge Frau davon, daß sie sich verstehen, ein gemeinsames Leben aufbauen und Kinder haben könnten. Er schrieb mir: Du kannst das nicht wissen, das Geräusch von Absätzen auf dem Gehsteig zu meiner Rechten ... Er hielt sein Wort, ohne den kleinsten Vertragsverstoß, darauf angewiesen, anderen Leuten Filme zu verkaufen, was für ein Elend, wenn man bedenkt, was für ein Mensch er war. Zumindest hat er prächtige Kinder großgezogen. Sein Frau überlebte ihn am Strand des Ärmelkanals. Ich glaube, daß viele Menschen in Frankreich (er hatte nicht versucht, jemanden wiederzusehen) noch an ihn denken und lange weiter an ihn denken werden – als eine wundersame und halb märchenhafte Persönlichkeit.

Hier muß ich eine andere Geschichte erzählen, die sich zwischen Daël und mir einerseits und dem widrigen Geschick andererseits abgespielt hat. Als der amtsmüde Daël seinen Posten als Vertrauensmann aufgegeben hatte und wir lange über die verfahrene Situation nachgedacht hatten, fragten wir uns, warum wir nicht einen Fluchtversuch unternehmen sollten. Die Schwierigkeit lag darin, daß während dreier Wochen, die auf jeden Fluchtversuch folgten, alle deutschen Wehrmachts- und Polizeitruppen für die Suche nach den Flüchtigen mobilisiert wurden, die damit praktisch keinerlei Chance hatten. Es handelte sich also darum, diese Schwierigkeit zu umgehen. Wir stellten uns folgende Lösung vor: Es genügte, die Frist von drei Wochen verstreichen zu lassen und, um keine Kontrollmaßnahmen zu provozieren, uns während eben dieser drei Wochen nicht aus dem Staube zu machen. Was allerdings nur unter einer Bedingung möglich war: im Lager selbst die drei erforderlichen Wochen abzuwarten, wenn man auch offiziell als flüchtig galt. Dazu genügte es, sich irgendwo zu verstecken und abzuwarten, unter der Bedingung, daß das Versteck sicher war.

Nun war nichts leichter, als im Zentrallager ein sicheres Versteck zu finden. Wir richteten uns also unter Mitwirkung einiger erprobter Freunde ein, die uns mit Nahrungsmitteln und aufheiternden Nachrichten über die Schlamperei der Deutschen versorgten, und ließen die drei Wochen verstreichen. Dann suchten wir ganz leicht das Weite, wobei Daël es sich sogar erlaubte, im Vorbeigehen gleichsam gewohnheitsmäßig die verdutzte Wache zu grüßen. Die Dinge verliefen sehr gut, genau wie vorgesehen, bis auf den winzigen unvorhergesehenen Zwischenfall mit einem kleinen Postbeamten, der uns in einem Dörfchen nach der genauen Adresse eines uns unbekannten Empfängers fragte. Ein Zwischenfall, der ihn auf unsere Spur setzte und ihm, wie vorgesehen, eine Belohnung eintrug.

Um die ganze Wahrheit zu sagen, füge ich hinzu, daß diese Geschichte in der Form, wie ich sie erzählt habe, von uns zwar gut durchdacht worden war, aber wir haben das Lager gar nicht verlassen, weil wir uns durch die Anstrengung unserer Einbildungskraft und die Entdeckung des Lösungsprinzips bereits hinreichend entlohnt fühlten. Ich habe es nicht vergessen, seit ich mich wieder mit der Philosophie abgeben mußte, denn es ist im Grunde das Problem aller philosophischen (und politischen und militärischen) Probleme, herauszubekommen, wie man aus einem Kreis herausfindet, wenn man dabei gleichzeitig drin bleibt.

Als die englischen Truppen noch hundertfünfzig Kilometer vom Lager entfernt waren und das deutsche Debakel sich beschleunigte, setzte Daël andere strategische Prinzipien ein. Er suchte die Deutschen auf, um ihnen einen Handel vorzuschlagen: Ihr haut ab, wir nehmen euren Platz ein, und damit stelle ich euch Bescheinigungen für gute Führung aus. Sie willigten ein, setzten sich eines Nachts ab und ließen alle Dinge so, wie sie waren. Das genügte uns, um uns einzurichten. Zunächst fand Toto eine Gelegenheit, mit einer deutschen Frau zu schlafen, die er, aufgrund ihres Parfüms, von weitem in einem Büro ausfindig gemacht hatte. Es bildeten sich Paare, die Abbé Poirier mehr oder weniger segnete. Man organisierte den Nahrungsmittelnachschub im großen Stil, durch Ladungen, deren jede einen Vorrat an Hirsch- und Rehwild, auch Kaninchen und anderen Kleintieren sowie Gemüsen und späteren Alkoholika einfuhr. Man leitete einen Bach um, um Wasser zu haben. Man backte endlich französisches Brot. Man rief die Bevölkerung zusammen, um ihr politische Schulung und Informationen zukommen zu lassen. Man brachte den zunächst entsetzten, dann beruhigten deutschen Mädchen und Burschen die Handhabung von Waffen und Englisch und Russisch bei. Es wurde

Fußball und Theater mit richtigen Frauen gespielt. Es war alle Tage Sonntag, das heißt Kommunismus.

Aber diese verfluchten Engländer kamen noch immer nicht. Daël und ich heckten das Projekt aus, ihnen zur Begrüßung entgegenzugehen, um sie über die Situation in Kenntnis zu setzen. Wir organisierten uns einen Wagen und einen (etwas fragwürdigen) Fahrer und nahmen die Straße nach Hamburg, wo uns die Engländer so kühl empfingen, daß wir es vorzogen, uns (mit einem Handstreich unseres Fahrers) aus dem Staube zu machen und ins Lager zurückzukehren, wo man uns einen sehr schlechten Empfang bereitete, weil unsere Kameraden überzeugt waren, daß wir sie »im Stich gelassen« hätten, sogar der Abbé Poirier, der viel sittliches Empfinden hatte (es gibt Dinge, die tut man einfach nicht). Wir trösteten uns mit einem guten Hirschragout und warteten auf das, was da kommen sollte.

Die Engländer kamen schließlich doch und verfrachteten uns, unter der Bedingung, daß wir alle unsere persönliche Habe zurückließen, in ein Flugzeug, zunächst nach Brüssel, dann nach Paris und in meinem Falle anschließend nach Marokko, wo meine Eltern damals lebten und mein Vater noch immer Tennis spielte, das Scharif-Imperium mit zweihundert pro Stunde durchquerend, wenn ihm nicht gerade Kamele, die auf einer Straße keinen Schritt zurückweichen, den Weg versperrten. Er hatte einen spanischen Chauffeur, der sagte: »Madame, er hat Angst vor Kamelen, Monsieur, sie hat keine Angst.«

Diese Wiederbegegnungen waren sehr aufreibend. Ich hatte den Eindruck, alt zu sein, den Zug versäumt und nichts mehr im Bauch noch im Kopf zu haben. Ich glaubte nicht mehr, daß ich je wieder an die École zurückkehren würde, die mir gleichwohl Bücher geschickt hatte und mir weiterhin offenstand. Damals erlebte ich die erste meiner Depressionen. Ich habe deren seit dreißig Jahren so viele, so schwere und so dramatische erlebt (ich habe insgesamt wohl fünfzehn Jahre sei es in Krankenhäusern, sei es in psychiatrischen Kliniken verbringen müssen, und ohne Analyse wäre ich zweifellos noch immer dort), daß man mir erlauben wird, an dieser Stelle nicht darauf zu sprechen zu kommen. Wie soll man überdies von einer Angst reden, die buchstäblich unerträglich ist, ein Vorgeschmack der Hölle, und von einer Leere, die unergründlich und entsetzlich ist?

Ich hatte Angst, sexuell impotent zu sein. Ich konsultierte einen Militärarzt, der mich mit Rippenstößen behandelte und mir versicherte, es würde schon werden. Ich bereiste mit meinem Vater Marokko, ich spielte ebenfalls Tennis, ich ging schwimmen, ich lernte (natürlich) keine Mädchen kennen, ich hörte eine Menge Geschichten über Sidna und seinen Hof, seine Freunde und seine Ärzte erzählen, über den Generalgouverneur und seine Wutanfälle, kurz, ich bekam etwas Wind vom Klassenkampf in Marokko, wo die Inhaftierung von Mehdi Ben Seddik unter verdächtigen Umständen mich beeindruckte.

Gleichwohl mußte ich nach Paris zurückkehren. Mein Vater, der einige Flaschen Bourbon gefunden hatte, die mehrere Jahre lang in einem gekenterten Frachter unter Wasser gelegen hatten, vertraute sie mir an; er vertraute mir auch meine Schwester an, und das Ganze wurde dann in einem anderen Frachter verstaut, der die Eigentümlichkeit hatte, nur einen kreisförmigen Kurs einschlagen zu können, den der Kapitän unaufhörlich korrigieren mußte, was ihm auch gelang. Aber die Atmosphäre an Bord war schrecklich: Hitze, Promiskuität, Ratten, alles, was man wollte. Schließlich langten wir in Port-Vendres an, wo ich endlich wieder festen Boden betrat. Paris war nicht mehr weit.

In der École normale wurde ich von Unbekannten empfangen. Ich war tatsächlich der einzige Kriegsgefangene meines Jahrgangs, alle anderen hatten ihre normalen Studiengänge eingeschlagen, um den Preis einiger Schwierigkeiten, deren Spuren im Gedächtnis haften blieben. Alle waren jung, aber manche davon hatten meine von Lacroix gepflegte Lyoneser »Legende« in Erfahrung gebracht und waren aktiv in der Résistance tätig gewesen. Durch einen von ihnen, Georges Lesèvre, der Kommunist war, habe ich Hélène kennengelernt.

Und da ich gerade von Kommunisten spreche, möchte ich in Erinnerung rufen, daß ich den ersten in der Gefangenschaft kennengelernt habe, gegen Ende, nach dem Abzug der Deutschen, als Daël nicht mehr Vertrauensmann war in unserer kleinen kommunistischen Gesellschaft. Plötzlich war Courrèges da: er kam aus einem Straflager, war mager und traurig. Er war sich sehr rasch über alles im klaren, was so nicht ging, und nahm die Dinge in die Hand. Das geschah blitzartig. In einigen wenigen Tagen entpuppte er sich als umsichtiger und sicherer Massenführer, der in der Lage war, einige Widerspenstige, die sich die Situation zunutze zu machen versuchten, um die Regeln der Gleichheit zu beugen, wieder zur Vernunft zu bringen. Jedermann folgte ihm. Ich habe dieses Beispiel, dem ich bei Hélène und anderen wiederbegegnet bin, nie vergessen. Die Kommunisten, es gab sie wirklich.

Ich lernte Hélène unter besonderen Umständen kennen. Lesèvre, der mich eingeladen hatte, seine Mutter in der rue Lepic zu besuchen, wo sie, so gut sie konnte, von der schweren Erkrankung zu genesen suchte, die sie sich während der Deportation zugezogen hatte, sagte zu mir: Ich werde Dir Hélène vorstellen, sie ist etwas verrückt, aber das ist der Mühe wert. So habe ich sie an einem Métro-Ausgang kennengelernt, im Schnee, der ganz Paris einhüllte. Um sie vorm Ausgleiten zu schützen, nahm ich ihren Arm, dann ihre Hand, und wir stiegen gemeinsam die rue Lepic hoch.

Ich weiß, daß ich einen Pullover und eine erbärmliche Jacke trug, eine Gabe des Roten Kreuzes an die Kriegsheimkehrer. Bei Elizabeth Lesèvre war vom spanischen Bürgerkrieg die Rede. Wir redeten alle, aber insgeheim bahnte sich zwischen Hélène und mir etwas an. Ich sah sie wieder, ich erinnere mich, daß sie eines Tages in ihrem Hotel an der place Sulpice etwas tat, wovor ich Angst hatte, nämlich mir übers Haar zu streichen. Sie besuchte mich in der École, wir machten Liebe in einem kleinen Zimmer der Krankenstation, und ich beeilte mich (und das war nicht das letzte Mal) zu erkranken, und zwar an einer so heftigen Depression, daß der beste Psychiater am Ort, den wir konsultierten, eine Dementia praecox diagnostizierte. Ich hatte Anspruch auf die Hölle von Esquirol, wo ich erfuhr, was in unseren Tagen ein psychiatrisches Krankenhaus sein kann. Gott sei Dank erreichte es Hélène, die noch andere kannte, daß Ajuria* ins Asyl kam und mich untersuchte. Er diagnostizierte eine schwere Depression, die er mit einer Dosis von zwanzig Elektroschocks behandeln ließ. Man verabreichte die Schocks damals im Wachzustand, ohne Narkose oder Curare. Wir waren alle in einem großen hellen Saal versammelt, Bett an Bett, und der Ausführende, ein untersetzter Schnurrbartträger, der von den Patienten auf den Namen Stalin getauft worden war, ging mit seinem elektrischen Kasten und dem Helm, mit dem er sukzessiv alle Schockempfänger bedeckte, von einem Klienten zum anderen. Man sah, wie sich der Bettnachbar in einem ordnungsgemäßen epileptischen Anfall krümmte, und hatte Zeit, sich vorzubereiten und sich das berühmte durchgekaute Handtuch zwischen die Zähne zu schie-

---

* Kurzform des Psychiaters Julian de Ajuriaguerra. (A.d.Hrsg.)

ben, das schließlich schon ganz modrig roch. Ein schönes und erbauliches Gemeinschaftsschauspiel.

Da schließlich jede Depression zu Ende geht, fand ich auch aus dieser heraus, um daraufhin Hélène in einem elenden Hotel wiederzubegegnen, die zum Überleben ihre Originalausgaben von Malraux und Aragon verkauft hatte und selbst im Krankenhaus gewesen war, aber um eine Abtreibung vornehmen zu lassen, weil sie wußte, daß ich das Kind, das sie von mir bekam, nicht ertragen hätte. Wir fuhren in den Süden, in die Alpilles, glaube ich, um dort, weil wir keinen Pfennig hatten, in einer Jugendherberge in der Nähe von Saint-Rémy zu kampieren, wo Jugendliche Feuer machten und ich die beste Bouillabaisse meines Lebens kochte, auf algerische Art (die Fische werden zunächst mit Zwiebeln angebraten). Von da aus fuhr ich, weil ich mich ja erholen mußte, in ein Genesungsheim für Studenten. Dort lernte ich Assathiany und seine Frau und Simone kennen, die ich wie eine Hündin behandelte und die es mir drastisch heimzahlte. Aber ich mußte meine Diplom-»Abhandlung« schreiben: über Hegel, über den Inhalt bei Hegel. Ich hatte damals, nach meiner Rückkehr aus der Kriegsgefangenschaft, Jacques Martin kennengelernt, dem ich im Jahre 1965 mein erstes Buch gewidmet habe. Er war der scharfsinnigste Geist, dem zu begegnen mir je beschieden war, unerbittlich wie ein Jurist, gewissenhaft wie ein Buchhalter und mit einem makabren Humor ausgestattet, der ihn bei allen Geistlichen gefürchtet machte. Jedenfalls lehrte er mich denken und brachte mir vor allem bei, daß man auch anders denken konnte, als unsere Lehrer behaupteten. Ohne ihn hätte ich nie auch nur zwei Gedanken zusammengebracht, jedenfalls Gedanken der Art, über die wir uns einig waren. Ich schrieb diese Diplomarbeit daraufhin im Morvan, bei meiner Großmutter, die kochte und auf meine Bitte hin auch Hélène einlud, die abends meinen Text auf der Maschine abtippte. Hélène mußte mehrere Monate dableiben, und zwar mangels eines anderen Hauses in einem Dorf, wo sie nur eine einzige Freundin hatte, die alte Frau gegenüber, Francine, die ihr Eier schenkte und sich mit ihr unterhielt. Meine Großmutter sollte einige Jahre später in der Eiseskälte einer Frühmesse an einer Herzattacke sterben, direkt auf ihrer Kirchenbank. Man begrub sie unmittelbar neben dem Sarg von Vater Berger auf dem hochgelegenen, sturmgepeitschten Friedhof, und meine Tante pflanzte bei dieser Gelegenheit einige Blumen in die Erde. An dieses Dorf im Morvan, wo mein Großvater seine letzten Ruhestandsjahre verbracht hatte und wohin wir mit der ganzen Familie kamen, um die Sommerferien zu verbringen, ausgenommen mein Vater, der an seinem Arbeitsplatz in Algier und später in Marseille blieb, habe ich die deutlichsten Erinnerungen im Gedächtnis behalten. Es gab einen Garten, der vom Haus aus sanft abfiel, einen Brunnen, den ich selbst im Granit hatte ausbohren sehen, Obstbäume, die mein Großvater gepflanzt oder veredelt hatte und die vor unseren Augen herangewachsen waren, außergewöhnlich gute Erdbeeren, Blumen, Kaninchen und Hühner, also auch Eier, Katzen, die man beim Namen rufen konnte und die, was selten vorkommt, darauf reagierten, aber keine Hunde. Es gab zwei große Keller, der eine für das Winterholz, der andere für den Wein, und mein Großvater setzte sich im Sommer ins Freie, um dort auf einer winzigkleinen Holzbank *La Tribune du fonctionnaire* zu lesen. Es gab auch eine hohe Wasserzisterne, aus der ich zweimal eine unserer Katzen rettete, die hineingefallen war, und es war ein ziemlich schreckliches Schauspiel, das Tier schlucken und röcheln zu sehen. Dieselbe Katze klemmte sich eines Tages den Kopf in einer leeren Konservenbüchse ein, auch da mußte ich sie herausziehen, was mir durch wer weiß welches Wunder gelang: die Katze gab ein schreckliches Miauen von sich und floh mehrere Tage lang aus dem Haus. Dagegen ersparte man mir das Schlachten von Hühnern und Kaninchen. Ich hatte eine Schwäche für diese dummen Tiere, die unfähig waren, sich zu verteidigen. Ich hatte mir sogar, um ihnen meine Freundschaft zu beweisen, eine Art hölzerne Spritze aus einem ausgehöhlten Holunderzweig verfertigt und besprengte sie von weitem, was immer wieder unerwartete Reflexe und überraschtes Glucksen bei den »vornehmeren« Hühnern auslöste, die diesen Anschlag auf ihre Würde erhobenen Hauptes und mit weitaufgerissenen Augen verfolgten, und blitzartige Flucht bei den Kaninchen, die gar nicht mehr aufhörten, in ihren Käfigen herumzurennen. Aber wenn die Stunde der Wahrheit herannahte, wurde ich gebeten, mich zu entfernen. Ich weiß, daß mein Großvater das Kaninchen dann mit einem kräftigen Faustschlag in den Nacken tötete und meine Großmutter den Hühnern mit einer verrosteten Schere in den Hals fuhr. Wenn es sich um eine Ente handelte, schnitt man ihr ganz einfach mit einem Sensenhieb den Kopf ab, und der Körper lief dann noch einige Sekunden lang auf der Erde herum.

Die Kartoffeln und der Sauerampfer spielten die Hauptrolle in unserer Ernährung, zusammen mit den Winterkastanien (das Morvan hatte drei Einkommensquellen: die Aufzucht von Schweinen, Rindern und Waisenkindern der öffentlichen Wohlfahrt). Ich besuchte die öffentliche Gemeindeschule, deren hohe Mauern ganz in der Nähe unseres Brunnens aufragten, hinter einem sehr großen Birnbaum, der kleine, harte Früchte lieferte, aus denen meine Großmutter eine Marmelade kochte, wie ich sie seither nie mehr wiedergefunden habe. Dorthin kamen etwa zwanzig Kinder der Gegend, darunter acht oder neun Zöglinge der öffentlichen Wohlfahrt, zum Unterricht unter der Leitung eines sozialistischen Lehreres, M. Boucher, der ein rechtschaffener Mann war. Ich wurde mit den üblichen Schikanen empfangen, die etwa einen Monat lang dauerten, wobei die Kinder eine Vorliebe für die Verfolgung eines von ihnen an den Tag legten, den sie zu Boden warfen und ihm die Hosen auszogen, um sich seinen Pimmel anzuschauen, woraufhin sie laut schreiend davonstoben. Später habe ich erfahren, daß diese Praxis einem Brauch sehr nahestand, wie er in manchen primitiven Gesellschaften verbreitet ist. Ich beteiligte mich am Barlauf im Hof und war darin recht stark, was mir einiges Ansehen eintrug. Da der Lehrer mich für einen guten Schüler hielt, war alles in Ordnung. Er meldete mich eines Tages zum »Börsen«-Wettbewerb in Nevers an. Für diesen Tag zog mein Großvater seinen Ausgehanzug an und setzte eine neue Mütze auf, und wir fuhren mit dem Zug. Mit Bedacht wählte er ein Hotel, und ich hatte Gelegenheit, die wunderbare Kirche Saint-Étienne zu besichtigen, die die schönsten Hell-Dunkel-Schattierungen der Welt hat. Ich wurde sechster beim Wettbewerb, und das trug mir, auf meine Bitte hin, das väterliche Geschenk eines Karabiners ein. Mit diesem Karabiner ist mir eine merkwürdige Sache passiert. Mein Vater hatte nämlich in sechs Kilometern Entfernung von unserem Dorf sechs Hektar Land mit einem alten Haus, einer Art Pachthof, erworben. Es lag auf einer Anhöhe über der Eisenbahnlinie und war beinahe unzugänglich, so sehr hatten die überreichlichen Kastanien und Farnkräuter dort das Heft in die Hand genommen. Mein Großvater ging nahezu jeden Feiertagmorgen um fünf Uhr früh nach Les Fougères, zu Fuß natürlich (es gab damals noch keine Autos in der Gegend), und als alter, kampferprobter Waldläufer bahnte er sich einen Weg durch das Dickicht, um Zugang zum Haus zu finden. Dort gab es Bienenstöcke. Das war nämlich eine

Leidenschaft meiner Eltern seit dem Erlebnis im Forsthaus in Algerien, wo M. Quéruet Bienen züchtete. Auch in Bois-de-Velle gab es welche, wo mein Großvater ein Feld hatte, das er mich zu bestellen lehrte, er baute dort alle möglichen Sachen an, vor allem aber Weizen, den ich zu mähen und zu Garben zu bündeln lernte, und Kartoffeln, die ich auszubuddeln lernte, ohne sie zu beschädigen. Wir gingen auch mit der ganzen Familie nach Les Fougères, und ich spazierte auf den Waldpfaden mit meinem Gewehr im Anschlag bewaffnet. Ich erinnere mich, daß ich eines Tages, als ich nicht, wie in Algier, mit dem Militärgewehr liegend auf die Scheibe schoß, eine Turteltaube bemerkte, die ich anvisierte und verfehlte. Ich lud meine Waffe neu und setzte meinen Weg fort. Daraufhin kam mir die verrückte Idee, die Waffe gegen meinen Bauch zu richten, um zu sehen, was passieren würde. Ich war überzeugt, daß keine Kugel im Lauf war. Im allerletzten Augenblick zögerte ich und öffnete den Verschluß: es war doch eine drin. Ich war schweißbedeckt, aber ich rühmte mich dieses Vorfalles nicht.

Wir fuhren häufig in einem kleinen Karren nach Les Fougères, der, von einem ruhigen jungen Bauern gelenkt, der später, zur Zeit der Volksfront, Bürgermeister der Gegend geworden ist, von einer fetten Stute gezogen wurde, die friedlich dahintrabte. Ich saß neben dem Lenker und sah die großen Arschbacken der Stute sich abarbeiten, um den Karren zu ziehen. In der Mitte war ein schöner feuchter Spalt, der mich, ich weiß nicht warum, lebhaft interessierte. Aber meiner Mutter schwante etwas, weil sie mich auf die Hinterbank verwies, von wo aus ich die Stute nicht mehr sah, wohl aber, neben dem Pfad, Hähne, die Hennen bestiegen. Lachend zeigte ich sie meiner Mutter, sie fand das jedoch gar nicht komisch und kanzelte mich ab: Lach nicht so laut vor M. Faucheux. Er wird denken, Du weißt es nicht. Was nicht? Ich habe es nie erfahren.

Der Reiz der Gegend waren der Ziegenkäse und die Kuhmilch, und im Winter auch der Schnee, der die Landschaft in tiefe Stille hüllte. Ich zeichnete einmal eine solche Winterlandschaft, und der Lehrer lobte mich. Der Schnee schenkte mir, ganz wie der Regen, dessen regelmäßiges Tropfen auf die Dachziegel ich liebte, eine Art ruhiger Sicherheit, niemand konnte mich auf dem Land dahinstapfen hören, wo ich die Spuren von Tierpfoten fand. Es herrschte Stille, tiefer noch als die des Meeres und des Schlafes, sicherer auch, denn wenn der Schnee einmal gefallen war, drohte mir keinerlei Gefahr mehr: wie im Leibe meiner Mutter.

Das Dorf hatte auch einen Geistlichen und ein Schloß. Man sah den Pfarrer in der Kirche, wo er sehr früh morgens, noch vor der Schule, und manchmal sogar auch nachts an einem kleinen, rotglühenden Ofen Katechismusunterricht hielt, und er brachte uns ganz einfache Dinge bei, er, der selbst bei Verdun gekämpft hatte und sich in vielen heiklen Lebenssituationen auskannte, mit seinem Käppi des alten Kämpfers auf dem Kopf und der Tabakspfeife im Mund. Er war ein guter Mensch. Ich fragte ihn später um Rat, als mein Lyoneser Jesuit mich angesichts eines alexandrinischen Basreliefs im Stich gelassen hatte, das eine nackte Flötenspielerin darstellte, die mich etwas zu sehr interessierte, und er sagte mir, daß die Dinge viel einfacher seien als das, daß die Kirchenlehrer alles in Verwirrung gebracht hätten und daß er übrigens selbst eine Haushälterin habe, die ihm als gute Freundin beistehe; Gott sei nicht umsonst Mensch geworden, andernfalls hätte er nichts von den Bedürfnissen der Menschen begriffen. Damit war die Geschichte ein für allemal geregelt, sehr viel besser als von meiner Mutter mit ihren Stuten und Hähnen. Der Pfarrer hatte ein Harmonium, auf dem ich, koste es, was es wolle, spielen lernte, und wenn es irgendwelche Zeremonien mit Musik gab, spielte ich einige Melodien auf meine Weise, die ihm durchaus nicht mißfielen. Er behauptete, ich solle Musik studieren. Ich erwiderte, das sei bereits geschehen, auf der Geige. Meine Mutter hatte uns nämlich in Algier – meine Schwester zum Klavier-, mich zum Geigenunterricht – in die Obhut eines Freundespaares, Bruder und Schwester, gegeben, die uns die Grundprinzipien und das Zusammenspiel beibrachten. Aber das klappte kaum, und es waren eben nicht die Klassiker-Konzerte jedes Sonntags in Marseille, zu denen mein Vater uns hinbrachte, um dann schleunigst seinen eigenen Geschäften nachzugehen, die die Dinge ins reine brachten. Wir haben uns gewissenhaft gelangweilt, wenn wir von hinten mit ansehen mußten, wie der Orchesterleiter etwas Ordnung in die Geräusche zu bringen versuchte, die aus dem Käfig drangen, bis plötzlich, aus unbekannten, aber verständlichen Gründen, alle aufhörten, denn sie hatten die letzte Partiturseite gespielt, und man applaudierte.

Dieses ganze Leben nahm auch weiter seinen ruhigen Lauf, als ich bereits Zögling der École normale war, und zwar bis zum Tode meiner Großmutter um 1961. In der École hatte ich meine Diplomarbeit bei Bachelard hinter mich gebracht, der mich sehr vorsichtig fragte: »Aber warum haben Sie Ihrem Text denn zwei Wahlsprüche vorangestellt, zunächst die Wendung von René Clair: ›Der Begriff ist verbindlich, denn der Begriff ist die Freiheit‹, und dann jenes Wort von Béranger: ›Ein Inhalt in der Hand ist besser als zwei Formen auf dem Dach‹‹? Ich antwortete ihm: »Um den Inhalt zusammenzufassen.« Er schwieg und fragte dann beharrlich weiter: »Aber warum sprechen Sie von Kreis bei Hegel, wäre es nicht besser, von der Zirkulation des Inhalts zu reden?« Ich antwortete: »Die Zirkulation ist ein Begriff von Malebranche, genau wie die Reproduktion, und das ist der Beweis dafür, daß Malebranche der Philosoph der Physiokraten ist, von denen Marx gesagt hat, daß sie die ersten Theoretiker der Zirkulation in der Reproduktion gewesen seien.« Er lächelte mich an und gab mir achtzehn Punkte [von zwanzig möglichen]. Das war im Oktober 1947, ich hatte nach der schrecklichen Depression vom Frühjahr den ganzen Sommer damit verbracht, in aller Eile diesen Text zu schreiben, den ich dann auch eilends der »nagenden Kritik der Mäuse« überließ. Martin hatte, ebenfalls bei Bachelard, eine sehr starke Diplomarbeit über das Individuum bei Hegel geschrieben, mit obszönen Zeichnungen als Motti. Er äußerte sich darin zu Problemen, die ich nur halb verstand, trotz seiner Erklärungen. Alles war darin vom Konzept der Problematik beherrscht, das mir zu denken gab, und es war eine materialistische Philosophie, die eine richtige Vorstellung von der Dialektik zu vermitteln suchte. Es war darin von Freud die Rede, es gab (schon damals!) eine abgewogene Kritik von Lacan, und das Ganze schloß mit dem Kommunismus – ich erinnere mich noch –, »in dem es keine menschlichen Personen mehr gibt, sondern nur noch Individuen«.

In der École lernte ich Tran Duc Thao kennen, der sich Berühmtheit verschafft hatte, als er sehr früh seine Abhandlung über Phänomenologie und dialektischen Materialismus veröffentlichte: sehr husserlianisch, und auch berühmt geblieben ist, den Aufsätzen nach zu urteilen, die er von Hanoi aus, wo er seit 1956 wohnt, an die Redaktion von *La Pensée* geschickt hat. Thao gab uns Privatstunden, er erklärte uns: »Ihr seid alle transzendentale Egos, und als Egos seid ihr alle gleich.« Und daraufhin stürzte er sich in eine Theorie der Erkenntnis, die Husserl ziemlich treu blieb und der ich später im Munde von Jean-

Toussaint Desanti wiederbegegnen sollte, mit derselben Sorge um eine Synthese von Husserl und Marx, also das genaue Gegenteil von dem, was Martin verfocht. Damals kannte Thao Domarchi sehr gut, den glänzenden Theoretiker der politischen Ökonomie, den er an die École holte. Er hielt eine überwältigende und unverständliche Vorlesung über Wicksell und verschwand, von leidenschaftlicher Liebe zu einer Frau ergriffen, die er unaufhörlich weiter mit seinen Aufmerksamkeiten verfolgt hat, ohne daß es ihm gelungen wäre, sie zu heiraten. Thao und Desanti trugen damals die Hoffnungen unserer Generation, wie später Desanti [*recte:* Derrida?]. Aber sie haben sie nicht erfüllt, dank Husserl. Soll ich noch ein Wort zu Gusdorf sagen, der damals nackten Terror unter den Kandidaten für die *agrégation* in Philosophie verbreitete? Er hatte seine *thèse* in der Kriegsgefangenschaft fertiggestellt, indem er alle intimen Tagebücher sammelte, die ihm zur Kenntnis kamen, und ihr den Titel *La Découverte de soi* gegeben. Eines Tages erhielt er einen Brief vom Direktor des palais de la Découverte, der ihm dem Sinne nach mitteilte: Da dem palais de la Découverte nichts von dem, was die Selbstentdeckung betrifft, fremd ist, wäre ich Ihnen sehr dankbar, wenn Sie ... Gusdorf ging zum palais de la Découverte und kam mit Komplimenten, einem Prospekt und dem Eindruck wieder, bestohlen worden zu sein. Seither aber steht sein Buch in den Beständen der Bibliothek des Palais. Gusdorf hatte die Manie, auf jede etwas verfängliche Frage mit der Replik »Und deine Schwester!« zu antworten, und wenn man ihn in seinem Büro verließ, in dem er einen nachgemachten *Louis-quinze*-Schreibtisch stehen hatte, sagte er: »Entschuldigen Sie, wenn ich Sie nicht hinausbegleite«, eine Wendung, die er auch am Telephon benutzte, im Verein mit »Bleiben Sie bedeckt«. Er war ein Mensch, der über sehr wenig Ausdrücke verfügte, sie aber stets sehr gut anbrachte. Er verstand sich schlecht mit Pauphilet, der wegen seiner Résistance-Mitarbeit zum Leiter der École ernannt worden war, anstelle von Carcopino, der anscheinend mehr oder weniger kollaboriert hatte. Pauphilet war berühmt für eine ausgesprochene Trägheit, die affektierte Gewöhnlichkeit seiner Sprache, seine Ignoranz auf seinem eigenen Spezialgebiet (Literatur des Mittelalters) und seine Vorliebe für die *bals de barrière* [Vorstadtbälle], wo er mit hingebungsvoller Aufmerksamkeit nach Schülern einer besonderen Art suchte, denen er dann auswendig François Villon vorrezitierte. Man hat ihn hinter der Pförtner-

Loge der École bestattet, um ihn nicht verpflanzen zu müssen. Niemand weiß das, oder jeder hat es vergessen außer den sehr schönen Rosen, die dort durch Zufall sprießen und die der Pförtner regelmäßig gießt, damit sie nicht verwelken. Ich habe immer geglaubt, daß Pauphilet, der Frauen und Blumen liebte, diese aufmerksame Geste zu schätzen gewußt hätte.

Gusdorf hatte eine Methode, uns auf die *agrégation* vorzubereiten, die sich als hervorragend und sehr persönlich erwies. Er hielt keine Vorlesungen, er ließ uns keine Übungsaufgaben machen. Er begnügte sich damit, uns Auszüge aus seiner *thèse* über die intimen Tagebücher vorzulesen, ohne sie zu kommentieren. Ich habe daraus die nützliche Lehre gezogen, daß die beste Art und Weise, sich auf die *agrégation* vorzubereiten, die ist, keine Vorlesungen zu hören, also auch keine zu halten, sondern irgendwelche Auszüge aus irgendwas zu lesen. Denn man mußte diese *agrégation* nun einmal bestehen. Ich leistete mir eine neue Depression, und gegen Ende des Jahres war ich einsatzbereit. Ich war erster im schriftlichen Teil (wobei Alquié mir zu meinem ersten Aufsatz über »Ist eine Wissenschaft der menschlichen Gegebenheiten möglich?«, den ich mit Leibniz und Marx bestritten hatte, sagte, er habe mir für den ersten Teil 19, für den zweiten 16, für den dritten aber, mit allem, was ich über Hegel und Marx erzählt hatte, bedauerlicherweise nur 14 Punkte gegeben). Im mündlichen Teil war ich zweiter, wegen einer Sinnwidrigkeit in einem Abschnitt von Spinoza, wo ich *solitude* [Einsamkeit] mit *soleil* [Sonne] verwechselt hatte, was etwas zu aristotelisch war. Hélène erwartete mich am Ende der rue Victor-Cousin und nahm mich in die Arme. Sie hatte große Angst gehabt, ich würde nicht aus meiner Depression auftauchen. Die Unglückliche, mit meinen Depressionen habe ich ihr unaufhörlich Angst gemacht.

Das philosophische Leben an der École war nicht besonders intensiv. Es war modisch, Geringschätzung für Sartre zur Schau zu stellen, der *en vogue* war und aus seiner Höhe über alles philosophische Denken zu herrschen schien, zumindest in Frankreich, dieser »Taschen-Royan« einer philosophischen Welt, die von unserem traditionellen Spiritualismus befreit und dem Neopositivismus ergeben war. Man hielt Sartre für einen guten Publizisten und schlechten Romanschriftsteller, man erkannte seinen guten politischen Willen, seine große Ehrlichkeit und Unabhängigkeit an, das versteht sich von selbst: »unser Rousseau«, zumindest ein Rousseau nach dem Maße unserer Zeit.

Aber man legte größere philosophische Wertschätzung für Merleau-Ponty an den Tag, obwohl er transzendentaler Idealist war, diese religiöse Laienmanie, aber er war schrecklich akademisch, so daß man, wenn man mit einem Aufsatz für die *agrégation* Erfolg haben wollte, seiner Sache sicher war, wenn man Stil und Aufbau der *Phänomenologie der Wahrnehmung* nachahmte. Merleau hielt an der École schöne Vorlesungen über Malebranche (er glänzte darin, wenn er zeigen konnte, daß das *cogito* bei ihm dunkel und der Körper opak war zum Beweis: die Theorie des natürlichen Urteils) und lehrte uns, daß die ganze Kunst der *agrégation* von der Kommunikation abhängig sei. (Versetzen Sie sich an die Stelle der Prüfungskommission, es ist Sommer und sehr heiß, sie haben keine Zeit, man muß ihren Horizont in Rechnung stellen und für sie denken, wobei man sie natürlich glauben macht, sie dächten selbst). Er ließ einige Bemerkungen über die Malerei, den Raum und die Stille fallen, einige Sentenzen über Machiavelli und Maine de Biran, und zog sich dann ebenso diskret wieder zurück. An der Sorbonne hielt Bachelard Vorlesungen, die nicht-gelenkte, mit Bemerkungen über Veilchen und Camembert belebte Unterhaltungen waren. Man wußte nie im voraus, was er sagen würde, er auch nicht, und das erlaubte einem, seine Vorlesung an einer beliebigen Stelle aufzusuchen und sie auch wieder zu verlassen, wenn man eine galante Verabredung oder einen Arztbesuch vorhatte. Niemand nahm ihn ernst, auch er selbst nicht, aber jedermann war zufrieden, und er empfing alle Welt zu Examina und Diplomarbeiten, zu jeder Tages- und Nachtzeit, was natürlich seine Vorteile hatte, wenn er sich nicht gerade um seine Tochter kümmerte, die ihm Sorgen machte, oder um seine Clochards, die ihm Freude bereiteten. Alquié herrschte über Descartes und alle Cartesianer, eingeschlossen Kant, den er für einen leicht häretischen Cartesianer hielt, weil er Deutscher war, und verabreichte seinen Zuhörern gebieterisch die immergleichen Variationen eines ebenso gut beherrschten Stammelns wie das von Jouvet. Er war ein Großordinarius, der sich auskannte, und bei ihm wenigstens – denn er war in der Prüfungskommission für die *agrégation* – wußte man im voraus und mit Sicherheit, welche Note er für welche Aufgabe gab, und das ist immerhin wertvoll. Schuhl, süß wie eine Wassermelone, mit einer leichten Brille und einem dünnen, zweigeteilten Schnurrbart ausstaffiert, kommentierte Plato mit Behutsamkeit und einer Zusammenhanglosigkeit, die es unmöglich machte, ihm zu folgen. Er hat sich rasch in ein Forschungsseminar über die griechische Antike geflüchtet, wo er zur höchsten Gelehrsamkeit aufstieg. Jean Wahl, ebenso schüchtern und verschreckt wie eine farblose Pawlowsche Maus, die ihre Schnauze über ihr Katheder streckt, kommentierte Wort für Wort den *Parmenides*, wobei er unerschütterlich zum x-ten Male sein eigenes Buch wiederholte, dessen Existenz er ganz vergessen hatte, und nach jedem Kommentar, den er kurz hielt, sagte: »Man kann übrigens ebensogut das Gegenteil sagen«, was seine Zuhörer zum Träumen brachte, die gekommen waren, das Pro und das Contra zu suchen, und beim Aufbruch weder ein Pro noch ein Contra mitnehmen konnten. Er hatte eine seiner Studentinnen geheiratet, die ihm mehrere Kinder schenkte und ihn rasch unter den Pantoffel bekam, denn er war unfehlbar zerstreut, auch in bezug auf Frauen und Kinder. Dennoch war er später ganz Ohr bei der Darstellung, die ich vor der Société française de philosophie, deren Vorsitzender er war, von Lenin gab, als ich das harte Wort von Dietzgen über die Philosophieprofessoren zitierte, die »beinahe alle diplomierte Kammerdiener der Bourgeoisie« seien, um dann im Namen des Verbandes zu protestieren, der offenkundig weniger verletzt war als er. Aber Vorsitz verpflichtet. Lévi-Strauss war bei uns damals noch sehr wenig bekannt und noch weniger Canguilhem, der für meine Entwicklung eine entscheidende Rolle spielen sollte, genau wie für die meiner Freunde. Er war damals übrigens noch nicht an der Sorbonne, sondern verbreitete Angst und Schrecken im Gymnasialwesen, für das er die Stellung eines Generalinspekteurs in der Illusion angenommen hatte, er könne das philosophische Urteilsvermögen der Professoren reformieren, wenn er sie anschnauzte. Er sollte bald auf diese bittere Erfahrung verzichten und eilends seine *thèse* über den Reflex einreichen, um an die Sorbonne berufen zu werden, wo er seine Wutausbrüche seinen Kollegen vorbehielt und nicht den Studenten, die an seinem Charakter sehr wohl eine Überfülle an wahren Schätzen von Großherzigkeit und Intelligenz wahrzunehmen verstanden. Später hielt er an der École eine berühmt gewordene und gebliebene Vorlesung über den Fetischismus bei Auguste Comte und verfolgte mit ironischem, aber mitfühlendem Auge unsere ersten Waffengänge. Eines Tages erklärte er mir, es sei die Lektüre von Nietzsche gewesen, die ihn zu seinen Forschungen zur Geschichte der Biologie und der Medizin angeregt habe.

Lacan begann damals bekannt zu werden, und zwar aufgrund seines Seminars im Institut von Sainte-Anne. Ich bin einmal hingegangen, um ihn zu hören: er sprach damals über Kybernetik und Analyse. Ich verstand nichts von seinem gewundenen, barocken und fälschlich der schönen Sprache von Breton nachgeahmten Vortrag: er war offenkundig nur dazu bestimmt, Angst und Schrecken zu säen. Angst und Schrecken herrschten denn auch und hatten widersprüchliche Auswirkungen von Faszination und Haß. Dennoch war ich von manchen seiner Sätze verführt, zu deren Verständnis mir Martin verhalf. Ich spielte darauf in einem kleinen Aufsatz für die *Revue de l'Enseignement philosophique* an, in dem ich ungefähr sagte: Genau wie Marx den *homo oeconomicus* kritisiert hat, gebührt Lacan das große Verdienst, den *homo psychologicus* kritisiert zu haben. Nach acht Tagen erhielt ich einen Wink von Lacan, der mich sehen wollte. Ich wurde von ihm in einem kleinen, luxuriösen Lokal empfangen. Er trug ein in London gefertigtes Hemd mit Rüschenfalten, eine Art saloppe Jacke, eine rosa Fliege und eine randlose Brille, hinter der verschleierte, gelassene, aber manchmal blitzartig aufmerksame Augen sich verbargen. Er sprach eine verständliche Sprache und begnügte sich damit, mir schrecklichen Klatsch über manche seiner früheren Schüler, ihre Frauen und ihren großen Landbesitz und über die Beziehungen zwischen diesen sozialen Bedingungen und der unendlichen Analyse zu erzählen. Wir erzielten leicht Übereinstimmung in bezug auf diese Aspekte, die den historischen Materialismus berührten. Ich verließ ihn und sagte mir, es sei sicher gut, ihn aufzufordern, sein Seminar von Sainte-Anne in die École zu verlegen, weil diesem Seminar die Aufkündigung seiner Räumlichkeiten drohte. Hyppolite war rasch einverstanden, er, der »das Kind einer idumäischen Nacht« zu einer Seminarsitzung über die Übersetzung eines Freud-Textes über Verleugnung-Verneinung beigetragen hatte. So kam es, daß Lacan sein Seminar jahrelang in der École hielt. Jeden Mittwochmittag waren die Gehsteige der rue d'Ulm mit allen gerade gängigen Luxuslimousinen verstopft, und in der verräucherten salle Dussane herrschte drangvolle Enge. Es war dieser Rauch, der dem Seminar ein Ende machte, denn er drang – da Lacan unfähig war, seinen Hörern das Rauchen zu verbieten – in die genau darüberliegenden Bibliotheksräume ein, und das löste wiederum monatelange Reklamationen aus, bis Flacelière den »Doktor« bat, sich eine andere Herberge zu suchen.

Er machte eine schreckliche Szene, bei der er sich als Opfer einer verkappten Repression präsentierte (Flacelière pfiff auf diese ganzen Phallus-Geschichten, und Lacan war so unvorsichtig gewesen, ihn zu einer Sitzung einzuladen, wo von nichts anderem die Rede war), man unterzeichnete Petitionen, kurz: eine Affäre. Ich war damals in der Klinik, Lacan telephonierte mit Hélène, die er wiedererkannte oder auch nicht, ich weiß nicht, erreichte aber, trotz einer regelrechten Verführungsszene, nichts bei ihr als die wiederholte Bekräftigung, ich sei bedauerlicherweise eben nicht da und könne dabei also nichts ausrichten. Lacan fand sich damit ab und richtete sich in der Folge in der juristischen Fakultät ein. Manche *normaliens* waren gehörig von ihm beeindruckt gewesen, darunter Jacques-Alain Miller, dem man den berühmten Begriff seines Lebens gestohlen hatte und der Judith Lacan den Hof machte, und Milner, der immer in Begleitung seines Regenschirmes war und später Linguist geworden ist. Als Lacan gegangen war, fiel sein Kurswert an der École, und da er mich nicht mehr brauchte, bekam ich ihn auch nicht mehr zu Gesicht. Ich erfuhr aber durch Mittelspersonen, daß er sich, nach seinem Möbiusschen Ring, der mathematischen Logik und der Mathematik zugewandt hatte, und das hielt ich für kein gutes Zeichen. Er hatte auf mich wie auf viele Philosophen und Psychoanalytiker unserer Zeit einen unleugbaren Einfluß gehabt. Ich griff auf Marx zurück, er auf Freud: ein Grund für gegenseitiges Verständnis. Er kämpfte gegen den Psychologismus, ich gegen den Historizismus: ein weiterer Grund für gegenseitiges Verständnis. Ich folgte ihm weniger bei seiner strukturalistischen Versuchung, vor allem nicht bei seinem Anspruch, eine wissenschaftliche Theorie Freuds entwickelt zu haben, die mir verfrüht erschien. Schließlich aber war er vor allem Philosoph, und wir hatten in Frankreich nicht so viele Philosophen, denen man sich anschließen konnte, selbst wenn die Philosophie der Psychoanalyse, die er erarbeitet hatte, indem er sie als wissenschaftliche Theorie des Unbewußten ausgab, gewagt erscheinen mochte. Man wählt sich seine Lehrer nicht, so wenig man sich seine Zeit wählt. Gleichwohl hatte ich, abgesehen von Marx, der wenig Philosoph war, einen anderen Lehrer: Spinoza. Bedauerlicherweise lehrte er nirgendwo.

Von der École habe ich mir noch eine merkwürdige Erinnerung an Georges Snyders bewahrt. Er war, obwohl sehr schwach und auf hundert Meter Entfernung als Jude erkennbar, wie durch ein Wunder aus

Dachau zurückgekehrt, hatte aber überlebt. Er war ein außergewöhnlich guter Pianist und gewann mich eines Tages, zusammen mit Lesèvre, der mit Talent den Cello-Part übernahm, Bach zu spielen. Snyders spielte leidenschaftlich, wobei er den Eindruck vermittelte, gar nicht auf die anderen zu hören. Am Schluß des Stückes ließ er die Bemerkung fallen: Da war zwar kein falscher Ton, aber Dein Spiel hat keine Seele. Ich nahm die Geige nie wieder in die Hand. Snyders liebte die sehr gute Küche, er ging ins Grand Véfour, aber anstatt mit den klassischen Vorspeisen zu beginnen, bestellte er sich eine gezuckerte Sahne und schloß mit Zervelatwurst mit Birnenmus, ein Menü, das das traditionalistische Gefühl des Hauses verletzte, das der herkömmlichen Speisenfolge anhing. Er machte sich darüber lustig und trank nie mehr als ein Glas Weißwein oder Buttermilch. Das war für ihn immer sehr teuer, aber heute, da er ordengeschmückter ordentlicher Professor ist, mit einer Mathematikerin verheiratet und Vater eines *normalien* (»er hatte Geist, dieser Kleine«), fährt er ungezwungen damit fort, wenn auch im großen Loch der Halles, wo er ein Stammlokal gefunden hat, das ihm Schweinsfuß mit Johannisbeermarmelade serviert. Snyders hatte ein großes Projekt, auf das er bedauerlicherweise verzichten mußte: die Gründung eines CNRC, eines *Centre national de la recherche culinaire* [Nationales Zentrum für Küchenforschung]. Er behauptete, man könne interessante Ergebnisse aus gekochtem Löschpapier und Strohmarmelade ziehen. Das bleibt abzuwarten.

Da Pauphilet vor seinem Tode Prigent, der aus England kam, an die École berufen und Gusdorf abgesägt hatte, wurde ich als sein Nachfolger bestellt, und zwar auf Betreiben von »Mutter Porée«, jener Frau, die die École, trotz aller ihrer Direktoren, vierzig Jahre lang in Betrieb gehalten hatte, zuerst als Wäschebeschließerin, später als Sekretärin des Direktors. Sie hatte Charakter und Ideen zur Korrespondenz und Pädagogik und wußte die Deutschen zu behandeln, wie sie es verdienten, als sie eines schönen Morgens eindrangen, um Bruhat zu verhaften. Ich verdanke ihr viel und bin nicht der einzige. Sie ist in der Einsamkeit eines schrecklichen Altenheims tief im Wald gestorben, hundert Kilometer von Paris entfernt, beinahe ohne Besuche. Solche Sachen gehören verboten, wenn die Gesellschaft einmal verändert ist.

Als ich erst einmal *agrégé* und als Tutor bestellt war, mußte ich mich um meine jungen Kameraden kümmern, die sich auf die *agréga-*

tion vorbereiteten. Da waren Gréco, Lucien Sève und ein gutes Dutzend anderer. Ich war so naiv zu glauben, trotz der Warnungen von Gusdorf, daß ich ihnen eine Vorlesung halten müßte: und zwar über Plato, in der ich ihnen allerhand Gewäsch über die Theorie der Ideen und die Erinnerung als Theorie der Deckerinnerung auftischte, um die Probleme des Klassenkampfes zu verschleiern. Ich bezog einige schöne Glanzlichter aus Sokrates als Vergessen und dem Körper als Vergessen, also dem Körper von Sokrates als Vergessen, dem Körper von Menon als Erinnerung und schaffte mir, so gut ich konnte, den unmöglichen *Kratylos* vom Halse, in dem Plato behauptet und gleichzeitig leugnet, daß man eine Katze eine Katze nennen könne. Was mich an Plato faszinierte, war, daß man in diesem Maße intelligent und konservativ, ja reaktionär sein konnte, nachdem man Könige und junge Leute erzogen und auch von der Begierde und der Liebe und allen Berufen des Lebens gesprochen hatte, sogar vom Schmutz, der ebenfalls irgendwo im Himmel seine Idee hatte, im Verein mit den Schuhen und dem Guten. Er war auch ein Mann der Mischung, er verstand sich auf die Herstellung von Marmeladen, was ich eines Tages Snyders anvertraute, der mich für verrückt hielt. Ich war nämlich weiterhin verrückt und leistete mir meine jährliche oder beinahe jährliche Depression, die das Problem der Vorlesungen löste. Aber die *normaliens* hatten sich die Gewohnheit zugelegt, bei der *agrégation* zu bestehen, es sei denn sie brachen nach Indien auf oder hatten ein großes Liebesabenteuer, worüber Mme. Porée wachte (warten Sie doch, bis Sie *agrégé* sind, junger Mann, dann werden Sie alle Zeit haben, die Sie wollen), das hatte letztlich keinerlei Bedeutung. Überdies gab Pater Étard, der Bibliothekar der École, ihnen als Nachfolger von Lucien Herr alle nützlichen bibliographischen Hinweise. Das Ärgerliche, wenn man diesen rechtschaffenen Mann traf, war nur, daß man für eine gute Woche alle Verabredungen absagen mußte. Er hörte gar nicht mehr auf, über Religionsgeschichte zu sprechen, und zitierte diesbezüglich ständig eine *thèse*, die er im Kopf hatte, während ihm gleichzeitig die Zeit fehlte, sie zu Papier zu bringen. Überdies klatschte er über jedermann, über Herriot wie über Soustelle. Soustelle hatte seine große Karriere in Algier damals noch nicht gemacht. Étard aber sagte über ihn: er ist unfähig, irgend etwas allein zu tun, er wird immer zweiter bleiben. Er hat recht gehabt. Soustelle hatte unter Bouglé während des Krieges ein Dokumentationszentrum geleitet, an dem

Aron und mehrere deutsche Nazi-Flüchtlinge beteiligt waren, die die École beherbergt hatte. Darunter waren, glaube ich, Horkheimer, Borkenau und manche andere. Mit Borkenau hat es ein schlechtes Ende genommen, er trat schließlich in die Dienste des Pentagons, glaube ich, aber der Krieg erklärt viele Dinge. Nach Bouglés Tod zerfiel das Zentrum. Man mußte warten, bis Hyppolite kam und es in anderer Form wiederherstellte, die den modernen Bedürfnissen der politischen Ökonomie und der Informatik angemessener war.

Dupont, ein auf das Fichtenharz spezialisierter Chemiker, trat die Nachfolge von Pauphilet an. Er sagte: »Ich bin untröstlich, aber man hat mich genommen, weil die Besseren im Krieg gefallen sind.« Das war bedauerlicherweise wahr. Er war ein unschlüssiger, manchmal von kurzen und harmlosen Wutausbrüchen befallener Leiter, den Raymond Weil, damals *caïman* in Griechisch, kurz und bündig folgendermaßen charakterisierte: »Irgend jemand... muß dringlichst meinen Verantwortungsbereich übernehmen.« Dupont wurde auf geisteswissenschaftlichem Gebiet von Chapouthier unterstützt, der sich treuherzig wunderte, daß »so junge und hübsche Burschen so schnell heiraten«, was ihm ein Dorn im Auge war. Wenn er im Sommer mit den Schülern in der École blieb, in Erwartung der Resultate der *agrégation*, ließ er sich die meiste Zeit über einladen, wenn er mit ihnen aß, denn seine Frau rückte ihm keinen Pfennig heraus. Er wunderte sich eines Tages, Michel Foucault krank zu sehen, ich sagte ihm, es sei nichts Ernstes, trotzdem war er erstaunt, daß Foucault, den er verstört auf dem Flur getroffen hatte, ihn nicht angesprochen hatte. Foucault bestand im selben Jahr die *agrégation*. Er sollte schließlich, wie bekannt, am Collège de France enden oder anfangen, wo er Freunde hatte.

Nach dem Tode von Chapouthier kam schließlich Hyppolite als stellvertretender Direktor, bevor er später dann die Gesamtleitung der École übernahm. Er war ein untersetzter, gedrungener Mann mit einem gewaltigen Denkerkopf, der unaufhörlich rauchte, nachts nur drei Stunden schlief, in ständigem Nachdenken begriffen und stets darauf bedacht, sich die Freundschaft der Naturwissenschaftler zu sichern, bei denen der geniale Organisator Yves Rocard das Heft in der Hand hatte. Hyppolite schlug schon bei seiner Antrittsvorlesung den künftigen Ton an: »Ich habe immer gewußt, daß ich eines Tages Leiter der École werden würde... die École muß ein Haus der Toleranz sein, Sie verstehen mich.« Auf der Stelle machte er sich daran, Seminare zu organisieren, und führte das Wort ständig im Munde. Die Sache wurde ruchbar, und eines Tages erhielt er einen langen, mit zittriger Hand geschriebenen Brief, der von einem aus dem Dienst geschiedenen und jetzt in Cahors ansässigen Kavallerie-Oberst signiert war, der ihm sein nachdrückliches Interesse an seinen Initiativen bekundete und ihm seine eigenen pädagogischen Erfahrungen in der Armee anvertraute, wo er selbst seit langem ebenfalls Seminare organisiert habe, und einen Erfahrungsaustausch vorschlug. Er hatte einen von seiner Tochter unterzeichneten Begleitbrief beigefügt mit dem Tenor: Papa interessiert sich wirklich sehr für die Sache, wenn Sie ihm antworten könnten. Hyppolite antwortete ihm, und es entspann sich eine lange, über Jahre hinweg geführte Korrespondenz zwischen ihnen. Trotz seiner Kriegsverletzungen kam der Oberst Hyppolite in Paris besuchen und hielt an der École einen Vortrag, der trotz seines etwas zu militärischen Wortschatzes Gefallen fand. Der Oberst hieß C. Minner.

Hyppolite hatte eine ganz eigene Art, die École zu leiten: die Intendantur kommt nach. In Wirklichkeit preschte sie vor, unter der Leitung von Letellier, der einen hochherrschaftlichen Stil an den Tag legte und nicht auf die Kosten schaute. Aus eben dieser Zeit stammen die neuen Gebäude von Nr. 46, rue d'Ulm, wo sich alte und neue Institute zusammendrängen sollten und später dann, nach dem Tod von Hyppolite, das neue geisteswissenschaftliche Zentrum entstand und die Zöglinge in Zimmern untergebracht wurden. In der Folge kam es zu einem heftigen Konflikt um die Aufteilung der gewaltigen Räumlichkeiten der Biologen, aber der Institutsdirektor behielt die Oberhand, zum Schaden der Physiker, die nur einige wenige Dutzend Quadratmeter verlangten.

Als Hyppolite die École verließ, um ans Collège de France zu gehen, ergriff er erneut das Wort, um melancholisch zu sagen: »Ich glaubte, in diesem Hause intellektuellen Einfluß gehabt zu haben, in Wirklichkeit werde ich als der Direktor in Erinnerung bleiben, der das Ticket-System eingeführt hat (das den Zugang zum Speisesaal regelte und irritierenden Konflikten ein Ende machte, bei denen Prigent manchmal, wenn auch vergeblich, denn Hyppolite hatte zu viele Freunde, seine Autorität aufs Spiel setzte, wenn er, sogar öffentlich – das war seine Gewohnheit –, auf den Direktor schimpfte, »dieses Mäuschen«, das unfähig sei, den Laden zu schmeißen) und die Anbauten von 46 veranlaßt hat.«

Hyppolite hatte gleichwohl, auf seine diskrete Weise, Erfolg bei einer anderen Sache von Wichtigkeit. Es war ihm gelungen, Sartre und Merleau-Ponty zu versöhnen, die seit sieben Jahren aus politischen Gründen zerstritten waren. Hyppolite lud Sartre ein, vor den Zöglingen in der salle des Actes einen Vortrag zu halten. Bei genauerem Hinsehen entdeckte man unter den Zuhörern auch berühmte Persönlichkeiten, darunter Canguilhem und Merleau-Ponty. Sartre sprach anderthalb Stunden lang über den Begriff des »Möglichen«: ein wahrer Prüfungsvortrag wie bei der *agrégation*, der jedermann überraschte. Er schloß jedoch mit der Vergegenwärtigung der großen Sklavenaufstände des 16. Jahrhunderts in Südamerika und der Bedeutung der menschlichen Revolte. Niemand stellte Fragen. Wir gingen alle zu Piron (dem Bistro an der Ecke, das von einem ehemaligen Widerstandskämpfer geführt wurde), wo die Auseinandersetzung dann förmlich entbrannte. Sartre antwortete nur so, daß er alle Fragen billigte. Aber da war Merleau, der kein Wort sagte. Spät nachts brachen wir auf, wir umarmten uns, und ich ging meinerseits mit Merleau heim, der sich daranmachte, mir die Fragen zu beantworten, die ich Sartre zum Algerienkrieg gestellt hatte, der damals im Gang war. Dann sprachen wir über Husserl, Heidegger und das Werk von Merleau selbst. Ich machte ihm seine transzendentale Philosophie und seine Theorie des eigenen Leibes zum Vorwurf. Er antwortete mir mit einer Frage, die ich nicht vergessen habe: Aber Sie haben doch auch einen Leib, oder? Acht Tage später ließ Merleaus Leib ihn plötzlich im Stich: das Herz.

Nach Hyppolites Tod organisierten wir eine Gedenkfeier im Theatersaal. Es fanden sich die ranghöchsten Universitätsvertreter ein, darunter Wolf, der Geschäftsführer des Collège de France. Es gab Laudationen auf den Verstorbenen zu hören. Da man mich gebeten hatte, das Wort zu ergreifen, hatte ich eine kleine Rede vorbereitet, die ich vorausschauend dem Urteil Canguilhems unterbreitet hatte, der daran nichts auszusetzen fand. Dieser Text,[*] der im Anhang zu finden ist, provozierte einen heftigen Skandal, übrigens aus lachhaften Gründen,

---

[*] Dieser Text war im Nachlaß von Louis Althusser nicht aufzufinden. (*A. d. Hrsg.*)

weil ich lediglich das Urteil wiedergab, das Merleau selbst mir gegenüber über sein philosophisches Werk geäußert hatte.

Auf Hyppolite folgte Flacelière, der die Leitung der École in der vielleicht rauhesten Phase ihrer Geschichte übernahm, wobei ihm Kirmmann, noch ein Chemiker, für den naturwissenschaftlichen Zweig assistierte. Flacelière war ein Mann von Charakter, kraftstrotzend, mit Plutarch vollgesogen und heftigen Zornesausbrüchen unterworfen (1969 ging er sogar so weit, einen Zögling zu ohrfeigen, wofür er sich aber auf der Stelle entschuldigte). Er war Traditionalist und wollte nichts von Neuerungen an der École wissen, wobei er sich auf jüngere Kollegen stützte, deren Vertrauen er hatte. Damals brachen die Ereignisse vom Mai 68 los. Die Woge der Barrikaden erreichte auch die École, aber die *normaliens* hielten sich bedeckt und begnügten sich damit, den Verwundeten zu helfen und die Kämpfenden mit ungezählten Tassen Tee zu versorgen. Flacelière stand aufrecht an der Pforte, wie er das andernorts bereits während des Ersten Weltkriegs getan hatte, unerschütterlich. Mehrfach untersagte er der CRS [Compagnie Républicaine de Sécurité (Mobile Bereitschaftspolizei)] die Verfolgung von Studenten, die sich in die École geflüchtet hatten. Er hatte Kampfgeist und wußte ihn zu vermitteln. Diese Gelassenheit verstand er sich in der Folge nicht zu bewahren, als die École, in den Nachwehen des Mai 68, zum Schauplatz ununterbrochener täglicher und nächtlicher Zusammenkünfte wurde, als sie mit ungezählten beleidigenden Graffiti über Flacelière selbst und seine Frau bedeckt wurde und schließlich, mit der obligatorischen Verspätung, ihre berühmte »Nacht« von 1970 erlebte, in der von den Linksextremen, die als einzige Losung »Wein in Strömen« ausgegeben hatten, ein »Fest der Kommune« organisiert wurde. Sechstausend junge Leute überschwemmten das alte Bauwerk, und hinter ihnen Marodeure, die die École bis in die Keller verwüsteten, alles plündernd, und sogar die Türen der Bibliothek einschlugen, die mit großem Mut von Petitmengin verteidigt wurde, wo aber dennoch einige Bücher verbrannten, wobei sie Benzin auf dem Boden und auf den Dächern ausgossen (ein Wunder, daß die École nicht abbrannte) und sich allen möglichen Ausgelassenheiten und Einfällen überließen (man machte Liebe in aller Öffentlichkeit, unter Guitarrenbegleitung). Am nächsten Tag herrschte Totenstille auf dem Gelände der École. Flacelière reichte seinen Rücktritt ein, der angenommen wurde (das Ministerium machte ihn für die Vorfälle verantwortlich). Daraufhin trat er ab und veröffentlichte später ein kleines Buch, in dem er die ganze Geschichte erzählte, in der er (zu Unrecht) das Vorzeichen der Dekadenz der École sah. Man strich die Mauern neu an und reparierte die Schäden, das Ministerium bot seine helfende Hand, und alles kam nach und nach wieder in Ordnung.

Mandouze und Bousquet machten sich die Nachfolge von Flacelière streitig. Letzterer behielt schließlich aus offenbar politischen Gründen die Oberhand, denn er war bekanntermaßen mit Pompidou liiert. Er ist in der Tat ein ruhiger Mensch, der in Bordeaux in der Résistance gearbeitet hat, Katholik mit Sympathien für die Linke, der sich zu einer Art britischer Philosophie voller Humor und Geduld bekennt. Er war zweifellos genau der Direktor, den die École brauchte, neben einem strengen, genauen und eigensinnigen Mathematiker, Michel Hervé, und einem neuen diskreten, aber effizienten Verwalter.

In dieser ganzen Zeit machten wir natürlich Politik. Alle meine alten Mitschüler aus Lyon, die ich an der École wiedergetroffen hatte, waren mehr oder weniger Mitglieder der Partei. Hélène war es bis 1939 gewesen, aber ich will erzählen, warum sie es nach 1939 von einem Tag auf den anderen nicht mehr war. Im Jahre 1945, nach der deutschen Niederlage, nach dem Sieg von Stalingrad und den Erfahrungen und Hoffnungen der Résistance lag es geradezu in der Luft. Ich blieb gleichwohl noch eine Zeitlang in der Reserve und begnügte mich damit, im (katholischen) »Cercle Tala« der École mitzuarbeiten, wo es mir gelang, den Geistlichen zu vertreiben, einen gewissen Abbé Charles, der jetzt in Montmartre ist, nachdem er jahrelang über die katholischen Studenten der Sorbonne geherrscht hat: ich konnte die Vulgarität seiner Sprache und seiner Argumente nicht mehr ertragen. Ich war auch für das Syndicat des élèves tätig, das illegal war und um seine offizielle Anerkennung kämpfte. Eben da erzielte ich, wenn ich so sagen darf, meinen ersten politischen Massenerfolg, weil ich, mit Hilfe von Maurice Caveing, die Demission des vollständig von den Sozialisten beherrschten Vorstandes erzwang.

Überdies habe ich einen lebhaften Vorfall im Gedächtnis behalten, der mich mit Astre vom SNES [Syndicat national de l'enseignement du second degré] in Konflikt brachte, und zwar eines Tages, als die Bevollmächtigten der École, die im Streik war, im Ministerium demonstrieren wollten: Astre widersetzte sich dem, aber ich erreichte es, daß alle gemeinsam hingingen, Studentenvertreter und Professoren. Astre behandelte mich als »sauberes Früchtchen«.

Ernsthaft begann die Sache im Oktober 1948 zu werden, mit meinem Eintritt in die Partei. Die Zelle an der École wurde von einem jungen Biologen geleitet, der in Fragen des Lyssenkismus hin- und hergerissen war. Er stürzte sich vom höchsten Dach der École hinab, und man legte seinen zerfleischten Körper auf eine Tragbahre, der sich nicht mehr wiederbeleben ließ. Eine schreckliche Lektion. Später aber sollte ich erfahren, daß er zweifellos auch aus Liebeskummer Selbstmord begangen hatte.

Das war die Zeit, als Jean-Toussaint Desanti Vorlesungen an der École hielt. Vorlesungen über die Geschichte der Mathematik oder der Logik, deren Besonderheit darin lag, daß sie anfingen, sich endlos bei diesen Anfängen aufhielten, aber nie darüber hinauskamen. Touki war ein passabler Husserlianer und in dieser Schule großgeworden, mit der er, obwohl er sich für einen Marxisten hielt, im Grunde nie völlig gebrochen hatte. Aber er war Parteimitglied und an der École berühmt geworden, weil er vor dem Kriege Revolverschüsse in die Decke abgefeuert hatte und sich in tiefes Stillschweigen über seine eigentlichen Gedanken hüllte, während er sich an der Seite von Victor Leduc mit den Faschisten des Quartier latin prügelte und eine grelle Liaison mit Annia, genannt Dominique, zur Schau stellte. Vor allem aber war er Korse, Sohn eines Hirten, wie er sagte, was alles andere erklärte, auch seine Verbindung zu Laurent Casanova, dem damaligen Großinquisitor in Diensten der Partei-Ideologie. Touki unterhielt eine unerklärliche Zuneigung und Vorliebe für Casa, die wahrscheinlich mit Clan-Verbindungen und der gemeinsamen Schwäche für Ziegenkäse und Rosé-Wein zusammenhing. Tatsache ist: er folgte ihm in allem und jedem wie ein Hündchen, und sein Leitspruch war: Bahnen wir uns mit Kampfkraft einen Weg. Von dieser Kampfkraft bekam ich eines Tages im Dezember 1948 einen Eindruck, als Touki mich zu Casa mitnahm. Wir warteten eine gute Stunde auf einem Flur des Parteihauptquartiers, und durch die Tür wurde ich Zeuge einer schrecklichen Darbietung moralischer Folter. Casa beschäftigte sich mit dem wissenschaftlichen und politischen Bewußtsein von Marcel Prenant, dem damaligen Mitglied des Zentralkomitees und hervorragenden Biologen, der den Entdeckungen von Lyssenko keinen Glauben schenkte. Casa belegte Prenant mit allen erdenklichen gemeinen

Schimpfnamen und forderte ihn von Zeit zu Zeit auf anzuerkennen, daß $2 + 2 = 4$ eine Wahrheit der bürgerlichen Ideologie sei. Wir sahen Prenant leichenblaß herauskommen. Daraufhin empfing uns Casa sehr entspannt: für ihn war das offenbar Alltag. Und er schenkte mir Gehör, als ich ihm das Projekt vortrug, das wir in unserer Zelle ausgeheckt hatten, nämlich an der École einen Cercle Politzer zu gründen, um dort die gewerkschaftlichen und politischen Führer einladen zu können, vor den Zöglingen der École Elemente der Geschichte der Arbeiterbewegung darzulegen. Auf diese Weise kamen sowohl Racamond als auch Frachon und Marty (zweimal, mit viel professoraler Autorität).

Damals war auch die Zeit des Kalten Krieges und des Aufrufs von Stockholm. Ich war im Viertel um die gare d'Austerlitz von Tür zu Tür unterwegs und sammelte kaum Unterschriften, ausgenommen die eines Mannes von der Müllabfuhr, den wir für den Gemeinderat rekrutierten, und die einer jungen Frau, die aus Mitleid unterschrieb. Wir hatten in der rue Poliveau eine Plakatwand angebracht, auf der ich tagtäglich die Dokumentation über die Kriegsdrohung und die Fortschritte des Gegenschlags des Volkes auf dem laufenden hielt. Man ließ mich gewähren, aber die Leute lasen unsere Wandtafeln so gut wie gar nicht.

Das alles endete mit einer schrecklichen Geschichte. Ich habe vom Gemeinderat des V. Arrondissements gesprochen: er war nicht identisch mit der Parteisektion des V. Arrondissements, obwohl manche Aktivisten Mitglieder beider Organisationen waren. Eines Tages nun holte Hélène Plakate in der rue des Pyramides ab; dabei wurde sie von einem früheren Verantwortlichen der Jeunesses communistes in Lyon wiedererkannt, der sie sofort als damals unter dem Namen Sabine stadtbekannte Provokateurin brandmarkte. Und damit setzte sich die repressive Maschine des Gemeinderates in Gang, trotz eines Appells an Yves Farge, der jedoch stillschwieg, obwohl es nur einer Geste seinerseits bedurft hätte.

Zum besseren Verständnis dieser ganzen Affäre muß man zeitlich natürlich etwas weiter ausgreifen. Hélène, die eine der wenigen gewesen war, die den deutsch-sowjetischen Nichtangriffspakt nicht in Frage gestellt hatten, sie, die seit den dreißiger Jahren im XV. Arrondissement an der Seite von Michels, Timbaud und anderen gekämpft hatte, die sie sehr liebten, sah sich wie viele andere seit 1939 von der

Partei abgeschnitten. Dennoch hatte sie in einer nicht-kommunistischen Organisation der Résistance mitgearbeitet, wenn sie gleichzeitig auch stets, aber vergeblich nach einer Verbindung zur Partei suchte. Gleichwohl hatte sie Aragon und Elsa sehr gut kennengelernt, ebenso Eluard und einige andere Kommunisten in der Résistance, aber auch sie hatten keinerlei Verbindung mehr zur Partei. Alle ihre Freunde und viele andere scharten sich bei Jean und Marcou Ballard um die Cahiers du Sud. Anläßlich einer ziemlich dummen Geschichte, die dann unter dem Namen »Elsas Strümpfe« bekannt geworden ist, kam es zwischen Aragon und Hélène zum Bruch. Er wollte eine bestimmte Strumpffarbe, und Hélène hatte sie nicht besorgen können. Auf dieselbe oder beinahe dieselbe Weise hatte Lacan, den Hélène in Nizza kennengelernt hatte, mit ihr gebrochen, weil es ihr nicht gelungen war, für seine jüdische Frau das schützende Haus zu finden, das sie brauchte. Tatsache ist, daß der Bruch mit den Aragons eine sehr schwerwiegende Wendung nahm, als Hélène, die zum Zeitpunkt der Befreiung Lyons mit wichtiger Verantwortung betraut war, bei der das juristische Schicksal französischer und nazistischer Kollaborateure auf dem Spiel stand, das Ziel eines heftigen Angriffs wurde, den Kardinal Gerlier und der gesamte Verband der örtlichen Kollaborateure gegen sie führten, an der Spitze Berliet. Man bezichtigte sie erfundener Verbrechen und klagte sie an, Kriegsverbrecher geschützt zu haben, die sie in Wirklichkeit am Leben halten wollte, um ihnen wichtige Auskünfte zu entlocken oder sie gegen in Montluc inhaftierte Widerstandskämpfer auszutauschen (etwa Pater Larue, der am Vorabend der Befreiung der Stadt unter deutschen Kugeln sterben sollte). Tatsächlich trug sie damals den falschen Namen Sabine, aber auch noch ein anderes Pseudonym: Legotien. Sie hatte insgesamt drei Namen, was ihr als verdächtiges Indiz vorgeworfen wurde. Von da bis zur Anklage, sie sei eine Gestapo-Agentin gewesen, war es nur ein einziger Schritt, den die Ankläger des Gemeinderates sich dann auch zu tun beeilten. Aragon hatte sie schon in Lyon beschuldigt, Mitglied des Intelligence Service zu sein.

Unter diesen Bedingungen mußte ich an den Sitzungen des Gemeinderates teilnehmen. Hélène mochte ruhig das Zeugnis von Widerstandskämpfern anrufen, die sie sehr gut gekannt hatten und mit ihrer Handlungsweise in Lyon durchaus vertraut waren, das half nichts. Sie wurde aller dieser Verbrechen angeklagt und beschuldigt, sie verschwiegen zu haben. Unter den Mitgliedern des Rates waren einige Männer, die ehrenwert schwiegen, voller Unsicherheit über das zu verkündende Urteil. Aber sie vermochten die anderen nicht aufzuwiegen, die die Macht hatten, sie zu verurteilen.

Hélène wurde also unter diesen entehrenden Umständen aus dem Gemeinderat ausgeschlossen. Die Mitglieder der Partei stimmten sich ab. Ich erinnere mich, daß die Hauptsorge der Angehörigen meiner Zelle wie der Desantis dahin ging, »Althusser zu retten«. Sie übten Druck auf mich aus, ich weiß nicht mehr zu welchem Zweck, aber ich schenkte ihnen keinerlei Aufmerksamkeit.

Hélène und ich reisten daraufhin nach Cassis ab, um nach dieser schrecklichen Geschichte etwas Abstand zu gewinnen. Es war geradezu halluzinatorisch zu sehen, wie das gleichmütige Meer unaufhörlich seine Wellen an den Strand warf, unter einer unbarmherzigen Sonne. Wir erholten uns, ich weiß eigentlich nicht mehr wie, und schlugen vierzehn Tage später den Rückweg nach Paris ein.

Daraufhin übernahm die Partei die Ablösung. Gaston Auguet lud Hélène vor und unterstrich ausführlich alle Argumente der Anklage. Er hob dunkle Geschichten eines gewissen aus der Partei ausgeschlossenen Gaymann hervor, den man eben deshalb auch nicht anhören könne und der die Wahrheit über Hélènes Parteizugehörigkeit im Jahre 1939, also zur Zeit des Nichtangriffspaktes, bezeugen oder bestreiten können hätte. Es war also unmöglich herauszufinden, ob Hélène noch Parteimitglied war oder nicht. Auguet überließ sie mit dieser Information sich selbst, wobei er hinzufügte, sie könne ja Berufung dagegen einlegen. Gleichzeitig aber unterrichtete er mich darüber, daß ich Hélène auf der Stelle zu verlassen hätte. Ich verließ sie nicht.

Diese schreckliche Geschichte, die mich erneut in die Krankheit stürzte (und es mißlang mir bei dieser Gelegenheit, Selbstmord zu begehen), öffnete mir, im Verein mit dem Selbstmord meines ersten Zellensekretärs, die Augen über die traurige Realität stalinistischer Praktiken in der französischen Partei. Ich verfügte damals nicht über die Heiterkeit Hélènes, die sich, ihrer selbst sicher, kaum erschüttern ließ, weil sie der Meinung war, daß diese Affäre vor allem sie anginge, während ich sie als eine entsetzliche persönliche Prüfung empfand. Sie machte einer ganzen Reihe unserer Beziehungen ein Ende. Wir mußten, wie das bei allen Ausgeschlossenen der Fall war, in nahezu völliger Einsamkeit leben, weil die Partei in diesen Dingen weder Pardon gab noch halbe Sachen machte. Desanti hielt als guter Freund von Casanova Abstand, wenn er mir auch eine Art Freundschaft bewahrte. Meine Zellenkameraden, Le Roy Ladurie an der Spitze, wollten mich nicht mehr kennen. Also blieben mir nur die Mehrzahl der Kandidaten für die *agrégation* und einige Herzensfreunde wie der immer treue Lucien Sève und Michel Verret, der alles verstand. Aber das waren sehr wenige, und das Ganze war eine regelrechte Durchquerung der Wüste.

Ich arbeitete gleichwohl für mich, und allmählich gelang es mir, einige Aufsätze zu schreiben. Ich arbeitete damals in der Association des professeurs de philosophie mit, und eines Tages machten wir uns daran, unter dem Einfluß von Maurice Caveing, damals zusammen mit Besse Autor eines *Manuel de philosophie*, das in jenen schrecklichen Zeiten eine gewisse, leider negative Rolle spielte, einen Sturmangriff auf das Bureau de l'association nationale zu unternehmen. Es genügte, die damals von der Mehrzahl der Mitglieder boykottierte Wahl neu zu organisieren. Das gelang uns leicht, aber nur um den Preis, die Mehrzahl eben dieser Mitglieder sich gegen uns wenden zu sehen, die die Wahl annullierten und Neuwahlen ausschrieben, bei denen wir verloren. Das waren eben die Methoden der Zeit, die nichts Demokratisches an sich hatten.

Ich arbeitete damals in einer Kommission zur Kritik der Philosophie beim Zentralkomitee. Wir trafen uns wöchentlich und produzierten schließlich einen langen Artikel, in dem wir erklärten, »die Hegel-Frage sei seit langem gelöst« (Schdanow), abgesehen von gelegentlichem Wiederaufflackern bei Leuten wie Hyppolite, wo sie eine deutlich bellizistische Prägung annahm. Das waren die Gedanken der Zeit.

Ich habe andernorts erzählt, wie es mir gelang, einige neuere, gegen den Zeitlauf gerichtete Artikel zu schreiben und sie in *La Nouvelle Critique* (dank Jacques Arnault) und *La Pensée* (dank Marcel Cornu) zu veröffentlichen. Aber die Éditions sociales waren mir verschlossen, und zwar durch ein Verbot, von dem ich nie genau erfahren habe, woher es kam, von Krasucki, Garaudy oder Aragon oder vielleicht sogar von niemandem. Schließlich gehört das alles fortan der Vergangenheit an. Was mir im Gedächtnis geblieben ist, betrifft das Zentralkomitee von Argenteuil. Einen Tag nach seiner Sitzung wurde ich von einem Rohrpostbrief Garaudys überrascht: »Du bist gestern geschlagen worden, komm mich besuchen.« Ich besuchte ihn nicht. Drei Monate später aber erhielt ich ein Wort von Waldeck Rochet, der damals Generalsekretär der Partei war und mich liebenswürdig zu einer Unterredung einlud. Ich sah ihn volle drei Stunden lang an einem schönen Frühlingsvormittag. Er sprach langsam. Er war ein aufrichtiger und warmherziger Mensch. Er sagte zu mir: »Man hat Dich in Argenteuil kritisiert, aber das ist nicht die eigentliche Frage. Wir mußten Dich kritisieren, um auch Garaudy kritisieren zu können, der uns mit seinen Positionen auf die Nerven geht. Was Dich angeht, so hast Du Sachen geschrieben, die uns interessieren.« Ich stellte ihm Fragen: »Aber Du, der Du die Arbeiter kennst, glaubst Du, daß sie sich für den Humanismus interessieren?« – Ganz und gar nicht, sagte er, sie machen sich darüber lustig. – Und die Bauern? – Genau dasselbe, sagte er. – Warum dann also diese Betonung des Humanismus?« Ich zitiere Waldeck Rochets Antwort buchstäblich genau: »Siehst Du, man muß mit allen in ihrer Sprache sprechen, mit all den Intellektuellen, mit all den Sozialisten...« Und als ich ihn zur Politik der Partei befragte, antwortete er (wörtlich): »Man muß schon irgendwas für sie tun, sonst laufen sie alle davon.« Ich habe nie erfahren, wer diese »sie« waren, sei es die Mitglieder der Partei (wahrscheinlich), sei es die Intellektuellen, sei es die Arbeiter. Ich verließ ihn verblüfft.

Ich habe vorher und nachher Gelegenheit gehabt, hochrangige Parteiführer zu treffen. Sie hatten nicht sein Format. Aber es war interessant, ihnen zuzuhören. Ich spreche nicht von Guy Besse, der die Bescheidenheit in Person war (»man hat mich ins Politbüro berufen, um ein Gleichgewicht zu Garaudy zu schaffen, darüber mache ich mir keine Illusionen«), aber von Roland Leroy. Ihn habe ich zwischen 1967 und 1972 wohl vier oder fünf Mal getroffen. Ein zierlicher Mann, auf sein Aussehen bedacht, um eine Art florentinische, leicht dekadente Eleganz bemüht, im übrigen sehr lebhaft und scharf, aber auch er von einer schönen, »willentlich beschränkten Intelligenz«, ließ Roland Leroy mich an seinen Schwierigkeiten teilnehmen (wie sollte denn die philosophische Front gehalten werden), ebenso an seinen Gewißheiten (mit den Sozialisten in einem einzigen Gemeinschaftsprogramm, Du wirst sehen, das gibt einen Kampf bis aufs Messer. Die Sowjetrussen haben einen einzigen Vorteil vor uns, die soziale Mobilität. Jacques Chambaz war da, er hat es bestätigt). Ich traf auch mit René Andrieu zusammen, einem der wegen seiner kämpferischen Haltung im Fernsehen beliebtesten Parteiführer. Er vertraute mir an, welche Mühe er darauf verwandte, in *L'Humanité*, deren Zukunft ihm sehr am Herzen lag, eine Leserbriefkolumne einzuführen, in der jedermann seine Meinung frei zum Ausdruck bringen konnte – wie in *France-Nouvelle*. Aber das war verfrüht. Bei einem Kongreß sah ich Georges Séguy, an dem ich immer seinen Sinn für eine volkstümliche Sprache ohne Demagogie bewundert habe. Er erzählte mir vom Streik der Postgewerkschaft, um mir anzudeuten, daß er beendet werden würde, weil die Arbeitslosen zahlreich waren und sich ein derart isolierter Streik nicht lange durchhalten lassen würde. Und ich sah noch andere. Je höher sie in der Parteihierarchie standen, desto freier waren sie in ihren Äußerungen. Auf der Ebene eines einfachen Redakteurs von *L'Humanité* oder *France-Nouvelle* herrschte völliges Schweigen. Keine Erklärungen.

Und da ich hier Gelegenheit habe, alles zu sagen, darf ich versichern, daß unter den berühmten Leuten, mit denen ich zusammentreffen konnte, auch Johannes XXIII. und de Gaulle waren.

Durch meinen Freund Jean Guitton hatte ich meine Fühler in Rom ausgestreckt. Ich sah Johannes XXIII., der sich im Vatikan nur ungern außerhalb des Palastes aufhielt, in den Gärten. Es war Frühling, es gab dort Kinder und Blumen, die die reine Seele des Papstes entzückten. Er war, unter der Außenhaut eines starken Burgunders, der den Rotwein liebte, ein Mensch von großer Unbefangenheit und tiefer Großzügigkeit, von utopischen Hoffnungen beseelt, wie man sehen wird. Er interessierte sich tatsächlich für mich als französisches Parteimitglied und erklärte mir lang und breit, es sei sein Wunsch, die katholische und die orthodoxe Kirche miteinander zu versöhnen. Er brauchte Mittelsmänner, um von Breschnew die Grundlagen einer unitären Übereinstimmung zugesichert zu bekommen. Daraus machte er keinen Hehl. Ich führte ihm die ideologischen und politischen Schwierigkeiten eines solchen Unterfangens vor Augen, die Situation von Mindszenty, für den er völlige Geringschätzung an den Tag legte (er ist, wo er ist: möge er da bleiben), und ganz einfach die internationale Spannung und den in der Kirche herrschenden Anti-Kommunismus. Er erklärte mir, er werde diese letztere Frage zu seiner eigenen machen, wenn die Kommunisten ihm mit einer kleinen Geste entgegenkämen. Ich mochte ihm ruhig vorhalten, daß diese Geste sehr schwer zu bekommen sein würde, daß sogar die kommunistische Partei Italiens sie nicht vollzöge und daß die französische Partei in einer noch schlechteren Lage sei; ich kam nur knapp an einem scharfen Tadel vorbei, als er mir sagte, daß die Französische Kirche gallikanisch und das zumindest für irgend etwas nützlich sei, daß die französisch-russische Allianz eine lange Tradition habe usw. Ich verließ ihn in wirklicher Verzweiflung über meine Unfähigkeit, weil es mir nicht gelungen war, ihn davon zu überzeugen, daß es sich im vorliegenden Fall nicht um mich handelte. Ich sah ihn bei zwei Gelegenheiten wieder, wo er noch immer ebenso entschlossen und von dieser Frage aufgewühlt war, die ihm am Herzen lag.

De Gaulle begegnete ich unter erstaunlichen Umständen, denn ich kannte ihn nicht persönlich. Das war in einer Straße des VII. Arrondissements. Ein großer Mann, der eine Zigarre im Mund hängen hatte, bat mich um Feuer. Ich gab es ihm. Er fragte mich, ohne abzuwarten: Wer sind Sie? Was machen Sie? Ich antwortete: Ich lehre an der École normale. Und er: Das Salz der Erde. Ich: Des Meeres, die Erde ist nicht versalzen. Wollen Sie damit sagen, daß sie geil [*i.e.* fruchtbar] ist? Nein: sie ist schmutzig.* Er antwortete mir: Sie haben einen großen Wortschatz. Ich: Das ist mein Beruf. Er: Die Militärs haben nicht soviel. Ich: Was machen Sie? Er: Ich bin General de Gaulle. Tatsächlich. Acht Tage später teilte mir die verdutzte Telephonvermittlung der École einen Anruf des Kanzleramtes des Präsidenten der Republik mit, wo man mich zum Essen bat. De Gaulle stellte mir Fragen über Fragen, über mich, über mein Leben, die Kriegsgefangenschaft, die Politik, die kommunistische Partei, aber ohne ein Wort über sich selbst zu sagen. Drei Stunden. Dann verabschiedete ich mich. Ich sah ihn bei der Durchquerung der Wüste wieder, und diesmal war er es, der sprach. Er sagte mir alles, was er, wie man weiß, tatsächlich gesagt hat: Schimpf und Schande den Militärs, viel Gutes über Stalin und Thorez (Staatsmänner), viel Schlechtes über die französische Bourgeoisie (sie ist nicht in der Lage, Staatsmänner hervorzubringen, der Beweis: sie ist genötigt, sich an Militärs zu wenden, die doch wohl anderes zu tun haben). Auch mit der kommunistischen Partei war er befaßt: »Glauben Sie, daß sie in der Lage sein

* Wortspiel mit den Adjektiven *salée* [versalzen], *salace* [geil] und *sale* [schmutzig]. (*A. d. Ü.*)

werden zu verstehen, daß ich der einzige bin, der Amerika auf Abstand halten kann? Und in Frankreich etwas einführen kann, das dem Sozialismus ähnelt, von dem sie dauernd sprechen? Verstaatlichungen, so viel man will, und kommunistische Minister, einverstanden, ich bin nicht wie die Sozialisten, die sie auf Geheiß der Amerikaner verjagt haben. Rußland? Das mache ich zu meiner eigenen Sache. Die große Frage ist die Dritte Welt, ich habe beinahe alle Kolonien in die Freiheit entlassen, bleibt Algerien, Sie werden sehen, daß diese Nutte von französischer Bourgeoisie mich rufen wird, wenn die Dinge sich für sie zum Schlechteren wenden, Guy Mollet ist ihr Mann, aber der ist völlig unfähig, und Lacoste ist noch schlechter. Bin ich allein? Ja, ich bin es immer gewesen, aber Machiavelli hat geschrieben, man müsse immer allein sein, wenn man eine große Sache beginnt, das französische Volk aber ist gaullistisch, und ich habe einige treue Freunde, nehmen Sie Debré, nehmen Sie Buis, ich habe ihnen ein Stück Himmel gegeben.« Wenn ich die Erzählungen von Malraux lese, der sein Schäfchen mit einigen Worten des großen Mannes ins Trockene bringt und sie mit seiner literarischen Soße würzt, denke ich an diese einfachen Äußerungen, ihre Größe und ihre Unbeugsamkeit: das unbeugsame Herz. Er war ein genialer politischer Seiltänzer. Er ging sehr hart mit den Bauern ins Gericht: sie denken nur an den Fiskus, und der Fiskus verschont sie doch wohl leidlich, und an die Kirche, sie jammern, um den Wolf zu zähmen, sie wissen nicht, daß man wölfischer sein muß als der Wolf; aber er hatte Achtung vor manchen Katholiken wie Mandoux: die wissen, was es heißt, allein zu sein. Ich zog daraus die Lehre, daß eine gewisse Einsamkeit manchmal nötig ist, um sich Gehör zu verschaffen.

Die Einsamkeit lernte ich in den psychiatrischen Kliniken kennen, wo ich mich regelmäßig aufhielt. Ich lernte sie auch in den sehr seltenen Augenblicken kennen, wenn ich, aus diesen Depressionen erwachend, wieder an der Oberfläche auftauchte, und getragen von wer weiß welcher Welle, überstieg ich mich selbst in einer Art Exaltation, in der mir alles leichtfiel, in der ich unweigerlich ein neues Mädchen aufriß, die zur Frau meines Lebens wurde, der ich um fünf Uhr morgens die ersten warmen Croissants mit Frühlingsjohannisbeeren brachte (denn merkwürdigerweise war es, wenn ich wiederauftauchte, immer Mai oder Juni, wie mir das mein Analytiker maliziös erklärte, nicht alle Monate sind sich gleichwertig, die Ferienmonate sind etwas Besonderes und namentlich die vor Ende der Ferien). In diesen Zeiten verfiel ich auf alle Arten von Verrücktheiten, die Hélène erbeben ließen, denn sie hatte natürlich einen Vorzugsplatz zur Begutachtung meiner Raserei inne, und natürlich auch meine Umgebung beunruhigten, die doch an meine unkontrollierbaren Phantasien gewöhnt war.

Ich hatte eine Vorliebe für leicht rostende Küchenmesser, ich stahl mehrere davon in einem Kaufhaus und brachte sie am folgenden Tag unter dem Vorwand zurück, sie gefielen mir nicht, und tauschte sie bei derselben erstaunten Verkäuferin ein. Ich faßte überdies den Entschluß, ein Atom-Unterseeboot zu stehlen, eine Geschichte, die natürlich von der Presse unterdrückt wurde. Ich telephonierte, mich für den Marineminister ausgebend, mit dem Kommandanten eines unserer Atom-Unterseeboote in Brest, um ihm ein wichtiges Ereignis anzukündigen und ihm zu sagen, sein Nachfolger würde sich ihm unverzüglich vorstellen, um unverzüglich seine Ablösung zu übernehmen. Tatsächlich präsentierte sich ein betreßter Offizier, tauschte mit dem alten die ordnungsgemäßen Dokumente aus und übernahm das Kommando, während der andere sich davonmachte. Der neue ließ daraufhin die Mannschaft antreten und kündigte ihr an, daß er, aus Anlaß der Beförderung ihres alten Kapitäns, ihr acht Tage Sonderurlaub gewährte. Seine Ansprache wurde mit Hurra-Rufen begrüßt. Jedermann ging von Bord, ausgenommen der Küchenbulle, der das alles unter dem Vorwand einer Ratatouille versäumen mußte, die er auf kleinem Feuer zubereitete. Aber auch er ging schließlich an Land. Ich nahm meine geliehene Kapitänsmütze ab und telephonierte mit einem Gangster, der gerade ein Atom-Unterseeboot brauchte, um internationale Geiseln oder Breschnew zu erpressen, um ihm zu sagen, er könne die Lieferung übernehmen. Zu eben dieser Zeit unternahm ich den berühmten unblutigen *hold-up* bei der Banque de Paris et des Pays-Bas, um eine Wette mit meinem Freund und früheren Mitschüler Pierre Moussa zu gewinnen, der ihr Direktor war. Ich nahm ein Schließfach, ließ mich zu ihm begleiten, öffnete es und hinterlegte ostentativ eine beträchtliche Menge an Falschgeld (genaugenommen genügten Päckchen, die ungefähr die Form von Fünfhundert-Franc-Scheinen hatten) in Anwesenheit des Wachpersonals. Dann ging ich zu Moussa hinauf und sagte ihm, ich wolle eine Ehrenerklärung über den Wert meiner Einlage abgeben: eine Milliarde neuer Francs. Moussa, der

meine Beziehungen zu Moskau kannte, verzog keine Miene. Am
nächsten Tag kam ich wieder, ließ mir den Safe öffnen und stellte
verblüfft fest, daß er völlig leer war: sehr üble Gangster, die sich die
Türen geöffnet hatten, waren da über Nacht vorbeigekommen. Das
Außergewöhnlichste aber war, daß sie von der Höhe der Geldsumme,
die sich in meinem Depot befand, Wind bekommen haben mußten,
denn sie vergriffen sich nicht an anderen Safes (leicht gesagt, weil sie
ja die Schlüssel hatten). Der herbeigerufene Wärter stellte seinerseits
fest, daß der Safe, den er am Vorabend noch voll gesehen hatte, leer
war. Genau wie Moussa, der innerhalb von acht Tagen Lloyds die
Versicherungssumme bezahlen ließ. Aber Moussa war kein Gimpel.
Er verlangte mir einen kleinen Solidaritätsbeitrag für die Kasse der
ehemaligen Bankdirektoren und für die Gesellschaft der ehemaligen
Schüler der École normale ab. Die Spuren dieser Überweisungen lassen sich noch in den Jahrbüchern dieser Verbände finden. Der damalige Polizeipräfekt benahm sich, wie ich sagen muß, sehr korrekt: nun
denn, man hatte ja schließlich Manieren in der höheren Verwaltung.
Ich setzte meinen Vater ins Bild, der sanft lächelte: er kannte Moussa
gut, der ihn eines Tages in Marokko besucht hatte, um ihm die lokale
Situation zu erklären. Mein Vater hatte ihn angehört, ohne ein Wort
zu sagen, und Moussa die Hand geschüttelt, wobei er ihm einige gute
Adressen gab, wo er schöne Finninnen treffen könnte (Moussa hatte
damals gerade eine Vorliebe für diese Art Mädchen), und ein paar
Flaschen Bourbon überreichte, die eine Zeitlang auf dem Meeres-
grund gelagert hatten. Ich stahl noch viele andere Dinge, darunter
eine Großmutter und einen aus dem Dienst geschiedenen Kavallerie-
Feldwebel, aber hier ist nicht der Ort, davon zu sprechen, denn das
brächte mir, weil der Feldwebel der Schweizer Garde angehörte, Är-
ger mit dem Vatikan ein. Ich hatte gute Beziehungen zum Vatikan,
weil ich (unter einhundertzweiundneunzig anderen Pariser Studenten,
die 1946 von Abbé Charles nach Rom geleitet worden waren) von
Pius XII. empfangen worden war, der mir zwar leberkrank erschien,
aber doch durchaus in der Lage war, sich in einem von italienischen
Phonemen entstellten Französisch auszudrücken, entstellt wie ein Klavier von einem zweideutigen Cello, und mich fragte, ob ich Zögling
der École sei, ob ich dem geistes- oder dem naturwissenschaftlichen
Zweig angehörte und ob ich Philosoph sei: ja. Daraufhin wünschte er
mir, ich möge Thomas von Aquin und den Heiligen Augustinus im

Zusammenhang lesen und »ein guter Christ, ein guter Vater und ein guter Bürger« sein. Seither habe ich mein Bestes getan, um diesen Empfehlungen gerecht zu werden, die von einer herzlichen Empfindung getragen waren. Ich habe weder Johannes XXIII., jenen sagenhaften Menschen, der wie der Kanoniker Kir war, aber heilig, noch Paul VI. kennengelernt, jenes sanfte, besorgte alte Weib, das stets im Verzug war und in seinem Leben nur einen Traum hatte: den von einem Zusammentreffen mit Breschnew. Aber Jean Guitton kannte sie an meiner Stelle, weil seine Werke ihre Kopfkissenbücher waren und weil er mit ihnen korrespondierte, und auf diese Weise wurde ich über den Kleinkram in Rom auf dem laufenden gehalten und konnte den Coup mit dem Schweizer Feldwebel landen, der seine Geliebte in Graubünden wiedersehen wollte, wenn er den Uniformrock einmal ausgezogen hatte.

Natürlich war dieser Anfall von Wahn, in den ich über die Liebesaffäre mit einer Armenierin stürzte, die sich damals in Paris aufhielt, schön wie ein Gemälde, mit Haaren von einer anderen, tiefschwarzen Farbe und Augen, die sanft in der Nacht strahlten, nicht von Dauer. Ich kehrte in eine meiner Privatkliniken zurück. Seit Esquirol hatte ich Fortschritte gemacht. Ich ging nach Soisy, wo man keine Elektroschocks verabreicht bekam, sondern fiktive Schlafkuren, die mir den Eindruck der Gesundung vermittelten. Von Soisy blieb mir eine recht erstaunliche Erfahrung, die der Anti-Psychiatrie den Weg ebnen sollte. Man rief alle Welt, ausgenommen die Ärzte und den Pförtner, in einem großen Saal mit Stühlen zusammen: Patienten, Pfleger, Krankenschwestern usw. Und alle schauten einander an, bevor sie schwiegen. Das dauerte Stunden. Bald erhob sich ein Patient, um pinkeln zu gehen, bald zündete sich ein anderer eine Zigarette an, bald verabreichte eine Schwester eine Spritze gegen einen Weinkrampf, und wenn man schließlich zu reden aufhörte, ging jeder sei es essen, sei es sich zu seiner Schlafkur hinlegen. Ich habe immer eine große Bewunderung für die Ärzte gehabt: sie hatten das Mittel gefunden, nie zu kommen, man konnte sie nicht einmal privat sprechen, sie behaupteten, ihre Abwesenheit sei Teil der Behandlung, was sie nicht hinderte, außerhalb der Klinik einem Behandlungsprogramm mit einem Stamm von Privatpatienten nachzugehen, die ihre Hilfe brauchten: oder sie machten ihren Krankenschwestern den Hof, die sie heirateten, wenn sie ihnen nicht gerade Kinder machten. In welchem Maße diese

Schlafkuren gefährlich sein können, im Gegensatz zur gängigen öffentlichen Meinung, die den Somnambulismus gar nicht in Rechnung stellt, gab mir ein Vorfall zu bedenken, der mir mitten im Winter zustieß, während der ganze Boden der Gegend von zwanzig Zentimetern Neuschnee bedeckt war. Man fand mich gegen drei Uhr morgens völlig nackt im Schnee, zweihundert Meter von meinem Pavillon entfernt, und ich hatte mir den Fuß an einem Stein gestoßen. Die Krankenschwestern hatten große Angst, legten mir Verbände an, verabreichten mir ein heißes Bad und brachten mich wieder zu Bett. Ich bekam keinen Arzt zu sehen, auch diesmal nicht. Auf Somnambulismus waren sie nicht spezialisiert. Gott sei Dank war da Béquart, den ich in Begleitung seiner charmanten, an Philosophie interessierten Frau traf, und Paumelle, der die ganze Affäre ins Rollen gebracht hatte, wenn auch nicht ohne Sorge, und der seinen Kummer in Whisky ertränkte, und bei Gelegenheit ein Schwätzchen mit Domenach, meinem Mitschüler aus Lyon; Derrida, Poulantzas und Macherey kamen mich besuchen. Wir gingen in einer Konditorei Schokoladeneclairs essen und schlenderten, uns unterhaltend, über die Felder. Derrida erzählte mir von seiner Depression, die ihn nach seiner Heirat überfallen habe, und zwar mit unendlichem Takt, Nikos berichtete von seinen Mädchengeschichten (ausgerechnet er!) und den Auseinandersetzungen innerhalb und außerhalb der Partei, und Macherey sprach über Philosophie und seine Wohnungsprobleme. Ich selbst versuchte mir die Zeit zu vertreiben, was die schwerste Sache von der Welt ist, wenn einen die Angst in der Magengrube foltert. Aber die Depression streckte schließlich doch immer wieder ihre Waffen, und ich kehrte an die École zurück, wo die Kandidaten für die *agrégation* ihre Prüfungen ganz allein durchstanden, wo Hyppolite und seine Frau mich freundschaftlich empfingen und wo die Politik weiter ihren Lauf nahm. Die einzige, die unter all dem wirklich litt, war Hélène, denn da sie einen vertrackten Charakter hatte, glaubte jeder, daß es, wenn ich krank wurde, ihre Schuld sei, und wenn ich aus dem Blickfeld verschwand, ließ jedermann sie fallen, was darauf hinauslief, daß sie sowohl meine Krankheit als auch die Schuldgefühle, dafür verantwortlich zu sein, und das Fernbleiben der Freunde auf sich zu nehmen hatte, die ihr nicht einmal ein Zeichen zu geben wagten, um mit ihr etwas trinken zu gehen oder sie ins Kino mitzunehmen. Die nächsten Bezugspersonen der Patienten sind somit eine Art öffentliche Pestkranke, so groß ist die Angst der Leute und vor allem der Nahestehenden, ihrerseits krank zu werden. Um ein anderes Beispiel zu geben: Nicht einmal im Verlauf von dreißig Jahren kamen mich mein Vater oder meine Mutter in einer meiner Kliniken besuchen, deren Adressen sie gleichwohl sehr genau kannten. So hat Hélène immer eine Art Fluch mit sich herumgetragen und die entsetzliche Angst, eine Rabenmutter zu sein, was durchaus nicht der Fall ist, sie bringt den Leuten im Gegenteil eine wunderbare Freundlichkeit entgegen, die sie gelegentlich zwar hart, aber ohne Bösartigkeit anfährt, wenn sie sie allzu früh beim Frühstück stören oder ihr Schlechtes über Stendhal, Proust oder Tintoretto ins Gesicht sagen – oder Gutes über Camus (den sie in der Résistance gut gekannt hat) usw. Bagatellen: aber so wie man mit Reisigzweigen ein großes Feuer anfachen kann, so kann man mit Bagatellen auch großes Unheil anrichten.

Die Politik also ging weiter. Die Dinge hatten im Frühjahr 1964 begonnen, als ich in meinem Büro in der rue d'Ulm Besuch von Balibar, Macherey und Establet erhielt, die damals Zöglinge der École waren. Sie baten mich, ihnen bei der Arbeit an Marx zu helfen. Ich sagte zu, nahm mir ihre Kommentare vor und wurde gewahr, daß ich mehr wußte, als ich gedacht hatte. Wir organisierten, noch immer auf ihre Bitte hin, im Studienjahr 1964–1965 ein Seminar über das *Kapital*. Es wurde von Rancière eröffnet, der sozusagen die Startbahn übernahm und dabei große Verdienste hatte, denn niemand wagte sich als erster ins Wasser zu stürzen, und er sprach dreimal zwei Stunden. Das war eine meisterliche Darstellung, die bei Maspero erschienen ist, vielleicht etwas formalistisch und lacanistisch (die »abwesende Ursache« spukte darin herum, auf Teufel komm heraus), aber nicht unbegabt. Ich sprach meinerseits, nach Macherey, der damals in La Flèche lehrte, nach Balibar und nach Establet. Ich hatte keinerlei Verdienst, weil die anderen bereits die ganze Arbeit erledigt hatten. Duroux, der Stärkste von uns allen, hatte, wie immer, bedauerlicherweise geschwiegen, obwohl er voller Ideen steckte, mit denen er durchaus nicht geizte. Was Jacques-Alain Miller betraf, der bereits Judith Lacan den Hof machte, so machte er durch eine große Initiative im Oktober 1964 von sich reden, war dann jedoch vollständig verschwunden (er hatte sich in den Wald von Fontainebleau geflüchtet, und zwar mit einem jungen Mädchen, dem er die Produktion von theoretischen Konzepten beibrachte), bevor er sich uns im Juni 1965 völlig unerwartet wieder vorstellte, um zur allgemeinen Verblüffung zu entdecken, daß man »ihm einen Begriff gestohlen« habe. Da ich zu diesem Zeitpunkt gerade nicht mehr verrückt war, war es nicht meine Schuld. Miller behauptete, es sei die von Rancière, der ihm den Begriff der »metonymischen Kausalität« entwendet habe, den er in einem zerstreuten Augenblick erfunden hatte, an dem er jedoch um so hartnäckiger festhielt. Rancière verteidigte sich wie ein Verrückter und gab im Oktober 1965 schließlich zu, ich sei es gewesen. Daraufhin machte mir Miller eine fürchterliche Szene, die im Rückblick wiederum Régis Debray beeindrucken sollte, als er einmal aus Camiri entlassen war (er spricht darüber in seinem letzten Buch als von einem Liederlichkeitssymptom der Geister an der École und anderswo). Das aber war wirklich eine Ausnahme. Die Begriffe zirkulierten in dieser Generation, ohne jede Kontingentierungsmaßnahme.

Sie zirkulierten so gut, daß die Mitglieder der Union des étudiants communistes (UEC) sie bald in Heftform für ihre famosen theoretischen Schulungskurse unter die Leute brachten. Diese Schulungskurse waren aus der bei uns herrschenden stark theorizistischen Überzeugung geboren, daß man, angesichts der Unmöglichkeit, in der Partei Politik zu machen, sich den Standpunkt von Lenin in *Was tun?* zu eigen machen und sich auf dem einzigen offenstehenden Terrain schlagen müsse: dem der theoretischen Schulung. Dieses Projekt erlebte, legt man die richtigen Maßstäbe an, einen bemerkenswerten, in jedem Falle unerwarteten Erfolg. Beinahe überall an den Pariser Universitäten wurden theoretische Schulungskurse eingerichtet, von einer kleinen Gruppe von Philosophen betrieben, unter denen Robert Linhart zweifellos der aktivste und stärkste war. Diese Aktion hatte, wie zu erwarten war, politische Konsequenzen. Die *normaliens* legten, ausgehend von ihrem Kreis in der rue d'Ulm und aufgrund der Schwäche der damals von der »italienischen« Tendenz und den »Psychosoziologen« der geisteswissenschaftlichen Sorbonne untergrabenen UEC, praktisch Hand an die Leitung der UEC. Die Partei, die in dieser Hinsicht sehr schwach war, ließ sich das alles gefallen bis zu dem Tage, als der Cercle d'Ulm und seine Freunde die Initiative ergriffen, mit der Partei durch eine Spaltung zu brechen, die ihnen offensichtlich viel Befriedigung verschaffte. Ich schnauzte sie scharf an und sagte ihnen, was sie machten, sei nicht Politik, sondern ein Kinderspiel. Aber der erste Schritt war getan. Sie gründeten daraufhin die Union des jeunesses communistes (marxistes-léninistes), UJC m-l, die sich durch ihren Aktivismus und ihre sehr durchdachten Initiativen bald Berühmtheit verschaffen sollte: vor allem Fortsetzung der theoretischen Schulung mit der Gründung einer Zeitschrift (den *Cahiers marxistes-léninistes*, denen ich, wie man sehen wird, zwei schlechte Aufsätze überließ, bei denen die Partei sich stellte, als habe sie keine Kenntnis davon) und Einrichtung von Vietnam-Basisgruppen, die schließlich einen solchen Erfolg hatten, daß sie die Partei beunruhigten. Trotz allem hatten diese jungen Leute mit ihrem theoretischen Verständnis der Politik, ihrem Schwung und ihrer Einbildungskraft einige entscheidende Prinzipien der Agitation und der Massenführung begriffen und waren zu Taten übergegangen. Die *Cahiers marxistes-léninistes* verkauften sich nach schwierigem Start sehr gut. Ich hatte ihnen schon für die erste Nummer, die der gerade zum Durchbruch gekommenen *Révolution culturelle* gewidmet war, einen nicht-signierten Artikel gegeben (dessen Echtheit ich hier, nach Rancière, ausdrücklich anerkenne), in dem ich die auf folgendem Prinzip beruhende einfache und falsche Theorie entwickelte: Es gibt drei Formen von Klassenkampf, den ökonomischen, den politischen und den ideologischen. Also braucht man drei verschiedene Organisationen, um ihn zu führen. Wir kennen deren nur zwei: die Gewerkschaft und die Partei. Die Chinesen haben gerade die dritte erfunden: die Roten Garden. CQFD (*Ce qu'il fallait démontrer* [Was zu beweisen war]). Die Sache war ein bißchen simpel, kam aber an. Ich rückte noch einen anderen Artikel heraus, einen diesmal sehr langen und signierten Aufsatz über den »dialektischen und den historischen Materialismus«, in dem ich die richtige Idee verfocht, daß die marxistische Philosophie nicht mit der marxistischen Wissenschaft der Geschichte verwechselt werden dürfe, aber meine Argumente waren zumindest etwas schematisch. Ich erinnere mich, daß ich gut ein Jahr nach der Gründung der UJCm-l eine Einladung von Paul Laurent erhielt, ihn zu besuchen, aber ich war damals gerade im Begriff, in ein psychiatrisches Krankenhaus überzusiedeln, und konnte ihr nicht Folge leisten. Das habe ich immer bedauert, denn Paul Laurent ist mir von weitem stets als ein interessanter Mann vorgekommen, jedenfalls ruhig und luzide. Das war am Vorabend des Mai 68. Als ich mit dem Auto ins Krankenhaus aufbrach, sah ich Gruppen unter roten Fahnen marschieren. Die Dinge hatten begonnen.

Während des ganzen Mai 68, in dem die Partei den Kontakt zu den revoltierenden Studentenmassen vollständig eingebüßt hatte, gingen die jungen Burschen der UJCm-l als gute Leninisten an die Fabriktore, wo die französischen Arbeiter den längsten Streik der ganzen Geschichte der Arbeiterbewegung eingeleitet hatten. Das sollte ihnen schlecht bekommen. Denn die Arbeiter brauchten keine Hilfe von den Studenten, nicht einmal von den »etablierten«, und die ganze Angelegenheit spielte sich anderswo ab als an den Fabriktoren, nämlich im Quartier latin, wo man sich einen Monat lang mit Steinwürfen und Tränengasgranaten bekämpfte, aber ohne daß ein einziger Schuß abgefeuert worden wäre, weil die CRS unter einem Polizeipräsidenten, dessen Tochter in den Reihen der Demonstrierenden mitmarschierte, offenkundig Weisung erhalten hatte, die Studenten zu schonen, die letztlich doch in der überwiegenden Mehrzahl Söhne der Großbourgeoisie waren. Weniger gnädig verfuhr sie bei Peugeot, wo drei Arbeiter durch Kugeln getötet wurden.

Bekanntlich wurde de Gaulle mit dieser ganzen spektakulären Revolte fertig, indem er ein anderes Schauspiel aufführte: das seines unvorhergesehenen Verschwindens, das ihn weder an die Fabriktore noch in die besetzte Sorbonne führte, sondern nach Deutschland, ins Hauptquartier von Massu (so zumindest die offizielle Version), um zwei Tage später wiederzukommen und seine berühmte atemlose Rede zu halten, die den Verhandlungen von Grenelle mit Pompidou gegen Frachon und Séguy und den Wahlen den Weg ebnete, die ihm nach der Demonstration auf den Champs-Élysées eine unvergleichliche Mehrheit verschaffen sollten.

Die Bewegung des Mai, bei der die streikenden Arbeiter und die revoltierenden Studenten einander einen Augenblick lang nahegekommen waren (und zwar am 13., bei der großen Demonstration, die ganz Paris durchmaß), erlosch allmählich. Die Arbeiter nahmen, nachdem ihre wesentlichen Forderungen in Grenelle einmal erfüllt worden waren, nach und nach die Arbeit wieder auf, wenn auch manchmal widerstrebend. Die Studenten brauchten länger, um die Vorstellung ihrer Niederlage zu akzeptieren: schließlich aber ließen sie, nachdem Odéon und Sorbonne geräumt waren, die Arme sinken. Ein großer, fehlgeschlagener Traum. Dennoch verschwand er nicht aus den Erinnerungen. Man bewahrte sich, man wird sich noch lange das Andenken an diesen Mai-Monat bewahren, als jedermann auf der

Straße war, als dort wirkliche Brüderlichkeit herrschte, als jeder mit jedem sprechen konnte, so als ob er ihn schon von Ewigkeit her kennen würde, als plötzlich alles natürlich geworden war und jeder glaubte, daß »die Einbildungskraft an der Macht« sei und man unter den Pflastersteinen die Weichheit des Sandes spüren könne.

Aber nach dem Mai nahm die Studentenbewegung die Form von Sekten oder Grüppchen an. Die UJCm-l spaltete sich, Robert Linhart, Jacques Broyelle und andere verließen sie, und was davon blieb, folgte Benny Lévy, der zusammen mit Alain Geismar vom *Mouvement du 22 mars* die proletarische Linke gründete. Diese Organisation verschaffte sich eine Zeitung und eine Wochenschrift, aber trotz des Schutzes und der finanziellen Unterstützung durch Sartre, der geglaubt hatte, im Mai 68 seine Theorie der Serialität (CGT) und der Gruppe (die studentischen Demonstranten) wiedererkennen zu können, vegetierte sie nur dahin und verschwand dann völlig. Viele ihrer Führergestalten und ihr nahestehende Aktivisten wie André Glucksmann endeten beim Anti-Marxismus, der jeder anti-autoritären und anarchistischen ideologischen Bewegung nachschleicht. Das war ein trauriges Ende, trotz der gewaltigen Protestdemonstration gegen die Ermordung von Overney, von der ich gesagt hatte: es ist eine Beerdigung, aber nicht die von Overney, sondern die des studentischen Linksextremismus. Natürlich waren alle Linksextremen da, um der Bestattung des Linksextremismus beizuwohnen. Aber auch viele andere, was zwei oder drei Monate lang täuschte. Aber die Wahrheit gewann rapide die Oberhand, ohne deswegen auch – so sehr waren die Geister mit Blindheit geschlagen – die geringfügigste Analyse zuzulassen, während Lévy unerschütterlich fortfuhr, Losungen auszugeben, denen niemand mehr folgte, bevor er seine Unterhaltungen mit Sartre veröffentlichte, der ihn als Privatsekretär angestellt hatte.

Der wirkliche Linksextremismus, der anarcho-syndikalistische, populistische und Arbeiter-Linksextremismus fand anderswo Zuflucht: in einem Teil des PSU und in der CFDT. Es war jedoch eine Wahrheit, die die französischen Studenten nicht erkennen wollten: daß es nämlich zwei Gauchismen gab, der eine sehr alt, der Arbeiter-Gauchismus, der andere ganz jungen Datums, der studentische Gauchismus, und daß der alte, weil er Bestandteil der Arbeiterbewegung ist, Zukunftshoffnungen hat, während der neue sich seinem Prinzip nach nur von der Arbeiterbewegung entfernen kann. Anders ist die Situation in

Italien und Spanien, und zwar aus historischen Gründen, weil man da links von der kommunistischen Partei politische Gruppierungen sehen kann, die nicht nur eine studentische, sondern auch eine Arbeiter-Basis haben, was in Frankreich gegenwärtig unmöglich und undenkbar ist, die Führung der französischen Partei weiß das genau und hat den Beweis für den Erfolg ihrer Taktik im Mai 68 und später erbracht. Es hat ihr genügt, sich in der »Arbeiterfestung« der CGT und der Partei einzuigeln, um den studentischen Linksextremismus, sei er nun maoistisch oder nicht, trotz seiner Verwünschungen von ganz allein zerfallen zu lassen.

Ich muß hier von einer Initiative sprechen, die wir zu mehreren im Frühjahr 1967 unternahmen: der Initiative, eine Arbeitsgruppe zu bilden, der wir den durchsichtigen Namen Spinoza gaben. Die Mehrzahl meiner Freunde nahm daran teil, Parteimitglieder oder nicht. Diese Erfahrung war interessant, weil prophetisch. Wir waren damals überzeugt, daß die Dinge an der Universität in Gang kommen würden. Daraus sollte ein Buch entstehen, das aus Gründen politischer Divergenzen nur von Baudelot und Establet als Autoren gezeichnet wurde, und zwar über *L'École capitaliste en France*. Und ein anderes großes Werk von Bettelheim über die Klassenkämpfe in der UdSSR.

Wir hatten auch eine Untersuchung der Klassenkampf-Verhältnisse in Frankreich unternommen, die aber aus Mangel an Zeit und Geld nicht zustande kam. Die Gruppe löste sich schließlich von ganz allein auf (anläßlich einer meiner Depressionen und der Lage und wegen des Austritts von Alain Badiou, einem unserer brillantesten Mitarbeiter, der zu dem Schluß kam, man müsse die Wiedervereinigung der maoistischen Gruppen in Frankreich vorbereiten, um die Partei aufzufrischen). Badiou publiziert bei Maspero gegenwärtig interessante Broschüren, in denen man merkwürdigerweise die Sartresche Philosophie der Revolte, der er nie abgeschworen hat, im Dienst der Interpretation von Mao-Texten findet, und zwar auf einer Grundlage von Voluntarismus, Pragmatismus und Idealismus, wie sie typisch ist für das Denken des großen chinesischen Kommunistenführers.

Um keine von meinen theoretischen Schandtaten auszulassen, füge ich hinzu, daß ich im Frühjahr 1966, also zur gleichen Zeit, da in *La Pensée* der schlechte Artikel über die »theoretische Arbeit« erschien, einen großen Text über die theoretische Schulung veröffentlicht hatte, den die Kubaner übersetzten und der mir von verschiedenen Seiten abverlangt wurde. Ich schrieb auch einen anderen, ehrgeizigeren Text über den ideologischen (*sic*) und den wissenschaftlichen Sozialismus, der glücklicherweise aber nicht veröffentlicht worden ist. Wenn man diese Essays liest, kann man ermessen, in welchem Maße ich, im Rahmen des Zeitgeistes und in bezug zum realen Erfolg der theoretischen Schulungskurse der UJCm-l, der Versuchung nachgegeben habe, die ich später in Gestalt des »Theoretizismus« kritisiert habe. Diese Versuchung oder diese Abweichung ist nicht im Zustand verbaler Äußerungen geblieben, weil sie tatsächlich, wenn auch durch die effektive Praxis korrigiert, die Politik der UJCm-l beeinflußt hat. Nicht alles war verabscheuungswürdig an dieser Theorie, die Erfahrung hat es bewiesen, weil sie ja zumindest denen, die sie übernommen haben, den Sinn der Bedeutung der Theorie vermittelt hat. Was sie ihnen aber nicht vermitteln konnte, war der Sinn der Einwirkung der Praxis auf eben diese Theorie, anders ausgedrückt, die Lehre, die »die Theorie zu praktizieren« lehrt, unter Berücksichtigung der Praxis, das heißt des Zustandes der Kräfteverhältnisse des Klassenkampfes, des semantischen Gewichts der Wörter und der Einschätzung der Auswirkungen sowohl der Theorie als auch der Praxis. Dennoch haben diese jungen Leute eine interessante Erfahrung gemacht, darunter mehrere, die sich nicht im Anti-Marxismus verloren haben und jetzt die Früchte ernten, von denen manche bereits sehr vielversprechend sind, beispielsweise nach Linharts Buch über *Lénine, Taylor et les paysans* zu urteilen.

Ich hatte nämlich, im Zusammenhang mit dem bei Bachelard entlehnten berühmten »epistemologischen Bruch«, auf diese merkwürdigen Formationen abgezielt, die, wie die klassische politische Ökonomie, gleichzeitig vor-wissenschaftlich und theoretisch sind und theoretisch, ohne genaugenommen philosophisch zu sein, und überdies bürgerlich. Diese letztgenannte Bestimmung war offenbar die bei weitem wichtigste. Man mußte also das ideologische Klassenwesen des Substrats der bürgerlichen Theorie der politischen Ökonomie denken und akzeptieren. Gleichzeitig aber mußte man es hinnehmen und anerkennen, daß diese Formation der bürgerlichen Ideologie sich in Form einer abstrakten, strengen und in bestimmter Hinsicht sogar formalen, wissenschaftlichen Theorie darbot. So hat Marx das Denken von Ricardo und sogar das von Smith behandelt, indem er sich vortäuschen ließ, daß diese Theorien wissenschaftlich sein konnten, weil der Klassenkampf in England (*sic*) eine Atempause erlebte, eine

These, die das ganze Werk von Marx in Abrede stellt. Es scheint mir unerläßlich, in eben dieser Illusion, bei Marx selbst und nicht nur in den Jugendwerken, sondern auch im *Kapital*, heute den Ursprung zahlreicher Mißverständnisse zu suchen, die zu einer Mißdeutung des Marxismus, ja sogar zu seiner eigennützigen Verfälschung geführt haben. Gleichwohl kann diese einfache Idee, daß, wenn Marx eine Wissenschaft begründet hat, diese Wissenschaft wie jede andere Wissenschaft wenn auch nicht revidiert, so doch zumindest wiederaufgegriffen und ihre Prinzipien besser gestützt und ihre Schlüsse genauer präzisiert werden müssen, durchaus fruchtbar sein. Es wird daraus eine sehr große Vereinfachung eines Werkes folgen, von dem Marx, in derselben Illusion befangen, geglaubt hat, daß der »Anfang« wie in jeder Wissenschaft »schwer« sein müsse, was falsch ist: eine Revision des ersten Teiles von Buch I des *Kapitals*, auf die ich bereits vor mehreren Jahren die Aufmerksamkeit gelenkt habe, und eine sorgfältige Scheidung dessen, was Marx im *Kapital* schreibt, von dem, was er in seinen Notizheften festhält, etwa die »Theorien über den Mehrwert«, wo er sich häufig damit begnügt, schlicht und einfach die Texte von Smith, beispielsweise über den produktiven Arbeiter, abzuschreiben, eine Theorie, die sich von der der produktiven Arbeit unterscheidet, die im *Kapital* verschwindet. Es gäbe noch viele andere Dinge über alle diese Mißverständnisse zu sagen – und ich werde versuchen, sie zu sagen –, die von Leuten mit allem Nachdruck aufrechterhalten werden, die nur allzu sehr an der Verfälschung des Werkes von Marx interessiert sind.

Im Augenblick möchte ich mich mit einigen Worten zur Frage der marxistischen Philosophie begnügen. Nachdem ich lange geglaubt habe, sie existiere und Marx habe nur nicht die Zeit gehabt, sie zu formulieren, und später nicht die Mittel, nachdem ich lange geglaubt habe, letztlich und trotz *Materialismus und Empiriokritizismus* habe auch Lenin nicht die Zeit gehabt, sie zu formulieren, und später nicht die Mittel, verfiel ich mühsam auf eine doppelte Idee. Zunächst auf die, daß Marx, im Gegensatz zu dem, was ich geglaubt und behauptet hatte, keine neue Philosophie entdeckt hatte, im Stil seiner Entdeckung der Gesetze des Klassenkampfes – sondern eine neue Position in der Philosophie, also auch in einer Realität (der Philosophie) eingenommen hatte, die vor ihm existierte und auch nach ihm weiterexistieren wird. Und dann auf die, daß diese neue Position in letzter Instanz mit seiner theoretischen Klassenlage zusammenhing. Wenn diese letzte Behauptung aber wahr war, schloß das ein, daß jede Philosophie (zumindest jede große und wahrscheinlich sogar bis hinab zu den kleinen Philosophien) in letzter Instanz von ihrer Klassenlage bestimmt war und daß die Philosophie als Ganzes in letzter Instanz nichts anderes war als »Klassenkampf in der Theorie« und damit, wie Engels sehr deutlich gesehen hat, in der Theorie fortgesetzter Klassenkampf. Natürlich warf diese These fürchterliche Probleme auf, nicht nur in bezug auf die Anfänge der Philosophie, sondern auch auf die Formen dieses Klassenkampfes und auf die evidenten Beziehungen zwischen der Philosophie und den Wissenschaften. Man mußte sich also darüber verständigen, daß die Philosophie nicht das Eigentum der Berufsphilosophen ist, ihr Privateigentum, sondern das Eigentum eines jeden Menschen (»jeder Mensch ist Philosoph«, Gramsci). Dennoch mußte man der Philosophie der Philosophen eine besondere Form zuerkennen, die der systematischen und strengen Abstraktion im Unterschied zu den (religiösen, moralischen usw.) Ideologien, und einräumen, daß in der *Werkstatt der Philosophie der Philosophen* etwas erarbeitet wird, das nicht nichts ist, sondern Niederschläge im Bereich der Ideologien hat, die der Naheinsatz der philosophischen Klassenkämpfe sind. Was konnte dieses Etwas sein, das da in der Werkstatt der Philosophie der Philosophen erarbeitet wird? Lange habe ich geglaubt, das sei eine Art Kompromiß, eine Art »Flickwerk«, um im philosophischen Gewebe die Schäden auszubessern, die der Einbruch der Wissenschaften (wobei die epistemologischen Brüche philosophische Brüche nach sich ziehen) in die frühere philosophische Einheit anrichtet. Aber ich bin mir darüber klargeworden, daß die Dinge weniger mechanisch verliefen und daß die Philosophie, wie die ganze Geschichte bezeugt, eine Beziehung zum Staat hatte, zur Macht des Staatsapparates, eine sehr genaue Beziehung zur Verfassung, das heißt zur Vereinheitlichung, zur Systematisierung der herrschenden Ideologie als Herzstück der ideologischen Hegemonie der Klasse an der Macht. Ich habe dann den Eindruck gehabt, daß die Philosophie der Philosophen diese Rolle übernahm, nämlich zur Vereinheitlichung im Sinne einer herrschenden Ideologie zum Gebrauch der herrschenden Klasse wie zum Gebrauch der beherrschten Klasse die widersprüchlichen Elemente von Ideologie beizutragen, die jede herrschende Klasse, wenn sie an die Macht kommt, vor sich oder gegen sich gerichtet sieht.

Von dieser Einsicht aus wurden die Dinge relativ klar, jedenfalls intelligibel. Man begriff, daß jeder Mensch Philosoph war, weil er ja im Banne einer mit philosophischen Niederschlägen getränkten Ideologie lebte, ein Effekt der philosophischen Arbeit, um die Ideologie zu herrschender Ideologie zu vereinheitlichen. Man begriff auch, daß es für die herrschende Klasse notwendig war, daß Berufsphilosophen existierten, die an dieser Vereinheitlichung arbeiteten. Man begriff schließlich, daß philosophische Kategorien in der wissenschaftlichen Praxis am Werk waren, weil sich keine Wissenschaft auf Erden, auch nicht die Mathematik, außerhalb der herrschenden Ideologien wie des philosophischen Kampfes entwickelt, der die Konstitution der herrschenden Ideologie als vereinheitlichte Ideologie zum Einsatz hat. Die zuvor angeführten Dinge fügten sich in einen Zusammenhang ein, und man begann das seltsame Schweigen von Marx und Lenin und die Mißerfolge der Philosophen (wie Lukács) zu verstehen, die vergeblich versucht hatten, eine marxistische Philosophie zu konstituieren, und um so mehr noch derjenigen, die (wie Stalin und seine Nebenbuhler) die Philosophie auf den Rang einer einfachen, pragmatischen Rechtfertigungsideologie zurückgestuft hatten. Marx und Lenin hatten über die Philosophie schweigen können, weil es ihnen genügte, eine proletarische Klassenlage einzunehmen, um entsprechend die philosophischen Kategorien zu behandeln, die sie sei es für die Wissenschaft des Klassenkampfes (der historische Materialismus), sei es für die politische Praxis brauchten. Das soll natürlich nicht heißen, daß man die philosophischen Effekte dieser proletarischen Klassenlage nicht mehr voranzutreiben brauchte, aber diese Aufgabe bekam einen anderen Aspekt: es handelte sich nicht darum, eine neue Philosophie in der klassischen Form der Philosophie zu verfertigen, sondern die existierenden Kategorien auf der Basis dieser neuen Positionen umzuarbeiten, Kategorien, die in der gesamten Geschichte der Philosophie existierten. Das Wort von Marx in der *Deutschen Ideologie* – die Philosophie hat keine Geschichte – bekam also einen ganz neuen, unerwarteten Sinn, weil sich in der gesamten Geschichte der Philosophie immer derselbe Kampf wiederholt, das, was ich unlängst noch dieselbe Demarkationslinie genannt habe, dieselbe »Leere einer eingenommenen Distanz«. Und jetzt konnten wir in der gesamten Geschichte der Philosophie auf die Suche nach besseren Spuren gehen, die nicht immer zwangsläufig die neuesten sind. Und jetzt konnten wir der alten spiritualistischen Eingebung der *philosophia perennis* einen materialistischen Sinn geben, mit dem Unterschied, daß für uns diese »Ewigkeit« nichts anderes als die Wiederholung des Klassenkampfes war. Nein, die Philosophie ist nicht, wie das noch der junge Marx wollte, der in dieser Hinsicht ein getreuer Schüler Hegels war, das »Selbstbewußtsein einer historischen Epoche«, sie ist der Ort eines sich wiederholenden Klassenkampfes, der seine am weitesten angenäherten Formen nur zu bestimmten historischen Zeitpunkten bei manchen Denkern erreicht: für uns vor allem Epikur, Machiavelli, Spinoza, Rousseau und Hegel als den authentischen Vorläufern von Marx. Vor langer Zeit hatte ich bereits die philosophischen Tugenden von Spinoza geahnt, und es ist kein Zufall, daß ich den Umweg über Spinoza genommen habe, um »die Philosophie« von Marx zu verstehen zu versuchen. Aber gerade in der Auseinandersetzung mit Machiavelli ist mir auf ganz und gar unerwartete Weise die Existenz dieser seltsamen und erhellenden Verbindung klargeworden. Ich werde mich eines Tages dazu erklären.

In der Zwischenzeit hatte sich Jacques Martin das Leben genommen. Man hatte ihn an einem heißen Augusttag des Jahres 1963 leblos in einem Zimmer gefunden, das er damals, fern von uns allen, im XVI. Arrondissement bewohnte. Er hielt eine lange rote Rose an die Brust gepreßt. Wie wir kannte er den Satz von Thorez: Brot und Rosen, das ist der Kommunismus. Man vermochte ihn nicht mehr wiederzubeleben.

Martin war mehr als fünfzehn Jahre lang von einem Arzt betreut worden, der sich Analytiker nannte, aber nur die Narkose praktizierte. Er hatte die Adresse dieses Arztes in seiner Verwirrung der Nachkriegszeit von jungen neurotischen Studenten erhalten, die jemanden suchten, an den sie sich wenden konnten. Ich selbst machte mir die Behandlung dieses Arztes ebenfalls zunutze, und zwar zwölf Jahre lang, und dank ihm näherte ich mich allmählich der Analyse und ihren Problemen. S. forderte mich auf, mich lang auszustrecken, verabreichte mir eine Spritze Penthotal, gerade so viel, um mich zu enthemmen, und ich begann zu reden. Er kümmerte sich vor allem um meine Träume, die er sorgfältig deutete, wobei er ihre positive oder negative Bedeutung hervorhob. Meine Depressionen kehrten wieder. S. stand mir als ergebener Helfer bei, aber er hatte auch durchaus eigene Vorstellungen vom Leben. Ich erinnere mich einer Antwort, die er im Sommer 1963 gab, als eine italienische Freundin, die ich während der vorhergehenden Ferien kennengelernt hatte, ihn zu sagen bat, was er von meinem Zustand und meinen eigenen Gefühlen hielte: Das ist nur eine Ferienliebe! Ihm fehlte offenbar das Zeitgefühl, er war übrigens immer verspätet und kümmerte sich nicht um die Dauer seiner Kuren.

Der Analytiker, den ich daraufhin aufsuchte, hatte eine andere Auffassung von den Dingen. Er nahm sich Zeit zum Überlegen, bevor er mich in seinen Patientenkreis aufnahm, und ich trat in den Rhythmus der Konventionen ein. Hier verliefen die Dinge sehr viel anders. Dieser Mensch setzte sich völlig darüber hinweg, ob ich träumte oder nicht, er benutzte keine Narkose, er äußerte sich nie zu dem positiven oder negativen Wert dieses oder jenes Symptoms, er wartete ab. Diese Arbeit dauerte fünfzehn Jahre, ist aber jetzt nahezu beendet, und ich kann ein wenig darüber erzählen. Ich habe dabei von und aus mir selbst gefunden, was Freud in seinen Büchern beschreibt, nämlich die Existenz unbewußter Phantasmen, ihre äußerste Prinzipienarmut und die extreme Schwierigkeit, ihr fortschreitendes Verblassen zuwege zu bringen. Das alles spielte sich beim Gegenübersitzen ab, und als seien der Schwierigkeiten noch nicht genug, empfing dieser Mann auch noch Hélène, wenn auch sehr viel später und nur einmal wöchentlich für eine halbe Stunde. Es gab dramatische Episoden, etwa fünfzehn Depressionen und auch wenig dauerhafte Momente von manischer Exaltation, in denen ich alles mögliche anstellte. Ich verlegte mich beispielsweise aufs Stehlen, nicht um fremdes Gut zu besitzen, sondern um der Demonstration willen.

Hier muß ich auch einige Worte über meine Analyse sagen. Ich gehöre einer Generation an, jedenfalls einer sozialen Schicht, die nicht einmal wußte, daß es die Psychoanalyse gibt und daß sie Neurosen und sogar Psychosen heilen kann. Zwischen 1945 und heute haben sich die Dinge in Frankreich in dieser Hinsicht sehr verändert. Ich habe dargestellt, auf welchem Weg ich in Beziehung zu einem Arzt getreten bin, der Narkosebehandlungen vornahm, und wie eine mir sehr liebe Freundin mich eines Tages dazu überredete, D. aufzusuchen, »der Schultern hat, die auch für Dich breit genug sind«. Er mußte in der Tat breite Schultern haben, um mich aus der Klemme zu ziehen, denn die Geschichte dauerte fünfzehn Jahre: Depressionen, das heißt in Wirklichkeit Widerstand. Nichts ist so einfach wie die unbewußten Elemente, an denen sich die Analyse abarbeitet, aber nichts ist so kompliziert wie ihre individuellen Kombinationen. Wie mir eines Tages ein Freund sagte, ist das Unbewußte gleichsam ein Pullover, es genügt dazu Wolle, aber die Maschen lassen sich bis ins Unendliche variieren. Was bei mir alsbald in Erscheinung trat, waren wie immer Deck-Phantasien und vor allem das Doppelmotiv des Kunstgriffs, des Kniffs, und des Vaters des Vaters. Bei allem, was mir im Leben geglückt war, hatte ich immer den Eindruck, es sei mir nur durch Mogelei gelungen: vor allem meine schulischen Erfolge, weil ich ja Kopien kopiert und Zitate erfunden hatte, um Erfolg einzuheimsen. Und da ich dem Unterricht meiner Lehrer nur folgte, um ihnen zu beweisen, daß ich stärker war als sie, waren die Mogelei und dieser Sieg im Grunde eins. Ich verweilte lange bei diesen Themen, bis sich dann schließlich andere vordrängten. Vor allem die Angst vor dem weiblichen Geschlecht, ein Abgrund, in dem man unwiderruflich verloren war, die Angst vor Frauen, die Angst vor der Mutter, jener Mutter, die unaufhörlich über ihr Leben jammerte und stets einen reinen, vertrauenswürdigen Mann im Kopf hatte – jenen im Krieg gefallenen Verlobten, an den sie unbewußt fortgesetzt dachte –, und sei es ein Arzt und Heilpraktiker, ein Mann, mit dem sie einen Ideenaustausch ohne jeden sexuellen Verkehr pflegen konnte: eine Mutter, die Angst vor dem männlichen Geschlecht hatte, Angst vor der Sexualität. Ich erfaßte damals, daß meine Mutter mich in dieser Gestalt geliebt hatte, in Gestalt eines rein geistigen und geschlechtslosen Mannes, und sogar als sie, zu meiner größten Wut und zu meinem größten Ekel, in meinen Bettlaken gewühlt hatte, um dort die Spur dessen zu finden, was sie für meine erste nächtliche Ejakulation hielt (jetzt bist Du ein Mann, mein Sohn), und buchstäblich Hand an mein Geschlecht zu legen, geschah das, um es mir zu entwenden, damit ich keines hätte. So hatte sie meinen Vater geliebt, indem sie seine Sexualität passiv erduldete, in Gedanken anderswo, in den Lüften über Verdun. Mein Vater hatte sie anders geliebt, mit seiner ganzen Virilität, und ich habe noch die Verdoppelung jenes Kosewortes im Ohr – »mon mien« –, das er aussprach, um sich zu beweisen, daß meine Mutter wirklich ihm gehörte und keinem anderen, nicht etwa seinem Bruder. Eben daraus erklärte sich mein Bedürfnis nach Mogelei und der Position des »Vaters des Vaters«, weil ich ja, wenn ich über meinen Kopf hinweg geliebt wurde, gleichsam als ungeschlechtliches Wesen, das ich nicht war, irgendwie zurechtkommen und mir eine künstliche Persönlichkeit basteln mußte, die, weil ich eben kein Mann war, in der Lage war, das meinem Vater und jedem erdenklichen anderen Vater zu beweisen, indem ich, um es auch mir zu beweisen, auf dem Rücken anderer Männer austrug, daß ich sehr wohl ein Mann war und mit einem Geschlecht ausgestattet – und nicht jenes asexuelle Wesen, das meine Mutter haben wollte. Daß es beim gegenwärtigen Stand der Analyse fünfzehn Jahre erforderte, um diesen unbewußten Effekten auf den Grund zu kommen, erklärt sich zwar aus meinen Depressionen, aber diese Depressionen sind zweifellos eingetreten, um den Fortschritt der Analyse aufzuhalten, und es bedurfte dieser ganzen Arbeit, dieses *Durcharbeitens*, um mit diesen einfachen Phantasien fertigzuwerden.

Das alles spielte sich zu eben der Zeit ab, da ich über Marx arbeitete, und ich war immer wieder beeindruckt von der außerordentlichen Verwandtschaft, die zwischen Denken und Praxis der beiden Autoren besteht. In beiden Fällen nicht so sehr der Primat der Praxis als der Primat einer bestimmten Beziehung zur Praxis. In beiden Fällen ein tiefer Sinn für die Dialektik des *Wiederholungszwanges*, den ich in der Theorie des Klassenkampfes wiederfand. In beiden Fällen und mit beinahe denselben Ausdrücken der Hinweis, daß die beobachtbaren Effekte lediglich das Resultat äußerst komplexer Kombinationen sehr unergiebiger Elemente sind (*cf.* Marx über die Elemente der Arbeits- und des Produktionsprozesses), ohne daß diese Kombinationen irgend etwas mit dem formalistischen Strukturalismus *à la* Lévi-Strauss oder *à la* Lacan zu schaffen hätten. Ich zog daraus den Schluß, daß der historische Materialismus irgendwo mit der analytischen Theorie zusammentreffen mußte, und ich glaubte sogar, die wenn auch nicht falsche, in dieser Form genaugenommen aber schwer zu verteidigende Behauptung vorbringen zu können, daß »das Unbewußte nach Art der Ideologie funktioniert«. Seither haben interessante Arbeiten (Godelier) wichtige Präzisierungen zu diesen Fragen beigetragen, natürlich in sehr weiter Entfernung vom Universum Reichs, der Marx nicht gut kannte . . .

Nachbemerkung des Übersetzers

Wie dem »Editorischen Bericht« der französischen Herausgeber zu entnehmen ist, handelt es sich bei den beiden autobiographischen Schriften des vorliegenden Bandes um Arbeiten, die zwar jeweils mehrere, mehr oder weniger stark redigierte und voneinander abweichende Versionen erlebt haben, aber keine »Fassung letzter Hand«. Daraus erklären sich denn auch zahlreiche Abweichungen z.B. in bezug auf Namensgebungen (Courbon de Casteljaloux, S. 115 – Courbon de Castelbouillon, S. 350; Tourtecuisse, S. 71 – Tortecuisse, S. 334) und Daten (Jacques Martins Todesjahr: 1964, S. 154 – 1963, S. 410), auf deren Vereinheitlichung hier ebenso verzichtet worden ist wie auf ihre Verifikation. Daß sich überdies eine Fülle von elliptischen Sätzen (*cf.* S. 90, 109 und *passim*), von nichtausgeführten Anschlüssen von Satzteilen und sprachlichen Lücken und Sprüngen findet, ganz zu schweigen von der erdrückenden Vielzahl von Einschüben und Attributionen, die das Satzgefüge manchmal förmlich zu sprengen drohen, ist ein Faktum, das der Leser nicht als editorische Zumutung auffassen sollte, sondern als »Nachbeben« der gewaltigen Irritation, die diese beiden Texte durchzieht.

Hans-Horst Henschen

Bibliographische Notiz

Bücher und Aufsätze Louis Althussers, die in diesem Band zitiert werden:
Montesquieu. La politique et l'histoire, Paris 1959; dt.: *Montesquieu. Politik und Geschichte,* in: Louis Althusser, *Schriften, Band 2, Machiavelli – Montesquieu – Rousseau. Zur politischen Philosophie der Neuzeit,* Berlin 1987, S. 31–129.
Pour Marx, Paris 1965; dt.: *Für Marx,* Frankfurt/M. 1968.
Lire le Capital, Paris 1965 (zusammen mit J. Rancière, P. Macherey, R. Establet, E. Balibar).
»Freud et Lacan«, in: *La Nouvelle Critique,* Nr. 161/162, 1964/65, S. 88–108; dt.: *Freud und Lacan,* Berlin 1976, S. 5–42.
Lire le Capital, 2. vollständig überarbeitete Auflage, Paris 1968 (zusammen mit E. Balibar); dt.: *Das Kapital lesen,* Reinbek 1972.
Lénine et la philosophie, suivi de Marx et Lénine devant Hegel, Paris 1972; dt.: *Lenin und die Philosophie,* Reinbek 1974.
Réponse à John Lewis, Paris 1973; dt.: *Was ist revolutionärer Marxismus? Kontroverse über Grundfragen marxistischer Theorie zwischen Louis Althusser und John Lewis,* hrsg. von Horst Arenz, Joachim Bischoff, Urs Jaeggi, Westberlin 1973.
Éléments d'autocritique, Paris 1974; dt.: *Elemente der Selbstkritik,* Westberlin 1973.
Philosophie et philosophie spontanée des savants, Paris 1976; dt.: *Philosophie und spontane Philosophie der Wissenschaftler,* in: Louis Althusser, *Schriften,* Band 4, Berlin 1985.
»Sur le XXIIe Congrès«, Paris 1976; dt.: »Die historische Bedeutung des 22. Parteitags der KPF«, in: Louis Althusser, *Krise des Marxismus,* Hamburg 1978, S. 18–52.
»Ce qui ne peut plus durer dans le parti communiste«, in: *Le Monde,* 24., 25., 26. und 27. April 1978; dt.: »Wie es in der KPF nicht mehr weitergehen kann«, in: Louis Althusser, *Krise des Marxismus,* Hamburg 1978, S. 80–146.

Wissen beginnt mit Neugier

»Philosophie ist dazu da,
daß man sich nicht dumm machen läßt.«

Max Horkheimer

Louis Althusser
**Die Zukunft
hat Zeit**
Die Tatsachen
Band 50152

Paul K. Feyerabend
**Die Torheit der
Philosophen**
Dialoge über
die Erkenntnis
Band 50124

Vilém Flusser
Medienkultur
Band 50125

Michel Foucault
**Die Ordnung
des Diskurses**
Band 50126

Max Horkheimer,
Theodor W. Adorno
**Dialektik der
Aufklärung**
Band 50127

Rüdiger Safranski
**Ein Meister aus
Deutschland**
Heidegger
und seine Zeit
Band 50128

Hans Joachim
Störig
**Kleine Welt-
geschichte der
Philosophie**
Band 50129

Paul Virilio
**Rasender
Stillstand**
Essay
Band 50130

Fischer Taschenbuch Verlag